Orientação Educacional na Prática

Princípios, histórico, legislação, técnicas e instrumentos

Dados Internacionais de Catalogação na Publicação (CIP)
(Câmara Brasileira do Livro, SP, Brasil)

Giacaglia, Lia Renata Angelini
  Orientação educacional na prática: princípios, histórico, legislação, técnicas e instrumentos / Lia Renata Angelini Giacaglia, Wilma Millan Alves Penteado. - 6. ed. - São Paulo: Cengage Learning, 2023.

  6. reimpr. da 6. ed. de 2010.
  Bibliografia.
  ISBN 978-85-221-1002-5

  1. Orientação educacional 2. Orientação educacional - Brasil I. Penteado, Wilma Millan Alves. II. Título.

10-09231					CDD-371.422

Índice para catálogo sistemático:

1. Orientação educacional: 371.422

Orientação Educacional na Prática

Princípios, histórico, legislação, técnicas e instrumentos

Lia Renata Angelini Giacaglia
Wilma Millan Alves Penteado

6ª edição, revista e ampliada

Austrália • Brasil • México • Cingapura • Reino Unido • Estados Unidos

Orientação Educacional na Prática – Princípios, Histórico, Legislação, Técnicas e Instrumentos
Lia Renata Angelini Giacaglia e Wilma Millan Alves Penteado

Gerente Editorial: Patricia La Rosa

Editora de Desenvolvimento: Monalisa Neves

Supervisora de Produção Editorial: Fabiana Alencar Albuquerque

Copidesque: Fernanda Batista dos Santos

Revisão: Viviam Moreira

Diagramação: Cia. Editorial

Capa: Absoluta Publicidade e Design

© 2011 Cengage Learning. Todos os direitos reservados.

Todos os direitos reservados. Nenhuma parte deste livro poderá ser reproduzida, sejam quais forem os meios empregados, sem a permissão, por escrito, da Editora.
Aos infratores aplicam-se as sanções previstas nos artigos 102, 104, 106 e 107 da Lei nº 9.610, de 19 de fevereiro de 1998.

Esta editora empenhou-se em contatar os responsáveis pelos direitos autorais de todas as imagens e de outros materiais utilizados neste livro. Se porventura for constatada a omissão involuntária na identificação de algum deles, dispomo-nos a efetuar, futuramente, os possíveis acertos.

A Editora não se responsabiliza pelo funcionamento dos links contidos neste livro que possam estar suspensos.

Para informações sobre nossos produtos, entre em contato pelo telefone **+55 11 3665-9900**.

Para permissão de uso de material desta obra, envie seu pedido para
direitosautorais@cengage.com.

ISBN-13: 978-85-221-1002-5
ISBN-10: 85-221-1002-6

Cengage
WeWork
Rua Cerro Corá, 2175 - Alto da Lapa
São Paulo - SP - CEP 05061-450
Tel.: +55 (11) 3665-9900

Para suas soluções de curso e aprendizado, visite
www.cengage.com.br.

Impresso no Brasil
Printed in Brazil
6. reimpr. – 2023

Sumário

Prefácio à 6ª edição, VII

Introdução, IX

Parte I	Histórico da Orientação Educacional, 1
Capítulo 1	O surgimento da Orientação Educacional, 3
Capítulo 2	História da Orientação Educacional no Brasil, 19
Parte II	A Orientação Educacional e o Serviço de Orientação Educacional, 51
Capítulo 3	Definição de Orientação Educacional, 53
Capítulo 4	Quem é o Orientador Educacional?, 59
Capítulo 5	Atribuições e interações do Orientador Educacional, 65
Capítulo 6	Princípios éticos na atuação do Orientador Educacional, 77
Capítulo 7	Importância e necessidade da existência da Orientação Educacional nas escolas, 81
Capítulo 8	O Serviço de Orientação Educacional, 85
Capítulo 9	A Orientação Educacional nos diferentes graus do ensino, 88
Parte III	O planejamento escolar e a elaboração do plano de Orientação Educacional, 97
Capítulo 10	A participação do Orientador Educacional no planejamento e na elaboração do projeto pedagógico da escola e do plano escolar, 99
Capítulo 11	Itens do plano de Orientação Educacional, 108
Capítulo 12	Subsídios para a elaboração do plano do Serviço de Orientação Educacional, 113
Parte IV	Organização do Serviço de Orientação Educacional, 125
Capítulo 13	Recursos do Serviço de Orientação Educacional: instalações e equipamentos, 127
Capítulo 14	Informações necessárias à organização do Serviço de Orientação Educacional e sugestões de instrumentos, 134
Parte V	Áreas de atuação do Orientador Educacional, 145
Capítulo 15	Por que o Orientador Educacional atua em diferentes áreas?, 147
Capítulo 16	A Orientação Educacional e a família do aluno, 150
Capítulo 17	A participação do Orientador Educacional em relação ao aproveitamento escolar do aluno, 164
Capítulo 18	A Orientação Educacional e a integração do aluno à escola e à sociedade, 190

Capítulo 19	A Orientação Educacional e os aspectos morais, cívicos e religiosos da educação do aluno, 201
Capítulo 20	A Orientação Educacional e o desenvolvimento físico e emocional do aluno, 211
Capítulo 21	A Orientação Educacional e o lazer do aluno, 220
Capítulo 22	A atuação do Orientador Educacional em relação à Orientação Vocacional do aluno, 229
Parte VI	**Estratégias empregadas em Orientação Educacional e o emprego de técnicas de medida e de avaliação, 241**
Capítulo 23	Estratégias empregadas pelo Orientador Educacional, 243
Capítulo 24	Técnicas de medidas e de avaliação mais empregadas em Orientação Educacional, 252
Capítulo 25	Orientação Educacional e a avaliação da personalidade, 257
Capítulo 26	O Orientador Educacional e a medida da inteligência, 265
Capítulo 27	A técnica sociométrica e seu emprego pelo Orientador Educacional, 269
Capítulo 28	Procedimentos estatísticos mais usados pelo Orientador Educacional, 276
Parte VII	**Contribuição do Serviço de Orientação Educacional da escola para a formação de orientadores, 281**
Capítulo 29	A avaliação da atuação do Serviço de Orientação Educacional, 283
Capítulo 30	O papel do Orientador Educacional no planejamento, na supervisão e na avaliação dos estágios em Orientação Educacional, na escola onde atua, 287
Capítulo 31	Acompanhamento Pós-Escolar (APE), 296
Parte VIII	**Mudanças sociais nas últimas décadas e seu impacto na escola e para a Orientação Educacional, 305**
Capítulo 32	O mundo mudou muito nas últimas décadas, 307
Capítulo 33	Inovações tecnológicas e seu impacto na escola e no trabalho do Orientador Educacional, 311
Capítulo 34	As drogas nas escolas e o Orientador Educacional, 317
Capítulo 35	A violência nas escolas e o Orientador Educacional, 323
Capítulo 36	O *bullying*, uma forma de violência nas escolas, 334
Capítulo 37	O Orientador Educacional e alunos vítimas de pedofilia, 343
Capítulo 38	O Orientador Educacional, problemas que a criança enfrenta fora da escola e a síndrome da vítima culpada, 353

Post-Scriptum, 361

Anexos, 367

Exercícios propostos para análise e discussão de cada capítulo, 376

Referências Bibliográficas, 391

Prefácio à 6ª Edição

Ao se esgotarem os exemplares da última edição deste livro, as autoras se questionaram se deveriam autorizar mais uma reimpressão, mantendo-o tal qual se apresentava na 5ª Edição, ou se caberia uma 6ª Edição, revista e ampliada.

No decorrer dos 14 anos desde a sua publicação, foram relativamente poucas as modificações efetuadas neste livro. Duas delas tiveram caráter meramente formal, a saber: (1) foi modificada a nomenclatura empregada para distinguir os diferentes níveis do ensino (antigos 1º e 2º graus) por causa das mudanças trazidas pela nova Lei de Diretrizes e Bases, que alterou tal nomenclatura, e (2) houve a necessidade de mudar, nos formulários e nos questionários, a forma de apresentação de exemplos de datas, em que os anos apareciam como 19..., pois o livro sobrevivera à mudança de século. Tais datas passaram a ser apresentadas como .../,,,/....

Além dessas alterações de somenos importância, mas sem dúvida imprescindíveis, outras bem mais relevantes deram ensejo à necessidade de novas edições para este livro: foram tratados ou enfatizados alguns problemas, tais como violência, drogas, alcoolismo, doenças sexualmente transmissíveis, gravidez precoce, que, recrudescidos na sociedade em geral, refletem-se na escola, demandando atenção e cuidados redobrados por parte do Serviço de Orientação Educacional.

Foi mencionado no texto e incluído em Anexo o Código de Ética dos Orientadores Educacionais, da Federação Nacional dos Orientadores Educacionais (Fenoe), publicado em 1979, que, por um lapso, não fora mencionado na primeira edição do livro, não obstante sua indiscutível importância para o Orientador Educacional.

A primeira edição não continha exercícios, pois, no entender das autoras, a utilidade mais premente na ocasião em que o livro foi concebido era de auxiliar os Orientadores Educacionais recém-formados, que, começando a trabalhar nas escolas, declaravam-se não preparados e inseguros para o desempenho de suas funções.

Entretanto, a ampla utilização do livro nos cursos de formação de Orientadores Educacionais, que se seguiu à sua publicação, levou docentes de tais cursos a solicitarem às autoras a inclusão de exercícios a serem resolvidos por seus alunos.

A fim de atender aos dois tipos de usuários – os estudantes e os já diplomados – sem, entretanto, quebrar a sequência na leitura, os exercícios foram colocados ao final do livro, agrupados por capítulos. Os exercícios propostos foram concebidos e apresentados de forma que possibilitasse tanto sua execução individual quanto, e preferencialmente, em grupos de alunos.

Foram essas, basicamente, as modificações efetuadas nas edições anteriores – relativamente poucas – para mais de uma década de utilização de um livro. A necessidade de sucessivas reimpressões, bem como o *feedback* recebido pelas autoras, indicam que ele continua útil e atendendo às finalidades propostas.

Por que, então, apresentar uma nova edição, e não simplesmente efetuar mais uma reimpressão?

Novamente, duas ordens de motivos, um deles formal e outro de conteúdo.

O motivo formal, como sempre de menor importância, ainda que necessário, foi causado pelo acordo entre os países de língua portuguesa, que veio acarretar a atualização ortográfica, embora de pequena monta, nos livros editados, mormente os de natureza didática.

O outro, de conteúdo, procurou atender, mais uma vez, a solicitação de usuários que manifestaram o desejo de ver tratados em um único livro, conjuntamente com os aspectos práticos da Orientação Educacional, também a teoria, seu histórico e a legislação pertinente.

Esta nova edição, a sexta, teve, portanto, por finalidade principal a de incluir capítulos de natureza teórica e de tratar de assuntos que foram se tornando, no decorrer do tempo, importantes nas escolas, sem, entretanto, deixar de lado a contribuição de natureza prática que norteou a concepção original do livro.

Com esta nova edição, as autoras esperam que o livro não só continue útil e importante para a formação dos Orientadores Educacionais, como também venha, com o acréscimo dos novos conteúdos, facilitar o estudo dos alunos, bem como o trabalho dos docentes, na formação aprimorada dos novos Orientadores Educacionais.

As Autoras

Introdução

Em virtude de mudanças socioeconômicas e culturais ocorridas na sociedade brasileira, a escola teve de reformular suas funções tradicionais, redefinir o seu papel, além de criar novos serviços, aumentando-se substancialmente, por esses motivos, o número de pessoas envolvidas no processo educativo, bem como o nível de complexidade dessa instituição. Assim, ela passou a compartilhar com as famílias e, muitas vezes, acabou até por assumir, gradativamente, a responsabilidade pelo desenvolvimento integral do educando, em seus múltiplos aspectos: físico, intelectual, escolar, social, emocional, moral, vocacional, profissional, às vezes também o religioso, enfim todos os aspectos em relação aos quais a criança e o adolescente se desenvolvem, enquanto nela permanecem.

Sendo um ser em formação e vivendo em uma sociedade cada vez mais complexa e sofisticada, o educando deveria poder contar, além da escola, com a orientação de diferentes instituições, a começar pela família e pela comunidade, até a igreja e o clube que eventualmente possa frequentar. Entretanto, tais instituições não têm conseguido executar, a contento, a parcela que lhes caberia na educação.

No que se refere à família – a primeira e a principal instituição educativa – deve-se lembrar que o despreparo dos pais e a necessidade cada vez maior de que a mulher se ausente de casa a fim de trabalhar contribuem para que os genitores ou responsáveis tenham menos condições e disponibilidade para a orientação das crianças e dos adolescentes. Em razão dessa situação, ou por algum sentimento de culpa ou, ainda, motivados por pseudoteorias psicopedagógicas, esses adultos, quando não totalmente ausentes na educação de seus filhos, tornam-se excessivamente permissivos e complacentes com a criação deles, deixando para a escola a tarefa de discipliná-los, o que torna mais difícil a tentativa de educá-los de forma conveniente.

Por outro lado, como o aluno passa, quase sempre, um grande número de horas na escola, e como esta constitui a instituição mais bem aparelhada para exercer influência sistemática e científica na educação dos jovens, espera-se dela, hoje, e cada vez mais, muito além da transmissão de conhecimentos, que constituía sua quase que única responsabilidade no passado.

Entretanto, algumas características do nosso sistema educacional – baixo rendimento da aprendizagem e, consequentemente, altos índices de repetência e de evasão – revelam que a escola não vem mais sequer realizando, a contento, a sua tarefa precípua que é o ensino.

Dada a complexidade dessa problemática e considerando que são numerosos e diversificados os fatores que causam o fracasso escolar, conclui-se que a educação não pode se esgotar unicamente na sala de aula e na relação professor-aluno.

Uma função complementar ao processo ensino-aprendizagem, e que vem, pelas razões apontadas anteriormente, se tornando cada vez mais importante e necessária nas escolas é a Orientação Educacional, função essa de natureza não docente, mas técnica e pedagógica que, exercida no ambiente escolar, tem por objetivo auxiliar o processo de educação dos alunos.

Considerada uma ação importante na melhoria dos padrões educacionais em países nos quais se destinam recursos significantes à educação, impõe-se, entre nós, não como um recurso adicional para o aprimoramento da escola, mas, sim, como uma necessidade urgente para responder às demandas do desenvolvimento pessoal e social do aluno.

Dadas a necessidade e a importância que a Orientação Educacional assume nas escolas brasileiras, é preciso pensar no preparo adequado dos recursos humanos destinados a essa área, preparo esse que deve incluir, necessariamente, o domínio dos fundamentos teóricos da ação e o conhecimento da parte prática correspondente ao exercício das atividades profissionais do Orientador Educacional. É indispensável, pois, o conhecimento da realidade escolar brasileira a fim de que possam ser colocados, de modo eficiente, na prática, esses princípios.

É importante também, para a formação do Orientador Educacional e para seu posicionamento frente a essa realidade, que ele conheça os motivos que levaram à criação da Orientação Educacional, seu histórico e a história da Orientação Educacional no Brasil, bem como os necessários vínculos do seu trabalho com a sociedade e com a Filosofia da Educação que os deverá nortear. Tais temas foram incluídos, nesta nova edição, no início do livro. Além de acrescentarem um conteúdo de natureza teórica ao teor essencialmente voltado à prática do trabalho do Orientador Educacional, eles deram ensejo à inclusão de um novo conteúdo, com uma discussão mais embasada sobre a definição da Orientação Educacional e sobre o perfil que define o Orientador Educacional ideal.

A inclusão de novos capítulos versando sobre as transformações sociais ocorridas nas últimas décadas, bem como suas consequências para a sociedade em geral e para a escola em particular, visaram não só alertar o Orientador Educacional para tais consequências, como também prepará-lo para lidar com elas, o que constitui tarefa bastante difícil.

Informado de suas atribuições legais privativas e não privativas e alertado sobre os princípios éticos que devem reger o seu comportamento profissional, ao iniciar o exercício de suas funções, o Orientador Educacional, conforme a época e as condições de trabalho, depara com as tarefas do período de planejamento e com a elaboração do plano da escola e do plano do Serviço de Orientação Educacional, necessitando, para tanto, conhecer: as características da escola e da comunidade; os fundamentos para a formulação de objetivos em educação; estratégias adequadas à sua atuação, bem como instrumentos e técnicas úteis para essas tarefas. Neste livro, ele encontrará subsídios para a realização dessas tarefas.

Como nem sempre existe um Serviço de Orientação Educacional implantado nas escolas, são necessárias informações sobre instalações, equipamentos, organização do serviço, bem como sobre a elaboração de instrumentos imprescindíveis às várias finalidades, informações essas também incluídas nesta obra.

Para um desempenho eficiente e de abrangência de suas funções, o Orientador Educacional necessita ainda: conhecer e manter contato com as famílias dos alunos; colaborar para o bom aproveitamento escolar da clientela; integrar-se com a equipe técnica e docente para atuar em relação aos aspectos morais, cívicos e religiosos, bem como nas áreas do desenvolvimento físico, emocional e vocacional dos educandos. Explicações e instrumentos importantes para essas finalidades são encontradas no corpo deste livro.

À medida que o trabalho se desenvolve e o Serviço de Orientação Educacional se organiza, o Orientador Educacional pode incluir nas suas atividades a supervisão de estagiários e o acompanhamento pós-escolar, duas atribuições importantes para a formação do Orientador Educacional, dos alunos e para a própria Orientação Educacional.

As técnicas de medidas e de avaliação mais empregadas em Orientação Educacional e, em particular, a técnica sociométrica também devem ser de amplo domínio deste profissional e foram, por este motivo, incluídas na parte final deste livro.

Espera-se que os conteúdos desenvolvidos venham favorecer a formação e a atuação do Orientador Educacional, contribuir para a projeção de uma imagem mais positiva deste profissional, além de sensibilizar as autoridades competentes para que se implante a Orientação Educacional nas escolas públicas, assim como já ocorre nas melhores escolas particulares.

Embora seja importante a existência de um Serviço de Orientação Educacional, ou pelo menos uma sala-sede para a Orientação Educacional, a natureza do trabalho do Orientador Educacional fará com que ele não se atenha a esse local para exercício de suas funções na escola, mas se encontre onde quer que suas atribuições pedagógicas legais possam contribuir para o processo de educação dos alunos.

Notas

O grande número de modelos de questionários apresentados neste livro não significa que o Serviço de Orientação Educacional se resume em um local de coleta e de guarda de informações, e nem que o Orientador Educacional deva, necessariamente, usar todos eles. Fica a critério do responsável pelo Serviço de Orientação Educacional decidir quanto ao emprego ou não de todos eles ou, se for o caso, a escolha daquele(s) que seja(m) mais apropriado(s) em cada circunstância. O Orientador Educacional deve ter em mente que não se deve sobrecarregar os pais ou responsáveis pelos alunos com questionários contendo questões inúteis para o Serviço de Orientação Educacional, como, por exemplo, solicitar aos pais autorização para que seus filhos assistam a aulas de religião ou educação sexual, se a escola não as irá ministrar, ou perguntar aos alunos sobre qual tipo de lazer gostariam que a escola lhes proporcionasse, se não haveria possibilidade de a escola atender a esses desejos.

Questões visando à obtenção de informações que o Orientador já possua de anos anteriores, ou de irmãos do aluno, e que sejam as mesmas, não devem ser enviadas aos pais, o mesmo ocorrendo com questões cujos dados o Orientador pode conseguir na secretaria da escola. Os modelos apresentados servem tão somente como ilustração dos textos e como fonte de inspiração para a elaboração de questionários pelo Orientador Educacional.

Em relação à especificidade de cada obra, torna-se necessário tomar decisões relativas não só ao conteúdo como também à forma. As notas que se seguem referem-se às decisões adotadas pelas autoras, neste livro.

Embora a Orientação Educacional possa e deva ser exercida em todos os níveis de ensino – da educação infantil à pós-graduação –, no Brasil ela é exercida predominantemente no ensino fundamental e no ensino médio. Daí, o fato de termos nos voltado mais para estes níveis de ensino.

Dedicamos, entretanto, um capítulo à Orientação Educacional na pré-escola e nos cursos superiores, ainda que em menor proporção com relação aos demais níveis de ensino, onde a Orientação Educacional é exercida com maior frequência e geralmente se mostra mais necessária.

Dadas também as frequentes referências a alguns termos, para simplificar, foram usadas as seguintes abreviaturas: Orientação Educacional (OE); Orientador Educacional (Or.E./ Or.Es., no plural); Orientação Vocacional (OV); Coordenador Pedagógico (CP); Serviço de Orientação Educacional (SOE).

O termo Orientador Educacional foi empregado no masculino, embora se constate que as pessoas que trabalham em educação sejam em maior número do sexo feminino. A intenção foi usar a expressão em sentido genérico, sem precisar especificar, a todo instante, nas inúmeras vezes em que o termo aparece no texto, o Orientador ou a Orientadora Educacional.

Parte 1

Histórico da Orientação Educacional

Capítulo 1   O surgimento da Orientação Educacional

Capítulo 2   História da Orientação Educacional no Brasil

Capítulo 1

O surgimento da Orientação Educacional

1. Das origens da Orientação Educacional

Não seria possível a civilização, e nem sequer a vida animal, se os indivíduos adultos não tomassem a si a tarefa de cuidar para que seus filhos – ou crias, no caso dos animais irracionais – fossem orientados para a própria sobrevivência e também a da espécie, incluindo-se aí não só os aspectos físicos como também aqueles necessários à vida em sociedade.

Nas diferentes espécies animais, desde as mais simples, observa-se a dedicação com que adultos instruem, treinam e mesmo educam os jovens até que estes se tornem aptos para a vida independente.

Consciente ou instintivamente, qualquer que seja a motivação por trás dessa empreitada, instrução, treino, educação e orientação encontram-se intimamente relacionados nesse esforço individual e, muitas vezes, de toda a comunidade ou de parte dela.

Entre os humanos, tem-se notícia de que, desde priscas eras, sempre existiu a necessidade, por parte das gerações mais velhas, não só de prover como também de socializar e instruir as gerações mais novas, utilizando-se, para tanto, a princípio, da educação e da orientação informais e, mais tarde, da instrução formal, via escolarização.

Nos primeiros tempos, e ainda hoje em civilizações menos sofisticadas, toda socialização era feita de maneira informal, se bem que dentro dos parâmetros de tradições bem estruturadas, ficando, tal educação, circunscrita ao ambiente familiar ou próxima a ele. Geralmente era levada a efeito pelos pais, ou por outros parentes próximos e/ou até por pessoas conhecidas na comunidade. Tal tarefa, ou parte dela, era confiada a essas pessoas, ainda que de maneira informal, graças às suas habilidades, interesse, possibilidade ou autoridade para o exercício desse papel. O processo que incluía, indissoluvelmente, tanto a educação como a orientação era dirigido a apenas um ou poucos educandos simultaneamente.

Quando parte da educação deixou a esfera da família ou de uma comunidade bastante restrita, sendo confiada, a princípio em pequenas e depois em grandes proporções, ao âmbito escolar, tornou-se necessário repensar a educação, pois ela passaria agora a ser centrada, em sua maior parte, na instrução. Ao ocorrer tal transformação ditada, sem dúvida, pelas novas necessidades da sociedade, a educação veio a perder, em sua maior parte, a orientação, até então nela embutida.

As sucessivas maneiras que a sociedade empregou para o provimento da educação formal foram mudando com o correr do tempo, adaptando-se a transformações sócio-político-econômicas na própria sociedade. Tais transformações traziam em seu bojo novas ou diferentes necessidades prioritárias, às quais a educação foi sendo chamada a satisfazer.

2. O advento da Revolução Industrial e do movimento de educação compulsória nos EUA e suas consequências para a escola e para a Orientação Educacional

Dentre os muitos acontecimentos importantes que acarretaram a necessidade de reformulação na maneira como vinha sendo realizada a educação formal, cabe destacar, em época relativamente recente, a Revolução Industrial, que, além do enorme impacto exercido na sociedade em geral, também afetou sobremaneira a educação escolar.

Em primeiro lugar, vale lembrar que tal revolução causou a retirada, em grandes proporções, de adultos de seus lares, afastando-os, portanto, do cuidado pessoal e próximo dos filhos. Como primeira consequência, esses passariam a ser cuidados e educados por terceiros. Como a grande parte da população adulta se encontrava também ocupada nas incipientes indústrias, a solução foi agrupar os educandos, em números cada vez maiores, em instituições formais e especializadas, para que os pais pudessem se dedicar às novas formas de trabalho, em novos locais.

Outro movimento importante, que teve início nos EUA a partir de 1890 e que foi se intensificando naquele país até a década de 1930, foi a implantação da educação compulsória para todas as crianças. Esse movimento, que teria tido como uma das suas causas a intensa imigração por que passou aquele país, bem como a inserção das crianças na vida urbana, levou a uma crescente preocupação com a proteção da população infantil. Tal preocupação teve como resultado prático a promulgação de leis sobre o trabalho infantil e a inserção obrigatória das crianças na educação formal; na teoria, deu ensejo ao desenvolvimento de um novo ramo da Psicologia, a Psicologia da Criança.

No âmbito escolar, esse movimento teve por consequência a necessidade de as escolas aumentarem sobremaneira o número de alunos admitidos, bem como se prepararem para atender a uma população bastante heterogênea, em termos de etnia, de classe socioeconômica, de saúde física e também mental.

Para a área da saúde, foi cogitada a contratação de enfermeiros, médicos, assistentes sociais escolares, de conselheiros ou de psicólogos escolares. Não se sabia ao certo qual desses profissionais seria mais indicado, sendo necessário optar por um deles, já que, por razões de ordem econômica, seria impossível contar com os serviços de todos ao mesmo tempo e em cada estabelecimento de ensino. Tais profissionais poderiam, então, atuar fora do ambiente escolar, cobrindo várias escolas de cada região, no atendimento dos escolares necessitados de ajuda. Ficava faltando, entretanto, alguém de dentro da escola que pudesse detectar e indicar quais crianças precisariam de ajuda, qual tipo de ajuda e qual o tipo de profissional mais apto a atender cada uma delas.

Como consequência da concentração de grande número de alunos, tiveram de ser aumentadas não só as instalações como houve também a necessidade da contratação de muitos professores e também de demais funcionários para atuarem nas escolas.

Começou-se, ainda, a perceber a necessidade da existência nas escolas de especialistas para trabalhar com os professores e na assistência aos alunos, assistência essa que não se limitaria à área da saúde física, que poderia ser cuidada fora dos estabelecimentos de ensino.

Havia a opção de se contar com um psicólogo escolar que, dada sua formação, mais de psicólogo que de pedagogo, se concentraria apenas nos alunos com problemas psíquicos, aplicaria testes para detectar aqueles alunos que precisariam de tratamento e de atendimento psicológico e detectaria alunos com necessidades especiais, provendo, quando necessário, tratamento psicológico.

Em primeira instância, o levantamento de alunos que aparentemente teriam problemas psicológicos poderia ser realizado por um educador especializado – por um Or.E., ou por um serviço de OE –, conforme o tamanho de cada escola. Os eventuais casos de necessidade ou de suspeita da necessidade de atendimento psicológico poderiam ser encaminhados, como no caso das enfermidades de caráter físico, para psicólogos, fora das escolas. Além disso, o espectro de tarefas que seriam exercidas por um Or.E., na qualidade de educador, teria um âmbito de maior abrangência, já que ele cuidaria da população estudantil como um todo, não apenas de alunos com problemas psicológicos. Ele seria responsável também por diferentes aspectos da vida escolar, como os relacionamentos entre alunos e destes com a escola, com os professores e demais funcionários, trataria ainda com os pais dos alunos, exercendo várias outras funções, conforme atribuições descritas neste livro.

Dessa forma, e pelos dois motivos apontados, ressurgiu a OE nas escolas.

3. A Orientação Educacional ressurge na educação, primeiramente sob a forma e com as finalidades de Orientação Vocacional

Embora a educação, desde os primórdios da civilização, sempre pressupusesse orientação, de tal forma que, por estarem ambas intimamente associadas, ficaria difícil, nessa época, separar uma da outra ou diferenciá-las, a OE apenas iria surgir, formalmente e no ambiente escolar, após e por causa da Revolução Industrial.

No novo cenário que se delineara a partir dessa importantíssima revolução, a OE tornou-se essencial à nova educação. Entretanto, ela agora retornaria de maneira mais diferenciada, explícita, profissional e com novas finalidades.

Isso se explica pelo motivo de que essa revolução modificou profundamente a vida dos países em que ela ocorreu, o que veio provocar a necessidade da formação de mão de obra especializada, cujo provimento foi delegado à escola, e nela, à OE.

Dadas as circunstâncias de suas novas origens, a OE passaria a servir a novas necessidades e, consequentemente, iria se identificar, ser definida e ser restrita – ou dedicada preferencialmente –, à Orientação Profissional e à OV, sendo exercida no âmbito escolar.

Caberia, então, à OE, concebida dessa maneira e com tais finalidades bem definidas, selecionar e treinar alunos para as novas formas de trabalho.

Como consequência, uma escola que, até então, vinha oferecendo uma educação voltada para a elite e, portanto, distanciada de fins meramente pragmáticos, viu-se obrigada não só a abrir suas portas à população em geral – e não apenas a alguns poucos privilegiados –, como também a reformular suas atribuições.

É claro que a elite procuraria, ato contínuo, distanciar seus filhos desse tipo de escolarização, dando ensejo ao aparecimento de dois tipos de escolas, dependendo da camada social a que cada uma se destinaria. Porém, sem dúvida, a mera abertura da educação formal, para o atendimento dos filhos das classes socialmente menos favorecidas, viria a tornar mais amplo o oferecimento de educação escolar e, portanto, mais democrática a educação, embora ainda permanecesse um tipo paralelo de escola, vedada a alunos pertencentes a essas classes sociais.

Por causa dessa necessidade de inclusão de crianças que se encontrariam fora dela, e não devido a pressões de natureza ideológica, a escola passou a acolher um grande número de alunos.

A OE, com essas novas finalidades de orientação vocacional e profissional, teve início apenas em fins do século XIX. Ela surgiu primeiramente em São Francisco e em Boston, nos EUA, e a seguir na França, estendendo-se mais tarde a outros países, inclusive ao Brasil.

Como o início da OE formal confunde-se com o da OV, pode-se dizer que ela teve suas raízes históricas com Frank Parsons, que, no início da primeira década do século XX, apresentou uma teoria para a OV, teoria essa que viria a se tornar clássica.

Segundo essa teoria, caberia à OV a tarefa de colocar o "homem certo na função certa". A teoria de Parsons não só se tornou bastante conhecida e difundida, como também iria influenciar sobremaneira, e por muito tempo, a condução da OV e, por conseguinte, a da própria OE, com ela então confundida.

Até hoje, apesar da rápida e intensa transformação da sociedade, da Filosofia da Educação e da Psicologia, a proposta enunciada por Parsons continua a influenciar o trabalho de muitos Orientadores Vocacionais e, infelizmente, também até o de muitos Or.Es.

A necessidade de, segundo Parsons, colocar a pessoa certa na função adequada pressupunha, é claro, uma análise científica dos requisitos de cada função, para saber quais as características que as pessoas deveriam possuir para exercê-la. Pressupunha também, e em primeiro lugar, o conhecimento das características de cada indivíduo, para poder alocá-lo de acordo com elas. Como proceder para conhecer tais características? A resposta a essa questão seria dada pela Psicologia, mais especificamente por um ramo dessa ciência chamado Psicometria, que tem por objeto de estudos o desenvolvimento e a aplicação de testes psicológicos para efetuar a medição empregada em Psicologia. A Psicometria veio a constituir um ramo novo da Psicologia, e seu início coincidiu com as necessidades criadas pela teoria de Parsons.

Pode-se dizer que a Psicometria teve seu início formal em 1905, na França, embora anteriormente já tivesse havido tentativas de se medirem características psicológicas das pessoas. Em tais tentativas, entretanto, essas características eram inferidas de medidas físicas, como, por exemplo, tamanho da cabeça, sensações e tempo de reação das pessoas a estímulos. O desenvolvimento de medidas psicológicas tais como são empregadas hoje teve início naquele ano, naquele país, no laboratório de dois cientistas, Binet e Simon. Graças ao trabalho desses dois cientistas, foi elaborado o primeiro teste de inteligência do mundo.

Estava lançada, assim, a possibilidade não só de avaliar como até de medir as características das pessoas por meio de testes psicológicos, mais precisos e mais científicos que as medidas físicas. Essa descoberta tornaria possível, em conjunto com as descrições dos perfis mais adequados a cada função, segundo se acreditou na época, saber quais as pessoas certas para cada profissão.

O movimento dos testes psicológicos, embora tendo seu início na França, foi rapidamente encampado pelos EUA, onde se desenvolveu rapidamente e de onde se expandiu para o resto do mundo.

A Psicometria foi, portanto, o primeiro ramo da Psicologia privilegiado pela OV.

Como a medida de características pessoais dos indivíduos pressupunha, logicamente, diferenças existentes entre eles, o passo seguinte seria o estudo dessas diferenças, realizado por outro ramo da Psicologia, a Psicologia Diferencial, que também norteou os primeiros passos da OE.

Em resumo, presumia-se não só que as pessoas diferiam entre si em relação a vários traços da personalidade, como também tais diferenças seriam quantificáveis, podendo, portanto, ser não apenas úteis como também essenciais à aplicação da teoria de Parsons para a OV vigente àquela época.

Hoje, a Psicometria, embora ainda útil à OV, teve sua importância diminuída e seu papel reformulado nesse tipo de orientação, e, portanto, também e principalmente na OE.

Para uma história da evolução da OV, desde suas origens com Parsons até os dias atuais, recomenda-se a leitura do livro de Lia Renata Angelini Giacaglia, *Orientação Vocacional por atividades: uma nova teoria e uma nova prática*, publicação de 2003, por esta mesma Editora.

4. A Orientação Educacional se desvincula da Orientação Vocacional, mas continua a usar técnicas mais ligadas às finalidades da Orientação Vocacional, isto é, os testes psicológicos

Embora em suas origens circunscrita e intimamente ligada à OV e à Orientação Profissional, compartilhando das finalidades, dos métodos e das técnicas propostas para elas, a OE foi, aos poucos, adquirindo vida própria. Ela aumentou sua área de atuação até então limitada à OV, para incluir outros tipos de orientação aos alunos.

Dessa forma, de ponto de partida e de carro-chefe da OE, a OV passou a ser apenas mais uma dentre as várias áreas de atuação do Or.E., ou às vezes coexistindo com ela, de forma paralela, fora do ambiente escolar.

Consta que a expressão Orientação Educacional, em inglês "Guidance", tenha sido empregada, pela primeira vez, em 1912, por Kelley, nos EUA.

A OE esteve, já desde seu início, totalmente ligada ao sistema escolar e, apesar do emprego de testes psicológicos e de se assentar sobre uma Psicologia que apontava para as diferenças individuais, Psicologia essa mais apropriada às finalidades da OV, foi sempre exercida em estabelecimentos escolares e com finalidades e caráter pedagógico, donde a caracterização "educacional".

Por ser realizada nas escolas e com finalidades educacionais, ela seria apanágio de educadores, no caso pedagogos com habilitação específica em OE.

Entretanto, em 1951, na reunião anual da influente Sociedade Americana de Psicologia (*American Psychological Association*), foi proposta a designação "Counseling Psychology", isto é, Psicologia do Aconselhamento, com a intenção de atribuir aos formados em Psicologia uma prática que vinha, até então, sendo desenvolvida no campo da Pedagogia.

Hoje existe, envolvendo psicólogos e pedagogos, uma disputa com relação a qual desses profissionais deveria caber a atribuição de, na escola, dar apoio aos alunos: se ao Psicólogo Escolar, formado nos cursos de Psicologia, ou se ao Or.E., formado nos cursos de Pedagogia das Faculdades de Educação.

Na medida em que a OE é exercida no ambiente escolar, e não mais se restringe às finalidades próprias da OV, e que os testes psicológicos, embora ainda que largamente empregados, não constituem mais as únicas técnicas, e nem as principais, empregadas pelo Or.E., pode-se dizer que a OE deve ser exercida, na realidade, por Or.Es., não sendo vedado seu exercício a psicólogos, desde que estes últimos sejam também pedagogos habilitados em OE, e que se disponham a trabalhar com as atribuições legais próprias e exigidas dos Or.Es.

Psicólogos Escolares, se e quando existentes nas escolas, não seriam Or.Es., pois teriam funções diferentes das do Or.E. Eles poderiam, inclusive, tratar de escolares encaminhados pelos Or.Es., quando e se tais escolares apresentassem suspeita de comportamentos cuja especificidade de diagnóstico e tratamento seriam da alçada do psicólogo, quer este trabalhasse dentro ou, o que é mais comum, fora do ambiente escolar. Muito da confusão entre as respectivas áreas de atuação desses dois profissionais se deveu ao emprego de testes por ambos. Tanto o psicólogo quanto o Or.E. têm suas respectivas profissões regulamentadas, de tal forma que as atribuições de cada um deles encontram-se legalmente definidas.

5. O emprego de testes psicológicos na Orientação Educacional e o surgimento de novas correntes na Psicologia e na Orientação Educacional

Dadas suas origens como OV e a euforia com a novidade da possibilidade da medida em Psicologia, a OE logo privilegiou o emprego de testes psicológicos como sua primeira e mais importante estratégia de atuação. A Psicologia corrente colocava grande fé nas propriedades e possibilidades desses instrumentos.

Entretanto, passada essa euforia do primeiro momento da criação dos testes psicológicos, começaram a surgir, na própria Psicologia, severas críticas em relação à presumida objetividade, validade e precisão, além da necessária amplitude com que tais instrumentos conseguiriam medir os vários e inúmeros atributos das pessoas.

Tais questionamentos e consequentes objeções ao emprego de testes psicológicos se estenderam também ao emprego de testes em OE, embora muitos profissionais de OE continuassem, e até hoje continuem, a acreditar piamente na validade e no poder de bem medir dos testes, baseando-se, se não a OE, pelo menos grande parte da OV, nesses instrumentos.

Alguns teóricos da OE, mais atualizados, começaram a tomar conhecimento de outras correntes psicológicas que poderiam servir de complemento à Psicometria e até, talvez, deslocá-la do papel único e central de que até então desfrutara.

Representantes de diversas outras correntes da Psicologia começaram a povoar as falas e as publicações de Or.Es. Dentre eles se destacam Freud, Kurt Lewin, Husserl, Havighurst, Rogers, Maslow, Super e Combs. Tais influências somente se tornariam possíveis quando a OE deixou de lado uma finalidade meramente pragmática, isto é, a de atender às demandas da realidade sócio-política-econômica da época de seu surgimento, para atender a outras finalidades ditadas também pela sociedade, mas por uma sociedade que vinha, ela própria, também sofrendo transformações. Tais transformações viriam acarretar profundas mudanças nas sucessivas Filosofias da Educação, que norteariam a educação, e, consequentemente, também na OE. Isso explica por que outras correntes psicológicas passaram a ser privilegiadas na busca de novos métodos e técnicas para a OE.

O esquema seguinte resume o caminho percorrido desde as mudanças ocorridas na sociedade, passando pela educação e chegando até a atuação do Or.E.

A seguinte sequência mostra como transformações na sociedade acarretam mudanças nos métodos e técnicas que devem ser privilegiadas pela OE.

Sociedade → Filosofia da Educação → Finalidades da Educação → Corrente(s) Psicológica(s) privilegiada(s) → Métodos e Técnicas privilegiadas pela OE.

Para uma visão mais aprofundada sobre a influência de diferentes Filosofias da Educação sobre a OE, recomenda-se a leitura do livro de C. E. Beck, publicação da EPU/Edusp, de 1977, intitulado *Fundamentos filosóficos da Orientação Educacional*.

6. Em sua evolução histórica, a Orientação Educacional assumiu diferentes formas de atuação

Para maior conhecimento sobre as origens e, principalmente, para melhor compreensão do quê e de como se transformou a OE naquilo que conhecemos hoje, torna-se necessário resgatar seu histórico, acentuando as transformações e a evolução por ela sofrida. Nesta parte do capítulo, as autoras procuraram traçar, de forma paralela, as transformações sociais ocorridas no decorrer do tempo, bem como suas consequências nas escolas e também na concepção e nos métodos empregados pela OE nessas escolas.

Desde suas origens, no início do século XX, a OE passou por várias mudanças. Em um primeiro momento, como foi visto, ela assumiu caráter totalmente pragmático, confundindo-se com uma OV exercida em ambiente escolar.

Em um segundo momento, ela assumiu caráter terapêutico ou corretivo. Como a escola, pelo menos a pública, graças à Revolução Industrial e ao movimento de escolarização compulsória, fora obrigada a abrir suas portas a todo e qualquer tipo de aluno, começaram a despontar nela vários alunos que não se adaptavam a ela e/ou que não conseguiam acompanhar seu nível de exigência. Passou, então, a ser atribuída à OE a responsabilidade do esforço para o tratamento desses alunos, visando adaptá-los ao novo ambiente escolar.

Com o crescimento do número de alunos e como começaram a surgir problemas de comportamentos inadequados semelhantes em vários deles, a OE passou de um tratamento individualizado, de um ou de poucos alunos por vez, para outros tipos de estratégias mais adequadas a grupos de alunos, dentre outras, reuniões e palestras para alunos e para seus responsáveis, palestras essas tratando dos problemas mais recorrentes.

Quer exercida de forma individualizada, quer grupal, a OE teve, portanto, finalidades terapêuticas, nesse segundo momento.

Em um terceiro momento, a OE passou a ter caráter não mais apenas remediativo, mas também preventivo. Percebeu-se que não só seria necessário como também mais eficaz prevenir comportamentos indesejáveis do que esperar que se manifestassem para, depois, corrigi-los.

Porém, não pararam aí as transformações sofridas pela OE. Na mudança de sistemas mais autoritários de educação para sistemas mais democráticos, resultantes de uma concepção de caráter mais humanista da criança e do adolescente, em lugar de se esperar que os alunos se adaptassem à escola, esta teve de se adaptar ao novo tipo de clientela.

No item seguinte, e respectivo esquema, encontram-se representadas as transformações sofridas pela escola no decorrer do tempo, que iriam dar ensejo às modificações na OE.

7. Transformações ocorridas na instituição escola

No seu início, a escola era seletiva, excludente, de elite, com fins não pragmáticos e conteúdo humanístico. Com as transformações ocorridas na sociedade, ela foi obrigada a abrir suas portas para toda a população e a mudar suas características, para acomodar todo tipo de aluno. Essa transformação ocorreu em várias etapas, com características principais descritas na figura seguinte.

As elites, entretanto, procuraram manter a escola como era antes. Passaram, então, a coexistir três tipos de escolas: uma destinada à formação de técnicos, popular, com abertura para seus egressos se candidatarem a apenas alguns cursos de nível superior; uma gratuita e popular, sem formação profissional; e uma paga, geralmente de melhor nível acadêmico, procurada pelas classes socioeconômicas mais favorecidas, e voltada ao preparo dos alunos para os exames vestibulares.

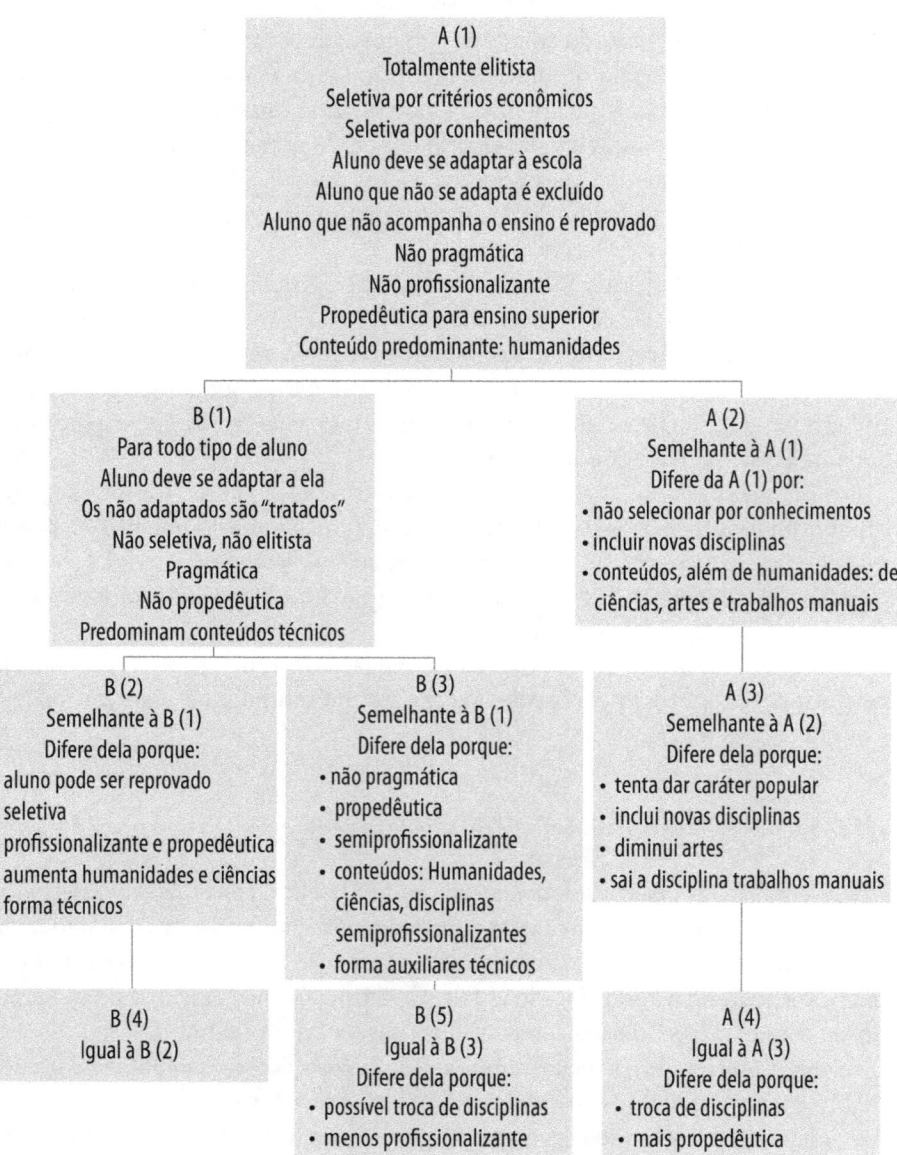

Figura 1 – Evolução, no Brasil, das escolas destinadas a diferentes tipos de alunos de acordo com a respectiva classe social

Acompanhando a evolução da escola, a OE também mudou. O esquema seguinte mostra os diferentes momentos e características das finalidades da OE.

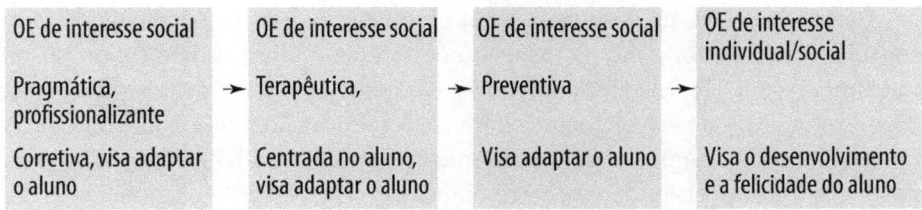

Figura 2 – Evolução da Orientação Educacional no Brasil

Quando a sociedade e a escola passaram a ver o aluno como um ser em desenvolvimento, com características próprias, com direitos, e não mais como mera mão de obra, a corrente de Psicologia privilegiada para fundamentar o trabalho do Or.E. também passou a ser outra; não mais aquela interessada pelas diferenças entre as pessoas, ou aquela outra que procura medir objetivamente tais diferenças, mas uma Psicologia que estuda o desenvolvimento humano para tornar o ser humano mais adaptado e feliz, isto é, a Psicologia do Desenvolvimento.

Os interesses mais pragmáticos da sociedade tiveram de se curvar ante a preocupação com o bem-estar e a felicidade da criança e do adolescente. Essas duas necessidades, a da sociedade e a do bem-estar do indivíduo, confluíram no conceito que o psicólogo Havighurst (1973), em meados do século XX, apresentou com a designação de "tarefas evolutivas".

Segundo esse autor, "tarefa evolutiva é uma tarefa que surge em um certo período da vida da criança ou do adolescente". Sua satisfatória resolução acarretaria não só a felicidade e o sucesso nessa resolução, bem como tornaria possível a passagem à tarefa subsequente, "enquanto o fracasso iria causar infelicidade individual, desaprovação social e dificuldades na abordagem de tarefas futuras". Como se vê, a proposta de tarefas evolutivas caracteriza o novo rumo que a OE passaria a seguir, o da Psicologia do Desenvolvimento.

Segundo a teoria de Havighurst, a cada fase do desenvolvimento corresponderiam, portanto, tarefas mais ou menos definidas e sequenciais, e processos devidos à maturação se inter-relacionariam com as influências e as oportunidades ambientais. Tais tarefas vão desde aspectos físico-motores do desenvolvimento, que se iniciam na mais tenra idade, como andar, falar, controlar os esfíncteres, até outras mais complexas, a serem atingidas bem mais tarde, como, por exemplo, a autorrealização.

O ponto essencial da contribuição do conceito de tarefas evolutivas de Havighurst é de que, relacionando-se as oportunidades de desenvolvimento com a realização das tarefas evolutivas, presumivelmente, estaria sendo assegurado o desenvolvimento desejável para o indivíduo e satisfeitas as necessidades da sociedade.

A ideia de etapas no desenvolvimento humano, objeto da Psicologia do Desenvolvimento e subjacente ao conceito de tarefas evolutivas, não foi proposta unicamente por Havighurst, tendo sido aventada por vários outros psicólogos que estudaram o desenvolvimento humano, embora não pela totalidade deles, porém elas não haviam sido explicitamente associadas a tarefas evolutivas. A proposta de uma correspondência entre etapas de desenvolvimento humano e tarefas constituiu contribuição exclusiva daquele psicólogo.

Não obstante tratar-se de autor norte-americano e o conceito de tarefas evolutivas datar de meados do século passado, o Or.E. no Brasil pôde se inspirar nesse conceito como base para um confronto entre o que se espera em termos de desenvolvimento e o que ele observa no comportamento dos seus orientandos. Ele poderá, inclusive, verificar se atualmente, na prática, a sequência e as respectivas faixas etárias indicadas por Havighurst continuam adequadas para seus orientandos, modificando-as caso ache mais conveniente. De qualquer forma, é importante, quer do ponto de vista histórico e teórico, quer do ponto de vista da utilização prática, que o Or.E. tome conhecimento das tarefas e da sequenciação propostas por aquele autor. No Anexo 1 deste livro, encontram-se tais tarefas evolutivas.

Com o enfoque desenvolvimentista e de acordo com as novas Filosofias da Educação, o aluno, com suas características e necessidades próprias, passa a ser não só o foco e o objetivo precípuo da OE, como também o determinante das direções que ela deverá seguir, visando sempre ao desenvolvimento de seu potencial e a sua felicidade. O aluno, que antes precisava se adaptar à escola para dela não ser excluído, hoje constitui fator de mudança da escola, que deve se adaptar aos alunos, que dela não podem mais ser excluídos.

Para confirmar o ocorrido nessa direção, basta atentar para as modificações havidas tanto no que diz respeito à sistemática das punições, como nas facilitações existentes nos sistemas de promoções em grande parte, senão na totalidade, das escolas públicas. Aos resultados de provas, antes os únicos critérios para aprovação, ou para eventual retenção dos alunos nas respectivas séries escolares, passaram a acrescentar outros mecanismos de avaliação, tais como as famosas "pesquisas", avaliações de comportamento, opiniões de outros professores nos Conselhos de Classe, mudança de um sistema de médias por algarismos, que, às vezes, iam até várias casas decimais, para conceitos ou letras, tudo para facilitar a aprovação dos alunos, culminando com a aprovação automática. As punições tornaram-se menos frequentes e mais brandas. Houve, como se vê, uma grande tentativa de adaptar a escola a todos os alunos.

8. Como diferentes tendências filosóficas e psicológicas de conceber o homem norteiam a Orientação Educacional e definem seu papel

Foi visto no item anterior, e o estudioso da Psicologia sabe que não existe apenas uma Psicologia, mas várias "escolas psicológicas" que dão origem a várias Psicologias. Tal ocorre pela complexidade da situação em que, diferentemente dos demais estudos, o objeto de estudo da Psicologia é também o seu sujeito, isto é, o homem estudando o próprio homem. De diversas concepções filosóficas sobre a natureza humana resultaram, portanto, necessariamente, diferentes Psicologias.

Por lidar com pessoas, a OE necessita assentar sua fundamentação na Psicologia. Cabe, então, a questão: em qual das correntes psicológicas ela deve se assentar?

Como foi, reiteradas vezes, assinalado neste livro, a OE surgiu de uma necessidade social e teve, portanto, caráter pragmático, isto é, o de atendimento a essa necessidade. Devido a essa circunstância inicial, ao fato de ter se desenvolvido principalmente nos EUA e em determinada época, ela nasceu sob a égide de um movimento muito em voga naquele país, àquela época: o pragmatismo, representado principalmente pela figura de William James (1842-1910), filósofo e psicólogo norte-americano.

A OE surgiu também, tanto no que se refere aos conceitos como aos métodos empregados por ela, fortemente influenciada por uma Psicologia que se fundamentava no positivismo de Augusto Comte (1798-1857), pensador que iria exercer na época, e até certo ponto ainda hoje, grande influência no pensamento ocidental. De acordo com o positivismo, depositava-se grande expectativa de fazer da Psicologia uma ciência exata, tal qual se acreditava serem exatas as demais ciências, como a Matemática, a Física, a Química e a Astronomia, ciências mais antigas. Acreditava-se que, imprimindo-se caráter de maior objetividade aos estudos psicológicos, seria possível assegurar tal pretensão.

A escola psicológica que mais se coadunava com o desiderato dos positivistas era o Behaviorismo, corrente psicológica predominante nos EUA nas primeiras décadas do século XX e que ainda hoje tem grande influência na Psicologia não somente naquele país, como também no mundo. O Behaviorismo pretendia estudar o ser humano da mesma forma, isto é, com a mesma objetividade com que as demais ciências estudavam objetos. Tal estudo deveria ser realizado de forma experimental e objetiva. Excluíam-se, portanto, da Psicologia, o estudo de sentimentos, emoções, pensamentos e outros, cabendo a ela apenas o estudo de comportamentos visíveis e mensuráveis.

Diante de tal ambição, os testes psicológicos começaram a ser bastante valorizados. Havia a Psicologia, segundo se acreditava, descoberto uma maneira objetiva de medir.

Os testes constituíam invenção recente na Psicologia e estavam, também nesse início de século, em plena moda. Conforme visto anteriormente, os testes psicológicos, apesar de terem sido criados na França, foram prontamente encampados pelos EUA, onde, tendo encontrado ambiente propício, vieram a conhecer rápido desenvolvimento e difusão.

Como se pode ver por meio deste histórico, as peças se encaixavam perfeitamente: pragmatismo, positivismo, Behaviorismo e testes, tudo contribuía para uma OV tal qual se propunha à época, e que viria a predominar por muito tempo, influenciando a OE que seguiria na mesma direção.

No entanto, embora o Behaviorismo fosse, e continuaria sendo, por muito tempo a escola predominante na Psicologia norte-americana e, por influência dela, no mundo, desenvolvia-se, de forma paralela, um outro tipo de Psicologia, com raízes filosóficas diferentes, com outra maneira de encarar e de estudar o ser humano. Essa Psicologia elegeu, como objeto preferencial de estudo, exatamente aquele repudiado pelos behavioristas. Ela se baseava não no positivismo, mas no existencialismo. Essa Psicologia, que ficou conhecida como a "terceira força", sendo as outras duas, o Behaviorismo e a Psicanálise, foi designada por Humanista, Fenomenológica e Não Diretiva, conforme o autor considerado. Embora com bases filosóficas bastante antigas, teve, na Psicologia, como iniciador, Husserl, e como principais expoentes, Rollo May, Abraham Maslow e Carl Rogers.

O Behaviorismo e a Fenomenologia possuem formas diferentes, contrastantes e até opostas de considerar o homem. O Behaviorismo o considera como um ser passivo, moldável pelo meio ao qual cabe a ele se adaptar. A Fenomenologia, por outro lado, acredita na potencialidade do ser humano para se realizar.

Uma OE baseada no Behaviorismo pressupõe que o aluno seja passivo e que, portanto, deverá ser conduzido pelo Or.E., a fim de que se adapte à escola e à vida em sociedade. Uma OE baseada na Fenomenologia, entretanto, pressupõe um aluno ativo, e a função da OE consiste, basicamente, na ajuda para que esse aluno se autorrealize.

Enquanto a OE do primeiro tipo tende a trabalhar com grupos de alunos, usa instrumentos de medida, a do segundo tipo privilegia o trabalho quase que individualizado, prefere usar entrevistas e questionários não padronizados.

Da mesma forma que diferentes correntes ou escolas psicológicas nortearam a OE, esta também esteve sujeita a diferentes Filosofias da Educação, que, ao nortearem a educação, também deveriam servir de bases para a OE. A Filosofia da Educação vigente varia a cada época e local. Para saber qual é ela, o Or.E. deverá consultar a legislação atual, e nela encontrarão, nos primeiros parágrafos, as finalidades da educação. De acordo com essas finalidades e com o espírito geral da lei, ele terá subsídios para seu trabalho.

Não é fácil, entretanto, extrair esses subsídios dos textos legais. Estes, em geral, costumam ser muito genéricos para que possam ser estendidos a todo o território nacional e servir de base por longos períodos.

O estudo da História da Educação e da evolução correspondente da Filosofia da Educação deve ajudar ao futuro Or.E. na tarefa de definir o modelo de seu trabalho, baseado na Filosofia da Educação vigente e na Psicologia que mais se coadune a ela. Assim, a uma Filosofia que valorizasse mais a eficiência da escola na sua tarefa de ensinar corresponderia um trabalho do Or.E. centrado na coleta de dados sobre aprendizagem, promoções e retenções de alunos, um modelo que pode ser caracterizado como "estatístico" e que serviria bem ao sistema. Não interessam, de acordo com tal modelo, tanto os porquês, mas os quantos. Ainda segundo esse modelo, não haveria a necessidade de se preocupar com alunos que fugissem aos padrões estabelecidos, pois estes seriam retidos nas respectivas séries, "reprovados" ou deixariam a escola, engrossando a fileira das evasões.

Já de acordo com uma Filosofia e respectiva legislação, segundo as quais o ensino deva abranger, obrigatoriamente, toda a população em idade escolar, passa a haver um limite para reprovações. A escola deve se perguntar o porquê das evasões e cabe à OE adaptar alunos que apresentam problemas, tanto de aprendizagem como de comportamentos, às normas e expectativas da escola. Este é conhecido como modelo terapêutico da OE e serve, em primeiro lugar, à escola.

De acordo, entretanto, com uma Filosofia de caráter humanista, a escola deve atender a todos os alunos, tanto os sadios como aqueles portadores de necessidades especiais. Ela não pode, portanto, excluir alunos e não deve "reprová-los" ou, como se passou a chamar de forma eufemística, retê-los em determinada série escolar, mas envidar todos os esforços para "recuperá-los", dando condições a todos para viver bem e felizes seus anos escolares, em comunidade. De acordo com essa Filosofia, o trabalho do Or.E. ainda inclui coleta de dados, mas estes dados servem a propósitos diferentes daqueles outros dados coletados nos modelos anteriores. Não serão mais meras estatísticas, não servirão mais para detectar alunos a serem tratados, mas indicarão ao Or.E. atuações necessárias ao aproveitamento escolar, bem como proporcionar o bem-estar de todos os alunos na escola.

9. A Orientação Educacional em diferentes países

Como seria de se esperar, a OE conheceu seus primeiros e maiores desenvolvimentos em países que sofreram processo de industrialização e de imigração mais cedo, que, por conseguinte, eram também os países mais desenvolvidos àquela época.

Os demais países, à medida que se desenvolviam do ponto de vista técnico e econômico, foram também seguindo os passos dos pioneiros. Tal não ocorreu, entretanto, de forma linear.

Como vale sempre lembrar, a escola e a legislação não têm o poder de mudar a sociedade, mas é esta última que determina mudanças na escola e na legislação. Por esse motivo, algumas leis não são cumpridas e muitas escolas não aderem e, portanto, não implementam novidades exógenas.

A tentativa de introduzir a OE em países que não estavam, na ocasião, preparados para a sua implementação, ainda que legisladores justificassem a necessidade e a importância dela, afirmando que consistia em algo que estava dando certo nos EUA, como ocorreu no Brasil, conforme será analisado no capítulo seguinte, não resultou frutífera.

A cópia ou a imitação do que se fazia e se faz, no que se refere à OE, em outros países também não constitui uma prática recomendável. Cada país, e às vezes cada região de um mesmo país, tem características gerais e de desenvolvimento próprias. O que funciona em um local, portanto, não funcionará, necessariamente, em todos os demais.

Mesmo quando apresentam necessidades e características semelhantes, a simples importação do que se faz com relação a um determinado país nem sempre vinga e viceja em outro, pelo simples fato de se constituir numa importação e não em uma necessidade endogenamente sentida e constatada pelo país que procura tal importação.

Cada país, ou região, deve, portanto, analisar cuidadosamente suas necessidades e possibilidades e, não imitando e nem copiando, mas se for o caso, inspirando-se no que vem ocorrendo atualmente ou no que ocorreu em outros locais em épocas em que tais locais apresentavam desenvolvimento ou problemáticas semelhantes, buscar suas próprias soluções, sob pena de, se não for esse o caso, incorrer no fracasso.

Tal recomendação se aplica também no caso do Brasil.

Capítulo 2

História da Orientação Educacional no Brasil

1. No Brasil, a Orientação Educacional também se originaria da Orientação Vocacional

Para melhor compreender a situação da OE no Brasil, tanto a passada quanto a presente, torna-se necessário atentar para dois fatos:

- Que, não obstante a necessidade criada pelas transformações sociais, políticas, econômicas e culturais advindas da Revolução Industrial, pelas quais, ainda que mais tardiamente, também passou o nosso país, a OE surge, na escola brasileira, não motivada por tais transformações, mas por influência estrangeira, principalmente dos EUA; e que,
- A uma profusão de leis e a uma legislação de certo modo avançada para a época, não corresponderia uma realidade que tornasse viável a implementação do que estatuíam as leis.

Pode-se afirmar, portanto, que a OE foi implantada no Brasil de forma bastante artificial, o que viria acarretar uma série de problemas, não só no momento de tal implantação, como também nos desenvolvimentos futuros, muitos dos quais se fazem presentes ainda hoje.

Quem examina a legislação referente à OE no Brasil admira-se com seu avanço, porém, quando cotejada com o que ocorreu na prática, percebe a enorme disparidade entre ambas. Costuma haver um fenômeno *sui generis* no país, em que há leis que "pegam" e há as que "não pegam", isto é, aquelas que ficam somente no papel. Há, com relação à própria OE, um exemplo de lei que "não pegou". Trata-se da obrigatoriedade legal da existência da OE nas escolas públicas do país. Tal obrigatoriedade, constante com todas as letras na Lei nº 5.692/71, sem, portanto, qualquer possibilidade de interpretações divergentes, não foi cumprida no longo período em que tal lei encontrava-se em vigor.

Caso tivesse sido respeitada a obrigatoriedade da OE nas escolas públicas, poder-se-ia dizer que haviam sido coroados, com tal lei, os esforços despendidos até então, durante a trajetória da implantação da OE no Brasil.

No Brasil, da mesma maneira, o início da OE deu-se com a Orientação Vocacional e Profissional. Da mesma maneira, tal qual ocorrera em outros países, mas apenas com um deslocamento no tempo em relação a eles, a OE no Brasil também teve, em suas origens, um escopo bastante pragmático e limitado – o da Orientação Vocacional e Profissional. Por este motivo, ela também teve início circunscrita a apenas uma de suas áreas atuais, que, se bem que importante, é insuficiente para o atendimento das inúmeras instâncias em relação às quais o escolar necessita de apoio na escola.

Da mesma forma como ocorreu em outros países em que a Revolução Industrial deu causa à necessidade de recrutar e de treinar trabalhadores para as incipientes indústrias, o advento da industrialização no Brasil, embora tendo ocorrido mais tarde, também iria levar ao mesmo tipo de OE.

O surto de industrialização e a consequente urbanização que vinha ocorrendo em alguns estados brasileiros levariam à necessidade de mão de obra especializada, não encontrada entre nós, e também, por consequência, à necessidade de implantação de um novo tipo de educação escolar. Diferentemente do ensino que vinha sendo ministrado até então nas nossas escolas, que apresentava natureza meramente acadêmica e, portanto, caráter elitista, iria surgir a necessidade de um novo tipo de formação escolar que visasse atender a essas novas demandas da sociedade.

Face a essas novas necessidades, que surgiam em relação à educação, percebe-se como foi fundamental, àquela época, a contribuição de um engenheiro suíço, Roberto Mange, contratado pelo governo para lecionar na Escola Politécnica de São Paulo. Em 1924, esse profissional criou o Serviço de Orientação e Seleção Profissional, destinado a orientar os alunos do Liceu de Artes e Ofícios de São Paulo. A essa experiência pioneira, seguiram-se outras, tanto em São Paulo como em outras capitais, como no Recife e em Belo Horizonte. Apesar de procurar atender às necessidades da época, deve-se notar que tais iniciativas ocorriam não no sistema escolar vigente ou nas escolas tradicionais, mas em iniciativas paralelas.

Além das transformações socioeconômicas, os maiores centros urbanos do Brasil experimentavam, à época, um período de efervescência cultural e educacional que viria culminar com o que ficou conhecido como a Semana de Arte Moderna, em 1922.

Não só nosso país conhecia e vivenciava um grande despertar em várias áreas, como também movimentos educacionais que ocorriam no exterior, principalmente nos EUA, chegavam até nosso conhecimento trazidos por educadores brasileiros que lá estudavam ou que visitavam escolas naquele país. Tais educadores iriam se tornar os pioneiros na implantação da OE no Brasil.

2. A Orientação Educacional no Brasil deixa de se resumir à Orientação Vocacional

Lá fora, a OE já extrapolara os limites da mera orientação dos jovens para o trabalho, sendo então exercida com a função de apoio aos alunos, com relação a diferentes instâncias em que um tipo de apoio se fizesse necessário. Com essas novas características, a OE começara a ser encontrada em todos os tipos de escolas, e não apenas naquelas de caráter profissionalizante.

Sintomaticamente, de acordo com sua nova concepção e com o local onde era exercida, a OE passara a ser designada nos EUA por "Educational Guidance", e na França, "Psychologie Scolaire". Como se vê, pelo nome pelo qual passou a ser conhecida nos EUA, a OE deixara de lado a sua estreita e única vinculação com as necessidades ditadas pela formação de mão de obra. Na França, embora a Psicologia Escolar tivesse escopo menos amplo do que a OE, ainda assim ela iria ser exercida de forma e com finalidades mais abrangentes que aquelas da mera Orientação Vocacional e Profissional.

No velho mundo, por influência francesa, prevaleceu a Psicologia Escolar, com atribuições que, embora coincidissem em certos aspectos com aquelas da OE norte-americana, na sua totalidade diferiam das dela.

Nos EUA, bem como no Brasil, condições de desenvolvimento, diferentes daquelas experimentadas no velho mundo, levaram à priorização de uma OE de acordo com a concepção norte-americana sobre o tipo de Psicologia adotado, pois ela atenderia melhor às transformações que estavam ocorrendo deste lado do Atlântico. Nos EUA, existem profissionais conhecidos como psicólogos escolares, que, embora também atuem nas escolas, o fazem mais como psicólogos, ao passo que os Or.Es. trabalham mais como pedagogos.

Bem mais tarde, uma disciplina ou especialização chamada Psicologia do Escolar também passou a ser oferecida aos alunos de cursos de Psicologia no Brasil.

O psicólogo escolar teve (e tem) menor mercado de trabalho nas escolas que o Or.E., e não contou, também, com um histórico e uma significativa trajetória nacional como a que ocorreu com a OE, conforme narrada a seguir.

3. Os pioneiros da Orientação Educacional no Brasil

No Brasil, foi pioneiro na implantação de um serviço oficial de OE nos novos moldes, isto é, conforme o novo modelo norte-americano, o professor Lourenço Filho, conhecido educador e entusiasta do movimento da chamada "Escola Nova".

Em 1931, enquanto chefe do Departamento de Educação do Estado de São Paulo, ele criou esse serviço e confiou sua direção à professora brasileira Noemi da Silveira Rudolfer, que havia estudado nos EUA. Tal serviço era chamado de Serviço de Orientação Profissional e Educacional e tinha por objetivos:

"– promover o conhecimento dos educandos, com atenção especial aos pendores individuais;
– propiciar aos educandos o conhecimento do mundo das profissões e das escolas;
– propiciar ao educando o aconselhamento para uma escolha justa da profissão a ser seguida ou da escola para continuar seus estudos;
– proporcionar aos orientandos colocação no trabalho ou no curso de sua escolha, e
– fiscalizar os orientandos para reajustamentos necessários."

Nota-se, pelas finalidades citadas, que a OE proposta por Lourenço Filho, apesar de pioneira e de incluir no título do serviço por ele criado a expressão educacional, ainda estava eivada de preocupações de caráter profissional e vocacional, até com predominância destes sobre os puramente educacionais.

Tal serviço teve curta duração. Razões de ordem política levaram ao afastamento do professor Lourenço Filho daquele cargo. O serviço de OE passou, então, a funcionar, a partir de 1933, junto ao Serviço de Psicologia Aplicada, da Diretoria-Geral do Ensino de São Paulo. De qualquer forma, havia sido lançada, oficialmente, a semente da OE nesse estado e no país.

No Rio de Janeiro, então Distrito Federal, da mesma forma como ocorreu em São Paulo, a OE foi introduzida por duas professoras que haviam tido contato direto com a "Guidance", tal qual era realizada nos EUA. Elas, Aracy Muniz Freire e Maria Junqueira Schmidt, deram início, em 1934, a um forte movimento, não só de implantação da OE naquele local, como também da ampla difusão da OE pelo país.

O primeiro livro sobre OE publicado no país foi escrito por Aracy Muniz Freire e intitulado: *A Orientação Educacional na escola secundária*, publicado pela Editora Nacional, em 1940. Note-se, no título, a colocação da OE especificamente na escola secundária, e não em todos os níveis de ensino.

A partir de São Paulo e do Rio de Janeiro, experiências de OE passaram, então, a ser realizadas em diferentes locais sempre, entretanto, graças apenas às iniciativas de algum(ns) profissional(is) interessado(s). Por esse motivo, tais experiências constituíram apenas tentativas isoladas e esparsas, surgidas aqui e acolá, às vezes de curta duração, e sem que houvesse uma organização ou coordenação geral.

Assim pode ser caracterizada a OE no Brasil nas décadas de 1920 e início de 1930. Nesse período, não se pode dizer que não havia OE no Brasil, mas também não se tinha o suficiente para alegar sua existência de fato.

Em 1938, o INEP (Instituto Nacional de Estudos Pedagógicos) criou uma subdivisão para implantar, no Brasil, a OE.

Apesar das tentativas de desvincular a OE da Orientação Profissional ou Vocacional, os métodos e técnicas que eram privilegiados por ela continuariam a prevalecer. Até hoje, esses métodos ainda são bastante empregados na OE, mesmo quando esta é exercida sem a finalidade precípua de selecionar alunos ou orientá-los para escolha profissional, e quando ela é exercida por pedagogos e, portanto, não formados em Psicologia. Por este motivo, a OE teve, nos seus inícios, caráter psicotécnico, o qual, infelizmente, é mantido, ainda hoje, por alguns Or.Es.

Para melhor conhecer e aquilatar a importância desses momentos incipientes da história da OE em nosso país, recomenda-se a leitura dos escritos dos próprios pioneiros da implantação da OE no Brasil, tais como: o artigo de Lourenço Filho, intitulado "Orientação Educacional", publicado na *Revista Brasileira de Estudos Pedagógicos*, em 1945, vol. 5, número 13, e o artigo de Noemi da Silveira Rudolfer, intitulado: "O primeiro serviço de Orientação Profissional e Educacional no Brasil", publicado no mesmo exemplar da mesma revista.

4. A Orientação Educacional aparece pela primeira vez na legislação brasileira

Apesar dos esforços que esses vários educadores vinham realizando há duas décadas, apenas em 1942, a OE aparece, pela primeira vez, mencionada na legislação federal brasileira. Ela se encontra nas chamadas Leis Orgânicas do Ensino, criadas para cada uma das diferentes modalidades do ensino secundário existentes na ocasião. Isto é, o ensino industrial, o secundário, o comercial e o agrícola. Encontram-se no Anexo 2, deste livro, transcritos os artigos pertinentes dessas leis, para que o leitor possa aquilatar a importância que passa a ser dada à OE no Brasil, a concepção que os legisladores tinham, àquela época, do caráter e atribuições dos Or.Es. nessas diferentes modalidades de ensino.

De acordo com tais leis, tornava-se obrigatória a existência da OE nas escolas de ensino secundário brasileiras, tendo sido o Brasil o primeiro país no mundo a conter, em sua legislação, tal obrigatoriedade. Infelizmente, entretanto, a ela não correspondeu a real implantação da OE nas nossas escolas. Uma série de circunstâncias contribuiu para essa situação. Entre elas, certamente, a falta de profissionais aptos para o preenchimento das vagas que seriam abertas, por força e para o atendimento da legislação.

É importante assinalar que a OE aparece, na legislação do ano de 1942, restrita ao ensino médio, nas suas diferentes modalidades. Tal fato, provavelmente, deve ter ocorrido como resquício do caráter de natureza profissionalizante que a OE teve nas suas origens.

Nas chamadas Leis Orgânicas do Ensino, as primeiras em que é mencionada a OE no Brasil, esta já aparece desvinculada da OV, com atribuições que extrapolavam aquelas restritas à Orientação Profissional ou Vocacional, embora contivessem, dentre seus itens, um ou dois que se referiam ao preparo ou à escolha profissional. No caso de algumas dessas Leis Orgânicas, (aquelas referentes ao ensino comercial e ao ensino agrícola) no título dos Capítulos correspondentes, a expressão "Orientação Educacional" que aparecera anteriormente para os ensinos industrial e técnico e para o secundário, foi substituída por "Orientação Educacional e Profissional".

As origens da OE a partir da OV se fazem sempre presentes na legislação, mesmo depois que as atribuições do Or.E. foram ampliadas e que a OV deixou de ser a principal preocupação e atribuição dos Or.Es.

Embora, como se pode deduzir dos esforços e iniciativas individuais, tenha sido difícil e trabalhoso implantar, na prática, a OE nas nossas escolas, tem início, em 1942, no Brasil, uma longa e extensa saga legal tratando do assunto. A transcrição de todas as inúmeras leis e de outros instrumentos legais que se seguiram foge à alçada deste livro, dado o seu grande volume. O essencial dos primeiros atos dos legisladores, na década de 1940, encontra-se transcrito no Anexo 2 deste livro.

Para um acompanhamento mais completo da evolução da legislação referente à OE no Brasil, nos seus vários níveis (federal, estadual e municipal) e nos vários tipos de instrumentos legais (Leis, Decretos-Leis, Decretos, Portarias, Pareceres etc.), recomenda-se a consulta ao livro de Wilma Millan Alves Penteado, intitulado *Orientação Educacional: fundamentos legais*, publicado pela Editora Edicon, em 1980. Com o auxílio dessa obra, o leitor interessado poderá traçar a trajetória legal completa da OE no Brasil. A sua leitura propicia uma visão abrangente do que ocorreu, do ponto de vista legal, nas diferentes décadas, desde a implantação oficial da OE no Brasil, em 1942, até seu desaparecimento na legislação.

A existência da OE na legislação nacional ocorreu em um período bastante curto, de menos de três décadas, porém teve intensa e importante presença na legislação nacional. É necessário, entretanto, ter sempre na lembrança o fato de que essa legislação, na maior parte das vezes, disse respeito mais a uma situação ideal, ao desiderato do legislador, do que aquilo que, na realidade, ocorria na prática. Tal legislação teria sido, provavelmente, mais inspirada no procurar se manter atualizada em relação ao que vinha ocorrendo no exterior do que naquilo que a realidade nacional comportava em cada um dos diferentes momentos.

É importante ter sempre em mente que, como mencionado no início deste capítulo, a OE surgiu no Brasil por fatores exógenos, embora necessidades endógenas fossem já suficientes para justificar plenamente sua implantação no país.

Tal influência estrangeira fica patente na própria legislação, em que aparece, de forma explícita, na Exposição de Motivos da Lei Orgânica do Ensino Secundário, onde se lê, referindo-se à OE: "...prática pedagógica de grande aplicação na vida escolar dos Estados Unidos".

Pode-se dizer, portanto, que no início da década de 1940 havia suporte legal, percebia-se a importância e a necessidade, acompanhava-se, até *in loco*, a existência e o bom funcionamento da OE nos EUA, mas não havia recursos humanos em número suficiente e com formação adequada necessária para dar cumprimento às leis vigentes.

Tanto os cursos oferecidos, como as nomeações efetuadas de Or.Es. tinham caráter emergencial. Ouvia-se dizer, então, que as nomeações de Or.Es. tinham caráter político e a finalidade de atender apaniguados.

O primeiro curso oficial para a formação de Or.Es. no Brasil, de que se tem notícia, foi criado apenas em 1945, na Pontifícia Universidade Católica (PUC) de Campinas, no Estado de São Paulo.

5. A Orientação Educacional na década de 1950 no Brasil

A primeira autora deste livro lembra-se de que, no final da década de 1940 e início da de 1950, nas duas escolas estaduais em que estudava, havia em cada uma delas uma Or.E. (não se cogitava, então, de haver Or.Es. do sexo masculino, que, embora sejam ainda hoje muito raros, há a possibilidade de existirem ou de se formarem). Os alunos e muitos, senão a totalidade, dos professores desconheciam a função dessas moças nas escolas. Como, àquela época, ao contrário do que ocorria com os professores das primeiras séries do ensino fundamental, a maior parte dos professores dos então chamados cursos ginasial e colegial era do sexo masculino, o trabalho dessas Or.Es. aparecia, de forma assistemática e esporádica, principalmente quando algum desses professores recorria a elas para intermediar junto às alunas (as classes também eram compostas apenas por alunos do mesmo sexo, e geralmente os meninos frequentavam as escolas no período matutino e as meninas estudavam à tarde) problemas relacionados a "assuntos femininos", tidos, naquela época, como muito delicados e tabus para serem tratados, direta e pessoalmente, de forma aberta pelos professores. Exemplos desses assuntos para os quais era solicitada a atuação das Or.Es. poderiam ser os relacionados à menstruação e a namorados mais afoitos, que ousavam esperar as estudantes nas vizinhanças da escola, na hora da saída delas.

Em janeiro de 1950, o Regimento Interno dos Colégios e Ginásios Estaduais do Estado de São Paulo (Ato nº 10 de 27/1/1950) dedicaria o Capítulo VI à Orientação Educacional nessas escolas. Em seu artigo 26, encontra-se arrolado o que deveria competir ao Or.E.

"Compete ao Orientador Educacional:
1. auxiliar os alunos a conhecer as oportunidades educacionais da cidade, do Estado e do País;
2. levar os alunos a conhecer as profissões e a compreender os problemas do trabalho, de forma que possam preparar-se para a vida na comunidade;
3. auxiliar os alunos a realizar os seus objetivos educacionais;
4. estudar os problemas escolares que lhe forem propostos pelo diretor e pela Congregação;

5. organizar o fichário dos alunos;
6. cooperar com os professores, no sentido da boa execução dos trabalhos escolares, e dentro de suas atribuições, com o diretor;
7. velar para que o estudo, a recreação, o descanso dos alunos decorram em condições de maior conveniência pedagógica;
8. cooperar com o bibliotecário na orientação da leitura dos alunos;
9. promover atividades extracurriculares que concorram para completar a educação dos alunos;
10. pesquisar as causas do fracasso dos alunos no estudo, anotando os dados que puder recolher, em visitas domiciliares à família e em entendimento com os professores e os de sua própria observação;
11. colaborar no preparo das comemorações cívicas e solenidades da escola;
12. colaborar nos trabalhos de exames;
13. distribuir os boletins dos alunos;
14. realizar palestras e promover reuniões de estudo em classe, especialmente nas faltas dos professores;
15. entregar ao diretor, mensalmente, sua folha de serviço e, anualmente, o relatório dos seus trabalhos;
16. atender às solicitações do diretor, feitas no interesse do ensino."

Como se pode notar, a lista de atribuições que o legislador imputou ao Or.E. é bastante longa, e apesar de logo nos primeiros itens aparecer preocupação de natureza profissional e propedêutica, nos demais itens, que são muitos, predominam preocupações atuais de caráter educacional e escolar.

Ainda no início da década de 1950, foi realizado o primeiro concurso para provimento efetivo de Or.Es., tendo resultado na aprovação de apenas 21 candidatos.

O que se pode inferir de número tão pequeno de aprovações? Poderia ter havido baixa demanda, quer por falta de número suficientemente grande de formados, quer por falta de interesse por parte desses formados, quer por problemas na divulgação do concurso. Pode-se supor, ainda, que os candidatos que se apresentaram estivessem mal preparados, ou que o nível de exigências do concurso em questão tivesse sido muito difícil e/ou fora da nossa realidade. É possível, também, que várias dessas causas tivessem concorrido para aquele resultado ou, ainda, que todas elas tivessem sido responsáveis por ele. De qualquer forma, mesmo que tivesse existido qualquer outra causa para resultado tão pífio do concurso, é muito provável que havia falta de candidatos bem preparados devido à inexistência de cursos específicos, de alto nível e com duração necessária.

A preocupação com a formação dos Or.Es. por parte das autoridades do ensino, muito provavelmente pelas ponderações anteriores, passou a ser muito grande.

A Diretoria do Ensino Secundário do Ministério da Educação e Cultura (MEC), através da Cades, órgão dessa Diretoria, promoveu, na década de 1950 e início da de 1960, uma série de seminários, simpósios e semanas de estudo, em várias regiões do Brasil.

Em 1957, foi realizado o primeiro simpósio de OE em São Paulo, sobre o tema "Implantação da OE nas escolas médias".

O segundo desses simpósios foi em Porto Alegre, em 1958, tendo por objetivo discutir a "Organização e Estrutura da Orientação Educacional".

Em 1958, foi publicado um manual de trabalho destinado aos Or.Es. O conteúdo de tal manual foi inspirado na "Guidance" dos Estados Unidos e na "Psychologie Scolaire" francesa.

Como resultado desses encontros e do entusiasmo e participação dos Or.Es. neles, em 12/3/1958, por meio da Portaria de nº 105, do MEC, foi regulamentado o exercício da função de Or.E. no ensino secundário. Pela mesma Portaria, passou a ser exigido registro para o exercício dessa função, a ser obtido junto à Divisão do Ensino Secundário.

Em outubro de 1959, o Decreto nº 47.038, que tratou da Orientação Educacional e Profissional do Ensino Industrial (donde se justifica o "Profissional"), dedicou um capítulo inteiro (o IV) à orientação a ser exercida nessas escolas.

Como pode ser deduzido da extensa legislação sobre OE, bem como da movimentação das autoridades do ensino e dos Or.Es. nessa década, era grande a importância atribuída à OE, e, também, era percebida a necessidade de melhor instrumentalizar os Or.Es. a fim de que pudessem ter melhor preparo, e maior segurança, no exercício de suas funções.

6. A Orientação Educacional no Brasil na década de 1960

A década de 1960, da mesma forma, e em continuação ao que vinha ocorrendo na anterior, também se caracterizou por grande movimentação no que diz respeito à OE no Brasil, tendo ocorrido nessa década alguns avanços.

Embora, conforme já relatado, houvesse Or.Es. atuando há várias décadas e a Portaria que regulamentou o exercício da profissão de Or.E. no Brasil datasse de 1958, o primeiro registro de um profissional de OE junto ao MEC foi concedido na década de 1960.

Do ponto de vista legislativo, pode-se citar, nessa década, a Lei nº 4.024 (Lei de Diretrizes e Bases da Educação Nacional) que, em 1961, introduziu a OE no então chamado ensino primário (que correspondia àquela época às atuais primeiras séries do ensino fundamental). Se tal inclusão desse grau de ensino no âmbito da OE constituiu, por um lado, um avanço, por outro representaria um retrocesso, pelo que se deduz dos requisitos para a formação dos Or.Es. estatuídos pelos mesmos legisladores. Estranhamente, tais legisladores diferenciaram o nível de formação a ser exigido dos Or.Es. que iriam atuar nos, àquela época, chamados cursos primários, isto é, aqueles destinados às primeiras séries escolares, daquele dos que deveriam atuar nos cursos de ensino secundário.

Embora se possa facilmente reconhecer que existem grandes diferenças quanto ao perfil mais adequado de OE, quanto à maneira de se trabalhar com diversas faixas etárias de alunos, bem como quanto a problemas e exigências próprias de cada uma dessas faixas etárias e, consequentemente, que deva haver também diferenciação no recrutamento e na formação de Or.Es. para a atuação nos diferentes graus de ensino, tal distinção não se justifica em termos de nível de formação, mas na sua diversidade.

Não há razão de natureza teórica para que se devesse exigir nível superior apenas dos Or.Es. que trabalhariam com alunos do ensino secundário, destinando-se curso de especialização especial para eles, além da exigência de um mínimo de três anos de magistério (sem especificar em qual grau do ensino), enquanto os demais poderiam ser formados em cursos de segundo grau (magistério), desde que complementados com cursos de formação específica para Or.E., cursos esses diferentes daqueles destinados aos Or.Es. para trabalhar no ensino médio.

Além disso, do ponto de vista prático, e considerando a nossa realidade, seria inviável a possibilidade de se contar, em uma mesma escola, com um Or.E. com determinada formação atuando em um grau de ensino e outro com um tipo de formação diferente, para atuar em outro grau de ensino, ambos esses graus coexistentes no mesmo estabelecimento. Como se constatou na prática, já era difícil contar com um Or.E. em uma dada escola, como desejar contar, então, com dois deles e, ainda, de diferentes tipos?

Talvez procurando seguir o que estatuía a lei, foi criado, no Rio de Janeiro, em 1964, o primeiro curso de formação de Or.Es. para o ensino primário.

De qualquer forma, pode-se afirmar que se manteve grande, nessa década, a preocupação com a formação dos Or.Es. Continuaram a ser realizados, em diferentes pontos do país, vários encontros de Or.Es. Em 1960, teve lugar o II Seminário de OE, com o tema: "Formação do Orientador Educacional". O III Simpósio ocorreu no Recife e teve por tema de discussão "O Orientador Educacional e a Escola". E, em várias partes do país, tiveram lugar muitos encontros de supervisores dos cursos de formação de Or.Es.

Datam desta década documentos legais referentes à formação dos Or.Es., como o Parecer nº 79/62, do Conselho Federal de Educação, relativo à realização de exames de suficiência para registro de Or.Es.; a Portaria de nº 137, do mesmo ano e assunto; o Parecer de nº 374, também do mesmo ano, do Conselho Federal de Educação, fixando o currículo mínimo para o curso de Orientação Educativa: a Portaria nº 137/62, dispondo sobre a habilitação de Orientadores de Educação (note-se que havia também insegurança quanto à nomenclatura empregada para a OE); a Portaria nº 159/65, referente à duração média dos cursos de formação dos Or.Es.; a Lei nº 5.540/68 que, ao tratar da reforma do ensino superior, colocou a formação do Or.E. nesse grau de ensino; os Pareceres nºˢ 252 e 734, ambos de 1969, do Conselho Federal de Educação, colocando a formação dos Or.Es. em nível de pós-graduação.

Esses dois pareceres foram inspirados em planos para a formação de Or.Es. em países estrangeiros, como Inglaterra, França, EUA e União Soviética.

Datou de 1968 a Lei nº 5.564 que viria prover sobre o exercício da profissão de Or.E. Em seu artigo 1º lê-se: "A Orientação Educacional se destina a assistir ao educando, individualmente ou em grupo, no âmbito das escolas e sistemas escolares de nível médio e primário visando ao desenvolvimento integral e harmonioso de sua personalidade, ordenando e integrando os elementos que exercem influência em sua formação e preparando-o para o exercício das opções básicas". No artigo seguinte, lê-se: "A orientação educacional será atribuição exclusiva dos profissionais de que trata a presente lei". Embora sujeita a regulamentação posterior, a presente lei sinalizava um avanço para a OE.

Toda essa documentação, além de outras mais, pode ser pesquisada no livro intitulado: *Orientação Educacional: fundamentos legais*, de Wilma Millan Alves Penteado.

Como se vê, pelo número e modificações legais sobre a formação de Or.Es. ocorridos na década de 1960, havia problemas na definição da formação de Or.Es., mas o que é importante é o fato de haver, também, preocupação com o assunto. Havia, também, problemas de outros tipos, que seriam percebidos na prática.

Um deles era aquele que as autoridades da educação enfrentavam na implantação da OE no país e que dizia respeito à necessidade de convencer os diretores das escolas sobre a importância desses profissionais nos estabelecimentos de ensino por eles dirigidos.

Tais autoridades, preocupadas com a possível não aceitação, por parte dos diretores das escolas, da presença obrigatória de Or.Es. nos estabelecimentos dirigidos por eles, e com a finalidade de engajar diretores no movimento de implantação da OE, bem como de granjear a adesão e a necessária e importante aprovação deles ao trabalho do SOE nas respectivas escolas por eles dirigidas, introduziram, nas Jornadas de Diretores, que então se realizavam, estudos sobre a importância da OE.

Na tentativa de aumentar o número de profissionais para o atendimento às escolas, a Cades, órgão do MEC, ofereceu apoio financeiro às faculdades dispostas a ministrar cursos de OE. Em 1960, 29 delas aderiram a essa proposta. Entretanto, a constatação de que não bastaria o incentivo econômico para a manutenção desse curso, pois havia falta de condições acadêmicas para tanto, fez com que várias dessas faculdades desistissem de seu projeto inicial.

Na mesma década, a OE sofreria dois duros golpes. O primeiro deles foi causado pela Lei de Diretrizes e Bases de 1961, cujas exigências para a formação dos

Or.Es. muito provavelmente devem ter atuado de forma negativa na clientela que buscava essa profissão. Uma dessas exigências, se bem que desejável, e, portanto, justificável, era a de experiência de três anos de magistério. Um profissional que estivesse atuando há três, ou mais anos, no magistério dificilmente se disporia a interromper seu trabalho para iniciar um curso superior e, após o término deste, realizar um curso de especialização, enfrentar um concurso, tudo isso a fim de iniciar uma nova carreira. Dessa forma, em 1965, das 29 faculdades que ofereciam tal curso restaram apenas oito.

O segundo impacto negativo sofrido pela OE e pela formação dos Or.Es. teve suas origens na fundação de cursos de Psicologia. Embora estes datassem da última metade da década anterior, seus alunos começaram, nos primeiros anos da década de 1960, a intensificar a busca de colocações no mercado de trabalho, passando a competir, nas escolas e nas empresas, com os Or.Es., formados em cursos de Pedagogia.

Tal competição viria, ainda que indiretamente, a recrudescer em 1962, quando da promulgação da Lei nº 4.199 de 27/8/1962 que, ao regulamentar a profissão de psicólogo, estabeleceu, de certa forma, uma limitação nas atribuições do Or.E., ao estatuir como função privativa do psicólogo, entre outras, a de aplicação de testes psicológicos, tidos, então, como foi visto, como imprescindíveis para o exercício da orientação e seleção profissionais, que vinham sendo exercidas tanto por psicólogos quanto por Or.Es.

Embora objeto de muita discussão e de diferentes interpretações, tal fato, provavelmente, configurando uma reserva de mercado, poderia ter afastado possíveis candidatos aos cursos de OE, direcionando alguns para cursos de Psicologia. Além disso, estava "na moda" o curso de Psicologia que oferecia e oferece, dentre várias possibilidades de especialização, a de Psicologia do Escolar. Esta, embora diferente da OE, poderia sinalizar para uma concorrência nos empregos.

Apesar desses problemas, em 1968 foi realizado, em São Paulo, um concurso para provimento efetivo de Or.Es. nas escolas estaduais. Tal concurso teve escala bem maior que o de 1951. Porém, não obstante a existência, nesse ano, de cerca de 2 mil Or.Es. no país, conforme registro do MEC, ainda assim, inscreveram-se nesse concurso apenas 226 candidatos, dos quais somente 88 lograram aprovação.

Se, por um lado, exigia-se muito para a contratação de Or.Es. para as escolas, por outro lado não havia número suficiente de profissionais interessados e/ou capacitados para o atendimento da demanda, que era grande, senão sentida na prática, pelo menos para o atendimento das exigências legais.

Os Or.Es. que já se encontravam trabalhando, mesmo aqueles aprovados nos concursos e/ou formados nos cursos específicos, se ressentiam da falta de diretrizes suficientes para o exercício de suas funções. Tanto eles se sentiam perdidos nas escolas, como sua atuação não era compreendida e valorizada por outros educadores que também lá atuavam, principalmente os diretores, a quem se subordinavam.

Os demais educadores que também atuavam no mesmo espaço que os Or.Es., tais como os diretores e professores, tinham funções bem definidas e do conhecimento de todos. Tanto eles próprios como toda a comunidade sabiam o que esperar desses profissionais e o que não seria da alçada deles. Tal não ocorria em relação ao trabalho dos Or.Es. Era comum atribuir a eles tarefas que não lhes caberia executar, principalmente as mais desagradáveis, ou aquelas de difícil solução. De certa forma, eles passaram a ser considerados alguém solto e avulso na escola, sem terem muito o que fazer, e a quem, portanto, poder-se-iam atribuir quaisquer incumbências. O pior dessa situação é que boa parte dos próprios Or.Es. aceitava tais incumbências, sem questionar, talvez eles próprios felizes por serem de alguma utilidade. Tal estado de coisas contribuiu sobremaneira para a desvalorização da profissão, bem como para a diminuição da autoestima daqueles profissionais.

Tiveram, então, papel importantíssimo no apoio aos Or.Es. as associações, que, congregando esses profissionais, passaram a ser formadas tanto em diferentes estados, como em nível federal.

O evento que iria dar ensejo e início na fundação de tais associações foi propiciado por uma iniciativa da Cades. Em 1967, esse órgão do MEC promoveu, no Rio de Janeiro, um encontro para discussão, esclarecimentos e avaliação da OE, tendo convocado para participação todos os Or.Es. que se encontravam atuando nos diferentes estados. No encerramento desse encontro, os Or.Es. já cogitavam da formação de associações em cada um dos vários estados. A primeira associação foi a do Rio Grande do Sul. Seguiu-se a ela a de Minas Gerais e, depois, as de outros estados.

Como se vê, a década de 1960 contou com grande apoio das autoridades educacionais e, também, com muito interesse, mobilização e atividade por parte dos Or.Es. em exercício.

No final dessa década, foi promulgada a Lei nº 5.567 de 21/12/1968, que teve por finalidade, regulamentar a profissão do Or.E. Graças, principalmente, à denodada atuação dessas associações foi promulgado o Decreto nº 72.846 de 26/9/1973, que veio regulamentar a Lei nº 5.567/68, tratando, em seus artigos 8º e 9º, das atribuições do Or.E.

7. A Orientação Educacional no Brasil na década de 1970

Foi nessa década, a de 1970, que a OE atingiu seu ápice no Brasil, tanto no que diz respeito à legislação, quanto à movimentação dos Or.Es.

Desde o primeiro encontro realizado pelas associações de Or.Es., em 1969, em Porto Alegre, ocorreram, na década de 1970, mais nove encontros e congressos de

OE, o que constituiu uma surpreendente média de um congresso ou encontro a cada período de 40 dias. Tais encontros ou congressos tiveram lugar em diferentes estados do Brasil (em ordem cronológica, foram sediados em: Brasília, Recife, Rio de Janeiro, Belo Horizonte, Porto Alegre, Salvador, São Paulo, Goiânia e Belém do Pará). Como se vê, o movimento das associações de Or.Es. não se restringiu a apenas algumas regiões, mas difundiu-se por diferentes capitais.

Como consequência do interesse e do empenho dos Or.Es., reunidos em associações e participando ativamente dessas reuniões, em 13 de julho de 1979 foi apresentado, em Belém do Pará, para aprovação, o Estatuto da Fenoe, como veio a ser conhecida a Federação Nacional dos Orientadores Educacionais, com jurisdição para todo o território nacional, em cujo artigo 1º foram arroladas as seguintes finalidades:

"a. Propugnar pelo fortalecimento da classe, através de medidas eficazes, que permitam elevar o nível dos seus integrantes em todos os sentidos.
b. Defender os interesses e os direitos das entidades federadas e de seus membros.
c. Colaborar com o Estado e outras entidades, nos campos Educacional e Cultural.
d. Promover e referenciar os eventos de Orientação Educacional."

Como pode ser notado, na leitura da letra "a" acima, havia preocupação com o nível dos Or.Es., e percebia-se que o fortalecimento da classe estava condicionado ao nível dos profissionais, o que viria a se mostrar importante, conforme o que iria ocorrer décadas depois com a OE no Brasil.

A criação da Fenoe atesta a atividade das associações na década de 1970 e indica a importância que tiveram e que deveriam continuar a ter nas décadas seguintes.

Do ponto de vista da legislação, a Lei de Diretrizes e Bases para o ensino de 1º e 2º graus, datada de 1971, constituiu um marco importante para a OE no Brasil. Em primeiro e principal lugar porque ela tornou obrigatória a existência da OE nas escolas, não fazendo distinção entre escolas de 1º e de 2º graus.

O artigo 10 do Capítulo I da referida lei, que se referiu ao ensino do 1º e do 2º graus, estatui, textualmente, que: "Será instituída obrigatoriamente a Orientação Educacional, incluindo aconselhamento vocacional em cooperação com os professores, a família e a comunidade".

Como se vê, a referida lei veio consagrar a OE como uma necessidade para as escolas em geral, sem distinção de tipos, se oficiais ou particulares, desde que oferecessem ensino nos graus a que a lei se refere, isto é, o 1º e o 2º graus.

A obrigatoriedade da OE nas escolas, bem como a extensão dela aos dois graus de ensino, deve ser considerada como um avanço para a OE, pelo menos do ponto de vista da legislação, ainda que, na prática, esta não viesse a ser completamente respeitada.

Não obstante esse mérito da lei, nota-se o destaque que o legislador deu nela para a OV que, a essa altura, já deveria ser tida como parte integrante do trabalho do Or.E., não havendo, portanto, necessidade de ser mencionada na lei. Outra consideração a ser feita refere-se ao fato de o mesmo legislador ter se preocupado em colocar de forma explícita no mesmo texto legal que o Or.E. deveria ter a cooperação de pessoas de dentro e de fora do estabelecimento escolar. Ora, se ele estava se referindo à simples cooperação, não precisaria explicitá-la no texto, por esta ser normal e óbvia. Fica, entretanto, a dúvida quanto à interpretação que se poderia dar à palavra cooperação. Ela poderia se referir a uma busca pelo Or.E., quando e se julgasse importante tal cooperação, também como poderia estar implicando que a atuação do Or.E. devesse ser supervisionada ou até mesmo controlada pelas pessoas citadas, o que acarretaria um cerceamento ao trabalho profissional independente do Or.E.

Essa lei, a de nº 5.692/71, constituiu um marco na história da legislação brasileira, pois, entre outras inovações, ela procurou dar uma solução a um antigo problema de nosso sistema escolar – a existência de escolas especiais e separadas para o ensino profissional –, as chamadas escolas técnicas. Tais escolas, extremamente importantes para o país e para a colocação de grandes contingentes de alunos que não pretendiam e/ou não conseguiam prosseguir nos estudos a nível superior, vinham sendo preteridas, por preconceito, por grande parte da população escolar que delas se beneficiaria, em favor das escolas de formação meramente acadêmica, com finalidades propedêuticas.

Tidas como escolas destinadas aos menos afortunados economicamente, por esse motivo ou por desconhecimento delas, alijavam exatamente os alunos que mais poderiam vir a se beneficiar delas, ao mesmo tempo que inflavam as escolas de ensino acadêmico que, embora emprestassem melhor *status* aos que as frequentavam, tendo por única finalidade a de preparar seus alunos para o ensino superior, não lhes conferia nenhuma profissão, e muitas vezes sequer conseguiam preparar seus alunos para cursarem uma faculdade.

Preocupava aos educadores essa situação, pela qual muitos alunos que não tinham condições ou a intenção de continuar seus estudos em nível superior, ou que não poderiam fazê-lo no momento, terminavam o curso médio sem nenhuma profissão ou habilitação profissional. Em lugar de receberem um diploma, recebiam um certificado de conclusão do curso médio.

Para acabar com o preconceito em relação às escolas técnicas talvez constituísse uma solução exigir que todas as escolas fossem técnicas. Tal providência seria impossível, pois os alunos que queriam e que podiam seguir imediatamente para cursos superiores não aceitariam essa formação, e o sistema escolar não tinha condições de oferecer cursos técnicos a toda a população estudantil que se destinava ao 2º grau.

A solução proposta nessa lei era a de oferecer algum preparo técnico, o de auxiliar técnico, para todos os alunos nas escolas acadêmicas. Artigos dessa lei que tratam do assunto encontram-se no Anexo 3 deste livro.

Como consequência dessa lei, o aluno teria na grade curricular, além das disciplinas tradicionalmente oferecidas no curso, outras a mais, visando a uma preparação de natureza profissionalizante. Tal tentativa não deu certo na prática. Alunos que almejavam entrar na universidade consideravam tal inovação como uma perda, pois com ela deveriam empregar boa parte do tempo e da energia que vinham normalmente dedicando às disciplinas do vestibular a algo cuja necessidade não ficava clara para eles. Por outro lado, os preceitos dessa lei também se mostraram infelizes para a finalidade de formar técnicos e de dar um sentido ao ensino médio para os alunos que não pleiteavam ou pelo menos no momento não podiam frequentar um curso superior. As escolas não estavam preparadas para formá-los.

Assim, no Estado de São Paulo, para atender à lei e ao mesmo tempo dar uma solução prática para o problema, criaram-se disciplinas com caráter profissionalizante e outras de OV, como o PIP (Programas de Informação Profissional). Muitas dessas disciplinas, entretanto, não serviram a seus propósitos. Faltavam professores habilitados para ministrá-las, tendo-se aproveitado professores de outras disciplinas, o que levou ao fracasso essa tentativa. Logo as escolas começaram a trocar tais disciplinas por Filosofia, Sociologia ou Psicologia, estas com maior apelo acadêmico.

Nesse período abriu-se uma possibilidade de colocação e de atuação para os Or.Es. Alguns desses profissionais chegaram a ministrar aulas de informação profissional (o PIP) e/ou a supervisionar professores dessas disciplinas nas escolas onde trabalhavam, pois a orientação vocacional e profissional dos alunos sempre esteve muito ligada ao trabalho dos Or.Es.

A legislação da década de 1970 caracterizou-se, também, pela busca de consenso sobre a formação que deveriam ter os Or.Es. e sobre os requisitos legais para o exercício profissional. Nesse sentido, cabe destacar o Decreto nº 72.846/73, que veio regulamentar a Lei nº 5.564/68, que tratou do exercício da profissão de Or.E.

Embora de grande importância para a OE, as leis e decretos nessa década foram relativamente poucos. Porém, a discussão sobre as exigências para a formação de Or.Es. ensejou grande número de dúvidas e, consequentemente, deu origem a Pareceres, Resoluções e Indicações Federais.

Ao final da década de 1970 ainda havia muita atividade profissional dos Or.Es. e das respectivas associações. Um bom número de alunos dos cursos de Pedagogia das Faculdades de Educação procurava a habilitação em OE. Havia também Or.Es. atuando nas escolas públicas.

8. A década de 1980 e a Orientação Educacional no Brasil

No início da década de 1980, a OE no Brasil ainda gozava do prestígio adquirido na década anterior.

As Faculdades de Educação continuavam a formar e a habilitar novos contingentes de Or.Es. Os Or.Es. ainda se reuniam em associações e estas ainda promoviam congressos.

Porém, logo nos primeiros anos dessa década, começam a surgir acontecimentos que resultariam em problemas que afetariam a evolução da OE.

Vários desses problemas tiveram como resultado uma desvalorização do profissional e da profissão de Or.E. Entre eles, podem-se citar:

a. O não cumprimento da Lei Federal nº 5.692/71 que tornava obrigatória a existência da OE nas escolas (Anexo 3 deste livro).
b. A não realização de concursos públicos para provimento dos cargos de OE nas escolas públicas.
c. A falta de um preparo adequado aos alunos de OE nos cursos de Pedagogia.
d. A insegurança na atuação e questionamentos de ordem ideológica e metodológica que vinham preocupando os Or.Es.
e. A atuação de grande parte de Or.Es. nas escolas que deixava muito a desejar.
f. A maior parte dos Or.Es. não estava preparada para ministrar as aulas de OV do componente curricular (o PIP) para as quais eram, muitas vezes, contratados, e nem vinham realizando a OV de forma eficaz.
g. A concorrência no mercado de trabalho por parte de formandos e de formados em outros cursos.
h. O desconhecimento generalizado por parte tanto da sociedade em geral quanto das próprias autoridades do ensino sobre as funções e a importância da OE.
i. A escassez de Or.Es. e a consequente perda da força desses profissionais para a manutenção de suas aquisições e para defesa de suas conquistas. Supervisores Pedagógicos ou CPs começam a substituir os Or.Es. nas escolas.
j. A diminuição do interesse e busca por essa habilitação nos cursos de Pedagogia e a consequente redução de cursos de Pedagogia que ofereceriam tal habilitação.

Seguem-se considerações sobre as causas enumeradas anteriormente.

a. A Lei nº 5.692/71, que viera coroar todos os esforços dos Or.Es., nas décadas anteriores, visando ao reconhecimento e à promoção profissional, "não pegara" totalmente. Fatores de vários tipos tornaram inviável sua total aplicação. Tanto não foi respeitada a obrigatoriedade da existência da OE em todas as escolas, como a profissionalização de todos os estudantes não conseguiu ser efetivada, conforme pretendido pelos legisladores, nos termos daquela lei.

O que teria ocasionado o flagrante desrespeito a essa lei? As autoras acreditam que o principal fator tenha sido o econômico. Pode-se imaginar que já nessa época era bastante grande o número de escolas públicas, estando, consequentemente, bastante carregadas as folhas de pagamento do Estado, devido ao número de professores, diretores e demais funcionários, não só necessários como imprescindíveis ao funcionamento das escolas.

Apesar da lei, os Or.Es. poderiam ser, na prática, considerados supérfluos ou não essenciais, e sua contratação, avaliada como mais um ônus para os cofres públicos.

Outro fator que talvez tenha influenciado o não cumprimento da referida lei poderia ter sido o número insuficiente de Or.Es. disponíveis para o atendimento a todas as escolas, e a não realização de concursos para a sua contratação.

b) A não realização de concursos públicos para contratação de Or.Es.

Da mesma forma que fatores vários contribuíram para o não cumprimento da obrigatoriedade da existência da OE nas escolas, também os mesmos fatores, ou outros mais, causaram a não realização dos concursos públicos para provimento efetivo do cargo de Or.Es. em todas as escolas públicas, necessários ao cumprimento da obrigatoriedade da existência desses profissionais nessas escolas e que, também, viriam dar cumprimento à lei no que se referia à contratação de especialistas da educação. Entretanto, para outros especialistas da educação e para os professores, eram realizados, nesse período, concursos públicos para contratação, em caráter efetivo, para as escolas públicas.

c) A falta de um preparo adequado aos alunos de OE nos cursos de Pedagogia.

O preparo dos alunos que escolhiam a habilitação em OE deixava muito a desejar no que se refere à parte prática.

Havia, então, como ainda há hoje, uma boa carga teórica nos cursos de Pedagogia, contando com disciplinas cuja finalidade consiste em dar uma base comum a todos os alunos desse curso.

Na habilitação em OE, também era oferecida uma base teórica específica referente a ela. Com o correr do tempo, a carga teórica foi se tornando cada vez mais o fulcro dos estudos desses alunos, em detrimento da parte prática.

A maior parte dos docentes que lecionava nesses cursos, se não a totalidade deles, estava há muito tempo afastada das escolas de ensino fundamental e médio, para as quais deveriam estar preparando seus alunos, os futuros Or.Es. Tais docentes, uma vez formados nos cursos de graduação, matriculavam-se diretamente nos de pós-graduação, e após a conclusão destes, o que normalmente demorava vários anos, tornavam-se professores nos cursos de Pedagogia.

Ficava, portanto, para eles, cada vez mais longínquo aquele contato efetivo, intenso e diuturno com as escolas, necessário ao acompanhamento das mudanças ocorridas nelas. Como consequência, as aulas por eles ministradas iam se afastando cada vez mais da prática.

Some-se a esse distanciamento da realidade das escolas o fato de os anos de ditadura terem acirrado os questionamentos sobre as finalidades da OE nas escolas e, como consequência, grande parte desses docentes ter acrescentado às aulas teóricas um componente ideológico, o que veio contribuir para tornar o curso ainda mais teórico.

Pode-se argumentar que a obrigatoriedade da realização de estágios para os alunos de OE viria suprir essa lacuna do curso. Tais estágios, entretanto, mesmo se realizados de forma correta, o que nem sempre era viável, eram insuficientes para preparar o estudante para o exercício profissional nas escolas. A escassez de Or.Es. nas escolas e a consequente falta de oferta suficiente de locais para estagiar tornavam tais estágios, quando não simulacros, cada vez mais precários, não só do ponto de vista da quantidade como, e principalmente, da qualidade.

Or.Es. em exercício nas escolas muitas vezes eram coagidos a receber estagiários e, como não sabiam e não tinham programação para eles, os consideravam um estorvo, não prestando a eles a devida assistência, não contribuindo para a formação deles e recebendo-os de má vontade.

Além disso, temiam que críticas a seu trabalho fossem levadas às Faculdades de onde os estagiários eram provenientes.

Por mais que tivessem um preparo teórico aprimorado, os alunos de OE, mesmo com a realização dos estágios obrigatórios, não tinham preparo suficiente para o exercício profissional nas escolas. Há, no jargão das indústrias, a expressão "chão de fábrica" para se referir à necessidade dos alunos formados nos cursos superiores que os preparam para atuar em fábrica, como, por exemplo, os engenheiros, de vivenciar *in loco* o dia a dia do local onde irão trabalhar. Os estágios de OE, da forma como eram realizados, não forneciam esse tipo de vivência aos futuros Or.Es. Uma vez nas escolas, sentiam-se perdidos e, por não conhecerem o ambiente em que iriam trabalhar, praticavam ações que não eram aceitas pelos demais profissionais que nelas trabalhavam ou, ainda, percebendo seu despreparo, ao temerem interferir no trabalho deles, se furtavam a realizar o próprio trabalho. Passavam, então, a ser considerados sem função.

d) Insegurança na atuação e questionamentos teóricos e de ordem ideológica que vinham preocupando os Or.Es.

Vencidos os primeiros percalços das primeiras décadas de sua implantação no Brasil, devido a várias transformações ocorridas na sociedade brasileira, os Or.Es. passaram a concentrar seus esforços no questionamento do seu papel, em dúvidas quanto à metodologia a ser empregada em seu trabalho, e na busca de novas inspirações e diretrizes para a sua consecução.

Grande parte das atividades das associações de orientadores educacionais era dedicada à busca de esclarecimentos e de um consenso sobre a definição, as finalidades, os métodos e as técnicas a serem utilizas pelos Or.Es.

A falta de uma clara definição de sua função colocava, e muitas vezes ainda coloca, o Or.E. no papel de joguete ou de curinga na escola. Além disso, os Or.Es. procuravam uma identidade, tinham dúvidas de caráter ideológico sobre as finalidades e sobre a condução de seu trabalho.

Os Or.Es. questionavam-se quanto a seu papel na escola e na sociedade em geral. A OE se propunha, trabalhando os alunos, a fazer o quê? Ajustá-los ao sistema, ajudá-los a se libertarem?

Os anos de ditadura levaram os Or.Es. a suspeitas de que possivelmente estivessem sendo usados pelo sistema para fins outros que o da promoção da felicidade dos alunos a eles confiados. À angústia que acometia os próprios Or.Es. juntava-se a acusação de que eles estariam, de fato, a serviço do sistema.

Tais ordens de preocupações levaram a uma reação de caráter ideológico. Parecia importante discutir essas questões. Autores de trabalhos acadêmicos passaram a relegar para um segundo plano preocupações sobre "como fazer" a OE, para se debruçar sobre o "porquê" e o "para quê" fazê-lo.

Outro tipo de questionamento assolava os profissionais mais esclarecidos daquela época. Este dizia respeito ao modelo usado em OE e à sua fundamentação teórica.

Como ela havia nascido com caráter pragmático e baseada em uma corrente psicológica que tinha uma concepção própria do homem, perguntava-se, não só no Brasil, mas até nos próprios EUA, se esse seria o melhor tipo de Psicologia para servir de base para o trabalho da OE.

Como há muito o Or.E. deixara de ser um Orientador Vocacional, qual seria, então, seu novo papel?

Incomodados com essa questão, os Or.Es. passaram a buscar respaldo e orientação. Onde procurá-los? Recorreram, então, a diferentes autores – todos estrangeiros – na esperança de encontrar subsídios teóricos para a definição de seu papel nas escolas. Entre tais autores, destacaram-se Donald Super, Carcuff, Carl Rogers, Pelletier e Bujold, e Bohoslovsky, tendo, inclusive, sido convidados vários deles para virem ao Brasil ministrar cursos e palestras.

Esses autores, muitas vezes encontrando dificuldade para responder às questões que causavam angústia e insegurança para os Or.Es. locais, vindos de uma realidade diferente da nossa, apesar de despertar grande interesse, não conseguiram atender às necessidades e aos anseios dos profissionais brasileiros. Para corroborar tal afirmativa, basta atentar para o número deles.

Teria a busca de conhecimentos ou de inspiração em diversas fontes como justificativa uma atitude eclética, para que se pudesse escolher o que melhor haveria dentre diferentes correntes ideológicas ou de pensamento científico ou, o que parece mais provável, por não terem encontrado em um desses autores respostas de que necessitavam? De qualquer forma, tais respostas não vieram de nenhum deles em particular, e nem do conjunto deles.

e) A atuação dos Or.Es. nas escolas deixava muito a desejar.

Com uma pesada carga teórica, nem sempre condizente com a nossa realidade, quase sem nenhuma ou com pouca experiência dessa realidade, sem o conhecimento de seus deveres e de seus direitos e, portanto, de suas atribuições nas escolas, eles tentavam colocar diretamente em prática as teorias aprendidas na faculdade.

Elementos mais experientes que atuavam nessas escolas viam com desconfiança aqueles recém-chegados e temiam pela possível intromissão deles em seu trabalho. Também viam com incredibilidade a possibilidade de tais elementos, muito jovens e sem experiência, virem a acrescentar algo de útil à escola. Dessa forma, os recém-chegados Or.Es. encontravam, é claro, resistência a suas boas intenções e, consequentemente, ao seu trabalho. Nesses casos, ou se estabelecia um clima de atrito ou, o que era o mais comum, os Or.Es. se acomodavam, resignando-se a um papel que lhes causasse o menor desconforto possível.

Na maior parte dos casos, os profissionais que atuavam nessas escolas, e também até os próprios Or.Es., desconheciam as atribuições específicas do Or.E. Seus superiores passavam, então, a atribuir-lhes tarefas que nada tinham a ver com a OE. O pior é que eles se dispunham a executá-las, em detrimento do que deveriam estar fazendo, que não seria pouco.

Não há nada de errado no fato de o Or.E. ajudar, eventualmente, em tarefas como pendurar bandeirinhas nas festas juninas, arrecadar prendas, trabalhar em barracas, acompanhar alunos doentes a postos de saúde, ajudar na aplicação de provas, entregar cadernetas de alunos, ou outras atividades desse tipo, desde que apenas em caráter excepcional e que não atrapalhassem suas atribuições. O que estava errado era o Or.E. funcionar como curinga da direção da escola, quando ele deveria estar desenvolvendo um plano bem elaborado de ação de OE.

Como era a atuação dos Or.Es. nos EUA e como aplicar no Brasil?

Nos EUA, onde a OE obteve grande sucesso, as escolas são comunitárias. Elas atendem alunos da comunidade, seus professores são quase sempre membros dela, e a comunidade toda participa da vida da escola. No Brasil, por outro lado, em grande parte das escolas nem mesmo o aluno pertence à comunidade onde a escola está inserida, como também os funcionários, na maior parte dos casos, vêm de outros locais. O Or.E., na maioria, senão na totalidade dos casos, também não pertence à comunidade em que a escola está inserida. É sintomática a constatação de que costuma haver nas escolas estacionamento para os educadores que nelas atuam. Como consequência da falta de vinculação com a comunidade, o Or.E. não só tem dificuldade de atuar em cooperação com ela, como não costuma ser um elemento conhecido e com funções do conhecimento dos seus membros.

Dessa forma, quase ninguém saberia dizer a que veio esse funcionário. Ele passava a imagem de alguém solto na escola, sem funções definidas, portanto, disponível, a qualquer momento, para a execução de tarefas de qualquer natureza.

E o profissionalismo dele? Pior que essa situação, era o péssimo conceito que às vezes sofria por parte de professores e demais funcionários. Em seu papel de apoio ao aluno, ele recebia, em sua sala, alunos punidos. Muitas vezes, ele precisava colocar-se na posição de intermediário entre tais alunos e os professores que os haviam punido, sendo tido por estes professores como protetor de alunos faltosos. Isto não raro causava atrito e mal-estar nos relacionamentos.

O perfil assistencialista que caracteriza a maior parte dos Or.Es., dada a natureza de suas funções, aliado ao fato de, se não a totalidade, a maior parte deles ser do sexo feminino, levava os professores a acreditarem que os Or.Es., protegendo os alunos, os desautorizavam.

Havia, entretanto, exceções. Alguns Or.Es. que já haviam atuado anteriormente, e não há muito tempo, no magistério, portanto com maior maturidade, mais familiarizados com o ambiente escolar, conhecedores de seus deveres e direitos, e também quanto aos caminhos e às reais possibilidades de colocar, na prática, o que aprenderam no curso de Pedagogia, desenvolviam, mesmo em condições desfavoráveis, um bom trabalho de OE. Constituíam, entretanto, exceções. Muitos Or.Es. tinham experiência no então ensino primário que, além de separado do grau em que iriam atuar, possuía características próprias, muito diferentes deste último.

Esse quadro desalentador contribuiu para dar causa, ou alimentar a crença de que a OE consistia em um luxo, um funcionário a mais, e caro, nas escolas.

f) A falta de preparo dos Or.Es. para ministrar aulas profissionalizantes e a ineficácia do serviço de OV oferecido por eles nessas aulas.

As novidades introduzidas pela Lei nº 5.692/71 pegaram todos de surpresa. Apareceram novas disciplinas nas grades curriculares e não havia professores habilitados, ou professores em número suficiente para ministrá-las. À falta de professores habilitados, contratavam-se, ou eram aproveitados, professores de quaisquer disciplinas que aceitassem essas aulas. Muitos deles as aceitavam apenas para completar o número de aulas ministradas na escola.

No Estado de São Paulo, foi introduzido um novo componente curricular, intitulado "Programas de Informação Profissional", que ficou conhecido como

PIP. Por se tratar de OV, os profissionais mais indicados para ministrar essa disciplina, senão os únicos, seriam os Or.Es., o que não ocorreu na prática.

Houve até quem aventasse a hipótese de que esse novo componente curricular tivesse sido criado com a finalidade de dar possibilidade de trabalho ao grande contingente de Or.Es. formados e que não encontravam colocação, por falta de concursos de Or.E. para as escolas públicas. Se, na prática, a nova inclusão na grade serviu a esse propósito, é pouco provável que ela tivesse constituído a motivação para a criação do componente curricular.

De qualquer forma, alguns Or.Es., exercendo ou não funções de OE em outros turnos de outras escolas, foram contratados para ministrar essas aulas. Ainda que, em muitas escolas, essa disciplina tivesse sido atribuída, por questões de ordem prática, a docentes de outras áreas, o PIP deveria ter sido campo de atuação e, portanto, da responsabilidade do Or.E. Nas escolas em que havia Or.E., este era responsável pelo PIP, embora não fosse ele o docente que ministrava as aulas.

Mesmo quando as aulas foram atribuídas a Or.Es., o PIP se constituiu, na maior parte das escolas, em um fracasso. Pegos de surpresa, até os Or.Es., na sua maioria, não conseguiram fazer dele um sucesso. Pela natureza de seu trabalho, os Or.Es., até então, não costumavam atuar como docentes, exercendo suas funções fora das salas de aula, na qualidade de técnicos.

Outro problema, talvez o maior, que causou o fracasso do PIP foi o fato de ele ter sido proposto como atividade, sem que os professores fossem informados sobre as diferenças entre disciplinas e atividades, ou sem que eles tivessem condições de conduzir atividades.

Ora, o PIP, do ponto de vista legal, fora criado como "atividade", não como disciplina escolar, portanto diferente dos demais componentes curriculares, aos quais alunos e professores estavam acostumados. Como era comum, no caso das disciplinas, manter a ordem, o interesse e o bom comportamento dos alunos nas salas de aula por meio de ditados da matéria, cópias do quadro-negro e, sobretudo, de provas e respectivas notas, muitos professores de PIP, senão a maior parte deles, deram tratamento de disciplina ao que deveria ser uma atividade.

Uma atividade, como o nome implica, não consiste na transmissão de conhecimentos teóricos aos alunos. Não pressupõe aulas expositivas, provas e notas. Não sabendo como levar avante o PIP como atividade, há notícia de professores, inclusive Or.Es., que ditavam matéria para os alunos anotarem, matérias essas recém-aprendidas por eles na Faculdade, como, por exemplo, a teoria da inteligência de Guilford, que, além de estar acima do nível dos alunos, não contribuía em nada para a OV deles.

Para manter a disciplina dos alunos, como não conseguiam fazê-lo via conteúdo programático, os professores inventaram provas e notas. Ora, os alunos logo perceberam que essas notas não tinham valor algum, não reprovavam ninguém. Outros professores, já que não havia conteúdo a ser ditado e cobrança dessa matéria, optaram por interpretar atividade como brincadeiras de salão e conversas sobre outros assuntos, o que também contribuiu para desmoralizar o PIP.

A Coordenadoria de Estudos e Normas Pedagógicas (Cenp) de São Paulo preparou, em 1978, um documento que tinha por finalidade auxiliar os professores de PIP. Tal documento não chegou a todos esses professores.

As autoras desta obra elaboraram, a pedidos de professores das escolas onde cada uma delas atuava, um livro para uso dos alunos e para a condução do PIP como atividade. Tal livro (Giacaglia e Penteado, 1978) foi adotado por muitos professores, mas muitos não tomaram conhecimento da existência dele. Outros sequer tiveram a capacidade de saber como usá-lo, preferindo tratar o PIP como disciplina. Em pesquisa realizada nas escolas de 2º grau de Botucatu, por exemplo, não há menção ao seu uso, e os alunos se queixam de que o PIP constava de ditados e de cópias do quadro-negro.

Com o desaparecimento do PIP, em lugar de uma reformulação e de melhor preparo dos docentes, com a falta de Or.Es. nas escolas e com o despreparo dos poucos Or.Es. existentes para realizar uma OV completa e eficaz, não só os alunos saíram prejudicados como também o Or.E., que perdeu credibilidade e mercado de trabalho.

g) A concorrência, no mercado de trabalho, de formandos e de formados em outras disciplinas.

As faculdades de Filosofia haviam formado e continuavam a formar grandes contingentes de alunos, inclusive com licenciatura, em disciplinas que não constavam dos currículos das escolas de ensino fundamental e médio, como o caso da Filosofia, da Sociologia e da Psicologia. Por esse motivo, tais profissionais não encontravam campo de atuação nas escolas que, pelo seu número, poderiam vir a constituir um amplo mercado potencial de trabalho para eles. Embora esses profissionais muitas vezes estivessem trabalhando em outras atividades, vislumbravam a possibilidade de ministrar aulas no período noturno. Havia, então, uma forte pressão deles para a inclusão de disciplinas de suas especialidades nas escolas. Usavam, é claro, o argumento da importância delas na formação do jovem, principalmente dos adolescentes.

A Lei nº 5.692/71 já dera grande abertura para a modificação do tradicional conjunto de disciplinas que há muito constituíam a grade curricular das escolas. Pelos problemas apontados anteriormente, o PIP, bem como as demais disciplinas introduzidas em decorrência dessa lei, não vinham sendo bem avaliados. As faculdades de Pedagogia não formavam especificamente professores de PIP, ao passo que as faculdades de Filosofia e Ciências Sociais formavam professores de Filosofia e professores de Sociologia, e as de Psicologia formavam psicólogos, alguns deles, inclusive, psicólogos escolares, que com o acréscimo da licenciatura poderiam facilmente se transformar em professores.

Havia, portanto, não só o descontentamento em relação ao PIP, bem como às disciplinas, ditas profissionalizantes, como também fortes substitutos para elas. O instrumento legal que veio possibilitar a inclusão dessas novas disciplinas nos currículos do ensino médio em substituição ao PIP e às disciplinas com finalidades profissionalizantes foi a Lei Federal nº 7.044, de 1982. Ela constituiu um duro golpe nos formandos em Pedagogia com habilitação em OE e em muitos Or.Es. que não achavam colocação em escolas. De acordo com essa lei, ficaria a critério das escolas a escolha de uma ou mais dessas disciplinas em conjunto, ou em substituição ao PIP.

A Lei de Diretrizes e Bases da Educação Nacional, de 1996, veio consagrar, explicitamente, a preferência pela Filosofia e pela Sociologia, quando estatuiu que o educando do ensino médio deveria demonstrar o "domínio dos conhecimentos de Filosofia e de Sociologia necessários ao exercício da cidadania". Embora essa lei não mencionasse quais seriam essas disciplinas específicas para tal finalidade, de que forma esses educandos atingiriam essa finalidade?

Por outro lado, o PIP já era do conhecimento dos alunos. Muitos deles repetentes, o que era comum encontrar nos cursos noturnos, já haviam tido esse componente curricular. As novas disciplinas propostas constituíam novidade. Seria, portanto, de se esperar que elas seriam recebidas com entusiasmo, não só por constituírem uma novidade, como por substituírem o desgastado PIP. Não se sabe se essas disciplinas vieram a acrescentar muito à formação dos alunos, pois é muito provável que pelo pequeno número de aulas de cada uma delas, e pelo caráter de disciplina – mais uma – que tiveram, tivessem sido de pequena valia nessa formação.

Não cabe aqui avaliar o que ocorreu com elas, o importante é lembrar que na maior parte das escolas o PIP cedeu lugar a Filosofia e Sociologia, e os Or.Es. cederam lugar a professores de outras áreas.

Para melhor entendimento sobre o que ocorreu nesse momento, recomenda-se a leitura da dissertação de mestrado de uma orientanda das autoras, Marylene Marins de Carvalho (1985).

h) O desconhecimento tanto por parte da sociedade em geral quanto das próprias autoridades do ensino sobre as funções e a importância da OE.

Como foi visto no início deste capítulo, a OE entrou no Brasil como produto importado e não como uma necessidade sentida nas nossas escolas. Ela passou a ser ministrada em um curso – o de Pedagogia – não muito conhecido. Todos sabem de que se trata um curso de Direito, de Medicina, de Engenharia e até de Psicologia, mas poucos sabem da existência de um curso de

Pedagogia e, menos ainda, o que se estuda nele. Poucos sabem, também, da existência e das funções de uma OE e, por conseguinte, de sua importância.

Até as autoridades do ensino parecem desconhecer do que se trata. Como foi visto na legislação da década de 1960, houve a proposta de dois tipos de formação de Or.Es., uma para aqueles que iriam atuar nas séries iniciais e outro para as séries finais. Tal proposta indicou um grande desconhecimento sobre a OE.

Os problemas discutidos no item "d" também contribuíram para a desvalorização da OE, bem como para o desconhecimento geral não só das funções da atuação de um Or.E. nas escolas, como também, por conseguinte, para o da importância da existência de um SOE nelas.

Se não se sabia o que fazia um Or.E., e se não se atinava para sua importância, por que onerar a folha de pagamento com ele?

i) A escassez de Or.Es. e a consequente perda de força desses profissionais para a manutenção de suas aquisições e de suas conquistas. Os CPs, ou como também são conhecidos, Supervisores Pedagógicos, passam a substituir Or.Es. nas escolas.

Como foi visto no início deste capítulo, a OE foi, a muito custo, evoluindo no Brasil. Tiveram grande força de pressão nos acontecimentos que culminaram com uma situação de importância e reconhecimento da OE, na década de 1970, os Or.Es. que atuavam àquela época e que se filiavam às associações de classe. Com união e disposição, esses Or.Es. encetaram dura luta para que tal acontecesse.

Entretanto, devido à não realização de novos concursos para provimento dos cargos de Or.E. e com a aposentadoria, por tempo de serviço, desses pioneiros, não ia havendo reposição de Or.Es. nas escolas públicas, e o número de Or.Es. na ativa diminuía.

Afetados pelo desgaste que a profissão vinha sofrendo, pelas dificuldades que enfrentavam para o exercício de suas funções nas escolas e, sobretudo, pela falta de perspectivas e pela não existência de possibilidade de ascensão profissional na condição de Or.E., era normal que tais profissionais, em véspera de aposentadoria, almejassem uma melhor posição no sistema escolar.

Vários deles, em grande parte das vezes sem contar com tempo suficiente para a aposentadoria, foram levados a procurar cargos mais elevados na carreira do magistério, visando, dessa forma, conseguir aposentar-se com melhores salários. Tais circunstâncias dizimaram drasticamente a categoria.

Dessa forma, ela perdeu não só o ímpeto inicial que a caracterizara nas décadas anteriores, como também a força, baseada nos números, para a manutenção de suas conquistas.

Outro fator responsável pelo enfraquecimento da OE nas escolas foi a existência de outras habilitações nos cursos de Pedagogia, além da habilitação em OE, que buscavam colocação nas mesmas escolas.

Enquanto a OE sofria com os problemas apontados anteriormente, outras habilitações oferecidas pelos cursos de Pedagogia conheciam melhor sorte. Não só seus formados contavam com maior mercado de trabalho, pois eram realizados, periodicamente, concursos para eles, como também, no caso dos diretores, a remuneração era mais alta, sem contar com o prestígio social de que gozavam, o que não ocorria com os Or.Es. Além disso, os diretores de escolas tinham acesso mais fácil e natural para outras funções de caráter administrativo, o que constituía um bom atrativo para os que planejavam se aposentar em postos mais elevados na carreira.

Além da habilitação em Administração Escolar, que formava diretores de escolas, uma outra habilitação oferecida pelos cursos de Pedagogia viria minar ainda mais a OE, a dos CPs, ou Supervisores Pedagógicos, como eram designados em alguns estados.

Esses profissionais destinavam-se a atuar nos mesmos locais que os Or.Es., isto é, também nas escolas do ensino básico, e o nível funcional deles era o mesmo daquele dos Or.Es., mas, embora com um histórico de lutas bem mais pobre que o dos Or.Es., começaram a ter maior prestígio que eles, vindo até a substituí-los em grande parte das escolas. Eram realizados, inclusive, concursos para recrutá-los para atuarem nas escolas públicas.

Nos últimos tempos, a função dos CPs, graças ao fato de se orientar mais para o ensino e a aprendizagem, ganhou ainda maior força, devido à realização de exames de alunos, dos diferentes graus do ensino, para verificação do aprendizado ministrado nas diferentes escolas, tanto da rede pública quanto da particular.

Tais exames tinham consequências práticas importantes. Para o governo, serviriam para aquilatar o que ocorria nas escolas públicas. Para as escolas particulares, além dessa finalidade, serviam também para propaganda. As escolas passaram, como consequência, a procurar e a valorizar a figura do CP, para assegurar um bom ensino para seus alunos.

Como nas primeiras edições desses exames era facultativo aos alunos participarem ou não deles, alunos mais fracos geralmente não participavam, seja por iniciativa própria, seja pela das escolas que incentivavam os melhores alunos a participarem. Ora, a clientela dos Or.Es. geralmente era exatamente aquela desses alunos que, apresentando uma série de problemas, não conseguiam bom êxito nos estudos.

A preocupação maior das escolas não seria com a felicidade dos alunos, mas com seu desempenho nos exames. Tal preocupação, infelizmente, verifica-se também em muitos pais.

Visando os vestibulares mais concorridos, estes, muitas vezes, procuram escolas que melhor preparem seus filhos do ponto de vista da instrução, desprezando ou colocando em segundo plano, muitas vezes sem se aperceber disso, a felicidade de seus filhos.

Como os CPs, aparentemente, para os menos avisados, se assemelhavam aos Or.Es., eles começaram a tomar o lugar destes nas escolas, acumulando com as atribuições que seriam próprias deles também aquelas exclusivas da alçada dos Or.Es.

Quando uma profissão é regulamentada, a lei que a regulamentou estabelece atribuições exclusivas desses profissionais, porém cabe a eles zelar para que a lei seja cumprida e, por conseguinte, pelos seus direitos. Se a maior parte dos Or.Es. sequer sabe que a sua profissão está, desde 1968, regulamentada, e o que isso significa em termos práticos, como poderá lutar por seus direitos?

j) A diminuição do número de alunos interessados na habilitação em OE e a consequente redução do número de cursos de Pedagogia que ofereciam a opção para essa habilitação.

Pelos vários motivos apontados, foi minguando o número de alunos dos cursos de Pedagogia que optavam pela habilitação em OE. Tratava-se de cursos laboriosos e exigia-se dos candidatos a Or.E., quando não do ponto de vista legal, pelo menos para aproveitamento no curso e para atuação nas escolas, alguns anos de experiência docente. Apesar de todas essas exigências, era pouco o que se ofereceria aos candidatos a Or.E. Esta habilitação passou a ter fraca demanda entre os alunos, que tinham no mesmo curso opções bem mais atrativas.

Com o desinteresse dos alunos, os cursos de Pedagogia foram cortando essa habilitação.

Dois fatores contribuíram para a diminuição do número de cursos de Pedagogia que ofereciam a possibilidade de o estudante optar por OE. O primeiro deles foi o desinteresse dos alunos pelas razões apontadas. O segundo foi consequência de outros acontecimentos.

Alguns cursos de Pedagogia, além das habilitações mais antigas, começaram a oferecer novas habilitações, como aquelas que atenderiam a especialistas em deficiências e aquelas que se destinavam ao atendimento de professores que já se encontravam atuando nas primeiras séries do ensino fundamental, mas que haviam cursado apenas a antiga Escola Normal ou os cursos de ensino médio de formação para o magistério, pois o fato de ter cursado um curso de nível superior passou a contribuir para promoções e aumentos salariais. Mais adiante, o diploma de curso de nível superior passou não mais a ser um diferencial para promoção na carreira desses professores, mas uma obrigatoriedade. Além disso, a Lei de Diretrizes e Bases de 1996 facultou a formados em cursos de nível superior a cursar programas de formação pedagógica para que pudessem se dedicar à educação básica.

Professores efetivos que atuavam nas escolas e que tinham curso superior, se completassem sua formação pedagógica cursando Pedagogia, tinham a oportunidade de ascender na carreira, opção esta que não existia se continuassem nas funções docentes. Com todas essas novas atribuições e com a procura por outras habilitações, vários cursos de Pedagogia cancelaram a opção por OE.

Na própria Universidade de São Paulo, que formou várias levas de Or.Es., essa opção deixou de existir.

9. A Orientação Educacional na Lei de Diretrizes e Bases de 1996, e nos anos seguintes

Na nova Lei de Diretrizes e Bases da Educação Nacional, a Lei nº 9.394/96, não se encontra a obrigatoriedade da existência da OE nas escolas. Embora a OE apareça mencionada explicitamente na lei, ela o é de forma extremamente parcimoniosa.

No artigo 64, ela é arrolada conjuntamente e no final dos tipos de profissionais de educação. Há artigos em que ela deveria aparecer, mas isto não ocorreu, como, por exemplo, no Título VIII que trata das Disposições Transitórias. No Artigo 85, é concedido, ainda que com certas exigências, o direito a qualquer cidadão habilitado de exigir a abertura de concurso para o cargo de docente. E para o de Or.E.?

Em vários artigos dessa lei aparecem atribuições da escola, atribuições essas que são próprias da OE, mas não ficou claro quais profissionais, nessas escolas, seriam os responsáveis para a execução delas. No Anexo 4 deste livro, foram citados artigos dessa lei, de interesse para esta discussão.

Como resultado do que foi relatado, a OE foi desaparecendo das escolas. Teria sido notada a falta desse profissional?

Enquanto todos concordariam que uma escola, depois da existência de alunos, não pode prescindir de professores, de direção, de secretaria e seus funcionários, de pessoal para limpeza, de porteiro, de merendeira e eventualmente de bibliotecária e de outros auxiliares, alguém sentiria falta ou colocaria em dúvida a existência de uma escola que não contasse com pelo menos um Or.E.? A resposta mais provável a essa questão seria não. Há uma grita geral da sociedade, dos pais ou dos alunos pela falta de um SOE ou de um Or.E. nas escolas? Parece óbvio que não. Alguns até perguntariam, o que é o Or.E.?

Em escolas maiores, sentindo-se a falta de alguém que auxiliasse a direção sobrecarregada com assuntos burocráticos, além das incumbências devidas à gestão geral da escola, passaram a ser contratados vice-diretores ou auxiliares de direção. Foi, também, introduzida a figura do CP, profissional esse que se encarregaria de assuntos relativos ao ensino e à aprendizagem e, portanto, trabalharia com os docentes.

Por motivos muito provavelmente de ordem política, econômica e/ou por desconhecimento, o sistema e as escolas passaram a atribuir ao CP funções que seriam da alçada e da competência do Or.E. Hipoteticamente, no entender das autoridades, poderia ser considerada suprida a necessidade do Or.E. com a contratação de um CP. Na prática, entretanto, tal não veio a ocorrer dessa forma. Enquanto o CP cuidaria dos professores, qual profissional deveria atuar junto aos alunos?

Pelos motivos apontados, em qualquer que seja o tamanho de uma escola estadual, desde aquela de porte médio até uma com número muito grande de alunos, funcionando em três turnos, que necessitaria de um SOE, não costuma ser encontrado sequer um Or.E., quanto mais a existência de um SOE. Se, por acaso, for encontrado um, a simples existência dele constitui um grande diferencial, um luxo.

Em várias escolas particulares que, por razões de ordem econômica, poderiam contar com pelo menos um Or.E., esse profissional não existe. Muitas vezes são encontrados nessas escolas outros profissionais atuando em funções que seriam da alçada dos Or.Es., sem que esses profissionais tenham a formação específica para o exercício de tais atribuições. Essas escolas costumam utilizar um CP que acumula, indevidamente, as duas funções, ou, o que é mais comum, um professor mais experiente que exerce ambas.

Tal situação, deplorável tanto no que diz respeito às escolas públicas como também com relação a uma parte das particulares, contribuiu para a desvalorização dos Or.Es., bem como para a consequente diminuição do mercado de trabalho para esses profissionais.

Felizmente, ainda há formandos em OE. Possivelmente, por vocação, por interesse ou pelo gosto pessoal, ou ainda pela possibilidade de empregos em escolas particulares, e até fora do ambiente escolar, como em RH de empresas, a habilitação em OE continue a ser procurada e oferecida em alguns cursos. No setor de RH, entretanto, os Or.Es. enfrentam a concorrência dos formados em Administração de Empresas, profissionais esses mais conhecidos pelo mercado, e de psicólogos que, sendo os únicos que podem aplicar testes psicológicos, são empregados na seleção de pessoal.

É interessante notar que, diante da violência e de muitos outros problemas sociais que grassam nas escolas, o Secretário da Educação do Distrito Federal, preocupado com essa situação, chegou à conclusão de que é necessária a existência de vários tipos de profissionais para lidar com eles. Entre tais profissionais, ele mencionou os Or.Es., um em cada escola. Nesse caso, passa-se de nenhum funcionário para lidar com problemas graves afetando alunos, para um conjunto deles.

De qualquer forma, a simples lembrança da necessidade da OE nas escolas foi alentadora e auspiciosa, ainda que tímida e de pequena repercussão nacional. É, entretanto, uma pena que a figura do Or.E. seja lembrada apenas quando surgem situações fora do controle, como remediativa, e não como preventiva, e quando os problemas atingem uma proporção tão grande que as autoridades se apercebam que algo deva ser feito e que esse algo foge das possibilidades de diretores, professores, CPs e de outros funcionários que, nas escolas, lidam diretamente com os alunos.

A profusão de leis tratando de OE que caracterizou as décadas anteriores deu lugar a um vazio legislativo sobre o assunto.

Parte II

A Orientação Educacional e o Serviço de Orientação Educacional

Capítulo 3   Definição de Orientação Educacional

Capítulo 4   Quem é o Orientador Educacional?

Capítulo 5   Atribuições e interações do Orientador Educacional

Capítulo 6   Princípios éticos na atuação do Orientador Educacional

Capítulo 7   Importância e necessidade da existência da Orientação Educacional nas escolas

Capítulo 8   O Serviço de Orientação Educacional

Capítulo 9   A Orientação Educacional nos diferentes graus do ensino

Capítulo 3

Definição de Orientação Educacional

1. Por que definir Orientador Educacional, e por que fazê-lo no 3º e não no 1º capítulo deste livro?

Normalmente, quando se escreve sobre determinado assunto, procede-se, antes de mais nada, à apresentação de uma ou mais definições dele, seja por que tal assunto possa ser desconhecido ou mal compreendido por algum ou por vários leitores, seja porque o autor sinta a necessidade ou o desejo de deixar clara a posição que esteja assumindo em relação a ele, principalmente quando há falta de consenso sobre o assunto, por ele comportar diferentes posições.

Dessa forma, cabe a pergunta: Por que a definição de OE não foi apresentada logo no início do livro?

Há assuntos cuja definição se torna bastante simples não só por serem do conhecimento geral das pessoas, mas, e principalmente, por não comportarem muitas controvérsias. Se, por exemplo, se tratasse de um livro sobre triângulos, constituiria mera formalidade e até poderia causar estranheza o autor se dar ao trabalho de defini-los como polígonos de três ângulos e de três lados. Apesar de existirem triângulos de diferentes tipos e tamanhos, e da possibilidade de haver objetos de forma triangular também chamados de triângulos, a definição geral desse polígono permanece a mesma, bastando acrescentar, nesses casos, uma palavra que os diferencie, como, por exemplo, triângulo isóceles ou triângulo musical. Por ser bastante simples e genérica e por não estar sujeita a opiniões e a controvérsias, a definição de triângulos vem se mantendo inalterada por muitos séculos.

Tal não é o caso do que ocorre com a OE. Apesar de sua curtíssima existência histórica, enquanto objeto de estudos, não há uma definição tão permanente e consensual sobre ela. O que de menos instável pode ser afirmado em relação à OE é que se trata de uma orientação de caráter educacional. Tal definição, não comprometida e não comprometedora, seria suficiente para um estudioso da OE ou para um leigo que gostaria de saber do que se trata? É óbvio que não. Ao leigo, ela não informa como tal orientação é exercida se não responder às perguntas: Onde? Para quem? Por quem? Como? Por que e para que ela existiria? Para o estudioso de OE, tal definição "blindada" em relação a controvérsias e contestações não satisfaria, pois se trata de uma tautologia, o equivalente a dizer que OE é OE. A definição de triângulo, entretanto, é suficiente para esclarecer tanto o leigo como o estudioso de geometria, sem que tenha sido necessário recorrer à tautologia. Não se tem notícia sobre grandes discussões de cunho ideológico de como deveriam ser os triângulos no mundo e no Brasil, não são convidados autores estrangeiros para ajudar a esclarecer o assunto, não se tem notícia de grandes discussões se os triângulos são de muita, de pouca ou de nenhuma serventia nas escolas, onde e quando deveriam ser encontrados, quais os profissionais que teriam direito de usá-los, total ou parcialmente, com ou sem reserva de mercado, por meio de legislação específica.

A resposta a cada uma dessas questões, entretanto, é crucial quando se trata da OE. A maior parte delas exige respostas não só passíveis de controvérsias, como também que necessitaram, necessitam e necessitarão ser modificadas no decorrer do tempo, tempo esse incomensuravelmente menor que o do estudo dos triângulos.

Mesmo se considerarmos apenas o tempo atual, não é fácil definir OE. Tal dificuldade se torna evidente quando se examinam os temas escolhidos por vários autores de trabalhos de pós-graduação que dizem respeito à busca de uma definição para a OE e/ou procuram explicitar as funções próprias da OE. Entretanto, esses autores, em lugar de procurar elaborar uma teoria ou oferecer uma definição para a OE tal qual eles acreditam que ela devesse ser, pelo menos para o tempo e para as condições atuais, preferem enfocar seu trabalho na busca daquilo que vem ocorrendo na prática dos Or.Es., tarefa, se bem que menos útil, certamente muito mais fácil de ser encetada, dadas as dificuldades que a busca de uma definição acarretaria.

Por causa de tais dificuldades, postergou-se até este ponto do livro a discussão sobre uma definição para a OE. Propositadamente se procedeu, primeiramente, à apresentação do histórico da OE, para que o leitor tivesse a oportunidade de perceber a complexidade na busca de uma definição para ela.

2. Como definir Orientação Educacional hoje?

Uma definição genérica o bastante para sobreviver por um tempo razoável e, ao mesmo tempo, específica o bastante para servir como ponto de partida e diretriz para o estudante de OE e para informação do leigo foi apresentada por Wilma Millan Alves Penteado no artigo intitulado "Orientação Educacional: alguns conceitos básicos", publicado no livro organizado por essa autora e intitulado *Fundamentos da Orientação Educacional*, 1976. À página 2 desse artigo, Wilma define a OE como sendo "um processo sistemático, contínuo, complexo; é uma assistência profissional realizada através de métodos e técnicas pedagógicas e psicológicas, que levam o educando ao conhecimento de suas características pessoais e das características do ambiente sociocultural, a fim de que possa tomar decisões apropriadas às perspectivas maiores de seu desenvolvimento pessoal e social". Como se vê, não constitui tarefa simples definir o que vem a ser a OE, basta atentar para o tamanho da definição proposta e comparar essa extensão com a da definição de triângulos. Tal definição tem o mérito de, ao invés de partir do que ocorre na prática, propor um ideal e traçar uma diretriz para que seja atingida uma meta claramente colocada. Vale a pena, por este motivo, analisar cada um dos componentes da definição proposta, cotejando-os com aquilo que comumente se verifica na prática. É o que será feito a seguir.

a. A Orientação Educacional é um processo complexo

De que se trata de um processo complexo, como o é a educação das crianças e dos adolescentes à qual ela se propõe a auxiliar, não deveria restar a menor dúvida. Somente deixaria de sê-lo caso não estivesse sendo desenvolvida de forma adequada, isto é, sendo conduzida sem planejamento e de forma esporádica, inconsequente e irresponsável.

É praticamente impossível que a OE venha, em futuro próximo ou distante, se tornar menos complexa. A própria educação, da qual a OE deve estar a serviço e, portanto, acompanhar a evolução, como se pode deduzir do que ocorreu no passado e do que vem ocorrendo no presente, tende a se tornar cada vez mais complexa, não se vislumbrando, portanto, a possibilidade de reversão nesse quadro.

b. A Orientação Educacional deve ser um processo contínuo

O ideal seria que a OE acompanhasse o aluno durante toda a sua trajetória escolar. No mínimo, ela deveria acompanhar os alunos durante sua permanência em determinada escola. Na prática, entretanto, nem os legisladores, como foi visto no capítulo anterior, asseguraram a obrigatoriedade legal da existência dela nas escolas, ao se substituir uma Lei de Diretrizes e Bases da Educação Nacional pela seguinte, nem as autoridades escolares se empenham ou conseguem substituir um Or.E. que, por qualquer motivo, venha a deixar seu posto de trabalho por outro, causando, necessariamente, uma solução de continuidade no processo de OE. A continuidade do processo que é essencial ao bom desempenho de um serviço de OE não é nem reconhecida como tal e nem assegurada.

c. A Orientação Educacional deve ser exercida de forma sistemática

Da mesma forma como hoje já se aceita que em todas as escolas deve haver um planejamento anual envolvendo toda a vida escolar de cada uma delas, deve haver também um planejamento anual para as atividades da OE. Desse planejamento, da mesma forma como o que ocorre em relação à escola como um todo, deve resultar um plano de ação para a OE. Tal plano constitui uma parte do planejamento geral da escola.

Um plano para a OE não precisa, como muitos temem, ser rígido. Ele pode comportar certo grau de flexibilidade para acomodar modificações que se façam necessárias no decorrer do ano letivo. O que não deve ocorrer é a inexistência de qualquer diretriz. O plano tem a finalidade de evitar que o trabalho do Or.E. se torne desordenado, ditado apenas pelas emergências que possam e que costumam ocorrer com frequência em todas as escolas, emergências essas que venham a prejudicar e a substituir ações prioritárias e até preventivas. A sistematização do trabalho do Or.E., que tem início com o plano anual, é essencial ao bom desempenho do Or.E. nesse trabalho.

Entretanto, a mera existência de um plano, ainda que muito bem elaborado no papel, mas que fica esquecido em uma gaveta e que tem como finalidade única a eventual apresentação dele a autoridades superiores, embora tenha tido certo valor por levar o Or.E. à reflexão necessária a sua elaboração, não é suficiente para um bom trabalho. O plano, mais que uma peça decorativa, deve constituir um instrumento de trabalho, de consulta constante para nortear as principais ações do Or.E.

d. A Orientação Educacional é uma assistência profissional

Que ela seja exercida por profissional especializado em OE não só é importante e desejável, como também se encontra previsto por instrumento legal que regulamentou a OE como profissão, restringindo o exercício dela ao profissional (Lei nº 5.564, de 21/12/68, transcrita no Anexo 3 deste livro). Na prática, entretanto, não é o que normalmente se encontra nas escolas. São comuns aquelas em que um professor antigo e mais experiente da casa é utilizado para tratar de assuntos da alçada e da competência do Or.E. Há outras escolas, incluindo-se entre elas as públicas, em que, por motivo de economia, encontra-se um CP exercendo não apenas as suas funções, mas também outras que seriam da alçada de um Or.E. Outras ainda há que, sem contar nem com um Or.E., nem com um CP, resolvem, em caráter emergencial, problemas da alçada da OE pela direção da escola. Na prática, portanto, torna-se difícil encontrar um serviço de OE funcionando de forma contínua e sistemática conduzido por profissional capacitado. Como foi visto nos capítulos anteriores, muito se discutiu sobre a formação necessária ao Or.E. e como acelerar tal formação, aproveitando-se, inclusive, pessoal que já atua em outras funções na escola. Tais soluções foram abandonadas, privilegiando-se a formação específica de Or.Es.

e. A Orientação Educacional deve ser realizada através de métodos e técnicas pedagógicas e psicológicas

Por depender, para seu exercício, da utilização de métodos e de técnicas pedagógicas e psicológicas, a OE não deve e não pode ser trabalho para amadores. É necessário que o usuário de tais técnicas as conheça a fundo e saiba por que, para que, como e quando empregá-las e, sobretudo, quando não deve usá-las. Também não é nem correto e nem legal quem quer que seja não especificamente capacitado criar e aplicar instrumentos para diagnósticos. Muitas vezes são criados instrumentos como questionários e até testes, sendo que tais instrumentos são empregados como se tivessem sua validade comprovada, o que não é o caso. Também não é correto e nem legal a aplicação de testes adquiridos em firmas especializadas por quem não tem direito de empregá-los.

O Or.E. deve determinar quais sejam suas necessidades na escolha dos instrumentos a serem empregados. Tal escolha não deve ser ditada nem pela preferência do Or.E., nem pelo eventual conhecimento de um determinado instrumento e nem, também, pela disponibilidade, pela facilidade de acesso ou pelo preço.

f. Os métodos e técnicas pedagógicas e psicológicas devem levar os educandos ao conhecimento de suas características pessoais e do ambiente sociocultural

O que se verifica na prática é que os Or.Es. empregam alguns questionários informativos sobre cada aluno. Tais questionários, muitas vezes, são preenchidos pelos alunos ou por seus responsáveis apenas pró-forma, ou para casos de emergência, e não como instrumentos de trabalho do Or.E. Além desses questionários, quando se aproxima o final do ano letivo, principalmente na última série do ensino médio, os Or.Es. costumam aplicar algum questionário ou teste de interesses profissionais, substituindo todo um complexo e demorado processo de OV por tais precários ou insuficientes instrumentos de diagnóstico. É óbvio que não se consegue, dessa forma, sequer uma boa OV, quanto mais levar os educandos, tanto aqueles que estão prestes a concluir o ensino médio como os demais, ao autoconhecimento.

No que se refere a levar o aluno ao conhecimento do ambiente sociocultural dele, meta sem dúvida importante na educação, quase nada ou nada costuma ser encetado pelo Or.E. Nesse sentido, algumas escolas contam, em parte, com o auxílio de algum docente que, por iniciativa própria, se dispõe a levar os alunos, pelo menos em parte, a esse conhecimento.

De que meios o Or.E. disporia para essa tarefa? É claro que ele não precisa, para tal, sair com os alunos da escola. Ele pode planejar, em conjunto com os professores, atividades para essa finalidade. As aulas de PIP teriam constituído um excelente meio de levar o aluno a conhecer o ambiente sociocultural dele. Há que se considerar que dadas as inúmeras atribuições do Or.E., seria difícil que ele, pessoalmente, levasse os alunos a conhecer, *in loco*, o ambiente sociocultural da escola, além daquele deles próprios, quando a escola que frequentam não se encontra na mesma comunidade a que geograficamente pertencem.

Talvez em cidades pequenas ou em comunidades restritas isso seja possível. O Or.E. pode, entretanto, orientar os alunos na busca desse conhecimento e/ou, por ocasião do planejamento escolar, entrar em contato com professores que poderiam incluir em sua programação atividades nesse sentido.

Como parte do plano da escola e também do plano do Or.E. é comum encontrar uma descrição do ambiente social da escola. Tal descrição, entretanto, costuma ser bastante superficial e destinada a servir mais ou exclusivamente ao uso da escola que aquele do Or.E. ou dos alunos.

Essa análise de confronto, mostrando a não adequação da definição da OE ao que se encontra normalmente na realidade, está indicando que se deva mudar a definição? É claro que a resposta a essa questão obviamente é não. Ela indica a necessidade dos atuais e dos futuros Or.Es. atentarem para o que vem ocorrendo e buscarem uma OE ideal, tal como proposta na definição apresentada.

Alertam-se para esse problema principalmente os estudantes de OE, que devem realizar estágios em escolas e que muitas vezes se deparam com serviços de OE que deixam muito a desejar. O fato de, muitas vezes, o observado nos estágios não estar de acordo com o desejável não significa que o modelo encontrado no estágio deva servir de parâmetro a ser seguido e perpetuado, como o único possível. É claro que o aluno de OE perceberá as inúmeras dificuldades e obstáculos com os quais o Or.E. ou o serviço de OE se defronta e que o Or.E. está bastante limitado nas suas possibilidades para alcançar o ideal, mas isso não significa que ele deva abandonar completamente tal ideal, mas, na medida do possível, lutar para implementá-lo.

Capítulo 4

Quem é o Orientador Educacional?

A leitura e a discussão dos capítulos anteriores já possibilitam o traçado do perfil do Or.E. Neste capítulo encontram-se sistematizados os requisitos para a caracterização do Or.E.

Pode-se definir ou caracterizar o Or.E. como um profissional técnico, da área de educação, que exerce uma profissão de apoio a pessoas e, portanto, de natureza assistencial. Ele é formado em curso de Pedagogia e possui habilitação em OE.

O futuro Or.E., às vezes, antes de pensar em sê-lo, começou por escolher um curso que trata da educação – o curso de Pedagogia –, ministrado nas faculdades de Educação. Salvo exceções, os formandos desse curso destinam-se ao trabalho em escolas.

Os cursos de Pedagogia podem oferecer várias opções de habilitações, e os alunos desse curso podem escolher livremente uma delas. Dentre as habilitações oferecidas, as mais comuns são: Administração Escolar, Magistério para as séries iniciais do curso fundamental, Coordenação Pedagógica, OE e Educação de Crianças com Necessidades Especiais.

Embora todas essas habilitações sejam focadas na educação e, consequentemente, tenham uma carga de disciplinas comum, na parte diversificada de formação, apresentam sensíveis diferenças, tanto nas disciplinas estudadas como nos respectivos estágios. Embora não se faça uma seleção específica para cada habilitação, nota-se serem diferentes os tipos de personalidade dos alunos que optam por cada uma delas.

Dessa forma, o futuro professor das séries iniciais do ensino infantil, atualmente formado no mesmo curso, aprecia o contato direto com alunos muito pequenos. Professores de alunos das séries iniciais do ensino fundamental também gostam de trabalhar com alunos pequenos, mas já com a tarefa de alfabetização e transmissão de conhecimentos.

O diretor de escola, ou gestor escolar, como vem sendo chamado mais recentemente, não tem um contato tão direto com alunos, e seu foco de trabalho localiza-se, especialmente, nos aspectos burocráticos da escola por ele dirigida, tendo de preferência perfil de líder.

O CP tem um perfil mais técnico que assistencialista. Sua principal atenção encontra-se voltada para o trabalho dos docentes. Eventualmente, lida também com alunos, mas quando isso ocorre seu interesse está voltado para a aprendizagem deles.

Nas habilitações referentes a educandos com necessidades especiais, os formados dedicam sua atuação a esses alunos, apresentando perfil assistencialista.

O Or.E. tem seu trabalho voltado principalmente para o bem-estar e a felicidade dos alunos matriculados na escola onde desempenha suas funções. Ele se interessa pelo aluno como um todo, não apenas como um ser que deva ser adequadamente ensinado e que deva aprender.

1. A personalidade do Orientador Educacional

Dadas as exigências de sua profissão e o grau de exposição que ela impõe a ele, o Or.E., além de apurada formação técnica, precisa ter certas características pessoais. Em primeiro lugar, ele deve gostar de tratar diretamente com todos os tipos de pessoas e, em particular, com alunos de diferentes idades.

Na classificação das profissões, a dele fica no tipo dos profissionais de ajuda, da mesma forma como o são os enfermeiros, psicólogos, assistentes sociais, fonoaudiólogos, fisioterapeutas e a maior parte dos médicos, dentre outros, e não se identifica com outros tipos de profissionais como os economistas, os engenheiros, os advogados e outros cujos valores principais diferem dos dele.

Na escola, ele deve apoiar e orientar todos os alunos, não apenas aqueles que aparentemente necessitam de maior atenção.

No exercício de suas funções, ele também trabalha com os pais ou outros responsáveis pelos alunos, bem como com toda a comunidade escolar, dentro e fora da escola. Muitas vezes, deve receber estagiários – alunos de faculdades –, um dos motivos pelos quais ele também mantém contato com a comunidade acadêmica, interagindo com ela não só no sentido de dar atendimento aos estagiários, como também para se manter atualizado sobre conhecimentos de sua área.

Da mesma forma, para se manter atualizado no exercício de sua profissão, é de muita importância, como ocorreu em grande escala no passado, que o Or.E. participe de encontros e de congressos promovidos pelas respectivas associações de classe e, também, pelas universidades.

Para conquistar e manter o respeito, a aceitação e a colaboração das pessoas com quem precisa se relacionar, em exercício de uma função tão complexa quanto, muitas vezes, delicada, o Or.E. precisa ser uma pessoa bem resolvida, segura, enérgica sem ser autoritária e dispor-se a ser, quer goste, quer não, um modelo para seus orientandos. Ele terá também de ser um líder.

Há, basicamente, três tipos de lideranças: a autoritária, em que o líder se impõe e é acatado pelo medo que desperta nos seus liderados; a do tipo *laissez-faire*, em que o líder se caracteriza por ser omisso, pouco engajado, fugindo de situações difíceis e que, portanto, não se impõe, é ignorado pelos alunos e por toda a comunidade, mantendo-se pela titulação e pela força de seu cargo; e a liderança democrática, em que o líder consegue a adesão voluntária das pessoas com quem tem de interagir, a confiança e a colaboração delas, graças à sua personalidade, à qualidade de seu trabalho e ao tipo de liderança consensual que consegue estabelecer na comunidade, tanto dentro como fora da escola, em relação a todos, ou à maior parte de seus membros. Obviamente, o tipo de liderança recomendável para o Or.E. é a democrática, fácil de ser idealizada, mas nem sempre fácil de ser exercida na prática.

Para conseguir realizar seu trabalho a contento, ele precisa angariar a confiança e o respeito dos alunos, dos pais e de toda a comunidade, dentro e fora da escola. A seguir são discutidos a formação do Or.E. e seu perfil.

2. A formação do Orientador Educacional

Os requisitos mínimos para a formação do Or.E. são determinados pela legislação pertinente em vigência.

Conforme foi relatado no capítulo sobre a história da OE no Brasil nas diferentes décadas, tais requisitos variaram muito e constituíram objeto de muita discussão e controvérsia. É bastante extensa, principalmente na década de 1970, a legislação tratando do assunto. Recomenda-se ao leitor interessado nesse assunto a leitura das leis específicas sobre ele no livro de autoria de Wilma Millan Alves Penteado (1980).

Às vezes, inspirados em modelos estrangeiros, legisladores propuseram exigências tais que tornavam inviável a formação desses profissionais, ainda mais em número suficiente para atender a todas as escolas. Nesse sentido, chegaram a cogitar a exigência de formação em nível de pós-graduação, acrescido de anos de experiência docente. Entretanto, confrontados com a realidade, outras vezes, partiam para o extremo oposto. Passavam-se, então, a soluções emergenciais, como exames de suficiência ou a aceitação de professores de diferentes disciplinas dos quais se exigia apenas a realização de um curso de curta duração.

Finalmente, chegou-se a um consenso que os Or.Es. deveriam ser formados em curso de Pedagogia, com habilitação específica em OE. Nesses cursos eles receberiam uma fundamentação básica teórica em Filosofia e nas ciências da Educação, e uma especialização via disciplinas específicas de OE, além de estágio supervisionado. Nos concursos, seria exigida experiência docente. Tais exigências mínimas, e no mais das vezes também máximas, pareciam razoáveis e funcionaram na prática por vários anos.

Entretanto, alguns teóricos da Educação começaram a questionar a formação de educadores e as finalidades dos cursos de Pedagogia. Uma corrente desses teóricos propugnava para a manutenção das diferentes habilitações nesse curso. A outra corrente, entretanto, criticando a divisão da educação em compartimentos, defendia uma formação única e igual para todos os pedagogos.

Esta segunda corrente, não propriamente pelo arrazoado teórico defendido, mas pelas circunstâncias, acabou ganhando força, se não o suficiente para abolir totalmente a habilitação em Or.E., pelo menos para diminuí-la e enfraquecê-la.

3. Qual o mínimo de formação desejável para o Orientador Educacional?

Sem se ater a um ideal inexequível, mas também sem deixar de lado a qualidade da OE, quais os mínimos que deveriam ser exigidos para a formação adequada desses profissionais? De acordo com a experiência das autoras, parece a elas que um bom curso de Pedagogia, com uma habilitação igualmente boa, incluindo-se um estágio supervisionado bem planejado constituem, sem dúvida, o principal requisito para a formação dos Or.Es. Outro requisito importante deve ser a experiência obtida com a atuação em escolas. O simples estágio, por mais bem realizado que tenha sido, não é suficiente para capacitar o profissional a trabalhar em escola. Sabe-se que, por questões de ordem prática, ao realizar o estágio, o Or.E. não terá a oportunidade de participar de todas as atividades desenvolvidas no estabelecimento, mas terá, na melhor das hipóteses, sua atuação restrita àquelas atividades que dizem respeito, mais diretamente, à OE. Em outras palavras, sua visão da vida escolar será limitada e parcial. Ele verá os problemas apenas do ponto de vista da OE. Faltará a ele a visão "do outro lado do balcão", isto é, de como os demais funcionários veem cada uma das situações em que o Or.E. estará envolvido.

As faculdades de Educação costumam contar com uma escola de aplicação e, às vezes, com uma creche, e devem ter um Or.E. Do ponto de vista prático, entretanto, seria impossível que todos os alunos de OE estagiassem nessa escola e nem ela seria uma amostra da realidade que os futuros Or.Es. iriam encontrar nas demais escolas.

Deve-se lembrar que como a quase totalidade das escolas não possui um SOE organizado também não possui um plano de trabalho para os estagiários nem conta com um bom Or.E. Assim, o futuro Or.E. não deve se satisfazer somente com sua formação acadêmica e um estágio destinado apenas ao cumprimento do mínimo exigido em lei.

Por outro lado, à medida que são aumentadas as exigências, devem-se prover compensações salariais e de carreira para atrair bons profissionais.

4. O perfil do Orientador Educacional e sua relação com o trabalho de orientação nos diferentes níveis do ensino

Como um serviço essencialmente personalizado que deve ser, com características não apenas de ordem técnica mas também, e principalmente, de cunho eminentemente assistencial, torna-se relevante discutir a personalidade ideal e própria do profissional de orientação educacional para atuar em cada grau de ensino.

Há, entre os assistidos pelo Or.E., diferenças muito grandes nas faixas etárias que vão desde a educação infantil até a pós-graduação. É óbvio, portanto, que não só o estilo de tratamento dedicado a alunos dessas diferentes faixas deva ser diferente, como também a personalidade do Or.E. que irá lidar com elas também deva sê-lo.

Pouco adianta, embora seja necessária, uma formação técnica aprimorada do Or.E., se o candidato ao exercício da função de OE não tiver as características de personalidade essenciais ao exercício dessa função para a faixa etária onde irá atuar.

Um orientador em que a afetividade predomine sobre a técnica pode ser bastante indicado para o trabalho com alunos de pouca idade, mas não nas últimas séries do fundamental e nas seguintes.

Há Or.Es. com valor assistencial tão forte que, em muitas ocasiões, entram em atrito com professores e outros funcionários da escola onde atuam por, com ou sem razão, serem tidos como defensores dos alunos, quando estes precisam ser punidos. Esse tipo de Or.E., se os professores estiverem com a razão, não deveria estar atuando nesse grau de ensino, ou precisaria rever seu papel em função da realidade. Ele estaria sujeito a ser usado e abusado por alunos do ensino médio, quando percebessem nele essa disposição e a necessidade de defender o aluno. No ensino superior e na pós-graduação, ele seria simplesmente ridicularizado e, portanto, desmoralizado.

Embora sempre imbuído de valores assistenciais, o Or.E. deve ir diminuindo esses valores em favor dos valores técnicos à medida que seus orientandos vão aumentando a faixa etária e progredindo nos estudos. Apesar de terem a mesma formação, diferentes Or.Es. têm, naturalmente, maiores interesses e habilidades no trato com pessoas e com alunos de diferentes faixas etárias. Há quem tenha maior facilidade para lidar com crianças pequenas, outros com púberes, outros com adolescentes e outros com adultos. Os objetivos, os problemas próprios de cada uma dessas faixas etárias e a maneira de trabalhar com elas diferem muito.

O ideal seria que o Or.E. pudesse escolher o local de trabalho de acordo com a faixa etária com a qual mais se coaduna. Na prática, entretanto, sabe-se que nem sempre a consecução de tal ideal é possível, tendo o Or.E. de aceitar o emprego que esteja disponível no momento. Recomenda-se, entretanto, que logo que possível ele procure alocar seu trabalho no nível em que se sente mais apto e confortável.

No caso de Or.Es. que prefeririam trabalhar com adultos, como dificilmente encontrariam colocação nas escolas em que deveriam procurar emprego, isto é, em universidades que oferecem cursos de graduação e/ou de pós-graduação, eles podem procurar trabalho em empresas que os empregam no setor de recursos humanos, para o treinamento de seus funcionários.

Capítulo 5

Atribuições e interações do Orientador Educacional

Pelo fato de ser uma profissão pouco conhecida, mesmo no ambiente escolar, é de extrema importância que o Or.E. tenha pleno conhecimento de suas atribuições para que possa não só atuar com segurança, de conformidade com elas, como também dar a conhecer e a respeitar seu trabalho.

1. Atribuições do Orientador Educacional

A equipe técnico-pedagógica que trabalha nas escolas é constituída pelos especialistas em educação, egressos das diferentes habilitações do curso de Pedagogia. O fato de terem formação acadêmica semelhante, de atuarem no mesmo espaço físico e de visarem a objetivos comuns torna não só difícil como, sobretudo, necessária a delimitação clara das atribuições de cada profissional, contribuindo para a melhor compreensão dos respectivos papéis, maior facilidade na execução, controle e avaliação das tarefas e melhor integração da equipe técnica. Em contrapartida, o desconhecimento das atribuições e de seus limites claros pode gerar expectativas infundadas quanto ao desempenho de cada especialista.

Dadas a necessidade e a importância da explicitação das atribuições dos profissionais da área de educação, os sistemas públicos de ensino, por meio de decretos que estatuem o regimento interno para as escolas de cada rede – federal, estadual ou municipal –, definem o rol das atribuições de cada profissional em educação.

Já os estabelecimentos particulares de ensino têm autonomia para incluir, em seus regimentos internos, as atribuições que pretendem conferir a cada um na respectiva escola. É importante ressaltar que, tanto numa situação, como na outra, é necessário que seja observado o decreto que regulamenta a profissão do Or.E. e que estabelece, entre outras coisas, as atribuições privativas, isto é, as que competem a ele coordenar e aquelas das quais deve participar, juntamente com os demais membros da equipe escolar.

Isso não significa que o Or.E. deva cumprir todas as atribuições mencionadas no decreto, obrigatoriamente, o tempo todo, quaisquer que sejam as circunstâncias. Dessa forma, conhecendo o conteúdo da lei que regulamentou sua profissão, dentro dos limites impostos por ela e de acordo com a realidade na qual esteja atuando, o Or.E. poderá selecionar e hierarquizar o que será realizado a cada ano. Durante o planejamento ele deverá ter disponível a legislação específica que, como vimos, ao regulamentar a profissão, delimitou suas atribuições. Trata-se da Lei nº 5.564, de 21/12/1968, regulamentada pelo Decreto nº 72.846, de 26/9/1973. Os artigos 8º e 9º do referido decreto definem mais especificamente, em âmbito nacional, as atribuições do Or.E. Dada a importância de seu conhecimento, esses dois artigos são transcritos, a seguir.

"*Art. 8º São atribuições privativas do Orientador Educacional:*

a) Planejar e coordenar a implantação e funcionamento do Serviço de Orientação Educacional em nível de:
1 – Escola;
2 – Comunidade.

b) Planejar e coordenar a implantação e funcionamento do Serviço de Orientação Educacional dos órgãos do Serviço Público Federal, Estadual, Municipal e Autárquico; das Sociedades de Economia Mista, Empresas Estatais, Paraestatais e Privadas.

c) Coordenar a orientação vocacional do educando, incorporando-o ao processo educativo global.

d) Coordenar o processo de sondagem de interesses, aptidões e habilidades do educando.

e) Coordenar o processo de informação educacional e profissional com vistas à orientação vocacional.

f) Sistematizar o processo de intercâmbio das informações necessárias ao conhecimento global do educando.

g) Sistematizar o processo de acompanhamento dos alunos, encaminhando a outros especialistas aqueles que exigirem assistência especial.

h) Coordenar o acompanhamento pós-escolar.

i) Ministrar disciplinas de Teoria e Prática da Orientação Educacional, satisfeitas as exigências da legislação específica do ensino.

j) Supervisionar estágios na área da Orientação Educacional.

k) Emitir pareceres sobre matéria concernente à Orientação Educacional.

Art. 9º Compete, ainda, ao Orientador Educacional as seguintes atribuições:

a) Participar no processo de identificação das características básicas da comunidade;

b) Participar no processo de caracterização da clientela escolar;

c) Participar no processo de elaboração do currículo pleno da escola;

d) Participar na composição, caracterização e acompanhamento de turmas e grupos;

e) Participar do processo de avaliação e recuperação dos alunos;

f) Participar no processo de encaminhamento dos alunos estagiários;
g) Participar no processo de integração escola-família-comunidade;
h) Realizar estudos e pesquisas na área da Orientação Educacional."

Ao dividir as atribuições em "privativas" e "participativas", pretendeu o legislador, por meio de tal distinção, assegurar ao Or.E. a especificidade de suas funções, principalmente no que se refere ao SOE, ao processo de OV e ao acompanhamento pós-escolar, caracterizando-os como funções de coordenação. Desse modo, não só está previsto que o Or.E. execute tais tarefas como também que as coordene. Ao fazê-lo, entretanto, deverá envolver os demais elementos da escola, a família e a comunidade na realização delas, pois seria impraticável e provavelmente ineficaz tentar realizá-las sozinho, em toda a sua extensão. Em contrapartida, prevê o artigo 9º que ele participe das demais atividades escolares, colaborando para a sua boa execução. Tais atividades, entretanto, pressupõe-se, devem ser coordenadas por outros profissionais – diretor, assistente de direção, CP, coordenadores de áreas, de séries etc.

Por atuar como coordenador das atividades que lhe são privativas e como participante de inúmeras outras tarefas desenvolvidas na escola, se umas e outras não forem delimitadas com clareza, a atuação do Or.E. pode se tornar confusa e complicada e o seu relacionamento com os demais profissionais ficar prejudicado.

Tão e às vezes mais importante que saber quais são as atribuições do Or.E. é conhecer quais atribuições não são da alçada dele, isto porque ele poderá vir a ser solicitado a executar funções ou tarefas não só que não lhe competem, como também que lhe são vedadas por lei. Dado o caráter assistencial de sua atuação profissional, o Or.E. pode ser solicitado e/ou sentir-se no dever de prestar alguns tipos de atendimento que são próprios de outros profissionais. Entre tais tarefas podem-se mencionar, pela frequência com que são solicitados a fazê-lo, atendimentos de saúde, como fazer curativos, ministrar medicamentos e realizar diagnósticos e terapias de natureza psicológica. Embora a recusa do Or.E. em ministrar medicamentos possa ser tida como má vontade dele, sabe-se que existem sérios riscos em administrar qualquer medicamento, como possível troca, dosagem errada, reação alérgica ou de outra natureza.

Cabe aí a questão: Por que o aluno está levando remédio que precisa ser ministrado na escola? Se ele está acometido de doença transmissível, não deveria estar na escola. Se o aluno necessita tomar regularmente determinado tipo de remédio, os pais, o médico e a escola devem estudar como e por quem esse remédio será ministrado no período de aulas. Se se tratar de uma emergência ocorrida na escola, esta deve ter meios previamente definidos para tratar do assunto.

É importante, também, esclarecer que é incompatível com o exercício da função de Or.E.: proceder à chamada de alunos; recolher, carimbar e/ou entregar cadernetas escolares ou de passes; cuidar da disciplina em salas de aula, nos corredores ou nos recreios; cobrir sistematicamente as ausências do diretor (a não ser que seja afastado de seu cargo e designado para assumir a direção), do secretário ou de qualquer outro profissional que atue na escola.

Igualmente, não se espera que o Or.E. seja o responsável único pela organização de festas ou campanhas, embora deva participar de sua realização e possa beneficiar-se dessas oportunidades para atingir seus objetivos.

Convém, ainda, registrar um alerta para que o SOE não se transforme em refúgio de alunos que cabulam aula ou são tirados da classe por problemas com os professores, como indisciplina e falta de lição de casa ou de material.

Para melhor exercer suas atribuições no que se refere a atividades a serem realizadas em salas de aula, o Or.E. necessitaria de um espaço fixo nos horários das diversas classes. Entretanto, nem sempre isso é fácil obter.

É comum, nesses casos, que ele solicite o uso das faltas dos professores para essa finalidade. Essa prática tem alguns inconvenientes. O Or.E. poderá ser considerado um substituto eventual de professores, o que contribuirá para o estabelecimento de confusões de funções, comprometendo, inclusive, a sua imagem. Em algumas escolas, há a prática de "subir" aulas, quando falta algum professor, e a interferência do Or.E. acarretaria não só má vontade dos alunos na execução das tarefas por ele propostas, como também indisposição por parte dos professores que, nessas circunstâncias, perderiam a possibilidade de sair mais cedo. Além disso, como não é costume os professores avisarem, com antecedência, quando irão faltar, ele não teria condições de planejar, devidamente, o uso desses espaços abertos. Tal prática poderia ainda se complicar bastante, em escolas grandes, quando faltarem vários professores ao mesmo tempo.

Esse é um assunto que deve ser pensado e discutido com todas as partes envolvidas (direção, Or.E., CP e professores), por ocasião do planejamento. Se o Or.E. optar por usar tais espaços, é preciso que fique bem claro quando, como e com qual finalidade o fará, avisando aos alunos, no início do ano letivo, para que o relacionamento entre todos, nessas ocasiões, seja o melhor possível.

Cabe, ainda, um alerta para o fato de que o SOE não deve ser transformado em sala de visitas de alunos, pais ou de outras pessoas e, muito menos, em sala de punições.

O Or.E. também não deve dar ensejo a que se incorpore à sua imagem o papel de "bonzinho", "da tia", do "protetor de alunos" ou, por outro lado, de "dedo-duro", de "disciplinador", bem como o de "controlador" e "delator" de professores, de funcionários ou de alunos.

Apesar de não constar das atribuições privativas da OE e de não aparecer explícito nas atribuições participativas que o legislador atribuiu ao Or.E., ele pode e costuma ser chamado a ajudar a direção em assuntos que perturbam o bom andamento dos trabalhos escolares. A melhor maneira de lidar com esses assuntos, como sempre, é a preventiva. Por ocasião do planejamento escolar o diretor ou o Or.E. os colocará em discussão, para que todos os participantes opinem e sejam estabelecidas regras claras a serem seguidas durante o ano letivo, bem como as punições, para cada infração.

Estando claras essas regras e sendo elas do conhecimento de todos, fica mais fácil transmiti-las aos alunos e implementá-las como norma geral, conhecida por toda a escola, em vez de ter de enunciar, discutir, repreender ou, se for necessário, punir caso a caso, à medida que forem ocorrendo transgressões.

Um exemplo de desrespeito a regras refere-se à questão dos trajes dos alunos, dos professores e dos funcionários da escola. Se o uso de uniforme for totalmente liberado, essa decisão deve ser comunicada aos pais na ocasião da matrícula. Porém, se for liberado com restrições ou parcialmente liberado, como, por exemplo, sendo obrigatório nas aulas de Educação Física ou obrigatório apenas o uso da blusa ou de camisa com o logotipo da escola, essas regras devem também ser do conhecimento dos pais.

Há escolas que exigem o uso de uniformes ou aventais para professores, outras em que o uso desses uniformes é opcional. Nesse caso, deve prevalecer o bom-senso dos adultos que atuam na escola em questões de adequação dos trajes e de higiene pessoal.

Não cabe ao Or.E. fiscalizar esse assunto, nem em relação aos professores e aos funcionários, nem mesmo em relação aos alunos, mas ele pode, e muitas vezes é requisitado a fazê-lo, auxiliar no estabelecimento das normas gerais e lembrá-las quando necessário.

Como o Or.E. é o elo de ligação da escola com os pais, ele pode relevar o uso do uniforme, temporariamente, no caso de pais que justifiquem a falta do uniforme, por motivos considerados válidos pelo Or.E.

Outro assunto que aparentemente concerne apenas a pais e alunos, mas que costuma se transformar em problemas para a escola é o da mesada e o consumismo de exibição. Há pais mais ricos ou mais liberais com os filhos que lhes dão polpudas mesadas e, muitas vezes, sem regras para o gasto do "dinheiro que é deles". Há outros igualmente ou até mais ricos que acreditam em moderação e educação monetária desde cedo, e há os que não dispõem de posses para dar mesada. Na escola, essas diferenças costumam causar problemas. Esse assunto é discutido no capítulo deste livro que trata da orientação familiar do aluno. De qualquer forma, problemas de ordem econômica que não sejam tratados durante o planejamento podem causar transtornos à escola e à OE.

Dentro ainda das considerações de ordem econômica, mas com implicações também de caráter nutricional e que também, a rigor, não fazem parte das atribuições explícitas da OE, mas que costumam dar causa a problemas, encontra-se o da cantina escolar. Há pais que liberam o consumo de tudo o que é colocado nas cantinas, outros educam seus filhos para uma alimentação saudável. Porém, se a cantina oferece alimentos, guloseimas e bebidas não saudáveis e vários alunos os compram, fica difícil àqueles pais que não concordam com a ingestão desses alimentos por seus filhos conseguir que estes resistam à tentação de também os consumir. Cabe à escola, e faz parte da educação dos alunos, propugnar por uma alimentação que não seja prejudicial à saúde deles. Para evitar problemas nesse setor é recomendável, por ocasião do planejamento, discutir de acordo com as necessidades e a saúde dos alunos o que a cantina da escola pode comercializar.

Está havendo, atualmente, um movimento para a proibição da comercialização de alimentos e de bebidas prejudiciais à saúde dos alunos nas cantinas escolares.

Algumas escolas particulares oferecem a opção para os pais que assim o desejem de, ao lado da cantina, ou na própria cantina, fornecer lanches saudáveis. As escolas públicas propiciam merenda escolar e os alunos devem ser incentivados a preferir esta ao que ele consome nas cantinas. Este constitui um problema que deve ser discutido com os pais e com os alunos, logo no início do ano letivo.

Outro assunto que costuma acabar na sala do SOE é o de namoro entre alunos. Sendo a escola um local em que tanto alunos como funcionários passam grande parte do tempo e com a vida moderna em que as pessoas têm restringido seu âmbito de contatos, é muito comum a ocorrência de namoros na escola, alguns deles até resultando em casamento. Não há porque e nem como impedir que as pessoas que frequentam a escola namorem. Nesse caso, também, para evitar problemas e constrangimentos, é necessário que, além do bom-senso, haja regras preestabelecidas sobre os exageros e para que o namoro não interfira nas atividades próprias da escola.

Também não constitui atribuição do Or.E., mas um problema que influi de forma negativa em seu trabalho, a ausência de professores, seja ela por faltas esporádicas deles, seja pela impossibilidade da escola de provê-los. Nas escolas particulares, isso não chega a ser um problema sério, pois as faltas de professores costumam ocorrer em menor número e essas escolas podem contar com substitutos ou com programações especiais para tais ocorrências, não sendo comum a ausência prolongada de docentes, graças à melhor remuneração destes e às melhores condições de trabalho. Nas escolas públicas, entretanto, o problema da falta de professores vem se agravando cada vez mais. Tais escolas não costumam contar com um esquema para resolver esse problema. Algumas enviam os alunos para o pátio, outras os mantêm nas próprias salas de aula. Nos dois casos, esses alunos, geralmente em grande número, causam, na melhor das hipóteses, barulho, atrapalhando as aulas em curso.

Há escolas públicas em que a "solução" para esse problema não é a das melhores e é dada pelos próprios alunos. No jargão escolar, ela se chama de "subir aulas". No início do período das aulas do dia, os alunos procuram saber qual ou quais professores não compareceu ou compareceram e, com base nessa informação, reorganizam o horário das aulas do dia, o que resulta na saída mais cedo deles da escola. O professor presente que daria aula depois do que faltou, enquanto leciona em outra classe, passa uma tarefa para a turma sem professor e não ministra, de forma presencial, a sua aula para aquela turma. Essa prática, além de prejudicial ao aprendizado desses alunos, causa problema para os pais que têm como certa a presença do aluno na escola até o horário final das aulas do dia.

Algumas escolas esperam que o Or.E. tome conta das salas em que o professor tiver faltado. Tal prática não constitui atribuição do Or.E.. Mesmo que ele precise de tempo com os alunos, não é recomendável que use esse tempo para suas funções. Em primeiro lugar, porque os alunos não aceitam de bom grado o preenchimento do que seria uma aula vaga, não cooperando, com boa vontade, com aquilo que o Or.E. precisa realizar. Em segundo lugar, o Or.E. tem uma programação pré-elaborada e não deve realizar suas funções *ad hoc*, o que não só prejudica seu trabalho como também o desvaloriza. O que fazer quando faltar mais de um professor ao mesmo tempo?

É claro que nem cabe ao Or.E. impedir que os professores faltem e nem que tome conta dos alunos cujos professores tenham faltado, mas ele pode sugerir, por ocasião do planejamento, o que deve e pode ser feito nesses casos para o bom andamento da escola e também de seu trabalho regular.

Outro problema que também não é da alçada do Or.E. é o do atraso dos alunos na primeira aula do período. Toda escola tem um horário certo para o início das aulas, e algumas delas concedem uma certa tolerância de atraso para a entrada na primeira aula. Essa tolerância pode não existir e até ser estendida para a segunda aula, dependendo das circunstâncias como, por exemplo, alunos que trabalham ou cuja condução não permite que cheguem no horário. Nas cidades grandes, os problemas de trânsito são imprevisíveis, o que pode causar atrasos ocasionais de alunos.

Por outro lado, há alunos que se atrasam propositadamente para, por algum motivo, como, por exemplo, uma prova para a qual não tenham estudado, perder a primeira aula. Todos os alunos atrasados costumam ser mandados para a sala do SOE, atrapalhando a programação do Or.E. Como resolver esse problema cuja solução não é atribuição privativa do Or.E.? Dependendo do tamanho da escola, da incidência de atrasos e das razões deles, deve ser definida uma política para lidar com o problema.

De qualquer forma, o Or.E. é o profissional da escola mais categorizado para conhecer as razões dos atrasos e de faltas de alunos e estudar, propondo à direção, algumas soluções para o problema. Não cabe a ele, entretanto, cuidar de alunos atrasados e puni-los pelos atrasos.

2. Interações do Orientador Educacional

Embora o foco de sua atuação concentre-se nos alunos do estabelecimento em que trabalha, isso não significa que o Or.E. precisará e deverá interagir apenas com alunos. Tanto no ambiente escolar como fora dele, o Or.E. necessitará interagir com muitas pessoas, de níveis funcionais, idades, classes sociais e personalidades diferentes.

a. **Interações do Or.E. com pessoas do ambiente escolar**

O Or.E., como os demais funcionários, está subordinado, hierarquicamente, ao diretor, que é, portanto, a autoridade máxima na escola. Como já vimos, ambos são pedagogos ainda que tenham concluído habilitações específicas diferentes – Administração Escolar e OE. Não obstante, entre eles pode haver tanto identidade como diferenças ou até antagonismos em relação a concepções, pontos de vista e estratégias educacionais, além de níveis diferentes de conhecimentos e de experiência, bem como características compatíveis ou não de personalidade. Quanto ao estilo administrativo, cada diretor poderá se situar em qualquer ponto entre os extremos de máxima centralização ou de máxima delegação, ou, ainda, em um desses extremos. Evidentemente, as posições radicais e extremadas acabam por prejudicar o desempenho das atribuições do Or.E., pois, nesses casos, não haveria respeito pelo espaço próprio para que ele assumisse as tarefas que lhe são pertinentes. Por sua vez, este poderá descumprir ou questionar indevidamente determinações da direção, gerando atritos entre ambos. Embora não haja diferença hierárquica entre as funções do Or.E. e do CP, a proximidade entre tais funções também costuma gerar dificuldades no relacionamento entre ambos e confusão quanto às atribuições de cada um, perante a comunidade escolar. Contribui para essa confusão o fato de que, mesmo sendo contraindicado, quando em uma escola não há CP, é tido como ponto pacífico que as funções que deveriam ser exercidas por ele o sejam pelo Or.E. e vice-versa. Entretanto, na situação ideal, em que ambos estão presentes na escola, o Or.E. deve procurar estabelecer, em conjunto com o CP, os limites de atuação de cada um para que não ocorram conflitos ou superposições de atribuições, em detrimento do trabalho de todos. Se, ainda, não houver um entendimento entre eles, a melhor ocasião para que isso aconteça – a menos que situações emergenciais tornem urgente que se o faça em qualquer momento – é na semana que antecede o planejamento.

Como ambos estão no estabelecimento nesse período e como se trata de uma época relativamente calma nas escolas, eles podem discutir e preparar, em conjunto, os respectivos planos prévios de atuação.

Se esses dois profissionais e, eventualmente, seus respectivos auxiliares ou estagiários conseguirem trabalhar em harmonia – cada qual atuando nos limites de suas atribuições e participando das do outro –, a escola e, o que é mais importante, os alunos terão muito a ganhar.

Da mesma forma, a relação do Or.E. com o corpo docente poderá ser fácil, harmoniosa e agradável, ou vir a ser dificultada e até hostilizada pelos professores. Às vezes, a equipe docente tem certas características que facilitam ou dificultam o relacionamento com o Or.E., e, consequentemente, influem positiva ou negativamente no trabalho dele. Há, por exemplo, escolas cujo corpo docente é mais antigo, experiente e "fechado" e nas quais, há muito tempo, não existia um Or.E. A chegada desse profissional, principalmente se ele for jovem, inexperiente e inseguro, poderá ser recebida com certas reservas e até antagonismo. Tal situação se agravará se ele não der a conhecer, com clareza, suas atribuições e se começar a interferir, indevidamente, no trabalho docente, introduzindo inovações, mudanças radicais e tarefas adicionais para os professores, sem que estes percebam sua utilidade. Desse modo, muito provavelmente, eles não só não aceitarão tal interferência como também poderão tentar obstruir o trabalho do Or.E., sonegando informações essenciais, atrasando a entrega de dados, descumprindo solicitações ou determinações do SOE, enfim, chegando, às vezes, até à falta de respeito profissional e pessoal.

Por outro lado, pode ocorrer que professores mais jovens ou inseguros acatem com demasiado entusiasmo suas solicitações, passando a esperar, em troca, que o Or.E. resolva todos os problemas que enfrentam na escola e, às vezes, até na própria vida particular.

Nos dois casos, o Or.E. deve se conduzir com muita cautela, diplomacia e habilidade, e é claro que a definição de suas atribuições e a elaboração de um bom plano o ajudarão muito no estabelecimento de seus limites de atuação.

As relações profissionais entre o Or.E. e o psicólogo devem, do mesmo modo, ser esclarecidas e respeitadas. O Or.E. nem é, normalmente, psicólogo e nem se exige que o seja. Ainda que, eventualmente, pudesse ter cursado Psicologia e obtido registro de psicólogo, na escola, ele deve atuar no estrito âmbito de seu cargo. Assim, não cabe a ele realizar terapias com os alunos e investigações que levem ao diagnóstico de distúrbios de personalidade ou de comportamento, mesmo quando se julgar habilitado para tal. Também não cabe ao psicólogo, ainda que atue no âmbito escolar, exercer as atribuições privativas do Or.E.

Sempre que necessário, o SOE deverá manter contato com psicólogos e com outros profissionais da área da saúde, como médicos, dentistas e enfermeiros, e fazer encaminhamentos de alunos que necessitam de cuidados especiais.

Depois dos alunos e da direção, as interações mais frequentes do Or.E. na escola costumam ocorrer com os professores. A relação com os docentes pode ser problemática por causa de pontos de vista diferentes, mas espera-se que seja de cooperação.

Os docentes, pelo fato de manterem contato mais intenso e direto com os alunos, podem ser uma fonte de informações importante sobre as necessidades desses alunos. Por outro lado, eles também podem recorrer ao Or.E. quando sintam necessidade. Quando existe na escola a figura dos professores conselheiros de classe, as interações deles com o Or.E. podem ser mais frequentes e produtivas, pois tais professores têm maior trânsito com os alunos por terem sido escolhidos por eles, por votação nas respectivas classes.

Os inspetores de alunos também, por terem contato constante com os alunos, podem trazer à atenção do Or.E. observações que realizam e situações que exigiriam ou nas quais seria importante a atuação do Or.E.

Outros funcionários da escola também podem interagir com o Or.E. na medida em que considerem necessário ou em que o Or.E. necessite de sua ajuda.

Na figura a seguir, encontram-se ilustradas interações recíprocas entre o Or.E. e diferentes profissionais que atuam em uma escola. A colocação do Or.E. no centro do esquema não quer significar que ele seja, ou deva ser, o elemento mais importante da escola, mas deve-se ao fato de este livro ser dedicado à OE. Em um livro sobre qualquer outra função na escola poderia, igualmente, ter como elemento central o profissional objeto de estudo naquele livro.

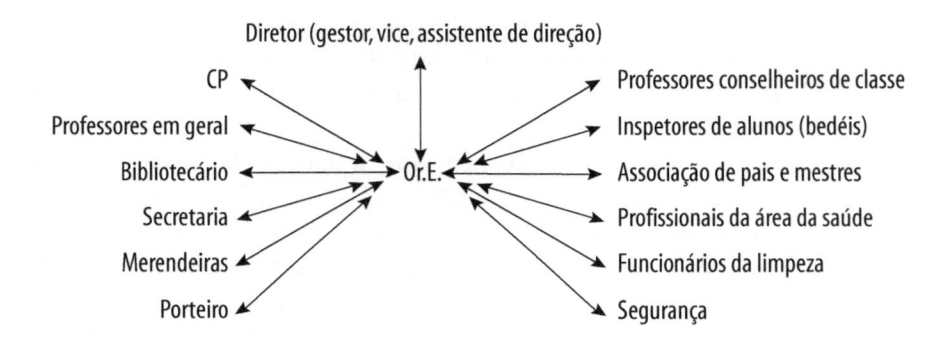

```
                    Diretor (gestor, vice, assistente de direção)
         CP                            ↑                    Professores conselheiros de classe
Professores em geral                                        Inspetores de alunos (bedéis)
       Bibliotecário   ←→            Or.E.    ←→            Associação de pais e mestres
         Secretaria                                         Profissionais da área da saúde
        Merendeiras                                         Funcionários da limpeza
          Porteiro                                          Segurança
```

Figura 1 – Interações entre o Or.E. e diferentes profissionais que atuam em escolas

b. **Interações com pessoas de fora do estabelecimento escolar**

Além de lidar, diuturnamente, com alunos e funcionários no ambiente escolar, o Or.E. pode ser solicitado, ou precisar interagir com pessoas que não se encontram, normalmente, na escola. As interações mais frequentes são as realizadas com os pais ou responsáveis pelos alunos, seja pessoalmente, seja por meio de correspondência aos cuidados dos alunos.

Infelizmente, é difícil que o Or.E. tenha comunicações agradáveis para os responsáveis pelos alunos. Como grande parte dessas comunicações ocorre por motivos de natureza desagradável, seja por comportamento inadequado do aluno, seja por alguma reclamação do aluno ou do seu responsável, o Or.E. precisa estar preparado para lidar com situações difíceis. Seria ideal, mas é normalmente inviável, que o Or.E. enviasse comunicações elogiando alunos ou que convocasse os responsáveis para elogiar. Dessa forma, quando o responsável pelo aluno recebesse comunicação da escola não a veria, necessariamente, de malgrado.

Como funcionário, o Or.E. é instado ou precisa interagir não só com a autoridade na escola como também com outras autoridades fora dela, sejam elas ligadas diretamente à educação ou não.

Toda escola tem uma mantenedora. Escolas oficiais são mantidas pelos respectivos poderes públicos, e as particulares são mantidas ou subvencionadas pelos proprietários ou por comunidades que geralmente não se localizam no recinto ou próximos à escola.

No caso das escolas públicas, o Or.E. será instado a interagir com autoridades do ensino, sempre que estas o convocarem ou que ele necessite de algo da alçada delas. Pelo fato de seu trabalho ser de natureza técnica especializada, ele também interagirá com setores técnicos específicos que cuidam da OE.

No caso das escolas particulares, o Or.E. deverá conhecer e concordar em agir de conformidade com a filosofia da mantenedora e poderá, eventualmente, ser chamado a interagir com tal mantenedora.

Toda escola encontra-se, pela sua localização, inserida em uma comunidade geográfica, numa rua, numa quadra, num bairro, numa cidade. Ela tem em seu entorno residências e estabelecimentos de vários tipos. A presença da escola pode, involuntariamente, causar problemas para a comunidade, como, por exemplo, problemas de trânsito, barulho excessivo, travessuras de alunos, bem como esta pode oferecer perigos para os alunos da escola. Travessias perigosas, locais mal iluminados, ermos, fliperamas, bares e outros estabelecimentos não recomendáveis podem prejudicar os educandos, causando problemas para a escola.

Normalmente, quando a comunidade se sente incomodada pela escola, o primeiro contato que ela procura é com a sua direção. No caso inverso, geralmente a direção da escola designa o Or.E. para tratar do assunto. Nem todos os problemas com a comunidade são da alçada ou da alçada exclusiva do Or.E., mas ele pode ser chamado a agir ou a intermediar na busca de soluções.

Escolas públicas, que geralmente contam com verbas reduzidas, costumam apelar para a comunidade na busca de patrocínios ou doações. Embora também não seja atribuição do Or.E. conseguir doações e patrocínios, ele pode ser solicitado a ajudar a escola, seja diretamente, seja orientando os alunos, sempre tendo em vista princípios éticos.

O Or.E. precisa do contato com a comunidade geográfica para que possa identificar e indicar possíveis colocações de trabalho para alunos que gostariam ou que precisam trabalhar, da mesma forma que, às vezes, essa comunidade pode usufruir os serviços do Or.E., no sentido de que a escola indique alunos para mão de obra de que necessitaria ou para outras finalidades com que a escola pudesse colaborar.

Hoje, as escolas públicas estão abrindo suas portas não só para os alunos mas também para a comunidade geográfica do entorno da escola. A participação de membros dessa comunidade deve ser regida por regulamentação própria, e os problemas a ela relacionados fogem da alçada do Or.E., mas este pode ser chamado a colaborar na elaboração de normas.

Para o bom exercício de suas funções, o Or.E. precisa também interagir com a comunidade acadêmica. Ele recebe estagiários e é preciso, portanto, trabalhar conjuntamente com o supervisor de estágios das faculdades que enviam esses estagiários. Não se trata apenas de acertar número de estagiários, períodos de estágios e datas, como também de trocar ideias sobre o planejamento e a realização efetiva desses estágios. Deve, portanto, haver um entendimento bilateral entre a universidade e o SOE.

O contato com universidades precisa também ser feito para que o Or.E. se mantenha atualizado sobre assuntos como cursos, requisitos, bolsas de estudos e outros assuntos importantes para a orientação de alunos que estão em vias de concluir o ensino médio.

Para o próprio Or.E. tal contato também é importante, pois ele precisa se manter atualizado em relação à sua profissão e nem sempre tem possibilidade de realizar cursos formais de atualização. A universidade tem muito a lucrar com a interação entre Or.Es. que se encontram na ativa, pois normalmente ela se encontra alijada da realidade que tais Or.Es. vivenciam na prática.

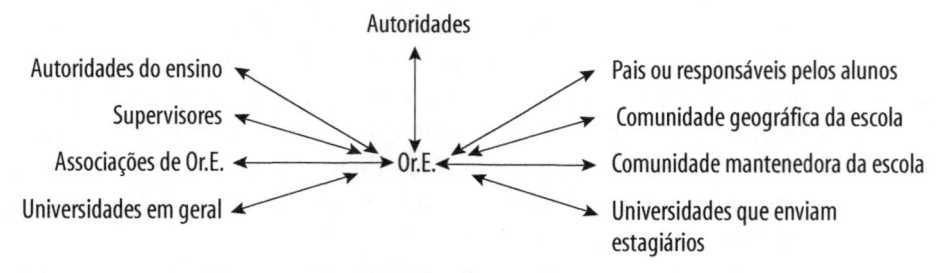

Figura 2 – Interações entre o Or.E. e diferentes pessoas de fora do ambiente escolar

Capítulo 6

Princípios éticos na atuação do Orientador Educacional

O trabalho do Or.E. reveste-se de grande importância, complexidade e responsabilidade e, para que seja realizado a contento, exige-se muito desse profissional, não só em termos de formação, de atualização constante e de características de personalidade como também de comportamento ético.

Por esse motivo, a Fenoe houve por bem redigir o "Código de Ética dos Orientadores Educacionais", publicado no *Diário Oficial* de 5/3/1979, que se encontra no Anexo deste livro, devendo ser conhecido e consultado pelos Or.Es.

Com relação à ética, serão tratados neste capítulo: (1) aspectos éticos na atuação do Or.E., no que se refere ao sigilo das informações sobre os alunos, familiares, professores e demais elementos da escola e da comunidade; (2) problemas éticos relacionados com o estabelecimento de limites entre o campo de atuação do Or.E. e o de outros profissionais e o respeito a eles; (3) aspectos inerentes ao seu posicionamento diante de assuntos em relação aos quais possa haver controvérsias quanto a diferenças de valores e (4) aspectos éticos relativos ao comportamento pessoal desse profissional.

O comportamento ético em relação às informações sobre alunos, funcionários e pessoas da comunidade é um dos principais aspectos a serem considerados. Como a interação do Or.E. com os orientandos se caracteriza pelo seu caráter de relação de ajuda, tanto o aluno pode expor, espontaneamente, fatos ou situações de cunho pessoal e familiar, como o orientador pode necessitar fazer indagações sobre a problemática em questão. Esses dados, por serem de caráter sigiloso ou confidencial, não devem ser alvo de comentários com outras pessoas, quaisquer que sejam as circunstâncias. Esse cuidado é de vital importância porque a condição básica para o estabelecimento de uma relação de ajuda eficiente é a confiança.

O sigilo das informações constantes dos prontuários dos alunos deve ser igualmente preservado. Assim, questionários preenchidos com dados mais íntimos sobre o aluno e seus familiares, bem como resultados de entrevistas e de testes e opiniões de professores sobre determinado aluno devem ser mantidos fora do alcance de pessoas que, propositada ou casualmente, possam chegar a eles. Por esse motivo, tais dados devem ser arquivados no SOE em local seguro, com chave, ao qual apenas o Or.E. tenha acesso.

Às vezes, os professores necessitam de informações específicas sobre seus alunos. Mesmo nesses casos, é preferível que o Or.E., com base nos dados de que dispõe, elabore um resumo e forneça, na medida em que julgar relevantes e convenientes, as informações ao professor. Além da justificativa ética desse procedimento, há também que se considerar razões de natureza psicológica para a não divulgação dos dados. Trata-se do "efeito Rosenthal" ou "profecia autorrealizável", segundo o qual, quando um professor desenvolve expectativas de que um aluno ou grupo de alunos irá ter insucesso escolar, tais expectativas podem se transformar, inconscientemente, por parte do professor, em fator ou causa do respectivo fracasso daqueles alunos. Dito de outro modo, o fato de um professor ser informado de que, em anos anteriores, um aluno teve um desempenho escolar muito fraco ou apresentou comportamentos inadequados poderá criar barreiras para que este aluno consiga modificar seu comportamento, pois o professor, embora não se aperceba disto, estará criando condições para que o mau desempenho anterior se perpetue. Talvez, se ele não tivesse tido acesso a esses dados sobre o aluno, pudesse contribuir para o crescimento intelectual e emocional do aluno. As recomendações anteriores sobre sigilo em relação às informações dos alunos são igualmente válidas, é claro, em relação às informações sobre a sua família e sobre as demais pessoas da comunidade.

O convívio prolongado entre o Or.E., professores, demais membros da equipe técnica e funcionários pode ensejar a ele o conhecimento de fatos em relação aos quais deve ser absolutamente discreto para que não seja afetada a relação de confiança e não se instale um clima desagradável de desconfiança e de desarmonia entre todos.

Outra área que deve suscitar preocupações éticas diz respeito ao estabelecimento de limites entre campos profissionais, principalmente os mais afins. Conforme foi visto no capítulo sobre atribuições do Or.E., o seu trabalho tem limites tênues com os de diversos outros profissionais. Por isso, é possível que, em vários momentos e situações, ocorram superposição e transposição de limites funcionais, podendo dar ensejo a rivalidades, ou até competitividade, entre o Or.E. e outros profissionais que atuam na mesma escola.

O Or.E. deve respeitar o campo específico dos demais especialistas, assim como fazer com que estes ajam com respeito em relação ao dele. É importante que o diálogo, a troca de ideias, a cooperação e o auxílio mútuo sejam constantes e sempre de acordo com os princípios éticos. A escola não deve se transformar em um campo de disputas entre profissionais. O que deve haver, nela, são esforços conjuntos para a finalidade comum que é o pleno desenvolvimento do aluno.

Outro campo em relação ao qual o Or.E. precisa se acautelar é o que diz respeito aos valores da família e da comunidade. Na área do aconselhamento, é importante ter sempre presente que aconselhar não significa ministrar conselhos ou recomendar determinadas atitudes, opções ou comportamentos em detrimento de outros. Aconselhar é assistir a pessoa, levando-a a refletir sobre determinada situação, problema ou dificuldade, sobre as implicações e consequências de diferentes alternativas disponíveis, no caso, para que possa discernir e decidir-se, por uma ou outra, conforme seu arbítrio, suas possibilidades e sua conveniência. Dessa forma, na situação de aconselhamento, o Or.E. deve ter sempre presente que as famílias dos aconselhados e a comunidade possuem seus próprios valores e buscam não só transmiti-los aos seus membros como também fazer com que tais valores atuem como normas orientadoras de conduta. Não cabe, pois, ao Or.E. assumir determinadas posições ou levar o aluno a confrontar-se com os valores da família.

É importante, ainda, que ele não fomente antagonismos, na escola, principalmente os baseados em pontos de vista divergentes sobre questões de moral ou de religião. As diferentes opiniões e posições sobre esses tipos de assuntos devem ser discutidas, e, em tese, quando necessário, convidam-se especialistas que representem posições diversas para debater os temas em pauta, indicar leituras, entrevistas ou outras técnicas de esclarecimento.

Quanto aos limites numa relação de ajuda, o Or.E. precisa ter consciência, em cada caso, das suas condições e preparo para prestar uma ajuda efetiva. Ele não deve ir além do que é capaz. Nos casos mais difíceis, e em relação aos quais não se sinta perfeitamente seguro, não deve assumir sozinho o aconselhamento, mas sim procurar o auxílio de outros profissionais.

É comum que, ao exercer suas múltiplas atividades, com competência e em conformidade com padrões éticos, o Or.E., independentemente de sua vontade, consciente ou inconscientemente, passe a se constituir em "modelo de comportamento" ou autoridade, não somente para alunos como até para adultos, na escola. Desse modo, não é raro que ele seja consultado ou sondado no sentido de emitir opiniões sobre diferentes fatos, problemas ou situações, opiniões estas que podem não só ser tidas como as mais válidas, como até virem a ser seguidas sem muitos questionamentos. Por exemplo, os jovens, em momentos de dificuldade, insegurança, desinformação ou incerteza, provavelmente, esperam encontrar alguém que lhes indique uma solução pronta ou mesmo que decida por eles. E, normalmente, veem no Or.E. essa pessoa. Às vezes, uma opinião ou resposta distraída, fora do contexto, pode ser tomada indevidamente pelo aluno como endosso ou apoio de algo errado que esteja pensando em realizar e para o qual busca o aval de alguém.

O Or.E. deve se acautelar com relação à emissão de opiniões sobre temas controvertidos. Também é desaconselhável, do ponto de vista ético, que ele assuma posições explícitas em relação a determinados assuntos que envolvam valores pessoais, gostos, interesses e identificações. Por este motivo, não é ético, por exemplo, usar distintivos de partidos políticos ou de times de futebol ou, ainda, alardear sua fé religiosa.

Essa mesma restrição é válida quanto a disputas pessoais ou de grupos dentro da escola, a menos, é claro, que suas atribuições assim o exijam. O Or.E. deve manter-se equidistante, neutro e procurar não acirrar os ânimos, mas, sempre que possível, acalmar as partes, buscando o entendimento entre elas, negociando soluções que, ao contentar a todos, restabeleçam o necessário equilíbrio.

O mesmo comportamento ético deve ser observado quando alguns motivos, como busca de *status*, de "poder" ou de "prestígio", acabam se manifestando e envolvendo os profissionais em disputas ou tramas pessoais.

Nessas ocasiões, informações – verdadeiras ou não – podem ser usadas indevidamente para desprestigiar ou prejudicar uns e promover ou favorecer outros.

Cabe, ainda, neste capítulo, um alerta quanto a um assunto delicado, mesmo em escolas públicas, que é a realização de atividades que envolvam o recebimento de contribuições. Ora, como vimos, o Or.E. não tem, em decorrência de suas atribuições, nenhuma razão para lidar com dinheiro na escola. Apesar disso, algumas vezes, ele é instado a colaborar na arrecadação, guarda ou gerência de recursos financeiros, como, por exemplo, no caso de festas juninas, formaturas, feira de livros, excursões, compra de material didático, festa da primavera etc. Isso costuma acontecer porque, às vezes, não há mais ninguém para fazê-lo, ou porque o Or.E. é o profissional que lida com a comunidade, alunos, professores, pais e funcionários ou, ainda, simplesmente, porque ele permanece muitas horas na escola, tem sala fixa e, portanto, local para guardar o dinheiro. Se, realmente, for muito necessário que assuma essa incumbência, é importante que ele se acautele para que não paire a menor dúvida quanto à lisura de sua conduta.

Ao lidar com dinheiro, não basta ser correto, é indispensável que a contabilidade seja mantida de modo organizado e transparente, colocando-a à disposição de todos. Outra advertência válida é que o SOE não seja usado como local para se realizar vendas ou fazer propaganda de produtos de qualquer natureza.

Até aqui foram analisadas, basicamente, as implicações éticas do comportamento do Or.E., enquanto profissional. É importante, ainda, ressaltar, além do comportamento profissional, alguns aspectos éticos de sua conduta pessoal, pois, devido à multiplicidade de interações que estabelece com as pessoas, quer queira, quer não, o Or.E. acaba por se tornar uma figura muito exposta, conhecida e visada na escola e na comunidade. Ressalte-se, também, que, ao interagir com pessoas de diferentes faixas etárias, *status* e nível socioeconômico e cultural, seu comportamento estará sendo observado, podendo até vir a servir de "modelo" para muitos, o que vem aumentar a necessidade de uma conduta ética irrepreensível. Portanto, o Or.E. deve ter discrição em sua vida pessoal, em público, mesmo quando fora do local ou do horário de trabalho, a fim de que sua imagem seja sempre preservada de comentários desabonadores ou comprometedores. Na instituição escolar, como um todo, dada a natureza do processo educativo, é importante que sejam observados princípios éticos e, em particular na área de OE, é imprescindível que tais preceitos sejam rigorosamente seguidos.

Capítulo 7

Importância e necessidade da existência da Orientação Educacional nas escolas

1. A Orientação Educacional é importante para as escolas?

Se a educação da criança e do adolescente é importante, e a escola constitui um dos meios, e às vezes o principal, senão o único, para educá-los, é necessário não só que a escola funcione a contento na instrução dos alunos, seu tradicional e principal papel, como também utilize melhor a oportunidade de se desincumbir bem da educação integral dos jovens a ela confiados, não se conformando com o razoável, o regular, o medíocre e não aceitando o desperdício de tempo, de verbas e de energia de todo o pessoal envolvido no processo.

Sabe-se, entretanto, que há escolas, principalmente as públicas, que mal conseguem instruir os alunos, quanto mais atingir o ideal de também educá-los. Para melhor aprender, o aluno precisa "estar bem" dos pontos de vista físico, psicológico e social. Entraves de quaisquer dessas naturezas impedem ou dificultam a tarefa principal da escola que é a de instruir.

Com o progressivo aumento do número de alunos, de professores e demais profissionais que atuam nas escolas, muitas vezes em mais de um turno, na maior parte dessas escolas, que contam com uma direção assoberbada com trabalhos administrativos e burocráticos e com a alta rotatividade de professores, faz falta um elo de ligação que acompanhe o aluno durante sua trajetória escolar, elo esse que deve existir entre ele, a escola, o pessoal que nela trabalha e, muitas vezes, até com os próprios colegas.

Em grande parte dos casos, cada aluno constitui um ilustre desconhecido de todos, identificado apenas por pertencer a uma determinada série, turno, classe e ter um número. Hoje é comum que existam muitos alunos que não sabem os nomes dos respectivos professores e até de seus colegas de classe.

Funcionários que possuem contato mais direto com os alunos, como os chamados "inspetores de alunos", não têm formação para tratar de problemas mais complexos que envolvem os educandos. Eles precisariam contar com um profissional mais capacitado a quem recorrer, caso percebam alunos que apresentem esses problemas ou que necessitem de atenção especializada.

Os professores, além de também não terem formação adequada para essas circunstâncias, não teriam condições de atendê-los, pois trabalham, normalmente, com número grande de alunos e sua função principal é a de ministrar conhecimentos. Nessas condições, o aluno não tem a quem recorrer quando defrontado com algum problema ou preocupação. Faz falta, portanto, um SOE, ou pelo menos um orientador que o aluno saiba estar disponível nessas ocasiões e com o qual possa contar.

Embora o Or.E. não seja, não deva e não possa ser um curinga a serviço da direção da escola, ele pode ser muito útil a ela, na medida em que tira dela uma sobrecarga de trabalho, atuando junto ao corpo discente, de forma remediativa e, principalmente, preventiva, deixando espaço para a direção atuar mais eficientemente naquilo que é de sua alçada mais específica, a saber, a administração da escola. Cabe à direção cuidar da "floresta", isto é, da escola em sua totalidade (incluindo-se aí o SOE). Ela poderá se desincumbir melhor de suas funções quando puder contar com um SOE, ou pelo menos de um Or.E. de sua confiança, que se encarregue de cuidar das "árvores", isto é, dos alunos, individualmente.

Os professores e demais funcionários também podem contar com o apoio de que necessitam para a solução de pendências envolvendo alunos sem precisar ficar recorrendo à direção da escola, pois o Or.E. conhece cada um desses alunos e tem acesso mais fácil e personalizado a eles e a seus responsáveis.

O Or.E. tem mais disponibilidade para proferir palestras de interesse da escola e dos alunos, tanto para estes como para seus responsáveis, promover e trazer palestrantes para a escola (sempre, é claro, com autorização da direção) e realizar discussões com grupos de alunos para tratar de assuntos que dizem respeito a eles.

É também função do Or.E., e para tal função ele não tem substituto na escola, promover a OV dos alunos, não com a simples aplicação de testes, mas por meio de um acompanhamento contínuo de cada um desses alunos.

Um SOE confiável e eficiente torna, portanto, mais fácil e bem-sucedido o trabalho de toda a equipe que atua na escola, além de sua função principal que é a de promover o bem-estar e o pleno desenvolvimento dos alunos.

O custo-benefício da existência da OE nas escolas deveria ser considerado quando se pensa na evasão de alunos dos diferentes graus do ensino, na retenção de alunos que, se assistidos adequadamente, poderiam ser promovidos. Tudo isso em favor não só dos alunos, mas também de seus familiares, da escola, da comunidade e da sociedade em geral.

2. A Orientação Educacional é necessária nas escolas?

Que a OE é importante para as escolas não há dúvida. Resta saber até que ponto ela se faz necessária, uma vez que a inclusão de um funcionário a mais vem onerar a folha de pagamento das escolas. Com um orçamento apertado, na decisão entre contratar um professor ou mesmo um servente e contratar um Or.E., a escolha cairá sobre os primeiros. Em outras palavras, a OE constitui uma necessidade ou um luxo de quem pode arcar com ela?

Legisladores, por desconhecerem as atribuições dos Or.Es., mais recentemente têm ignorado ou esquecido de mencionar a OE nas novas leis. As próprias autoridades do ensino passaram a considerá-la um luxo. Tais autoridades desconhecem a realidade atual das escolas, pois há muito deixaram os bancos escolares. Quem conhece tal realidade sabe que a escola mudou muito nos últimos anos, tanto quantitativa como qualitativamente. Se em outras épocas, legisladores percebiam a necessidade e incluíam na legislação a obrigatoriedade da existência de OE nas escolas oficiais, hoje, com mais forte razão, eles deveriam se preocupar com o assunto, o que não vem ocorrendo.

Em escolas pequenas, com clientela homogênea, a OE seria talvez, realmente, pouco necessária.

Em escolas particulares que podem se dar ao luxo de excluírem alunos com comportamentos que consideram inadequados, talvez ela também não seja tão necessária. Nas escolas públicas, entretanto, como a legislação proíbe a exclusão de alunos, a figura do Or.E. torna-se não só importante como também necessária. Por esse e por outros motivos, nas escolas públicas, a OE é mais necessária que nas escolas particulares, embora ambas pudessem se beneficiar sobremaneira com a existência dela.

Nas escolas públicas, que atendem a um número cada vez maior de alunos com características heterogêneas, o educando passa a constituir apenas um número de uma classe, de uma série, de um turno. Pouco se sabe sobre ele. Quando acontece algo de muito grave envolvendo determinado aluno, todos se perguntam: Quem é ele? Que tipo de aluno ou pessoa ele é ou era? Como era sua vida fora da escola? O que se sabia sobre sua família e o relacionamento com ela? Que encargos ele tinha fora da escola? O que o atormentava? Por que, aparentando ser inteligente, suas notas não correspondiam ao que ele poderia render? Por que preferia ficar sozinho no recreio e se recusava a participar de trabalhos em grupos? As respostas a essas questões geralmente surpreendem a todos. Muitas vezes eram alunos quietos, tímidos, fechados, que por serem assim e por não causarem problemas não chamaram a atenção de professores e de funcionários, mas que, de repente, surpreenderam a todos por uma ação escabrosa. Muito provavelmente, entretanto, um Or.E. teria notado que algo não ia bem com esse tipo de aluno.

No caso em que um aluno é transferido de escola, quem poderia fornecer informações sobre ele para a nova escola? Claro que apenas o Or.E., já que dificilmente ele encontraria um professor que o conhecesse suficientemente bem para dar essas informações. E se precisasse de referências para um emprego, a quem recorrer? Um Or.E. eficaz poderia suprir essas necessidades, desde que com a devida ética e cautela.

É claro que a simples existência de um Or.E. ou de um SOE não garantiria a inexistência de problemas e de alunos problemáticos nas escolas, mas, certamente, muitos incidentes poderiam ter sido prevenidos.

À falta de um Or.E., soluções de caráter econômico foram propostas para suprir a necessidade desse profissional. Uma delas foi a de se ter, para cada classe, um professor conselheiro. A existência de um professor que se incumbe de determinada classe e que tem a confiança de alunos que nele votaram é interessante. Porém, como solução para a falta de uma OE, ela não é adequada. Todo professor tem de concentrar seu trabalho na transmissão de conhecimentos. Embora costume haver, em muitas escolas, professores e demais funcionários muito dedicados e interessados no bem-estar dos alunos, não há número suficiente deles para que cada classe tenha um deles dedicado a ela. A maior parte dos alunos, mas não todos eles, normalmente, muda de série a cada ano letivo. Como o professor conselheiro de uma classe durante um ano letivo conseguiria acompanhar esses alunos durante todo o curso?

Resolvidas, não se sabe como, essas questões de caráter prático, vale lembrar que professores e outros funcionários das escolas não têm a formação necessária para atender a maior parte das necessidades dos alunos e também não contam com tempo e estrutura para fazê-lo. Este não é um trabalho para amadores, motivo pelo qual existe a profissão do Or.E.

Além da solução do professor conselheiro de classe, que pode ser útil quando trabalha conjuntamente com a OE, mas que não serve como substituto dela, apareceram outras soluções "econômicas" para a não contratação de Or.Es. pelas escolas. Tais soluções incluem o emprego de professores mais experientes da casa ou de CPs. Essas soluções são discutidas em outros capítulos deste livro.

Capítulo 8

O Serviço de Orientação Educacional

1. O que é um Serviço de Orientação Educacional?

O Serviço de Orientação Educacional, conhecido no jargão dos Or.Es. como SOE, é, ao mesmo tempo, um serviço do qual o(s) Or.E.(Or.Es.) é(são) o(s) titular(es) e principal(is) responsável(is), e um local onde se encontram concentradas e integradas, nos estabelecimentos escolares, as atividades de OE, bem como os pertences desse serviço. Portanto, além de se caracterizar como um serviço, o SOE constitui um ponto de referência da OE em cada escola.

A existência de um local predeterminado não significa, entretanto, onde o Or.E. deva permanecer por todo o seu período de trabalho confinado. Dadas as suas atribuições e à natureza de suas funções, ele poderá estar, e provavelmente estará, frequentando vários locais da escola, durante sua jornada de trabalho.

Como a natureza das atribuições do Or.E. não é muito conhecida não só pela comunidade de fora da escola, como amiúde também pelos alunos e até pelos demais funcionários da escola pode causar estranheza o fato de, muitas vezes, o Or.E. não ser encontrado, em dado momento, em "sua sala", isto é, no SOE. A fim de evitar desentendimentos desnecessários, é recomendável que, ao se ausentar das dependências do SOE, o Or.E. deixe um cartaz indicando onde pode ser encontrado naquele momento e, se tal informação não for possível de ser dada ou não for conveniente, o tempo estimado em que estará de volta à sala. Caso esse tempo seja necessário se estender muito além do previsto, ele deverá providenciar para que seja colocada uma nova informação no SOE. Se o Or.E. contar com estagiário(s) que esteja(m) no local durante sua ausência, este(s) poderá(ão) fornecer as informações necessárias.

A existência de um local próprio para o SOE é importante porque nele se concentra o trabalho do(s) Or.E.(Or.Es.), nele é mantido o material próprio da OE e também porque, para a execução de seu trabalho, nele o Or.E. coleta e conserva dados, muitas vezes de natureza confidencial, sobre os alunos e seus familiares. Tais dados, bem como documentos pedagógicos ou de outra natureza, não podem ficar guardados em qualquer lugar ou espalhados pela escola. É necessária a existência de um lugar seguro para serem armazenados esses dados, que possa assegurar a necessária restrição às suas consultas, que devem ser feitas apenas por pessoas autorizadas. Sem um local apropriado e determinado para o SOE, a salvaguarda devida desses documentos se tornaria impossível.

O título de "serviço" pode dar a impressão de que para haver um SOE em determinada escola ela deva contar, necessariamente, com uma equipe de trabalho dedicada à OE, ou, pelo menos, com mais de um Or.E. Seria bastante desejável que, na realidade, o SOE funcionasse com uma equipe de profissionais. Na realidade, entretanto, quando e se a escola conta com um SOE, ela costuma ter, no máximo, um Or.E., podendo, talvez e esporadicamente, receber um ou mais estagiários provindos de cursos de Pedagogia que oferecem a habilitação em OE.

Como se sabe, a presença desses estagiários no SOE é por tempo limitado e ocorre apenas em certos períodos do ano letivo, em diferentes horários, determinados não pelas necessidades do SOE, mas de acordo com as necessidades e possibilidades de cada estagiário que procura aquela escola.

Mesmo que se trate de apenas um Or.E. trabalhando em uma determinada escola, é importante que ele tenha um local fixo, no mínimo uma sala, somente para seu uso exclusivo, à qual ele designará por SOE. Tal local servirá não só às finalidades do Or.E., com também caracterizará um serviço e a natureza dele perante a comunidade e a própria escola onde atua.

Nos capítulos 13 e 14 deste livro são apresentadas informações e os recursos necessários à instalação de um SOE.

2. É necessária a existência de um Serviço de Orientação Educacional em cada escola?

Como foi visto, a necessidade de um SOE deriva da própria necessidade da existência da OE nas escolas. Mas é necessária a criação e existência de um SOE em cada escola?

Há quem alegue que manter um SOE em cada escola possa ser dispendioso e um desperdício de verbas, sempre escassas, e que, talvez, fosse mais econômico, e quiçá também mais eficiente, criar um SOE de âmbito mais abrangente, sediado fora de qualquer escola, ou em apenas uma das escolas de uma área, para atendimento a todas as demais da região. O modelo segundo o qual cada escola teria seu próprio SOE ou Or.E. foi adotado pela França, e o segundo, nos EUA.

Ambas as configurações contariam com algumas vantagens e com algumas desvantagens. No caso de uma OE para várias escolas, haveria a possibilidade de uma estrutura maior e também de melhor organização, podendo contar com maior volume de recursos financeiros, maiores e melhores acomodações, maior contingente de pessoal especializado. Por outro lado, ela teria uma série de desvantagens em relação ao modelo de um SOE em cada estabelecimento escolar. Sua atuação, provavelmente, ficaria prejudicada pelo afastamento geográfico das escolas a que deveria servir. Outra grande desvantagem seria a menor possibilidade de conhecimento personalizado entre os Or.Es. e os alunos, professores e demais funcionários de cada uma dessas escolas.

Outro possível problema seria o da localização de um SOE coletivo. No vasto e diferenciado território nacional, cada estado, região, cidade ou bairro possui características próprias. Há locais com várias escolas, umas perto das outras, como há locais onde elas distam muito, como há, ainda, outros em que existe apenas uma única escola. Há que se considerar ainda o problema da ocorrência, geralmente na mesma cidade e até bairro, de mais de uma escola, sendo cada uma delas de uma categoria diferente das demais. Há, por exemplo, escolas públicas que podem ser municipais, estaduais ou federais, sendo algumas destas chamadas de técnicas, por oferecerem ensino técnico de grau médio. Além das escolas públicas, pode haver, principalmente nas grandes cidades, escolas particulares de vários tipos, como as leigas, as religiosas e até aquelas mantidas por comunidades estrangeiras. Como organizar um SOE, por região, para atender a essa diversidade de tipos de escolas? Talvez esse modelo pudesse ser empregado com sucesso em outras realidades que não a nossa, mas no Brasil ele precisaria ser bem analisado, caso a caso, para constatar sua possível aplicabilidade e conveniência em cada um deles.

Seria necessário convencer escolas de diferentes tipos, públicas mantidas pelo poder federal, outras mantidas e sob a jurisdição do estado e outras, ainda, do município, a se juntarem em um mesmo SOE. Tarefa mais difícil seria convencer responsáveis por escolas particulares, que são mantidas por diferentes donos ou comunidades, a se filiarem e a usarem um mesmo SOE, especialmente quando se considera, como foi visto nos capítulos anteriores, que diferentes SOEs podem assumir características ideológicas diferentes, dependendo das finalidades de cada um e das filosofias subjacentes a cada escola.

Não haveria a possibilidade, ou perderia o sentido, de criar SOEs comunitários em alguns casos e não em outros, ou de criar SOEs atendendo algumas escolas da comunidade e não outras.

Ainda que se chegasse a um consenso, unindo todos os tipos de escolas de uma região e se conseguisse a adesão de todas elas a um mesmo SOE, e se optasse, de acordo com o modelo francês ou com o modelo norte-americano, pela criação de um SOE sediado e funcionando fora de um dado estabelecimento de ensino, para prestar serviços de OE a mais de uma escola de uma dada comunidade ou região, seria desejável a existência de um local, em cada escola, dedicado à OE.

Capítulo 9

A Orientação Educacional nos diferentes graus do ensino

1. A Orientação Educacional existe e é necessária apenas no ensino fundamental e médio?

Como foi visto nos capítulos que trataram do histórico da OE no mundo e no Brasil, ela teve, no início, seu foco no ensino médio, por ter se originado da necessidade do exercício de OV nas escolas e do treinamento profissional dos alunos. Mais tarde, quando a OE deixou de ter por finalidade principal, senão única, a OV, vindo a assumir também outros objetivos, ela teve, consequentemente, seu âmbito de atuação ampliado para o atendimento a alunos do curso fundamental. Hoje, portanto, quando se trata de OE, normalmente se remete ao ensino fundamental e médio. A questão que se coloca é se nos demais graus de ensino, o pré-escolar, superior e até na pós-graduação, pode-se prescindir dos serviços de um SOE.

A extensão da OE para o ensino fundamental foi facilmente compreendida e assimilada por vários motivos, alguns de natureza teórica, como o reconhecimento de que não apenas os alunos do ensino médio necessitam de orientação, mas também os das primeiras séries escolares, e outros de ordem prática, porque na ocasião as mesmas escolas que ofereciam ensino de grau médio também contavam com alunos do fundamental. Por que, nessas condições, o Or.E. deveria atender a apenas um grupo dos alunos do mesmo estabelecimento de ensino e não a todos eles? Ademais, o número de alunos em todos os níveis do ensino crescia sobremaneira e com ele as dificuldades de professores e diretores para lidar com todos os problemas apresentados pelos alunos.

Conforme relatado em capítulo anterior, em determinado momento, a escola deixou de ser seletiva, tendo se tornado inclusiva, significando que alunos que apresentem qualquer tipo de problema não podem mais ser excluídos da escola, portanto, ser rejeitados ou, como se dizia anteriormente, "expulsos" por ela, devendo, no máximo, ser recomendado que procurem outra escola. No caso de escolas públicas, o aluno geralmente deseja frequentar a escola mais próxima de sua residência e somente em casos muito raros ele será convencido a frequentar escola mais distante. Como consequência, a escola teve não só a clientela aumentada com toda a problemática advinda do simples aumento numérico de alunos, como também teve de se adaptar a alunos com problemas de comportamento e necessidades especiais, principalmente no ensino fundamental.

2. A Orientação Educacional na pré-escola

No que concerne às escolas destinadas a pré-escolares, não se encontram na legislação indícios de que tenha havido, em algum momento, preocupação com a OE para essa faixa etária de alunos. A falta de tal cogitação se deve, muito provavelmente, à observação do funcionamento dessas escolas e também a razões de ordem econômica.

Em primeiro lugar, costumavam ser, em épocas anteriores, bem menos numerosas tais escolas em relação ao que se verifica hoje em dia, pois na maior parte dos casos as crianças permaneciam nos lares até a data símbolo para a entrada na escola, que era aos 7 anos de idade.

Nas poucas escolas que ofereciam este grau de ensino, ele era ministrado por professoras e diretoras que, por suas características de personalidade e pelo reduzido número de alunos com que trabalhavam, podiam exercer concomitantemente o papel de orientadoras. O contato com os pais, ou pelo menos com as mães, desses alunos era constante e intenso. O conhecimento que tais professoras, ao contrário do que ocorria em outros níveis do ensino, tinham de cada aluno e de suas famílias tornava menos visíveis a importância e a eventual necessidade de cada escola desse tipo contar com um Or.E.

Por tais motivos não se cogitou, mesmo no auge do entusiasmo pela OE, de prover as escolas de educação infantil com um Or.E., motivo pelo qual, também, os legisladores que trataram da OE não se preocuparam com esse nível de ensino.

Hoje, entretanto, encontram-se escolas que oferecem, no mesmo estabelecimento, educação infantil e ensino fundamental. Nesse caso, o Or.E. poderia estender, se necessário, sua atuação também para o atendimento dos alunos do infantil, e geralmente é solicitado a fazê-lo.

Como um Or.E. poderia atuar com relação a alunos desse nível?

Ele poderia ajudar ou orientar as professoras, por ocasião do primeiro contato dos alunos com a escola, o que pode ocorrer com crianças de diferentes idades, a recepcioná-los, contribuindo para a facilitação da adaptação deles, tornando-a menos traumática, bem como confortar as mães, normalmente apreensivas nessa ocasião. Poderia programar uma recepção para os pais, incluindo a realização de palestras nas quais eles seriam informados sobre a escola, sua filosofia, seus objetivos, regras, horários, facilidades, comunicação com a família da criança, condução, segurança, eventual atendimento médico, lanches, mesadas, cantinas e outras dúvidas levantadas pelos pais. Caso se tratasse de escola de grande porte, ele poderia organizar um passeio de reconhecimento dos setores da escola que estes alunos deverão conhecer e frequentar.

Como houve uma modificação no ensino fundamental que passou de oito para nove anos e, na prática, abolido o pré-primário, frequentado normalmente pelas crianças de 6 anos, estas passaram a entrar já nas 1as séries do ensino fundamental e, portanto, na escola "para valer", um ano mais cedo. Com um número maior de alunos por sala de aulas e com a preocupação da alfabetização, aquela atenção próxima e individualizada que caracterizava a educação infantil dos anos anteriores, se não desaparece totalmente, diminui bastante. Além disso, é comum o aluno precisar mudar de escola, por ocasião dessa transição, seja por motivos familiares, seja principalmente porque grande parte das escolas de educação infantil não oferece continuação dos estudos após os 6 anos de idade. Alguns alunos se adaptam facilmente à nova situação, mas outros apresentam problemas devido às mudanças.

Há escolas que começam a oferecer diferentes professores e várias disciplinas escolares e exigem a realização de lição de casa, a que dificilmente os alunos estavam acostumados. Essas novidades podem ser traumáticas para as crianças e gerar insegurança para os pais. Como, por exemplo, eles devem se portar em relação às lições de casa trazidas pelos filhos? Devem ou não ajudar ou cobrar das crianças a sua realização? Devem ou não corrigir erros nessas lições? E se os pais não têm tempo ou condições culturais de acompanhar os estudos dos filhos? Essas e muitas outras questões desse tipo assolam os pais, e a OE poderia, conjuntamente ou de forma individualizada, ajudá-los.

3. A Orientação Educacional no ensino fundamental e médio

Nesses graus de ensino, embora não seja total a existência da OE, ela é mais encontrável e constituiu o foco principal, senão o único, da atenção de todos quantos trataram da OE. Portanto, não causa estranheza sua quase que exclusiva presença na legislação e nas discussões sobre a OE, ao contrário com o que ocorreria caso se tratasse dos demais graus de ensino. Por este motivo, considerou-se pacífica a existência da OE no ensino fundamental e médio e tratou-se, neste capítulo, dos outros graus do ensino, isto é, daquele que antecede o ensino fundamental e daqueles que sucedem o ensino médio.

4. O desejo e a necessidade da existência de um Serviço de Orientação Educacional no ensino superior

No que se refere ao ensino superior, embora não se cogite da necessidade ou importância de uma OE nesse nível de ensino, ela teria grande importância e costuma ser muito necessária.

Basta atentar para o número de evasões nesse grau de ensino, mesmo nos cursos mais concorridos, como os de Medicina, por exemplo, das escolas onde a dificuldade de admissão, via exames vestibulares, é extremamente grande, para se aquilatar a necessidade de orientação dos alunos também no curso superior.

O ingresso no ensino superior costuma trazer alguns percalços para os alunos. Egressos de cursos fundamentais e médios onde eram assistidos de perto por professores e demais educadores, onde havia regras mais ou menos claras, objetivas e constantes que norteavam seus comportamentos, tanto escolares como sociais, os alunos se veem subitamente e sem o menor preparo diante de uma situação totalmente nova, em que ao mesmo tempo que se sentem livres de tutela também ficam inseguros para lidar com esta nova liberdade.

Boa parte desses alunos tem questões como: Como organizar sozinho sua nova vida; como dar conta das novas exigências do ensino superior? Como se relacionar com colegas e professores? Como lidar com o trote? Onde se localizam os prédios e salas e outros locais que deverá frequentar?

Caberia aí, desde o início do ano, a atuação de um Or.E. para tornar mais fácil ou menos problemática tal transição, ajudando o aluno a se adaptar à sua nova situação e às novas exigências de sua vida escolar.

Outro assunto sério, causa de muitas evasões, é o da escolha por um determinado curso. Muitas vezes o aluno se pergunta, após todo o esforço despendido para entrar na universidade, se não teria escolhido o curso errado. O que fazer? Ele sabe que desgostaria à sua família, que lhe seria bastante penoso e às vezes economicamente inviável voltar atrás e procurar um curso que mais lhe conviesse. Fica sem saber o que fazer, aguentar vários anos sem disposição para tal, abandonar os estudos, ou enfrentar toda a problemática envolvida na troca de curso. A nossa legislação não favorece tal mudança de carreira. Uma vez escolhido um curso, não será sem prejuízo a troca dele por outro curso.

Muitas vezes a decepção em relação ao curso escolhido não ocorre por questões vocacionais, isto é, pela escolha de um curso ou de uma profissão que o aluno não queria, mas exatamente pelo contrário. Altamente motivados para o exercício da profissão por eles escolhida, muitos alunos entram no respectivo curso de formação profissional com a expectativa errônea de que, logo no início do curso, eles irão "colocar a mão na massa", como, por exemplo, atender doentes, no caso de médicos, construir, no de engenheiros, atender pessoas com problemas psicológicos, no caso de psicólogos, e assim por diante. Entretanto, apesar de profissionalizantes, esses cursos, como os demais, começam com uma base teórica inesperadamente grande, contando sua grade curricular, se não exclusivamente, com a predominância de matérias básicas. Aos candidatos a médicos, por exemplo, são ministradas aulas de bioquímica, de farmacologia, de estatística, de informática, para as quais ele não vê utilidade para a carreira escolhida. Por esse motivo, muitos alunos se decepcionam e, frustrados, abandonam o curso. O candidato a engenheiro, por exemplo, que acredita já ter estudado suficientemente no ensino médio, e eventualmente no cursinho para o vestibular, matemática, física e química, terá cálculo, geometria, mecânica e outras disciplinas básicas em um grau bastante avançado antes de assistir às aulas que imaginava ter logo no início do curso.

Um bom SOE, em casos como esses, que são bastante comuns, poderia ajudar alunos nesse momento. Responsáveis pelos currículos de alguns cursos, mais recentemente, têm procurado sanar esse problema introduzindo, nos primeiros anos dos respectivos cursos, disciplinas que mais aproximem o aluno da carreira escolhida. Ainda assim, haveria lugar para um aconselhamento mais individualizado, função de um SOE.

Um SOE poderia também exercer papel importante em outro ponto que diz respeito à entrada de alunos na universidade. Trata-se da questão dos trotes. Sem querer cercear a liberdade de expressão dos veteranos, ou quebrar uma tradição que data de muito tempo, e tirar de calouros uma expressão visível de orgulho por terem conseguido entrar em uma universidade, o SOE pode colaborar para que o trote não venha a se constituir em um pesadelo, às vezes com consequências muito sérias para os calouros e seus familiares, havendo, inclusive, como se tem notícia, casos de mortes. O Or.E. poderia atuar junto aos veteranos para a organização de uma recepção alegre, calorosa, com brincadeiras e/ou atividades de caráter social, enfim, um ritual de passagem, de acolhimento, realizado dentro de um espírito de cordialidade e de respeito à integridade física e moral dos futuros colegas. Palestras e reuniões com os veteranos sobre o assunto, bem como sugestões e discussões poderiam ser tratados pelo SOE. Alguns trotes podem denegrir o nome dos veteranos e até a imagem da escola.

Uma vez passado o trote, os alunos recém-admitidos enfrentam outras dificuldades como: encontrar e conhecer os regulamentos de bibliotecas da própria faculdade, do *campus* ou, ainda, em outros locais dentro e fora dele; saber da existência, localização, funcionamento e regras de outros serviços de que necessitarão no curso, tais como laboratórios, refeitórios e lanchonetes, condução, museus, atendimento de saúde, ginásios esportivos, práticas religiosas etc. Um atendimento pelo SOE a esses alunos facilitaria muito a vida deles.

Ao entrar para um curso superior, alguns alunos enfrentam outros tipos de problemas. Muitos deles que sempre moraram com suas famílias se veem obrigados a mudar de cidade. Nesse caso, além da mudança de grau de ensino, precisam também achar um novo local de moradia para poder frequentar a nova escola. Às vezes, alguns alunos contam com o auxílio de parentes e amigos, outras vezes, a própria escola tem acomodações para esses alunos. Nos EUA, como é quase obrigatório ao aluno de graduação morar fora da cidade onde residem seus pais, as universidades têm os chamados "dorms.", que são uma espécie de apartamentos, pertencentes ou não à universidade, nos quais os alunos podem residir. Tal prática não costuma ser comum no Brasil, e a ajuda na busca e instalação dos alunos poderia ser suavizada com o auxílio de um SOE que atuasse nessa escola. No caso de o futuro aluno optar por residir em uma "república", e como residências desse tipo não pertencem à universidade, eles deverão procurá-las e providenciar o que necessitam.

Mesmo quando o aluno continue a estudar na cidade onde reside e entre para uma universidade pública, isto é, gratuita, ele deverá incorrer em inúmeras despesas. O problema econômico se agrava quando a universidade em que ele conseguiu entrar é particular. É comum que tais alunos, embora desejosos de continuar estudando, vejam-se na contingência de abandonar o sonhado curso por dificuldades de ordem econômica. Um serviço de OE, nessas escolas, poderia ajudá-lo a equacionar o problema, quer indicando vagas de emprego, estágio, monitoria, quer indicando financiamento ou desdobramento nas matrículas do curso, ou ambos.

Não é porque o aluno tenha conseguido entrar em uma escola de nível superior que ele está automaticamente preparado para enfrentar desafios a que não estava acostumado até então. Às vezes, é considerado, erroneamente, não só desnecessário como até um demérito para os alunos a existência e/ou o recurso a uma ajuda nesse nível de ensino. Em universidades estrangeiras, entretanto, tal serviço é oferecido e alunos recorrem a ele, ou são encaminhados para esse tipo de serviço, sem que isso envolva qualquer demérito ou constrangimento. É melhor que assumir a postura de avestruz ou jogar os problemas para baixo do tapete. Na universidade norte-americana em que a primeira autora deste livro cursou a pós-graduação, existe um serviço de aconselhamento (*counseling*) cuja finalidade é a de dar assistência aos alunos da graduação. Esse serviço serve também ao propósito de propiciar estágio e trabalho para os estudantes de pós-graduação que, no Departamento de Psicologia Educacional, optaram pela carreira de "*counselors*". Será que os estudantes universitários norte-americanos teriam problemas mais complicados que os dos brasileiros para justificar a OE para eles e não para os estudantes brasileiros? É pouco provável. Os problemas enfrentados por ambos podem diferir, mas nossos estudantes poderiam, como foi visto anteriormente, também se beneficiar com a existência de um serviço de orientação ou aconselhamento nas universidades.

Alguns alunos que entram no curso superior, embora intelectualmente bem-dotados, não têm suficiente amadurecimento social e emocional para lidar com as modificações impostas pela mudança de grau de ensino. Ao se verem livres de tutelas, podem relaxar nos estudos, faltar às aulas, ou se envolver em comportamentos inadequados e até ilegais e perigosos.

O tipo de relacionamento que existe na universidade, dos alunos com os professores, está sujeito a mudanças, como também estão o tipo de estudos, as avaliações, as pesquisas escolares. Muitos alunos poderiam não só se beneficiar com a assistência de um SOE, como até necessitar dele.

Enfim, também no ensino superior um SOE poderia ser de grande valia, não só para o aluno como, indiretamente, para seus pais. As escolas e a própria sociedade lucrariam muito com os serviços de um SOE que ajudasse os alunos e que evitasse, na medida do possível, a evasão deles.

5. A Orientação Educacional na pós-graduação

Em outro grau de ensino em que, no Brasil, dificilmente o aluno encontraria o apoio de que muitas vezes necessita é o da pós-graduação.

O fato de ter sido admitido e frequentar um curso de alto nível não significa que todos os alunos desse curso não tenham dúvidas, incertezas, angústias e que conheçam todos os quesitos dele e se sintam seguros nas decisões que devem tomar. Problemas como: quais disciplinas optativas cursar, horários, como conciliar trabalho com estudos, já que a essa altura praticamente todos trabalham, como conseguir uma bolsa de estudos e de como escolher um orientador, são muito frequentes.

As autoras deste livro, ao atuarem em cursos de pós-graduação, sentiram de perto a angústia maior desses alunos. Praticamente todos eles obtinham notas altíssimas nas disciplinas obrigatórias e nas optativas do curso, vencendo com galhardia essa primeira fase dos respectivos cursos, mas grande parte abandonava a pós-graduação por causa da dissertação ou da tese. Por que tal ocorre? Afinal, tais alunos procuraram a pós-graduação exatamente porque vinham sendo bem-sucedidos academicamente.

Entretanto, o grande problema da pós-graduação consiste na elaboração da dissertação de mestrado e/ou da tese de doutoramento e na defesa desses trabalhos. Não afeitos a esses tipos de exigências, alunos bem-dotados sentem grande insegurança não só em relação à elaboração desses trabalhos, o que pode ser sanado graças à infinidade de livros e manuais sobre o assunto hoje existente no mercado, mas, principalmente, na escolha e no relacionamento com os orientadores. À falta de informações seguras, correm boatos escabrosos sobre orientadores. Da mesma forma, vencido o problema da escolha e do entrosamento com o orientador, ocorre outro momento de tensão para o aluno. É o momento da defesa da dissertação ou da tese. Como é ou pode ser escolhida a banca examinadora que o irá arguir? O que ela irá perguntar? Como o orientador se dá com os elementos da banca? Como ele atua durante a arguição? Dúvidas como essas fazem com que, muitas vezes, alunos bem preparados, mas emocionalmente inseguros, abandonem o curso nessa etapa, depois de muito investimento nele, enquanto outros não tão bem preparados conseguem terminar.

São mais ou menos comuns desentendimentos e até atritos entre orientadores de cursos de pós-graduação e seus orientandos, que se não forem resolvidos podem levar, e geralmente levam, alunos promissores a abandonar o mestrado e até o doutorado.

Um pró-reitor de pós-graduação raramente entra no âmbito dessa problemática, dada a natureza de caráter mais burocrático e de maior nível de suas atribuições. Nessas condições, para diminuir a ampla distância que vai de um pró-reitor a um aluno, algumas escolas costumam contar com um professor conselheiro atuando com alunos da pós-graduação. Entretanto, não são todas as escolas desse nível de ensino que dispõem desse recurso. Dessa forma, um aluno com algum problema, seja ele comum, seja mais delicado, não tendo a quem recorrer, prefere abandonar o curso.

Um serviço organizado de OE, atuando na pós-graduação poderia ajudar muito os alunos que precisassem de uma atenção mais individualizada, bem como a grupos ou classes de alunos que enfrentassem problemas comuns, que fossem recorrentes e, portanto, do conhecimento do SOE, ou outros problemas que viessem a ser detectados.

Como se vê, embora quando se pensa em SOE logo se pense no ensino fundamental e médio, esse serviço pode ser útil, e às vezes até essencial, em outros graus de ensino, não só para o bem-estar dos alunos, como também para o melhor aproveitamento deles e para deter a evasão que tantos malefícios causa às escolas e à sociedade em geral.

Em outros países há notícias da existência de SOE para a pós-graduação.

Parte III

O planejamento escolar e a elaboração do plano de Orientação Educacional

Capítulo 10   A participação do Orientador Educacional no planejamento e na elaboração do projeto pedagógico da escola e do plano escolar

Capítulo 11   Itens do plano de Orientação Educacional

Capítulo 12   Subsídios para a elaboração do plano do Serviço de Orientação Educacional

Capítulo 10

A participação do Orientador Educacional no planejamento e na elaboração do projeto pedagógico da escola e do plano escolar

Na condição de especialista em educação e de membro do corpo de funcionários da escola, cabe ao Or.E. participar, assistindo à direção, do planejamento escolar, da elaboração do plano anual da escola e da elaboração e implementação do projeto pedagógico para ela, naquele ano letivo.

1. O que é o planejamento escolar?

Toda e qualquer escola deve planejar suas atividades. Esse planejamento deve ocorrer pelo menos uma vez ao ano, geralmente no início de cada ano letivo. Como ele diz respeito a todos os aspectos de uma escola, abrangendo-a em sua totalidade, tanto material como de pessoas, não só os professores devem participar desses trabalhos, mas todos os funcionários daquele estabelecimento de ensino, pois o que for decidido por ocasião do planejamento dirá respeito a todos e a cada um, de acordo com as respectivas funções.

Durante muito tempo, as escolas não realizavam o planejamento anual, e, quando começaram a fazê-lo, houve a noção errônea segundo a qual deveriam ser objeto do planejamento apenas os problemas e as discussões sobre assuntos relacionados diretamente ao ensino, motivo pelo qual apenas eram convocados professores para dele participar.

Ainda hoje, a maioria dos participantes dos trabalhos de planejamento escolar pertence ao corpo docente da escola, não apenas porque estes constituem a maioria dos funcionários das escolas, mas, e principalmente, porque os demais funcionários, exceto alguns poucos que ocupam cargos mais elevados, não são convidados para participar. Muitos diretores se recusam a admitir, como participantes das reuniões de planejamento escolar, funcionários como merendeiras, profissionais da limpeza e porteiros.

O planejamento é uma tarefa de grande importância e responsabilidade, pois dele deverá resultar um plano que norteará toda a atividade daquela escola durante o ano. Usualmente, ele é realizado antes do início do ano letivo, embora o ideal seria que se realizasse no mínimo duas vezes ao ano. O plano anual, que resulta do planejamento, não precisa ser imutável, mas pode ser revisto, quando necessário, a critério da direção da escola, ouvidas as sugestões de todos.

O planejamento e o plano que dele resulta são, portanto, documentos próprios de e para cada escola, sendo por esse motivo que cada uma deve realizá-los a cada novo ano, de acordo com suas características e necessidades, mas respeitando sempre a legislação em vigor. Não é correto, pois, copiar planos de outras escolas e reutilizar ou copiar planos de anos anteriores, pois as características e as necessidades das escolas mudam com o decorrer do tempo. Por vários motivos, na prática, professores e demais funcionários não costumam dar a devida importância a essa atividade. Muitos desconhecem a importância de um bom plano de ação para o trabalho deles e da escola. Outros se julgam suficientemente experientes e acreditam ser o planejamento uma perda de tempo, inútil e que não resulta em nada, servindo apenas para encurtar suas férias.

Por desinformação, há um grave preconceito contra o planejamento e quanto à elaboração de planos. Muitos acreditam que uma vez elaborados, tais planos não podem ser modificados, temendo, dessa forma, que eles venham a constituir um empecilho intransponível, caso se mostrem inadequados ou necessitem de modificações.

Outro fator de má vontade com que o período do planejamento é encarado pelos participantes se deve ao fato de o planejamento normalmente ser realizado após um longo período de férias, em que praticamente todos chegam à escola "desaquecidos" do trabalho intenso do ano anterior, bem como constitui a primeira oportunidade de encontro dos docentes desde o final do ano letivo anterior. Nessa ocasião, os participantes reencontram velhos colegas que há tempo não viam, e os assuntos para conversas são muitos. Encontram também novidades e modificações na escola, além de pessoas novas e desconhecidas.

A recomendação, saudável, de que haja a participação de todos os funcionários da escola, qualquer que seja o cargo por eles exercido, muitas vezes gera constrangimento para funcionários de cargos mais humildes, que não estão acostumados a trabalhar em igualdade de condições com outros funcionários mais categorizados. Dificilmente, eles se sentem à vontade para atuar de forma construtiva, oferecendo sugestões. Quando têm coragem de se manifestar, aproveitam a oportunidade para fazer reclamações ou reivindicações.

Seria importante que houvesse um planejamento do planejamento, por iniciativa da direção da escola, realizado antes com a participação apenas do pessoal técnico-pedagógico, do qual o Or.E. é parte integrante, para discussão de decisões sobre a condução, os itens a serem tratados e o cronograma de cada dia do planejamento.

Nesse pré-planejamento, o Or.E. pode propor uma recepção aos demais participantes do planejamento, em que a direção e o pessoal técnico-administrativo forneceriam a eles, logo no início do planejamento, informações gerais sobre os objetivos, as atividades a serem realizadas, os horários dessas atividades e os resultados esperados. Seriam também, nessa ocasião, apresentados os novos funcionários e docentes e haveria um período dedicado à socialização, em que os antigos funcionários da escola pudessem colocar em dia as conversas que, de outra forma, iriam interferir nos trabalhos de planejamento propriamente dito.

2. A participação do Orientador Educacional no planejamento escolar

O planejamento é uma tarefa para todos, sob a direção do diretor da escola ou seu substituto.

Não faz parte, portanto, especificamente das atribuições do Or.E. tomar qualquer iniciativa por conta própria, no que se refere a essa tarefa. Cabe a ele, como membro da escola, participar desse planejamento e assistir a direção quando solicitado. Em muitas escolas, a direção prefere abrir os trabalhos do planejamento e pedir ao Or.E. e/ou ao CP que conduzam os trabalhos. Nesse caso, esses três profissionais poderão se reunir e elaborar o roteiro para o planejamento. Quando não há CP, o Or.E. pode vir a ser designado para a condução dos trabalhos.

O planejamento costuma levar dois ou mais dias de trabalho na escola, e às vezes os participantes, principalmente os docentes e os técnicos, propõem que o término dos planos individuais seja feito em suas residências.

Muitos novatos nunca participaram de planejamentos e dificilmente são preparados, em cursos das escolas superiores, para tal participação.

Muitas vezes, de um ano para outro, há inovações na condução do planejamento, seja por instruções superiores, de fora da escola, seja por decisões do corpo técnico e administrativo da própria escola, visando melhorar sua execução e/ou seus resultados. Nesses casos, costuma haver confusão, aborrecimentos e perda de tempo no início dos planejamentos. Uma preparação eficaz desses trabalhos terá efeito bastante positivo no resultado final.

Quando os participantes são informados sobre os procedimentos, com instruções claras sobre o que se espera deles e sobre de quanto tempo disporão para cada tarefa, recebem melhor a incumbência e a desempenham com maior motivação e eficiência.

Não há nada pior que os professores chegarem, de má vontade, a um planejamento desacreditado, sem saber o por que e o para que dele e, ainda, o encontrarem desorganizado. Vale a pena, portanto, investir na preparação do planejamento e "perder" algum tempo com explicações preliminares sobre a condução dos trabalhos, com atividades de socialização dos participantes, como intervalos para conversas e o simpático cafezinho.

Cabe, portanto, ao Or.E. participar do planejamento não apenas no que diz respeito especificamente ao cargo que ocupa, mas também como um todo. Participando do planejamento e da caracterização da escola e da comunidade, o Or.E. poderá contribuir, significativamente, para decisões que se referem ao processo educativo.

Constituem exemplos dessas decisões: opinar sobre o currículo da escola, principalmente no que diz respeito à escolha e à inclusão de disciplinas optativas; opinar sobre a formação das diferentes classes de alunos da mesma série e turno, quando o número de alunos matriculados nessas séries exija a formação de duas ou mais turmas; sugerir ou opinar sobre proposta ou escolha de atividades extraclasse; opinar sobre a distribuição de diferentes séries no prédio e por períodos; discutir as vantagens ou desvantagens, para aquela escola, de salas ambientes nas quais os professores permaneceriam e para as quais os alunos se deslocariam; discutir a problemática da disciplina e o código disciplinar; opinar sobre os critérios de avaliação e de promoção de alunos; opinar sobre os cronogramas de atividades, dentre outras decisões importantes que devem ser tomadas por ocasião do planejamento.

É importante que o Or.E. participe, pois, ativamente de todas as decisões de ordem técnica a serem tomadas, em âmbito escolar, em razão do seu preparo, das suas funções e do seu conhecimento da escola, da comunidade e do alunado, visando a um melhor atendimento à educação integral do aluno.

À medida que o Or.E. trabalhe em determinada escola por maior número de anos, sua atuação irá se tornando cada vez mais precisa, valiosa e facilitada, por ter adquirido visão mais ampla e profunda dos principais pontos positivos da escola, bem como dos problemas e dificuldades dela. Ele terá, ainda, desenvolvido maior conhecimento da comunidade, dos alunos, dos pais, dos professores e dos demais funcionários, bem como das suas características e anseios.

Respeitados os aspectos éticos, esse conhecimento será muito valioso para subsidiar as discussões que terão lugar não só por ocasião do planejamento escolar, como também durante o ano letivo e nos anos subsequentes e, quando necessário, na tomada de decisões.

3. O que ocorre no planejamento?

Normalmente são passadas aos participantes notícias importantes referentes à escola e ao trabalho deles. A seguir, são dadas informações sobre a condução do planejamento e o que se espera desses participantes, tanto em termos de participação nas discussões e tomadas de decisões que serão válidas para aquela escola naquele ano letivo, quanto na atuação e na elaboração dos planos que se originam do planejamento e que dele, em grande parte, resultam.

Os planos constituem, portanto, o produto do planejamento. Há vários tipos e níveis de planos, desde o plano escolar como um todo, até os planos individuais de cada docente ou funcionário. A direção da escola passará aos participantes os itens do plano da escola e distribuirá as tarefas para cada participante com a finalidade da elaboração do plano escolar.

O plano escolar, primeiro produto do planejamento, é um documento extremamente importante e deverá estar disponível para consulta sobre todo e qualquer assunto referente àquela escola, para aquele ano letivo. Ele constitui o nível mais amplo de plano, em cada escola, pois diz respeito à escola como um todo e a todas as atividades nela desenvolvidas.

Dele deverão constar desde informações de caráter físico das dependências até a filosofia da educação endossada por aquela escola.

Algumas escolas são fisicamente grandes, de forma que é importante, nesse caso, fazer constar do plano o croqui daquela escola, contendo todas as dependências, para uso geral e principalmente para localização, quando há funcionários novos no estabelecimento.

Cada escola tem uma designação oficial, geralmente o nome de alguém que, falecido, foi considerado digno de uma homenagem especial. Cada escola tem, também, uma história e uma data de fundação. Algumas têm uma curta história, outras, mais tradicionais, se orgulham de um longo passado. Há escolas que possuem logotipo, bandeira e até hino próprio. Essas são informações que devem constar do plano, mas que não precisam ser refeitas todos os anos, a não ser que algo mude. É também necessário que constem do plano o endereço correto da escola, sua localização e sua subordinação a instâncias superiores.

Cada escola se localiza em uma comunidade geográfica, da qual ela é parte integrante. Torna-se necessário, portanto, pesquisar as características dessa comunidade, para incluir, no plano escolar, os resultados de tal pesquisa. Além da comunidade geográfica, uma escola pode pertencer a um outro tipo de comunidade como, por exemplo, a de uma dada nacionalidade e/ou seita religiosa, a uma empresa, que a mantém ou subsidia.

A escola está sujeita, entretanto, às leis nacionais e, em primeiro lugar, aos objetivos nacionais da educação, que são dados pela legislação vigente no país, e depois aos próprios objetivos. Fazem parte, portanto, do plano os objetivos gerais e os específicos daquela escola. De cada plano particular de cada funcionário da escola, constarão os próprios objetivos, todos condicionados aos primeiros, mais gerais.

Decisões importantes tomadas durante o período do planejamento devem fazer parte, também, do plano da escola.

Devem também constar do plano escolar uma descrição dos cursos e níveis de ensino oferecidos pela escola, bem como as características de seu alunado.

Como se vê, são muitos e importantes os itens que compõem um plano de escola, mas a organização deste cabe à administração, com o auxílio dos profissionais da escola que a administração indicar para tal fim. Muitos itens do plano escolar dizem respeito ou são de interesse especial da OE, embora o sejam também dos demais elementos que trabalham na escola. Talvez os principais desses itens sejam aqueles que se referem aos recursos humanos da escola.

Em escolas grandes, com mais de um turno de aulas, as pessoas que trabalham nelas, muitas vezes, não se conhecem ou não sabem os nomes umas das outras, as funções que elas exercem na escola, onde encontrá-las e em quais horários. Deve fazer parte do plano escolar e também do plano do Or.E. uma relação de todas elas. A seguir, estão sugestões para a elaboração de quadros que podem ser facilmente consultados para localização e conhecimento de todas as pessoas que atuam em determinada escola. Estes quadros devem ser de fácil acesso e estar em diferentes locais da escola, como na portaria, na diretoria, na sala dos professores, na sala do CP, na biblioteca e, principalmente, na do Or.E. Eles serão de grande utilidade para o pessoal interno da escola e, também, quando um pai ou responsável procura a escola.

Tabela 1 – Recursos Humanos da escola

Função	Nome	Horário	Local
Diretor			
Vice-Diretor ou Assistente			
Assistente			
Coordenador Pedagógico			
Orientador Educacional 1			
Orientador Educacional 2			
Inspetor de alunos 1			
Inspetor de alunos 2			
Etc.			
Bibliotecário			
Porteiro			
Merendeira			
Dentista			
Outros			

Tabela 2 – Corpo docente

Período matutino			
Disciplina	Nomes	Séries	Salas
Português			
Português			
Português			
Matemática			
Matemática			
Geografia			
História			
Artes			
Ed. Física Feminina			
Ed. Física Masculina			
Ciências			
Língua estrangeira			
Outras			

Período vespertino
- Repetir o quadro, colocando as disciplinas do período.

Período noturno
- Repetir o quadro, colocando as disciplinas do período.

Tabela 3 – Para as séries iniciais, o quadro de professores teria o seguinte formato

Período matutino			
Séries	Horas	Nome do Professor	Sala
1ª A	8		
	9		
	10		
	11		
1ª B	8		
	9		
	10		
	11		
2ª A	8		
etc.	etc.		

Há escolas em que é grande o número de professores que faltam de tal forma que elas se veem obrigadas a contar com professores substitutos. Torna-se, então, bastante útil ter à mão uma relação de possíveis substitutos, como no quadro a seguir:

Tabela 4 – Professores substitutos eventuais

Nome	Séries	Disciplinas	Tel.	Observações

Muito necessário para a consulta do Or.E., mas também útil para a direção, é saber quais são os professores conselheiros de cada classe. Uma sugestão de quadro indicada para tal fim é a seguinte:

Tabela 5 – Professores conselheiros de classe

Série	Nome do Professor
5ª A	
5ª B	
5ª C	
6ª A	
6ª B	
etc.	

Costuma haver durante o ano letivo, principalmente nas escolas públicas, uma grande movimentação de funcionários e, principalmente, de docentes. Por esse motivo, é importante que esses quadros sejam atualizados todas as vezes que esse for o caso.

Embora esses quadros venham a fazer parte do plano escolar, eles, muito provavelmente, não estarão prontos por ocasião do planejamento. Caso eles estejam, seria interessante que fossem levados para a(s) sala(s) de planejamento. Porém, se somente for possível confeccioná-los após esse período, eles serão anexados ao plano e disponibilizados para todos.

Também deverá constar do plano a distribuição dos alunos pelas salas, caso a escola adote o sistema de alunos fixos e professores móveis. Se o sistema adotado for, parcial ou totalmente, o do professor fixo, com alunos que se movem, o quadro deverá conter o número da sala, o nome e a disciplina ministrada pelo docente, para cada hora de aula do período.

Tabela 6 – Mapa geral dos alunos por salas

Série	nº de alunos	Sala	nº de alunos	Sala	nº de alunos	Sala	etc.
Turma	A		B		C		
1ª	21	5	20	8	22	9	
2ª	23	1	22	3	–	–	
etc.							

Tabela 7 – Localização das salas ambientes

Horário	Sala nº	Disciplina	Professor

Capítulo 11

Itens do plano de Orientação Educacional

Além da participação no planejamento e na elaboração do plano da escola, como um todo, os Or.Es. elaboram o plano específico para o SOE. Esse plano é essencial para nortear os seus trabalhos, além de poder constituir fonte de consulta pelos demais membros da equipe, para que possam saber como relacionar e integrar a programação deles à do SOE.

É importante para o bom andamento das atividades escolares saber o que esperar dos demais membros da escola, quando, isto é, em que ocasião cada item do plano será desenvolvido, como, por quem e por quanto tempo.

Por ter colaborado ativamente no planejamento e na elaboração do plano escolar, o Or.E. estará em melhores condições para elaborar seu plano específico para o SOE, bem como para exercer suas atribuições específicas e também aquelas das quais tem obrigação de participar.

Embora alguns itens devam constar, necessariamente, de todo e qualquer plano para o SOE, não há um modelo único para tal plano.

Diferentes escolas e/ou Or.Es. propõem ou empregam os modelos que acham mais convenientes, práticos ou que estão mais acostumados a usar. Entretanto, seria interessante, se bem que não obrigatório, que houvesse certa uniformidade na apresentação dos itens do plano, o que facilitaria o trabalho não só de quem os elabora, como também de quem os consulta.

Para fins de ilustração e para auxiliar o Or.E. no início de carreira ou os estudantes na área, propomos, neste capítulo, um modelo de plano, do qual constam os principais itens ou partes.

A seguir, são fornecidos subsídios ou esclarecimentos sobre o conteúdo de cada item, as suas razões, além de uma maneira prática de coletar informações ou de atualizá-las e apresentá-las para a elaboração do plano.

Alguns desses itens ou partes, por apresentarem maior nível de complexidade, serão tratados, separadamente, no capítulo seguinte.

Itens do plano para o SOE:

1. Identificação e localização da escola.

2. Instâncias superiores às quais a escola e a OE estão subordinadas.
3. Localização de entidades às quais o Or.E. ou a escola podem precisar recorrer, como, por exemplo, departamento de polícia, posto de saúde etc., mais próximos à escola.
4. Nomes do diretor ou gestor da escola, do vice ou dos assistentes de direção.
5. Nome(s) do(s) Or.E. (Or.Es.).
6. Data do plano atual e datas dos planos anteriores.
7. Síntese das principais características da comunidade e da escola.
8. Objetivos da escola.
9. Objetivos do SOE.
10. Recursos Humanos da escola.
11. Quadro dos professores conselheiros de classe.
12. Quadro das séries de alunos, com os números das salas de cada série.
13. Quadro das salas ambientes.
14. Quadro dos docentes com respectivas disciplinas, horários e salas onde lecionam.
15. Croquis da escola, com todas as dependências e as salas de aula.
16. Estratégias de atuação do Or.E.
17. Avaliação do SOE nos anos anteriores.
18. Cronograma para o SOE.

1. Identificação e localização da escola

A denominação da escola deve ser colocada por extenso, de forma correta e completa, conforme tenha sido registrada, se escola particular, ou conforme seja designada nos sistemas públicos de ensino, pela legislação competente.

A sua localização deve ser igualmente correta, completa e clara – rua, número, bairro, CEP e telefone. Se tiver ocorrido alguma modificação, a denominação ou a localização antigas devem constar do plano.

Existem justificativas para tais cuidados. Do ponto de vista formal, quando for necessário encaminhar cópia do plano a alguma autoridade, é importante que ele seja pronta e facilmente identificável. Da mesma forma, se o plano precisar ser retirado da unidade escolar, a identificação correta facilitará a sua devolução.

É importante, ainda, ter prontamente, à disposição, dados corretos de localização e identificação da escola, no caso de ser necessário passar essas informações a terceiros, por exemplo, para envio de correspondência, ou ao encaminhar alunos a serviços profissionais fora do prédio escolar como para centros de saúde ou clínicas psicológicas.

Encontram-se, a seguir, explicações sobre alguns itens do plano.

2. Instâncias superiores às quais a escola e a Orientação Educacional estão subordinadas

É importante e útil que o plano contenha informações corretas sobre as instâncias superiores às quais a escola esteja subordinada, tais como endereços, telefones, nome dos titulares e do especialista responsável pela OE, se for o caso, e sobre algum órgão ou departamento técnico, principalmente dos sistemas públicos de ensino, com o qual o SOE da escola deva relacionar-se.

3. Localização de entidades às quais a escola e/ou o Orientador Educacional podem precisar recorrer

Como podem ocorrer pequenos acidentes envolvendo alunos ou funcionários da escola, ou como a escola pode precisar de assistência na área de saúde, é importante que se tenha no plano do SOE o endereço do posto de saúde mais próximo ou ao qual a escola pertence. Isto não quer dizer que, quando algo acontece com a saúde de um aluno, o Or.E. deva levá-lo ao posto. Ele deve seguir as diretrizes da família do aluno ou do funcionário acidentado, mas é sempre útil saber com o que pode contar em situações de emergência, quando a família do aluno não é encontrada, ou quando ela não sabe a quem recorrer.

Cada vez mais a escola, principalmente a pública, está sujeita a ocorrências que fogem à alçada de resolução dela, como caso de violência extrema, uso de drogas ou outras do tipo. Nesses casos, a administração procura a autoridade policial mais próxima. Embora não caiba ao Or.E. essa tarefa, ele pode, na ausência ou a pedido da direção da escola, tomar essa providência e precisará, portanto, dessa informação.

4. Nome do diretor ou gestor da escola e de seu vice ou assistentes

Deve, também, por razões óbvias, constar do plano do Or.E. o nome do diretor ou gestor da escola, bem como os de seus possíveis auxiliares ou substitutos na gestão.

É importante que o Or.E. tenha um telefone de contato do diretor, caso venha a ocorrer algo que dependa dele, quando ele não se encontrar no estabelecimento e não tenha deixado substituto ou o substituto não esteja apto ou autorizado a resolver aquele tipo de problema.

5. Nome do Orientador Educacional

Além do nome do diretor da escola, o nome, por extenso, do Or.E. deve vir escrito na primeira página do plano, para que todas as pessoas na escola ou as autoridades de ensino, a quem o SOE esteja subordinado, saibam quem é o profissional responsável por aquele serviço e quem elaborou o plano, caso sejam necessárias informações adicionais, não constantes dele.

6. Data do plano

Convém saber a que ano o plano se refere, se àquele em curso ou a anos anteriores, bem como se foi elaborado no início do ano letivo em questão ou no final do ano anterior. Deve-se informar sobre a existência e o teor de eventuais planos anteriores, o que permitirá fazer comparações e, assim, conhecer a evolução do SOE naquela escola, chegando-se a saber se as metas a curto, médio e longo prazos foram cumpridas, o que deve ser mantido, o que deve ser reformulado e o que falta ser implantado.

7. Síntese das principais características da comunidade e da escola

As características da comunidade e da escola constituem um conjunto bastante extenso de dados que são incorporados ao plano da escola. Entretanto, como nem sempre ele se encontra facilmente à disposição de todos, é importante que, do plano de OE, conste um resumo das informações mais pertinentes a este setor. Esta síntese serve, ainda, para informação de outras pessoas que não atuam no âmbito daquela unidade escolar ou para estagiários que necessitem de um referencial para o início de seu trabalho na escola. Nos casos em que se tornem necessárias informações mais pormenorizadas, o Or.E. deverá recorrer ao plano geral da escola.

8. Objetivos da escola e do Serviço de Orientação Educacional

Os objetivos gerais da escola deverão constar do plano de OE porque constituem as grandes diretrizes que norteiam todo o trabalho escolar. A partir do que estabelece a legislação sobre OE, das decisões sobre as áreas nas quais atuará e dos subsídios apresentados, o Or.E. formulará objetivos gerais do SOE e específicos para as áreas que pretenda desenvolver.

9. Quadros de Recursos Humanos da escola, dos professores conselheiros, dos alunos e croquis da escola

Tais quadros, que se encontram no plano da escola, devem ser reproduzidos no plano do Or.E. e também pendurados no SOE, para consulta rápida, além de serem modificados e atualizados quando ocorrerem mudanças. Eles são muito úteis para todo o pessoal da escola e, principalmente, para o Or.E.

10. Estratégias

Há vários tipos de estratégias e instrumentos que poderão ser utilizados em OE. Elas deverão ser escolhidas para cada situação, em particular, de acordo com os objetivos propostos e com os recursos da escola e da respectiva comunidade. Há estratégias gerais que se aplicam a todas as áreas do SOE, indistintamente, e estratégias específicas para cada uma das áreas, conforme será visto nos subsídios para o plano.

11. Cronograma

Tendo definido as atividades que irá desenvolver, principalmente as essenciais e previstas, torna-se necessário que o Or.E. as distribua num cronograma para, inclusive, poder melhor dimensionar a viabilidade delas.

Instruções e modelo de cronograma são apresentados no capítulo seguinte sobre subsídios ao planejamento.

12. Avaliação do Serviço de Orientação Educacional nos anos anteriores

A avaliação do desempenho de qualquer serviço é sempre importante. Embora ela seja realizada mais comumente ao final dos trabalhos, ela pode ser feita, e é recomendável que o seja, antes (avaliação diagnóstica), durante (avaliação somativa) e ao final deles (avaliação formativa).

É importante que antes de se elaborar um plano seja analisado o que ocorreu anteriormente em relação ao serviço que se pretende planejar, perguntando-se o que foi feito e quais os resultados obtidos, o que deveria ter sido feito e não o foi e o por que, o que não foi proposto anteriormente e que poderia ter sido feito e por quê.

Tais informações são úteis, seja para novas propostas, seja para a manutenção do que tenha dado bons resultados ou que esteja funcionando a contento, ou, ainda, para se saber o que não tem condições de ser realizado no ano para o qual se está planejando e/ou para os seguintes, esclarecendo-se sempre as razões das considerações apresentadas que as motivaram.

No capítulo seguinte, são apresentados subsídios para auxiliar o Or.E. na elaboração do plano para a OE.

Capítulo 12

Subsídios para a elaboração do plano do Serviço de Orientação Educacional

No capítulo anterior, foram listados os principais itens do plano anual a ser elaborado pelo(s) orientador(es) de uma escola para o SOE. Neste capítulo, encontram-se desenvolvidos alguns desses itens, sob a forma de subsídios para essa elaboração.

1. Caracterização da escola e da comunidade

O conhecimento da escola e da comunidade onde ela está inserida é necessário tanto para o planejamento escolar como para a elaboração do plano de OE.

Por meio do planejamento, buscam-se a compatibilização entre os objetivos educacionais, as expectativas da clientela e os recursos existentes, o que pressupõe o conhecimento prévio da escola e da comunidade. Por sua vez, tal conhecimento favorece uma definição mais realista das metas propostas e, consequentemente, maior segurança no alcance dos resultados esperados.

Ele é também importante porque as pessoas – alunos, pais, professores e demais funcionários – sofrem influência do meio em que vivem. Portanto, para entender o comportamento, as reações, os anseios e as suas necessidades, tornam-se indispensáveis o conhecimento e a compreensão do meio, suas características, as forças que nele atuam e as expectativas em relação à escola. É importante lembrar, ainda, que a comunidade e a escola são fontes de recursos com os quais os educadores poderão e deverão contar para a consecução dos objetivos educacionais propostos.

Informações sobre a escola e a comunidade são, pois, itens que devem constar do plano escolar e do plano de OE, permanecendo disponíveis no SOE, para consulta, sempre que necessário.

Embora seja um item constante, necessariamente, do plano, a descrição da escola e da comunidade, às vezes, não contém todas as informações importantes para o Or.E. ou, então, as traz de forma muito resumida e, portanto, insuficiente. Nesse caso, deverá ser elaborada uma relação dos dados que estejam faltando. Aqueles que forem imprescindíveis para o trabalho no ano em curso deverão ser coletados imediatamente. Os que não o forem poderão ser obtidos durante os próximos anos.

Com relação à coleta dos dados, deve-se preestabelecer as pessoas que serão responsáveis pela tarefa; as fontes de obtenção; quais dados devem ser levantados; instrumentos a serem utilizados e cuidados observados nessa coleta. Como a caracterização da escola e da comunidade pode se tornar uma tarefa extensa, complexa e demorada, normalmente, não haveria condições de ser realizada, em tempo hábil, por um único membro da equipe escolar. Daí, a necessidade de que todos, e em especial o Or.E., colaborem.

Quanto às fontes de informações para a caracterização mais geral da comunidade e da escola, existem, para consulta, publicações de órgãos públicos ou, ainda, de organizações particulares que facilitam a obtenção de alguns dados. Na diretoria, normalmente, encontram-se referências sobre a fundação ou criação da escola e sobre o seu patrono.

Em planos escolares de anos anteriores, caso existam, bem como no SOE e no Serviço de Coordenação Pedagógica, podem ser encontradas muitas informações que precisam apenas ser completadas e/ou atualizadas. Na secretaria da escola, são obtidos dados sobre o pessoal técnico, administrativo, docente e discente, além de relações de cursos, currículo, classes, turmas, notas etc. Quando disponíveis, podem, ainda, ser consultadas as pesquisas realizadas por alunos para algumas disciplinas do currículo, principalmente na área de Estudos Sociais. Por ocasião do planejamento escolar, as necessidades de dados adicionais são levantadas, discutidas e as informações devem ser solicitadas aos respectivos professores para que estes definam sobre a possibilidade de incluir, nas atividades de suas respectivas disciplinas, a coleta desses dados. Além disso, é possível recorrer a pessoas ligadas à escola. Às vezes, pais, professores, funcionários ou alunos trabalham em alguma instituição ou mantêm contato com pessoas que possuem informações relevantes sobre a comunidade.

Como se pode verificar, há várias fontes das quais a equipe escolar pode se valer para obter informações, o que contribui para a economia de tempo, energia e recursos.

Quanto ao tipo de dado a ser coletado, deve-se definir previamente o que é relevante conhecer, o que deve ser perguntado, como e quando. Tal cuidado se justifica porque, quando as pessoas não têm prática de pesquisa, costumam fazer uma extensa relação de perguntas, sem uma ordem estabelecida e sem objetivos predefinidos. Isso dificulta a obtenção de dados realmente importantes que tenham alguma finalidade, além de indispor os entrevistados para responder o que possa ser mais relevante. Os dados a serem coletados, no caso da comunidade, vão desde a caracterização histórico-geográfica até o levantamento dos recursos econômicos e culturais. Como deve haver ação integrada entre os vários setores da escola, embora constem do plano dados estatísticos, quando houver necessidade de dados individuais, diretores e professores poderão consultar os planos dos responsáveis pelos setores técnicos. Para o Or.E., além das informações contidas no plano da escola, é necessário que estejam disponíveis dados individualizados, da mesma forma que para o CP interessam, mais especificamente, dados referentes ao aproveitamento escolar das classes, bem como os gráficos de notas de cada disciplina, série e professor.

2. Formulação de objetivos gerais em Orientação Educacional

Os objetivos gerais da OE encontram-se, em primeiro lugar, subordinados aos objetivos da educação nacional, constantes do plano da escola. Ao definir os objetivos gerais do SOE, é necessário considerar que o Decreto nº 72.846/73, no seu artigo 1º, estabelece o seguinte objetivo para a OE: "Assistir o educando, individualmente ou em grupo, no âmbito do 1º e 2º graus, visando o desenvolvimento integral e harmonioso da personalidade, ordenando e integrando os elementos que exercem influência em sua formação e preparando-o para o exercício das opções básicas".

Quanto aos objetivos específicos, eles dizem respeito às áreas que o Or.E. pretende desenvolver no respectivo ano letivo e aos níveis de ensino, como, por exemplo, as primeiras séries do ensino fundamental; as terceiras séries do ensino médio; de segunda a quarta; as quintas e da sexta a oitava do ensino fundamental; a primeira e a segunda série do ensino médio. Em relação aos objetivos gerais do SOE e aos específicos de cada área e nível, poderão ainda ser definidas metas a curto, médio e longo prazo. Embora o plano seja anual, o Or.E. deve ter claro o que pretende fazer e alcançar nos anos subsequentes. Não se espera, porém, que sejam alcançados plenamente todos os objetivos desejados em um único ano. Entretanto, é importante que seja indicado, no plano, o que deverá ser realizado a cada período. Na prática, ao elaborar o seu plano, o Or.E. poderá colocar, primeiro, os objetivos gerais, citando a(s) fontes(s) – Filosofia de Educação, legislação, plano da escola –, e depois os específicos, mencionando a sequência e os prazos em que pretende alcançá-los. Para melhor visualização, ele deverá elaborar um cronograma, o que facilitará uma percepção realista da viabilidade de seus objetivos.

É fundamental que os objetivos do SOE sejam claros e divulgados para os demais profissionais que atuam na escola, bem como para os pais e alunos. À guisa de ilustração, relacionamos, a seguir, alguns objetivos relativos ao SOE, em geral. Desta forma, considerando-se o SOE como um todo, constituem exemplos de objetivos para o Or.E.:

- Assistir o aluno no desenvolvimento de sua capacidade de fazer opções, levando-o a identificar suas potencialidades e limitações, as do meio e a adquirir habilidades necessárias ao processo decisório.
- Colaborar com a direção e professores na realização do processo educativo, visando ao desenvolvimento integral e ajustamento do educando.
- Atender os alunos nas várias áreas da OE.
- Manter contato com os pais ou responsáveis pelos alunos.
- Atuar, de forma preventiva, em relação a prováveis problemas que poderiam envolver alunos.
- Coletar e sistematizar informações necessárias ao desenvolvimento das atividades do orientador.

Além dos objetivos gerais do SOE, é importante que constem do plano aqueles relativos a cada uma das áreas. São apresentados, a seguir, exemplos desses objetivos.

3. Em relação à área de Orientação à Família

- Colaborar com a família no desenvolvimento e educação do aluno.
- Contribuir para o processo de integração escola-família-comunidade, atuando como elemento de ligação e comunicação entre todos.
- Desenvolver atitudes favoráveis à efetiva participação dos pais na tarefa educativa.
- Orientar os pais ou responsáveis quanto à realização das lições de casa e quanto à ajuda que eles podem dar, ou que não devem fazê-lo, na realização de tais tarefas.
- Identificar possibilidades e disponibilidades de colaboração por parte dos pais em relação à escola.
- Orientar os pais para que tenham atitudes corretas em relação ao estudo dos filhos.
- Identificar possíveis influências do ambiente familiar que possam estar prejudicando o desempenho do aluno na escola e atuar sobre elas.
- Realizar palestras para orientação dos pais com relação a problemas do interesse deles na educação de seus filhos e na prevenção de problemas mais frequentes entre alunos.
- Promover grupos de discussão sobre esses problemas.
- Promover atividades que possam trazer as famílias dos alunos à escola.

4. Quanto à área de Orientação Escolar, são exemplos de objetivos

- Colaborar na análise dos indicadores de aproveitamento escolar, evasão, repetência e absenteísmo.
- Colaborar na distribuição dos alunos por diferentes classes, quando houver mais de uma classe por série no período, para a formação de salas homogêneas ou não, de acordo com a filosofia de cada escola.
- Desenvolver uma ação integrada com o corpo docente e a coordenação pedagógica, visando à melhoria do rendimento escolar, por meio da aquisição de bons hábitos de estudo.
- Instrumentar o aluno para a organização eficiente do trabalho escolar, tornando a aprendizagem mais eficaz.
- Assistir o aluno na análise de seu desempenho escolar e no desenvolvimento de atitudes responsáveis em relação ao estudo.
- Orientar e auxiliar professores na formação de grupos de estudos de alunos, de acordo com as características da comunidade, dos alunos e com resultados de sociogramas aplicados.
- Propiciar orientação e experiências para que os alunos trabalhem eficientemente em grupo.
- Identificar e assistir alunos que apresentem dificuldades de ajustamento à escola, problemas de rendimento escolar e dificuldades escolares.

5. No que se refere à educação moral, cívica e religiosa, são exemplos de objetivos

- Levar o aluno a analisar, discutir, vivenciar e desenvolver valores, atitudes e comportamentos fundamentados em princípios universais.
- Desenvolver o respeito à dignidade e às liberdades fundamentais do homem.
- Desenvolver a compreensão dos direitos e deveres da pessoa humana, do cidadão, do Estado, da família e dos demais grupos que compõem a comunidade e a cultura em que vive o aluno.
- Despertar no educando a consciência da liberdade, o respeito pelas diferenças individuais, o sentimento de responsabilidade e confiança nos meios pacíficos para o encaminhamento e solução dos problemas humanos.
- Desenvolver no aluno atitudes e comportamentos de respeito no trato com colegas e adultos na escola.
- Desenvolver uma atuação integrada com os professores para atingir uma ação consensual no que diz respeito aos aspectos morais e cívicos da educação.
- Desenvolver no aluno atitudes compatíveis com o respeito às normas.
- Desenvolver a dimensão espiritualista da personalidade do educando.

6. São exemplos de objetivos que visam à integração e ao ajustamento dos alunos à escola

- Recepcionar pais de alunos novos e esses educandos.
- Tornar menos traumática, para os alunos, a mudança de escola, de classe, ou de grau de ensino.
- Colaborar com a equipe escolar na adaptação e integração do aluno à escola.
- Desenvolver relações humanas cooperativas, visando à formação de um espírito de equipe na escola.
- Favorecer a integração dos alunos a seus grupos de pares.
- Desenvolver no aluno atitudes de cooperação, sociabilidade, consideração, responsabilidade, tolerância e respeito às diferenças individuais.
- Evitar ocorrência de discriminação por motivo de convicções filosóficas, religiosas ou qualquer preconceito de classe social ou cor.
- Estimular a cooperação dos professores na identificação, encaminhamento e ajuda a alunos com problemas ou dificuldades de ajustamento.

7. São exemplos de objetivos relacionados à saúde física e mental dos alunos

- Colaborar com a escola e a família no desenvolvimento de aspectos importantes da educação do aluno como: afetivo, sexual, de higiene, saúde e lazer.
- Desenvolver a compreensão dos valores, das implicações e das responsabilidades em relação à dimensão afetiva e sexual da personalidade do aluno.
- Assistir o aluno nas áreas afetiva e sexual, de acordo com a filosofia da escola e os valores da família.
- Atuar preventiva e remediativamente, via encaminhamento, em relação à saúde física e mental dos alunos.
- Desenvolver, em integração com o corpo docente, a valorização e vivência de atitudes e hábitos relativos à higiene e à saúde.
- Identificar expectativas dos pais e necessidades de informação dos alunos em relação às áreas afetiva e sexual.
- Complementar o papel da família no que diz respeito aos aspectos afetivo e sexual do desenvolvimento do aluno.
- Ajudar os pais na compreensão e atuação adequada em relação às atividades culturais e de lazer de seus filhos.
- Identificar, assistir e encaminhar tanto os alunos que apresentem excelente desempenho como também aqueles que tenham limitações para a prática de atividades esportivas ou artísticas.
- Identificar, na comunidade, oportunidades esportivas, culturais e de lazer que possam ser utilizadas pelos alunos.

- Identificar indícios de uso e/ou tráfico de drogas e de violência na escola.
- Elaborar e implementar planos para prevenção de problemas que costumam ou que podem vir a ocorrer com os alunos.

8. Os exemplos seguintes de objetivos referem-se à área de Orientação Vocacional

- Levar o aluno a vivenciar situações de aprendizagem favoráveis à realização de opções profissionais racionais.
- Levar o aluno a reconhecer a importância da escolha profissional e a necessidade de informações educacionais e profissionais.
- Desenvolver atitudes de valorização do trabalho como meio de realização pessoal e fator de desenvolvimento social.
- Preparar o aluno para participar do mundo do trabalho, por meio de uma profissão adequada às suas potencialidades e aspirações.
- Levar o aluno a reconhecer a necessidade de assumir o papel de agente da sua escolha profissional.
- Criar condições para que o aluno faça uma escolha profissional adequada por meio do autoconhecimento, do domínio de informações educacionais e ocupacionais e do desenvolvimento de habilidades e de atitudes necessárias ao processo decisório.
- Desenvolver no aluno a capacidade de relacionar suas características pessoais às características das profissões.
- Levar o aluno a identificar suas potencialidades, características básicas de personalidade e limitações, preparando-o para o exercício de suas opções profissionais.
- Desenvolver o autoconhecimento do aluno por meio de técnicas de sondagem de interesses, aptidões e valores, visando a uma escolha vocacional adequada.
- Organizar e manter atualizado o cadastro de informações educacionais e profissionais.
- Desenvolver no aluno habilidades de coletar, comparar, selecionar, classificar, ordenar, hierarquizar e processar informações úteis às opções vocacionais.
- Identificar e atuar sobre fatores que interferem na escolha profissional.
- Levar o aluno a corrigir imagens distorcidas e eliminar preconceitos sobre profissões.

9. Para a área de acompanhamento pós-escolar, são exemplos de objetivos

- Contribuir para a diminuição da evasão escolar, por meio de providências relacionadas aos fatores identificados como causadores desse fenômeno.

- Detectar os fatores motivadores da transferência "de" e "para" a escola.
- Conhecer opiniões e sugestões de ex-alunos sobre a programação desenvolvida pela escola.
- Identificar indicadores que expressem a adequação ou inadequação do currículo da escola.
- Assistir o ex-aluno no seu período de adaptação a novas situações pós-escolares, seguindo-o adequadamente, de modo que verifique os efeitos do programa de OE desenvolvido.
- Propiciar ajuda, apoio, esclarecimento, informações a ex-alunos, sempre que necessário.
- Estimular a cooperação de ex-alunos nas atividades e necessidades da escola.
- Procurar desenvolver atitudes favoráveis e sentimentos positivos em relação à escola.

10. Para a área de estágio supervisionado em Orientação Educacional, seguem-se, como exemplo, os seguintes objetivos

- Colaborar com a formação e preparo do futuro profissional.
- Sensibilizar o estagiário para as responsabilidades do Or.E. e para a necessidade de uma preparação específica, visando a uma maior eficiência no seu futuro trabalho.
- Desenvolver – no estagiário – uma visão crítica das possibilidades e limitações que a estrutura e a organização do ensino e da escola oferecem à prática efetiva da OE.
- Levar o estagiário a uma percepção realista das qualidades necessárias ao desempenho da função que escolheu.
- Levar o estagiário à vivência de situações reais e problemas que permeiam as atividades do Or.E.
- Levar o estagiário a estabelecer um vínculo significativo entre a teoria e a prática, permitindo, assim, que ele se posicione e forme sua filosofia educacional.
- Propiciar, por meio da observação e participação, uma vivência efetiva da aplicação dos princípios, métodos e técnicas de OE, num SOE organizado e sob a supervisão de um profissional qualificado.
- Proporcionar ao estagiário um contato direto com a realidade a fim de que ele possa ter uma percepção realista das verdadeiras funções do Or.E., das realizações, possibilidades e dificuldades da profissão.
- Levar o estagiário a observar e vivenciar experiências relativas ao planejamento, implantação, desenvolvimento e avaliação do SOE.
- Possibilitar ao estagiário a observação da organização e do funcionamento de um SOE em um estabelecimento de ensino.

- Desenvolver a consciência da importância e necessidade do trabalho de equipe em OE.
- Interagir com instituições de ensino superior, visando a novas fontes de atualização e crítica externa do trabalho do SOE.

Os objetivos citados constituem exemplos, dentre os quais, como foi dito anteriormente, o Or.E. escolherá, na devida sequência, os que pretende alcançar em um determinado prazo.

Devem ficar claros e bem definidos, no plano, os termos usados no enunciado dos objetivos propostos, as estratégias que irá empregar para alcançá-los e os critérios para verificar se eles foram ou não alcançados.

11. Estratégias usadas em Orientação Educacional

São várias as estratégias empregadas em OE. O uso de cada uma delas dependerá dos objetivos colimados em cada caso e das circunstâncias em que serão empregadas. Ao planejar o seu trabalho, o Or.E. verificará se as estratégias, ou quais delas, que vinham sendo empregadas, até então, estavam produzindo os resultados desejados ou se necessitariam ser completa e/ou parcialmente modificadas. Conforme os resultados dessa verificação, ele procurará manter as estratégias que se mostram profícuas nos últimos anos ou que surtiram bons efeitos no último ano letivo, indicando as que serão mantidas também no ano que se inicia, deixando, entretanto, em aberto a inclusão de novas estratégias que no decorrer do ano se mostrem necessárias, seja para substituir aquelas que estava usando, seja para complementá-las.

O número e as estratégias mais apropriadas para cada caso são bem extensos para serem analisados neste ponto do livro. Por se tratar de assunto vasto e complexo, foi apresentado separadamente, em capítulo especial dedicado às estratégias empregadas em Or.E., no capítulo 23.

12. Elaboração de cronograma para o Serviço de Orientação Educacional

Devido às múltiplas atribuições previstas na legislação, o Or.E. tem a possibilidade de exercer um largo espectro de atividades na escola, e dificilmente poderia desempenhar, ao mesmo tempo e com eficiência, todas elas. Daí a importância da elaboração de um cronograma, permitindo que prioridades possam ser definidas e hierarquizadas, assegurando-se, também, de que prazos essenciais para determinadas atividades sejam cumpridos.

A distribuição das atividades no cronograma – que constitui parte integrante do plano – permitirá que haja um equilíbrio na atuação do Or.E., evitando-se, dessa forma, que seja dedicado um tempo relativamente longo a uma ou a determinadas atividades, em detrimento das demais.

Além disso, o plano representa uma segurança para o alcance dos objetivos a longo e médio prazo, pois evita que, não podendo ser cumpridos em determinada ocasião, venham a ser esquecidos.

O cronograma, se devidamente divulgado, traz a vantagem adicional de impedir que o Or.E. fique exposto a cobranças indevidas de outras áreas na escola para a realização de atividades que não sejam inerentes às suas funções ou que não estejam previstas no seu plano ou, ainda, que não tenham sido escolhidas como prioritárias na ocasião. Dessa forma, evitam-se aborrecimentos e clima de animosidade entre os membros da equipe escolar.

Embora os itens constantes de um cronograma sejam sempre de duas ordens – atividades e períodos de tempo –, há diferenças na forma de colocá-los no papel. No exemplo de cronograma apresentado na página 123, no lado esquerdo, são relacionados eventos e atividades previstos para o ano letivo em curso e, no lado direito, situam-se as colunas relativas a cada mês.

Para facilitar a elaboração do cronograma, primeiramente, são colocadas as atividades que têm data fixa no calendário escolar como: feriados, férias, dias sem aula, início e término do ano letivo, dos semestres e dos bimestres. Depois, aquelas previstas para determinadas épocas, porém sem data fixada no calendário escolar. Após esta prévia distribuição, o Or.E. já terá uma visão sobre os espaços disponíveis para poder encaixar as atividades que não possuem nem época e nem datas predeterminadas.

Deve-se ter o cuidado de não sobrecarregar o cronograma, pois há necessidade de prever espaços para eventos não programados, mas que precisam ser incluídos no calendário, como atuação remediativa e solicitações imprevistas por parte das autoridades de ensino.

Provavelmente, muitas reformulações serão necessárias até que o Or.E. julgue razoável e exequível o que está planejando. Esta tarefa, de aparente complexidade e dificuldade iniciais, torna-se facilitada, ao longo dos anos, porque a maior parte das atividades já está prevista, tendo-se, somente, de proceder a pequenas alterações. O que não se pode deixar de reconhecer é que o cronograma é de suma importância porque permite, a quem o elabora, uma visão realista da viabilidade do planejado. Certamente, a experiência de anos anteriores irá contribuir, cada vez mais, para o aperfeiçoamento deste instrumento útil de trabalho.

CRONOGRAMA PARA O ANO LETIVO DE _____

Atividades	Períodos										
	Fevereiro	Março	Abril	Maio	Junho	Julho	Agosto	Setembro	Outubro	Novembro	Dezembro
Planejamento	X										
Organização das Classes	X										
Caracterização da Clientela		X									
Apresentação do SOE aos Alunos Novos		X									
Aplicação de Questionários		X									
Análise de Gráficos do Rendimento Escolar					X						X
Orientação de Estudos para as 5ªs Séries				X							
Aplicação do Teste Sociométrico				X							
Atendimento a Estagiários			X	X	X	X	X	X	X		
Reunião com os Pais					X				X		
Orientação de Estudos			X	X	X		X	X	X		
OV das 8ªs Séries						X	X				
Sondagem de Interesse e Habilidades no Ensino Fundamental			X	X							
Palestras com os Pais							X				
OV das 3ªs Séries do Ensino Médio								X	X		
Organização de Fichários										X	
Tabulação de Dados											X
Etc.											

Além do cronograma, que é indispensável e que, por ser anual, é pouco específico, o Or.E. pode valer-se de outros recursos que lhe permitam visualizar melhor as atividades previstas no mês em curso e exercer um controle mais efetivo sobre o cumprimento delas. Para desdobrar o trabalho que consta, de forma genérica, do cronograma anual em programações mensais, sugere-se um modelo de ficha de programação mensal do SOE, modelo este apresentado a seguir. Essa ficha é apenas um desdobramento do cronograma e um modelo útil e necessário para organizar o trabalho mensal do SOE, pois os compromissos marcados sequencialmente, na agenda, não dão uma visão geral da carga de atividades ou de possível sobrecarga delas. Ela deve ser feita em papel grande para caber todo o conteúdo em um só lado da folha e para que as informações se tornem bastante visíveis.

A observação sobre a complexidade e dificuldade do cronograma é válida também para a ficha, mas como foi dito, a prática e a experiência irão facilitar, cada vez mais, a sua elaboração.

Outra vantagem importante dessa ficha é que ao guardá-la, mensalmente, o Or.E. terá, no final do ano, um registro fidedigno para que possa avaliar o seu trabalho e preparar o seu relatório anual.

MODELO DE FICHA DE PROGRAMAÇÃO MENSAL DO SOE

Ano _____

Mês – Maio

Agendar

Segunda-feira	Terça-feira	Quarta-feira	Quinta-feira	Sexta-feira	Sábado	Domingo
	1 Feriado	2	3	4	5	6
7	8	9	10	11	12	13
14	15	16	17	18	19	20
21	22	23	24	25	26	27
28	29	30	31			

1. Feriados e atividades com data fixa, constantes do calendário escolar.
2. Atividades constantes do plano e do cronograma do SOE.
3. Solicitações da diretoria.
4. Entrevistas com os pais ou com os alunos.
5. Outras solicitações (de professores, funcionários, comunidade etc.).

Parte IV

Organização do Serviço de Orientação Educacional

Capítulo 13   Recursos do Serviço de Orientação Educacional: instalações e equipamentos

Capítulo 14   Informações necessárias à organização do Serviço de Orientação Educacional e sugestão de instrumentos

Capítulo 13

Recursos do Serviço de Orientação Educacional: instalações e equipamentos

Para que o Or.E. possa exercer, da melhor forma possível, as suas funções, constitui condição básica a existência de um SOE bem organizado. Portanto, ao assumir o cargo, ele deverá verificar, primeiramente, se já existe um SOE na escola. Se não houver, ele irá implantá-lo. Havendo tal serviço, a primeira providência será a análise do seu nível de organização. Qualquer que seja o caso, deve-se considerar que, como cada tipo de escola e cada unidade escolar têm características, recursos e limitações próprios, estes necessitam ser tomados como ponto de partida para o trabalho a ser desenvolvido.

Neste capítulo, serão tratados os seguintes tópicos relativos à organização do SOE: instalações, compreendendo sala(s) e mobiliário; fichários; tipos de fichas e outros materiais necessários ao trabalho do Or.E. Quanto às instalações, é essencial que o SOE disponha de local próprio, de uso exclusivo, onde não sejam desenvolvidas outras atividades. Em condições ideais, esse serviço contará com três salas: uma pequena, que possa ser fechada com chave, isolada de ruídos e da passagem de pessoas, usada para entrevistas, aconselhamento e aplicação de instrumentos de medida; uma, de tamanho médio, situada em local de fácil acesso, funcionando como sala de recepção e permanecendo aberta durante o período de trabalho do Or.E.; e uma terceira sala, de tamanho maior que o das outras duas, para ser usada em reuniões ou trabalhos em grupos.

Quando o tamanho da escola ou suas condições não permitem a existência dessas três salas, deve-se dar prioridade à de recepção e à de entrevistas. Entretanto, se o SOE dispuser de um único espaço, haverá apenas uma sala de trabalho que deverá ser fechada, com aviso na porta, quando o Or.E. a estiver usando com a finalidade de sala de entrevistas.

Qualquer que seja o número de salas com que se possa contar, a localização do SOE deve ser tal que ele ocupe posição estratégica no prédio, pois nesse local serão atendidos, além dos alunos, professores e demais funcionários, bem como elementos externos à escola, como pais e demais membros da comunidade.

Quanto ao mobiliário necessário ao SOE, na sala de recepção deve haver uma mesa grande com gavetas que possam ser fechadas com chave; duas cadeiras; um armário ou estante; um quadro-negro ou outro tipo de local para avisos, recados e lembretes. Se a sala comportar, seria interessante que contasse ainda com um conjunto constituído por sofá, mesa de centro e cadeiras ou poltronas, onde as pessoas seriam recebidas ou esperariam para serem atendidas.

Caso haja sala de entrevistas, aconselhamento e aplicação de instrumentos de medida, nela deve haver uma mesa e duas ou três cadeiras, um armário e, na eventualidade de se poder contar também com a sala de reuniões, nesta, é útil a existência de um quadro-negro ou similar, muitas cadeiras ou carteiras e uma mesa. Fazem parte, ainda, do mobiliário os fichários, os quais, devido à sua importância e às diferentes finalidades, serão tratados a seguir, juntamente com as explanações sobre as fichas que deverão conter.

Um fichário e/ou terminal de computador ficará na sala de recepção em local visível e acessível, a fim de ser de fácil uso por qualquer adulto. Ele conterá, em ordem alfabética de sobrenome, os nomes completos de todos os alunos da escola, respectivos turnos, séries, classes, turmas e números, para que sejam facilmente localizados, em caso de necessidade.

Além desses dados, no computador ou em cada ficha, serão registrados o endereço do aluno, o nome do(s) pai(s) ou responsável(is) e também endereço e telefone de trabalho deles para que possam ser avisados na ocorrência de alguma emergência relacionada com o aluno. Dessas fichas constarão, ainda, outras informações referentes a eventuais problemas de saúde, como, por exemplo, doenças, alergias, convênios de saúde, telefones de médicos ou de hospitais etc.

Na sala de recepção, haverá, ainda, outro fichário aberto, contendo, desta vez, classificados por ordem de turnos, séries, turmas e números, os alunos de cada classe. Nesse fichário, ficarão as fichas com informações escolares dos alunos. Cada uma conterá, além dos dados de identificação, uma foto para que o Or.E. e os professores – caso os pais os procurem nas reuniões e por ocasião dos conselhos de classe – consigam, sem margem de dúvida, opinar sobre o aproveitamento do aluno em questão.

Essas fichas conterão as notas e as faltas dos alunos, em cada bimestre, podendo ter, também, quando possível, os gráficos de aproveitamento.

Se a escola estiver informatizada, essas informações poderão ser obtidas diretamente do computador, dada a facilitação e agilização do processo de registro de notas e faltas e a construção dos gráficos. Os gráficos em questão serão descritos no capítulo sobre Orientação Escolar.

Um terceiro fichário, este permanentemente fechado, deverá ser colocado longe da porta de entrada e, caso haja, na saleta de entrevistas. Ele conterá fichas cumulativas sobre cada aluno, com informações desde a época em que ele tenha entrado para a escola. Incluem-se, nessas fichas, resultados de testes, incidentes disciplinares, resultados de aconselhamento com o aluno e/ou seus pais ou responsáveis, observações e opiniões de professores ou outros funcionários sobre ele, enfim, todas as informações confidenciais. A razão pela qual tal fichário deve ser mantido fechado e as fichas nele contidas também tratadas com o máximo cuidado deriva da própria natureza de conteúdo delas, do caráter subjetivo de alguns dos dados aí contidos e do fato de que o aluno possa ter superado os problemas mencionados. A divulgação dessas informações foi discutida no capítulo referente à ética no trabalho do Or.E. Ao final de cada ano, o Or.E. poderá escrever, na ficha do aluno, um resumo de sua atuação, aproveitamento, comportamento e faltas para ser apresentado nos conselhos de classe, a pedido dos pais e dos professores ou, no caso de o aluno precisar de carta de recomendação ou referências em seus cursos futuros, na obtenção de bolsas de estudo e de empregos.

Entretanto, é importante ressaltar que é necessário usar de muita cautela, objetividade e bom-senso ao redigir relatórios para as finalidades já referidas. Se não for possível redigir tal relatório para todos os alunos, este será feito apenas para alguns deles, quando surgir a necessidade.

Além dos fichários contendo fichas com dados sobre os alunos, cabe ressaltar que deve haver também aqueles referentes aos professores e demais funcionários da escola. A existência de tantos tipos de fichários e de fichas poderá sugerir que alguns possam ser desnecessários e/ou que representem uma sobrecarga de trabalho. É claro que a obtenção, processamento e registro de informações não deixa de ser algo trabalhoso, em qualquer área de atividade humana, mas, por outro lado, pode tornar a atividade mais eficiente.

A informatização das escolas poderá reduzir, em parte, o espaço e o esforço necessários à manutenção dos diferentes tipos de informações que devem ser coletados, registrados, mantidos e atualizados, o que representa uma condição de eficiência para a tomada de decisões adequadas na escola.

A necessidade de tantos fichários deve-se à natureza dos diferentes tipos de informações mantidas no SOE. Há documentos, como, por exemplo, as autorizações dos pais ou responsáveis para que o aluno participe de excursões ou de outras atividades extras ou para que ele receba educação sexual ou religiosa. Estas têm caráter administrativo e podem e devem ficar em lugar acessível. Há dados sigilosos, como, por exemplo, resultados de testes psicológicos e diagnósticos de eventuais distúrbios, geralmente fornecidos por psicólogo, além de informações particulares obtidas pelo Or.E. em entrevistas com o aluno ou com outras pessoas.

Tais dados não podem ficar abertos para consulta. Há, como vimos, também, informações que não só podem como devem ser de fácil acesso, como, por exemplo, localização do aluno na escola. Além dos dados referentes à identificação de cada aluno e das informações já mencionadas neste capítulo, ao longo da permanência desse educando na escola irão se juntando outros, entre os quais os provenientes de questionários específicos para as diferentes áreas de OE, como a Orientação Familiar, a Orientação Escolar, a OV etc.

Dependendo das facilidades com as quais cada SOE possa contar, como número de Or.Es., de auxiliares e/ou estagiários, recursos de informatização, espaço, número de salas e de fichários, esses dados poderão ser passados para o computador ou para fichas cumulativas.

Se o SOE não contar com recursos ou pessoal necessário, os dados irão para o chamado "prontuário" do aluno, na forma como foram coletados, respeitando-se, entretanto, o caráter sigiloso deles. Neste último caso, justificável apenas quando não existirem, absolutamente, condições de organizar melhor os dados, haverá no SOE apenas dois fichários: um aberto, com as informações para emergências, descritas no início deste capítulo, e outro, fechado, com todos os demais dados colocados em pastas, na forma em que chegam ao SOE, e o conteúdo de cada pasta será organizado apenas quando surgir a necessidade para um ou mais alunos ou quando os recursos do SOE o permitirem.

Os dados referentes aos ex-alunos devem ser arquivados separadamente, na parte final das gavetas do fichário de alunos matriculados no ano em curso ou em outro local.

Além das informações sobre alunos e ex-alunos, o SOE deverá manter, também, informações sobre os professores e demais funcionários. Nas secretarias das escolas, encontram-se dados de caráter administrativo sobre todos os funcionários, mas o Or.E. pode precisar de informações de outras naturezas que não costumam constar dos prontuários mantidos nas secretarias, como, por exemplo, habilidades, interesses e disponibilidade de cada um. Pode, também, precisar, rapidamente, entrar em contato com esses profissionais, fora do horário de trabalho deles, necessitando, para tanto, de informações que tornem possível encontrá-los.

Em escolas menores, pode ser fácil conhecer todas as pessoas que nelas atuam. No caso de escolas maiores, entretanto, tal conhecimento fica prejudicado, considerando-se, ainda mais, o maior nível de mobilidade de pessoal. É comum alunos procurarem o SOE por terem problemas com determinado professor ou funcionário. Às vezes, são os pais que querem conversar sobre o relacionamento entre seus filhos e um ou outro professor, ou, ainda, pode ocorrer que o Or.E. necessite de alguém com habilidades específicas para determinada atividade e precise recorrer a dados que o possam ajudar a encontrar a pessoa certa. Para esses casos, é bom que o SOE disponha da relação atualizada dos professores, com as respectivas disciplinas, horários e classes em que lecionam, para fácil e rápida localização deles, colocada em lugar visível, no SOE. Da mesma forma, é importante a existência de um organograma da escola, para a rápida localização dos funcionários, principalmente em escolas grandes. Ambos podem ser colocados em quadros à parte ou em um quadro grande, na sala de recepção, juntamente com o cronograma das atividades do Or.E. Além das fichas e dos quadros citados, há outros materiais encontrados no SOE.

Caso o Or.E. use, com os alunos da(s) terceira(s) séries do ensino médio, o livro *Atividades para Orientação Vocacional*, de Lia Renata Angelini Giacaglia, e opte por guardar esses livros no SOE, enquanto estiverem sendo usados pelos alunos, ele precisará de um espaço próprio, adequado para isso. Tal espaço precisa ser trancado e reservado exclusivamente para a guarda desses livros.

O trabalho desenvolvido com o auxílio desse livro é realizado em sucessivas e diferentes ocasiões, e a guarda dele pelo Or.E. é recomendável para que esteja disponível sempre que precisar ser utilizado. Se for deixado com os alunos, estes podem perdê-lo, o que acarretaria não só a perda do livro, mas de todo um conteúdo cumulativo, de muitas sessões, que ele contém. É comum, também, alunos esquecerem em casa o livro, o que inviabilizaria o uso dele no recinto da escola, quando necessário.

Como tal livro contém informações de caráter íntimo, deve ser tratado como material confidencial. Sua guarda sob a responsabilidade do Or.E., em local apropriado, é, portanto, fundamental. Esse local deverá ser calculado de forma a abrigar o número de livros dos alunos participantes da OV. Devem estar também guardados os materiais necessários ao uso desse livro, como lápis, lápis de cor e borracha.

Havendo mais de uma classe de terceira série do ensino médio que esteja participando dessa OV, o ideal seria ter um armário ou gaveta para cada turma. Na impossibilidade de tal separação, os livros e materiais dos alunos devem ser colocados de forma a identificar a classe dos respectivos donos. Assim, por exemplo, 3ª série A, 3ª série B, e assim por diante.

Caso a escola seja muito grande e haja nela o ensino médio em mais de um turno, a classificação por turnos também facilita a guarda e a busca desses livros.

É necessário, também, que haja, na sala do SOE, um local de fácil acesso para a guarda organizada de outros pertences de uso frequente da OE, como: material de escritório – papel sulfite, papel-carbono, cartolina, colas de vários tipos, fitas tipo durex, outros tipos de papéis para elaboração de cartazes, lápis de vários tipos e cores, canetas, borrachas e corretores, fichas para retirada de material da biblioteca de OE, folhetos para distribuição, material para quadros de avisos, para trabalhos de recorte e colagem, *pen drives*, clipes, elásticos, grampos e grampeadores, absorventes femininos e outros materiais de uso frequente e, às vezes, de natureza emergencial, que precisam estar à mão quando necessários. Claro que esses materiais precisam estar dispostos não só de maneira acessível, mas também, e sobretudo, organizada.

Constituem, também, material de uso frequente no SOE impressos empregados para diferentes finalidades, como, por exemplo, comunicação entre os professores e o SOE ou vice-versa e entre o SOE e os pais de alunos; ficha de identificação de estagiários e folhas para registro de entrevistas com pais e/ou alunos. Esses impressos devem estar colocados em local de fácil acesso, de forma organizada, cada qual em gaveta, pasta ou caixa própria, devidamente etiquetados.

É recomendável que se encontre na sala do SOE uma cópia do plano da escola, dos planos dos docentes e dos funcionários. Deve ser encontrado, certamente, no mesmo local, o plano anual do SOE, para aquele ano letivo, bem como os planos dos anos anteriores.

Além da biblioteca da escola, destinada basicamente ao uso dos alunos e professores para fins didáticos e de recreação, a escola deve possuir também livros de consulta para o pessoal técnico-administrativo. Assim, na sala da direção deve haver a legislação pertinente, a federal, a estadual e a municipal, além do estatuto da escola e de comunicações superiores, pois é comum a necessidade de consulta pela direção da escola a essa legislação.

Na sala do CP, devem ser encontrados o projeto pedagógico e uma biblioteca didática de uso dele e dos professores, além de livros enviados pelo governo ou por editoras para consulta dele e dos professores que, muitas vezes, são chamados para escolher os livros que serão adotados por eles e/ou pela escola.

Da mesma forma, o Or.E. deve ter sua biblioteca própria, localizada, de preferência, na sala do SOE. Caso não haja possibilidade de essa biblioteca estar nessa sala ou caso a direção da escola decida ser mais conveniente unificar os livros das três áreas, da administrativa, da coordenação pedagógica e a da OE, em um único ambiente, esse material poderá ficar em um local próprio e separado, na sala da biblioteca geral da escola. Quando necessário, os profissionais das três áreas se deslocariam até essa biblioteca.

O que deveria constar da biblioteca do SOE?

Se estiver no próprio SOE, portanto separada daquelas do pessoal administrativo e do CP, dela deverá constar legislação pertinente à escola como um todo. Além desta, deverão ser encontrados a legislação específica de OE, bem como material recebido de instâncias superiores de OE.

Também deverão ser encontrados na biblioteca do SOE:

1. Livros específicos sobre a OE.
2. Livros específicos sobre OV.
3. Livros sobre as várias disciplinas da educação, tais como Psicologia, Filosofia da Educação, Sociologia, Pedagogia, Didática, Estatística, Medidas etc., classificados por disciplina.
4. Revistas especializadas em OE e em OV.
5. Relação de monografias, trabalhos de conclusão de cursos, dissertações de mestrado e relação de teses de doutorado sobre OE e sobre OV.
6. Revistas sobre Educação.
7. Anais de Congressos sobre Educação.
8. Catálogos de cursos de curta duração, oferecidos a Or.Es.
9. Catálogos de cursos de extensão, ou de especialização, destinados a Or.Es.

10. Catálogos de cursos de longa duração, como mestrados *lato sensu, stricto sensu* e doutoramento, destinados a educadores em geral ou a Or.Es.
11. Material recebido das associações de Or.Es.
12. Catálogos de universidades e de faculdades que possam ser de interesse para os alunos.
13. Catálogos e material sobre vestibulares, para orientação e uso dos alunos.
14. Material de interesse para a OV, como revistas sobre profissões, publicações de faculdades e universidades sobre cursos oferecidos, requisitos, cronogramas, inscrições etc.
15. Pasta de recortes sobre cursos e profissões.

Parte desse material é de uso exclusivo dos Or.Es., parte é destinada à consulta dos Or.Es. e também por parte dos alunos interessados. Nesse caso, se a consulta for realizada nas dependências do SOE ou da biblioteca geral da escola, conforme o caso, o aluno procederá normalmente, conforme o regulamento daquela biblioteca. Se, entretanto, o aluno quiser retirar o material, é preciso verificar se ele pode ser levado para casa e por quanto tempo. Para esta finalidade, o Or.E. colocará um adesivo no material que não pode sair de biblioteca.

No capítulo seguinte, serão apresentados modelos e/ou sugestões de material impresso para uso do SOE, seja para comunicações, seja para registros do próprio SOE.

Capítulo 14

Informações necessárias à organização do Serviço de Orientação Educacional e sugestões de instrumentos

Tanto a organização do SOE como a elaboração de diferentes instrumentos que visam à obtenção de informações necessárias para agilizar as suas atividades exigem tempo, conhecimento e experiência. Dado o caráter prático deste livro, julgamos útil fornecer alguns modelos desses instrumentos.

Como já foi ressaltado, seria inviável que o Or.E., sozinho, utilizasse, eficientemente, todas as sugestões de questionários ou fichas aqui propostos. O importante é que ele tome conhecimento de modelos existentes e que saiba selecionar os que são adequados à sua realidade de trabalho. Para essa finalidade, neste capítulo, serão apresentadas sugestões consideradas úteis para uma boa organização e funcionamento eficiente do SOE. A ordem de apresentação desse material é:

1. Modelo para comunicação de ocorrência em sala de aula (do professor para o SOE).
2. Modelo para comunicação entre o SOE e os pais ou responsáveis pelos alunos.
3. Modelo para registro de entrevista com pais ou responsáveis ou com alunos.
4. Modelo de ficha de informações sobre estagiários.
5. Modelo de ficha de identificação de professores e de funcionários.
6. Modelo de questionário informativo sobre o professor, a ser preenchido pelos professores.
7. Modelo de questionário informativo sobre o funcionário, a ser preenchido pelos funcionários.
8. Modelo de ficha-resumo de preferências e disponibilidade dos funcionários, a ser preenchida pelo Or.E.
9. Ficha-resumo de preferências e disponibilidade dos professores, a ser preenchida pelo Or.E.

10. Modelo de controle de comunicações.
11. Modelo de ficha de retiradas de livros da biblioteca do SOE.

COMUNICAÇÃO DE OCORRÊNCIA EM SALA DE AULA, DO PROFESSOR PARA O SOE
Aluno
Série
1. Descrição objetiva do fato ocorrido.
2. Participação de outros alunos na ocorrência. Quais? Como?
3. O que foi feito a respeito, na ocasião?
4. Qual a frequência do ocorrido?
5. O que tem sido feito em ocasiões anteriores?
Professor Disciplina Data

COMUNICAÇÃO ENTRE O SOE E OS PAIS OU RESPONSÁVEIS PELOS ALUNOS

Prezado Pai ou Responsável do Aluno

Série Período

Visando obter maior participação dos pais na educação de seus filhos, na escola, e proporcionar uma recuperação imediata, quando necessário, gostaríamos que V.Sa. estabelecesse um contato com a escola, tendo em vista verificar a situação de seu(sua) filho(a) quanto:

( ) ao rendimento obtido nas diversas matérias

( ) à realização de tarefas propostas

( ) ao comportamento na escola

( ) à frequência e pontualidade

Aguardamos sua presença no dia ____ / ____ / _____, às _____ horas no Serviço de Orientação Educacional.

....

Aluno

Série Período

Nome e assinatura do pai ou responsável

Reunião ( ) Entrevista ( ) dia ____ / ____ / _____, às ____ horas

Cortar na linha pontilhada e, depois de assinado, devolver ao Serviço de Orientação Educacional.

REGISTRO DE ENTREVISTA COM OS PAIS OU RESPONSÁVEIS OU COM ALUNOS

Nome do aluno

Série Período

Realizada com

Foi solicitada?

Por quem?

Assunto

Observações do Or.E.

Assinatura do Or.E.

Data ____ / ____ / _____

FICHA DE INFORMAÇÕES SOBRE ESTAGIÁRIOS

Faculdade I	Endereço	
Nome do responsável	Fone	Horários
Nomes dos estagiários	Telefones	Períodos do estágio

1._____
2._____
etc.

Faculdade II
1._____
2._____
etc.

Observações:

IDENTIFICAÇÃO DE PROFESSORES E DE FUNCIONÁRIOS

1. Nome

2. Cargo ou função na escola

3. Tarefas exercidas ou matéria(s) lecionada(s)

4. Endereço residencial

5. Telefone para contato

6. Horário de trabalho na escola

7. Outro(s) local(is) de trabalho

8. Endereço   Telefone   Horário de trabalho

QUESTIONÁRIO INFORMATIVO SOBRE O PROFESSOR
(A ser preenchido pelos professores)

Ano

Nome

Data de nascimento ____ / ____ / _____

Estado civil

Endereço   Telefone

Tem filhos?   Quantos?   Idades

Quantos estudam na escola?   Séries

Que curso você concluiu?

Em que faculdade?

Frequenta algum curso atualmente? Qual?

Há quantos anos exerce o magistério?

Há quantos anos leciona na escola?

Leciona em outras escolas? Quais?

Exerce outra atividade além do magistério? Qual?

Disciplinas que pode lecionar

Disciplinas preferidas

Gosta ou gostaria de ser professor conselheiro de classe(s)?

( ) Muito   ( ) Mais ou menos   ( ) Pouco   ( ) Não gosta

Gosta de participar de atividades extraclasse?

( ) Muito   ( ) Mais ou menos   ( ) Pouco   ( ) Não gosta

Se gosta, indique de quais.

Tem disponibilidade de tempo?

( ) Muita   ( ) Mais ou menos   ( ) Pouca   ( ) Nenhuma

Tem alguma habilidade especial ou *hobby*? Qual?

Está satisfeito com o magistério?

( ) Muito   ( ) Mais ou menos   ( ) Pouco   ( ) Nada

Por quê?

Se fosse possível, mudaria de profissão?   ( ) Sim   ( ) Não. Por quê?

Se sim, para qual?

QUESTIONÁRIO INFORMATIVO SOBRE O FUNCIONÁRIO
(A ser preenchido pelos funcionários)

Data ____ / ____ / _____

Nome

Data de nascimento ____ / ____ / _____

Residência   Telefone

Estado civil

Tem filhos?   ( ) Não   ( ) Sim.   Quantos?   Quantos solteiros?

Quantos estudam na escola?   Séries

Que curso concluiu?

Em que escola?

Frequenta algum curso atualmente?   ( ) Não ( ) Sim. Qual?

Há quanto tempo trabalha nesta escola?

Que função exerce?

Que funções exerceu, anteriormente, nesta escola?

E em outros locais?

O que faz, além de trabalhar nesta escola?

Dentre o que faz, na escola, de que mais gosta?

E do que menos gosta?

O que gostaria de fazer?

Por quê?

Fora de seu trabalho, gostaria de colaborar com a escola, de alguma forma?

( ) Não   ( ) Sim.   Como?

Teria disponibilidade de tempo, fora do horário?

( ) Não   ( ) Sim.   Qual?

Você tem problemas de saúde?   ( ) Não   ( ) Sim.   Quais?

No momento, está enfrentando algum problema ou dificuldade?

( ) Não   ( ) Sim.   Qual?

Quais são os seus passatempos ou habilidades especiais?

FICHA-RESUMO DE PREFERÊNCIAS E DISPONIBILIDADES DOS FUNCIONÁRIOS
(A ser preenchida pelo Or.E.)

	Mais indicados	Não devem ser solicitados	Podem ser solicitados
Para lidar com alunos na escola			
Para acompanhar alunos fora da escola			
Para ajudar em festas e outras atividades extraclasse			
Para outras finalidades (colocar quais)			

FICHA-RESUMO DE PREFERÊNCIAS E DISPONIBILIDADES DOS PROFESSORES
(A ser preenchida pelo Or.E.)

	Mais indicados	Podem ser solicitados	Não devem ser solicitados
Para conselheiros de classe			
Para atividades no horário do turno			
Para atividades fora do horário			
Para atividades fora da escola			
Para outras finalidades (colocar quais)			

MODELO DE CONTROLE DE COMUNICAÇÕES

Comunicações enviadas		
Para quem	Assunto	Resolvido?
Pais dos alunos		
1-		
2-		
3-		
etc.		
Professores		
1-		
2-		
3-		
etc.		
Funcionários		
1-		
2-		
3-		
etc.		
Outros		
1-		
2-		
3-		
etc.		

COMUNICAÇÕES RECEBIDAS	QUANDO	P/ RETORNO OU RETORNADAS EM
De quem		
1-		
2-		
3-		
etc.		

MANIFESTAÇÕES OU RESPOSTAS ÀS COMUNICAÇÕES ENVIADAS

De quem	mandada em	retornada em	assunto resolvido?
1-			
2-			
3-			
etc.			

MODELOS DE FICHA DE COMPARECIMENTOS DE RESPONSÁVEIS POR ALUNOS

Por convocação do SOE

Nomes dos alunos	Séries	Temas	Datas
1-			
2-			
3-			
etc.			

Por requisição dos responsáveis

Nomes dos alunos	Séries	Temas	Datas
1-			
2-			
3-			
etc.			

Para participação de reuniões

Nomes dos alunos	Séries	Temas	Datas
1-			
2-			
3-			
etc.			

Para participação em festas ou reuniões sociais

Nomes dos alunos	Séries	Temas	Datas
1-			
2-			
3-			
etc.			

Para participação na APM ou no Conselho da escola

Nomes dos alunos	Séries	Temas	Datas
1-			
2-			
3-			
etc.			

MODELO DE FICHA DE CONSULTA E/OU RETIRADA DE LIVROS DA BIBLIOTECA DO SOE

Nomes dos alunos	Séries	Material	Datas ret. e dev.
1-			
2-			
3-			
etc.			

Devoluções com atraso:

1-

2-

3-

etc.

Observações do Or.E.

Parte V

Áreas de atuação do Orientador Educacional

Capítulo 15   Por que o Orientador Educacional atua em diferentes áreas?

Capítulo 16   A Orientação Educacional e a família do aluno

Capítulo 17   A participação do Orientador Educacional em relação ao aproveitamento escolar do aluno

Capítulo 18   A Orientação Educacional e a integração do aluno à escola e à sociedade

Capítulo 19   A Orientação Educacional e os aspectos morais, cívicos e religiosos da educação do aluno

Capítulo 20   A Orientação Educacional e o desenvolvimento físico e emocional do aluno

Capítulo 21   A Orientação Educacional e o lazer do aluno

Capítulo 22   A atuação do Orientador Educacional em relação à Orientação Vocacional do aluno

Capítulo 15

Por que o Orientador Educacional atua em diferentes áreas?

Dados os objetivos de sua atuação, sua formação de educador, pelas atribuições que lhe foram reservadas por lei como privativas dele e outras das quais, de acordo com a mesma lei, deve participar, bem como por aquelas decorrentes das funções que deve exercer na escola, visando sempre ao bem-estar e ao pleno desenvolvimento dos alunos, em todas as suas características, o Or.E. deverá ter de atuar em diferentes áreas em que tais características precisem ser trabalhadas.

Deve-se considerar o aluno como um ser em desenvolvimento. Para o desenvolvimento de um ser concorrem dois tipos de fatores, os inatos e os adquiridos, estes últimos pela ação do meio. O desenvolvimento ocorre pela interação desses dois fatores.

Os fatores inatos contribuem com os elementos pré-requisitos sobre os quais o meio deverá atuar. Se a escola e o Or.E. nada podem fazer em relação aos fatores inatos, ambos podem e devem atuar naqueles fatores determinados pelo meio, embora eles não sejam nem os únicos e nem os principais responsáveis por tal atuação.

Os alunos, crianças e jovens sofrem, primeiramente, a influência das respectivas famílias e do seu entorno, porém logo, e cada vez mais cedo, dadas as características da vida hodierna, começam a sofrer também a influência de outras instituições sociais, dentre as quais a escola tem especial destaque, se não pela qualidade de sua atuação, pela quantidade desta.

De fato, a criança, desde cedo, passa grande parte de seu tempo na escola. Esse tempo tem aumentado muito nos últimos anos, principalmente nas grandes cidades. O próprio poder público vem sendo chamado a oferecer educação infantil para crianças cada vez mais jovens. As creches, que anos atrás eram optativas, hoje estão se tornando cada vez mais obrigatórias, seja porque os pais não dispõem de meios para cuidar das crianças enquanto trabalham, seja porque se tenha chegado à conclusão de que as crianças são mais bem cuidadas por pessoas especializadas e se desenvolvem melhor em contato com outras crianças.

O poder público que, antigamente, tinha a obrigação legal de oferecer educação para todas as crianças a partir dos 7 anos de idade, hoje tomou a si a incumbência de prover também a antiga educação conhecida como pré-primária, que atualmente já integra o ensino fundamental como primeira série. Ele também vem sendo cobrado, pela sociedade, para oferecer o ensino infantil, criando creches para o atendimento de todas as crianças na respectiva faixa etária.

O uso de creches e de educação infantil, que antigamente era opcional, vem ficando cada vez mais necessário e indicado. Números crescentes de pais, principalmente mães, precisam contar com elas, e muitas escolas somente aceitam crianças alfabetizadas para ingresso na primeira série do ensino fundamental.

A maior parte das crianças passa a ser alfabetizada não mais aos 7 anos de idade, mas até antes dos 6 anos.

Além de estar mais apta ao trabalho de alfabetização das crianças, a escola tem o papel de socializar e corrigir eventuais falhas dos pais na criação e educação dos filhos. Como consequência, torna-se maior o papel da escola e o seu envolvimento em todas as áreas do desenvolvimento da criança e do jovem. Dessa forma, a escola passa a ser para a criança um segundo lar, onde ela passa a maior parte de seu tempo acordada, transformando-se o lar em quase dormitório.

Além de ter sido aumentado o contingente de crianças que, desde a mais tenra idade, são deixadas aos cuidados de escolas, de ter sido alongado o tempo do dia que elas passam na escola, os números de anos de escolaridade vêm recebendo acréscimos. Paralelamente, à medida que a atuação e a responsabilidade da escola na educação da criança foram aumentando, a da família vem sendo diminuída, donde a expansão das áreas de atuação da escola e, consequentemente, da necessidade de o Or.E. atuar em várias áreas.

Porém, como apesar dessa interferência intensiva da escola na educação das crianças, a instituição social mais importante continua sendo a família, razão pela qual a OE não pode tomar o lugar desta e nem se contrapor a ela na educação dos filhos. Deve, porém, procurar colaborar estreitamente com ela. Por este motivo, uma das principais áreas de atuação do Or.E., senão a principal, é a familiar.

No ambiente escolar, a criança e o jovem se desenvolvem em relação a vários aspectos de sua personalidade. É claro que não se trata de aspectos estanques, separados, independentes entre si, e nem se cogita que a atuação do Or.E. em relação a eles se dê de forma desintegrada, e nem é possível enumerar todos os aspectos em relação aos quais o ser humano se desenvolve, mas, para fins de facilidade na sistematização do conteúdo deste livro, as autoras optaram por escolher as principais áreas desse desenvolvimento para expor, de forma didática, a atuação da OE com relação aos diversos aspectos do desenvolvimento.

Ainda que caiba à escola ajudar na formação integral do aluno, seu papel principal, dadas suas finalidades precípuas, consiste na instrução, isto é, na transmissão de conhecimentos. Essa é a área em que mais se espera de sua atuação. Embora haja alguns pais que atuam como instrutores de seus filhos, o fazem por conta própria, geralmente para otimizar a tarefa da escola, não para supri-la. No Brasil não é permitido aos pais substituírem o trabalho da escola em casa para seus filhos.

Sendo a principal atribuição da escola a instrução, é preciso que ela atue da melhor maneira possível nessa área, e uma das medidas dessa atuação consiste na avaliação do rendimento escolar do aluno, área essa em relação à qual o Or.E. também atua.

Para obter o melhor rendimento escolar, o aluno precisa estar bem física e emocionalmente. Embora o Or.E. não atue direta e de forma remediativa nessas áreas, ele atua de forma preventiva, informando e esclarecendo, juntamente com profissionais da área da saúde e com professores de Ciências e Biologia, todos os alunos sobre problemas de saúde e auxiliando os que necessitam de atenção individual e/ou especializada por meio de orientação aos pais, a fim de que procurem atendimento junto a profissionais especialistas.

Não basta o aluno estar em plena saúde física e mental para aproveitar os ensinamentos ministrados na escola. Ele precisa estar adaptado a ela, pois nela irá viver e conviver socialmente com colegas e adultos. Esta é, também, uma das áreas de preocupação do Or.E.

Fazem parte da educação integral do aluno aspectos morais, cívicos e religiosos, áreas em relação às quais o Or.E., muitas vezes, é solicitado a atuar, não isoladamente, mas no contexto geral da educação.

Na escola, a criança vive e convive, mas também se prepara para a vida adulta, que inclui o trabalho. O desenvolvimento vocacional torna-se, portanto, uma importante área de atuação do Or.E., não apenas e principalmente nos momentos de escolhas, como ao final do ensino fundamental e do médio, mas desde a entrada da criança para a escola e durante todos os anos em que nela a criança permanece. Por esse motivo, o Or.E. também atua na área de educação e OV dos alunos.

Capítulo 16

A Orientação Educacional e a família do aluno

1. A comunicação entre a escola e a família

A criança, de modo geral, se desenvolve na instituição familiar que é encarregada de prover os recursos necessários à sua sobrevivência; de propiciar-lhe uma base afetiva; de dar-lhe assistência na área de saúde e de ministrar-lhe os primeiros ensinamentos. Por sua vez, a instituição escolar está incumbida de realizar a educação formal das crianças e dos jovens. Cada família alimenta expectativas diferentes em relação ao papel da escola. O mesmo ocorre com a escola em relação à família. Acrescente-se, ainda, que tanto a escola como a família possuem características próprias. Surge, então, como condição básica para que possam ser cumpridas as finalidades educacionais, a necessidade do conhecimento mútuo entre ambas para a compatibilização das expectativas e da integração entre as duas instituições. Na consecução desses objetivos, tem papel relevante uma das áreas da OE – a Orientação Familiar –, que é atribuição do Or.E., no decreto que regulamenta a sua profissão. De acordo com a legislação vigente, a OE será exercida em cooperação com a família, cabendo ao Or.E. participar no processo de integração escola-família-comunidade.

Como elemento de ligação entre a escola e a família, esse profissional deve manter uma comunicação constante com ela, respeitando os seus valores e procurando obter sua colaboração, já que ambos têm por objetivo o bem-estar, o desenvolvimento e a formação do educando.

Ao planejar o trabalho na área de Orientação Familiar, é necessário levantar um conjunto amplo de informações para caracterizar as famílias, seus valores e suas expectativas. Conhecidos os dados básicos, ter-se-á maior facilidade para manter um canal e um fluxo permanentes de comunicação entre o SOE e a família, e vice-versa, além de ter elementos para melhor compreender o comportamento do aluno. O conhecimento da família e uma comunicação efetiva entre ela e a escola, além de condições básicas para a realização de uma Orientação Familiar eficiente, são essenciais para a busca de uma unidade de princípios e de atuação entre ambas as instituições.

QUESTIONÁRIO SOBRE RELACIONAMENTO FAMILIAR
(A ser preenchido pelo aluno)

Data ____ / ____ / _____

1. Nome do aluno   Sexo
2. Série   Período
3. Complete ou responda, da forma mais sincera, as frases de 1 a 15.

Esteja seguro de que as informações deste questionário serão mantidas rigorosamente em SIGILO.

1. Meus pais vivem ( ) juntos ( ) separados. Desde quando?
2. O que mais gosto na minha família é ...
3. O que menos gosto é ...
4. Pode-se dizer que o relacionamento entre meus pais é ...
5. Meus pais me tratam ...
6. Meu relacionamento com meus avós é ...
7. Meu relacionamento com meu(s) irmão(s) é ...
8. Meu relacionamento com minha(s) irmã(s) é ...
9. Tenho maior afinidade com ...
10. O ambiente emocional em minha casa é ...
11. Quando estamos todos juntos ...
12. Meu pai ( ) e/ou ( ) minha mãe trabalha(m) muito.
13. Meu pai ( ) e/ou ( ) minha mãe não liga(m) para mim.
14. Nas questões seguintes, indique a(s) alternativa(s) que mais corresponde(m) ao seu caso. Na minha família, sinto-me:

    ( ) mimado   ( ) rejeitado   ( ) ignorado
    ( ) tratado normalmente ( ) tratado com muita severidade
    ( ) tratado diferentemente de meus irmãos. Como?

15. Quando tenho problemas, prefiro recorrer a:

    ( ) meu pai   ( ) minha mãe   ( ) meu irmão. Qual?
    ( ) minha irmã. Qual?   ( ) namorado(a)
    ( ) meu professor. Qual? ( ) Orientador Educacional
    ( ) sacerdote   ( ) amigo
    Outro. Quem?

QUESTIONÁRIO SOBRE O ALUNO
(A ser preenchido pelo pai ou responsável)

Data ____ / ____ / _____

1. Nome do aluno   Sexo
2. Série   Período
3. Data de Nascimento ____ / ____ / _____   Localidade
4. Endereço: no Bairro
5. Telefone (residência)   Telefone (trabalho)
6. Nome do pai ou responsável
7. Profissão
8. Local de trabalho
9. Telefone para contato
10. Endereço para correspondência
11. Da família, quem, provavelmente, viria às reuniões da escola?
12. Em caso de emergência, quem deve ser avisado?

    Nome   Parentesco
    Telefone (residencial)   Telefone (trabalho)
    Para onde o aluno deve ser encaminhado?
    Local   Telefone

13. Doenças que o aluno já teve

    Quando tomou vacina antitetânica?
    Tem alergia a alimentos?   ( ) Não   ( ) Sim. Quais?
    Tem alguma restrição alimentar? ( ) Sim   ( ) Não. Quais?
    Tem alergia a remédios?   ( ) Não   ( ) Sim. Quais?
    O aluno tem problemas de saúde? Quais?

14. O aluno tem quantos irmãos: mais velhos ( )   e mais novos ( )?
    O aluno tem quantas irmãs: mais velhas ( )   e mais novas ( )?
    Algum(a) irmão(ã) estuda nesta escola?   ( ) Não   ( ) Sim
    Nome   Série   Período
    Quantos irmãos: ( ) só trabalham   ( ) só estudam   ( ) trabalham e estudam

15. Outras pessoas moram com a família?

    ( ) Não   ( ) Sim. Quantos? Quais?
    Nome   Grau de parentesco

16. Qual é a religião do aluno?
    Ele a pratica?   ( ) Sim   ( ) Não. Por quê?
    É a mesma da família?   ( ) Sim   ( ) Não
    Se diferente, qual a dos outros membros da família?
17. O aluno trabalha?   ( ) Não   ( ) Sim
    Local de trabalho   Horário de trabalho
    O que faz no trabalho?
18. O aluno ajuda em casa?   ( ) Não   ( ) Sim. O que faz?
19. O aluno frequenta outros cursos?   ( ) Não   ( ) Sim. Quais?
20. O aluno pratica algum esporte?
21. A que horas o aluno acorda, normalmente, em dias úteis?
22. A que horas, normalmente, vai dormir?
23. Assiste à TV no quarto?
24. A quantas horas de TV, em média, o aluno assiste por semana?
25. A que tipos de programas assiste com maior frequência?
26. Quando o aluno quer ver um programa de TV diferente dos outros, ele...
27. Onde o aluno faz lição de casa? Por quê?
28. Quem frequentou mais anos de escola na família?
    Pessoa Até que curso e série fez?

    _____ _____

29. Com que tipo de condução o aluno vai para a escola? Por quê?
30. Há quanto tempo o aluno reside no bairro?
31. O aluno mora: ( ) em casa ( ) em apartamento
32. O imóvel é: ( ) próprio ( ) alugado
33. O aluno frequenta algum clube? ( ) Não ( ) Sim. Qual? O que ele faz no clube?
34. O que ele faz nas férias?
35. O que ele faz nos fins de semana?

36. Na casa do aluno há:

	Não	Sim	Quantos
Rádio			
TV			
Vídeo			
Geladeira			
Carro			
Bicicleta			
Banheiro			
Batedeira			
Liquidificador			
Máquina de lavar roupa			
Micro-ondas			
Computador			
Assinatura de jornal			
Outros. Quais?			

37. O aluno recebe mesada?   ( ) Não   ( ) Sim. De quanto?
38. Quais os gastos que o aluno cobre com a mesada?
39. Na sua opinião, o aluno deve receber mesada?   ( ) Sim   ( ) Não
    Por quê?
40. O que seu filho acha do valor da mesada que recebe?
    ( ) pouco   ( ) razoável   ( ) muito
41. Se tivesse melhor condição econômica, quanto acha que seria conveniente dar ao seu filho de mesada?
42. Algum membro da família teria interesse e disponibilidade para colaborar com as atividades da escola?   ( ) Não   ( ) Sim. Quem?
43. Quais as habilidades dele(a)?
44. De que forma e em que poderia colaborar?
45. Os pais gostariam que o aluno recebesse orientação vocacional na escola?
    ( ) Não   ( ) Sim
46. O que esperam que a escola realize nessa área?

    Sabe-se que, em educação, é bastante prejudicial a existência de conflitos de orientação por parte daqueles que educam, embora essa situação não seja nada incomum, tanto entre os próprios pais como também entre esses e a escola. Como tem sido enfatizado, neste livro, a atuação da escola em relação ao aluno é bastante ampla e diversificada, não se atendo apenas aos aspectos de aprendizagem de conteúdos escolares. São, pois, inúmeros os aspectos, em que é necessário haver concordância de princípios e de atuação entre a família e a escola.

Desde o primeiro contato, os pais devem ser alertados sobre a importância de comunicarem ao SOE novos eventos na família que possam interferir no aproveitamento escolar e no comportamento geral do aluno como: nascimento de irmão; ciúmes; brigas no lar; alcoolismo; separação ou divórcio dos pais; abandono do lar; mudanças; agressões às crianças; morte; assaltos; acidentes; doença prolongada ou grave; desemprego; despejos etc. Tais informações serão tratadas com a máxima discrição e sigilo.

2. Tópicos sobre os quais o Orientador Educacional precisa tratar com as famílias dos alunos

São muitos e variados os tópicos que o Or.E. precisa tratar com as famílias dos alunos, como também são muitos e variados os tipos de famílias com quem o Or.E. deverá interagir. De acordo com a caracterização dos tipos de famílias de cada escola, turno, curso, classe etc., o Or.E. deverá escolher os aspectos em relação aos quais sua atuação seja, naquelas circunstâncias, mais importante e/ou necessária. Esses tópicos serão escolhidos e relacionados de acordo com a percepção do Or.E., mas poderão, no decorrer do ano, ser requisitados pelos pais, pelos professores, pela administração da escola ou por outros funcionários, bem como até pelos próprios alunos. Haverá, portanto, um rol de tópicos da iniciativa do Or.E. e a ele serão acrescentados outros que, ouvidas as pessoas enumeradas acima, vierem a se tornar necessários.

Alguns tópicos são tratados rotineiramente pelos Or.Es., tais como: aproveitamento escolar, integração do aluno à escola, desenvolvimento físico e emocional, educação religiosa, moral e cívica, educação sexual e afetiva, OV. Vários desses tópicos constituíram, desde a primeira edição deste livro, capítulos à parte. Haveria, entretanto, muitos outros que não eram tratados rotineiramente com os pais, mas que, a cada dia mais, estão necessitando tanto da atenção dos Or.Es. quanto da interação com as famílias. Alguns desses tópicos, dada sua complexidade e importância, foram tratados em capítulos novos, introduzidos nesta edição.

Um assunto não comumente discutido de forma preventiva pelos Or.Es. com as famílias e com os alunos, mas que vem se tornando, cada vez mais, fator de dificuldades na escola, refere-se a problemas de natureza econômica.

A rigor, não se costuma mencionar entre os profissionais da área de OE a existência de uma "Orientação Econômica", mas esse é um aspecto da educação que não pode ser negligenciado, razão pela qual se sugere que o Or.E. trate com os pais e com os alunos sobre esse assunto, pois ele tem papel importante na vida do educando e, se malcuidado, poderá causar problemas também na escola. Em relação à mesada, por exemplo, encontram-se várias situações. Entre os pais que possuem recursos econômicos, alguns dão mesada a seus filhos e outros, por princípio, não o fazem. Entre os de baixos rendimentos, há os que não dão mesada porque não têm condições, embora outros, na mesma situação, se sacrifiquem e o façam.

Muitos pais acreditam ser fundamental que o filho receba uma mesada para usar nos seus gastos pessoais. Ou eles acham mais prático agir dessa forma em relação às necessidades de dinheiro por parte dos filhos, e/ou o fazem por acreditar que, dessa maneira, eles aprenderão a lidar melhor com os aspectos econômicos de sua vida, treinando-os para gastar com critério, responsabilidade e dentro das possibilidades. Nesse caso, é difícil estipular a quantia da mesada, sua periodicidade e, sobretudo, quais itens devem ser cobertos por ela, pois os gastos totais com a criação dos filhos são bastante elevados e, de forma geral, os jovens estudantes dependem economicamente dos pais. Nesse sentido, é necessário que os pais complementem a mesada com ajuda extra, prevista ou não. Aí, fica difícil saber se a existência de uma mesada está mesmo educando economicamente o aluno.

Outros pais, seja por não poderem arcar com uma quantia periódica para os gastos dos filhos, ainda que modesta, seja por não acreditarem que mesada educa, preferem suprir as necessidades à medida que elas ocorrem. Neste caso, é difícil saber o que é "necessário", o que é "desejável" e o que é "supérfluo" quando o filho pede algo.

Qualquer que seja a orientação que os pais desejem dar ao assunto, a quantia de dinheiro disponível nas mãos dos alunos e a maneira como eles a gastam podem causar problemas na escola. Importâncias muito altas, em comparação à média dos demais alunos, podem perturbar o relacionamento, da mesma forma que a escassez ou ausência de recursos costuma prejudicar os alunos nessas condições. É imprescindível, pois, que o Or.E. promova palestras e debates sobre o tema, a fim de que quantias razoáveis possam ser estabelecidas, assim como que tipos de gastos elas estariam cobrindo. Acontece que, na prática, isso é frequentemente muito difícil, pois há pais que não podem ou não querem abrir mão daquilo que consideram possível e/ou correto. Por outro lado, boa parte deles, muitas vezes, não sabe como agir em relação a esses assuntos, aceitando orientação.

Um dos locais onde o problema da disponibilidade de recursos econômicos díspares se faz presente é na cantina. O excesso de dinheiro, nas mãos de alunos, entre outras consequências, estabelece desigualdade na compra de lanches e de guloseimas, e, quando há exagero no consumo dessas guloseimas, a saúde em geral e a dos dentes, em particular, pode ser prejudicada, além da possível inapetência na hora das refeições. Quando, na escola pública, há merenda e cantina, se tiverem dinheiro, é comum alunos desprezarem a comida da merenda e trocarem-na por alimentos menos nutritivos, comprados na cantina. Esta situação costuma ocorrer por desinformação, por vergonha, por questão de *status* e até por preferência quanto ao gosto dos alimentos. É importante que pais e alunos sejam alertados sobre as consequências nutricionais e econômicas dessa prática.

Ainda no que se refere a aspectos econômicos da educação, vale lembrar o excesso nas compras de material escolar e a falta de cuidado com ele, acarretando, muitas vezes, gastos desnecessários. Por exemplo, por questões de modismo, *status* e consumo, há alunos que são levados à aquisição de material escolar sofisticado, de "grife", até mesmo supérfluo e caro, e sem nenhuma relação com a melhora do rendimento escolar. Os pais precisam ser orientados sobre o assunto, pois, às vezes, eles não sabem discernir entre gastos necessários de material requisitado pela escola e esse outro tipo de material, pedido pelos filhos. Embora também não seja fácil lidar com o assunto, é importante que ele seja tratado entre os pais que assim o desejam.

O material escolar, de qualquer tipo, pode representar gastos consideráveis no orçamento de muitas famílias, sendo importante uma orientação sobre a sua manutenção. Há, comumente, nas escolas, desperdícios desse material ou má conservação de muitos itens. Faz parte da boa educação tratar com cuidado de livros, cadernos, lápis, borrachas, enfim, de tudo o que se usa. Rabiscar cadernos e livros, arrancar páginas, não evitar que se sujem, quebrar borrachas, canetas ou lápis, embora práticas frequentes, deveriam ser prevenidas. Para alunos em início de escolaridade, além da orientação sistemática e adequada, poderiam ser criados incentivos no sentido de estimular a boa conservação do material escolar. O mesmo é válido para o patrimônio da escola e, inclusive, para as carteiras escolares. O estudante deve sentir-se responsável pela boa conservação de tudo o que é usado, seja dele ou de outrem.

Com frequência, os alunos, principalmente os que estudam em escolas gratuitas, julgam que o material – carteiras, cortinas, banheiros, apagadores etc. – por ser "da escola", não é pago por ninguém ou o é pelo governo. É necessário, pois, explicar aos estudantes que esses materiais têm custo alto e a sociedade é quem os financia, devendo, portanto, zelar por eles como se fossem seus.

Outro problema que precisa ser discutido com os alunos e seus responsáveis diz respeito ao vestuário.

Os uniformes completos, antigamente obrigatórios para todos os alunos, às vezes até por grande parte daqueles que já cursavam o ensino médio e até mesmo por alguns do ensino superior, foram aos poucos sendo eliminados ou reduzidos em seus itens. Grande parte das escolas adota apenas uma camisa ou blusa com o logotipo da escola, e um uniforme para as aulas de Educação Física.

Essa liberdade tem aspectos positivos e negativos. Se usada de forma correta, ela poderia ensejar uma economia para as famílias dos estudantes, pois estes poderiam aproveitar grande parte das mesmas roupas de que dispõem, sem precisar adquirir poucas peças novas, o mesmo valendo para os governos, quando são estes que fornecem os uniformes. Por outro lado, tal liberalidade dá ensejo a um novo tipo de problema. Alunos com diferentes possibilidades econômicas ou cujos pais possuem diferentes filosofias sobre consumo se apresentam com trajes muito diferenciados.

Também a permissão, por parte de grande parte das escolas, aliada à falta de bom-senso de muitos pais de alunos deixam que estes usem na escola trajes inadequados, excesso de adornos e joias fantasias e até verdadeiras. Além desses enfeites não se coadunarem com o ambiente escolar, eles também são causa de distração dos estudos e de problemas de ordem econômica nas escolas, tanto por estabelecer diferenças indesejáveis entre os estudantes, quanto pela possibilidade de perdas ou furtos. À escola e ao Or.E. não incumbe a tarefa de zelar pelos bens dos alunos, o que se aplica a dinheiro em espécie carregado por eles.

Há outros aspectos, também, sobre os quais os pais devem ser orientados. Principalmente nos tempos atuais, muitos pais sentem-se inseguros para educar os filhos e, em nome de teorias psicológicas mal-entendidas, adotam atitudes muito permissivas, temendo causar problemas para os filhos. Outros adotam atitudes extremas e opostas, e há, ainda, os que alternam tratamentos rigorosos e permissivos, conforme a situação.

A criança necessita, na sua educação, de uma orientação segura e do estabelecimento de limites para seu comportamento. Na prática, observa-se que muitas crianças não têm limites e, ao contrário do que esses pais possam pensar, isto não é bom para as próprias crianças.

A discussão, na escola, sobre horários, como o de levantar e o de ir para a cama, de fazer tarefas escolares, de brincar, de assistir à TV, pode ser útil para alertar os pais sobre a necessidade de estabelecer limites, para dar parâmetros aos que precisam de orientação e, de algum modo, contribui para uma certa unidade nas condutas dos pais, a fim de que não haja muitas diferenças entre o permitido por uns e não por outros. A falta do estabelecimento de limites e de disciplina no lar tem reflexos no comportamento do aluno na escola e no seu rendimento escolar.

3. Estratégias que o Orientador Educacional pode empregar para a comunicação com as famílias dos alunos

As primeiras estratégias têm por finalidade um maior conhecimento dessas famílias. A seguir, o Or.E. procura definir estratégias para a maior comunicação entre o SOE e essas famílias e, a seguir, estratégias para a ação.

A eficiência do trabalho na área de Orientação Familiar depende, em grande parte, do conhecimento da comunidade e das famílias dos alunos. Boa parte dos dados necessários é encontrada na caracterização da comunidade, que, como vimos, é uma das partes do plano escolar. Informações mais específicas podem ser obtidas na secretaria da escola, nos arquivos e fichários do SOE e/ou via questionários, cujos modelos são apresentados no final deste capítulo.

Os dados iniciais de caracterização incluem, entre outros, a constelação familiar (membros da família, grau de parentesco, idade, sexo e escolaridade de cada um) e a existência e o nome de irmãos que frequentam ou frequentaram a mesma escola.

A apresentação da constelação familiar é feita como no exemplo da figura a seguir:

```
                    Pai              Mãe
                   (José)      (Maria Antônia)

   Raul       João        Taís          Nei (O ALUNO)     Leni
 (18 anos)  (16 anos)  (11 anos, 3ª série B)  (7 anos)   (1 ano)
```

Figura 1– Exemplo de apresentação de constelação familiar

Informações adicionais que se fizerem necessárias poderão ser solicitadas por meio de questionários que serão respondidos pelos pais ou responsáveis e pelos alunos.

No caso de estudantes maiores ou daqueles cujos pais não possam responder, pede-se aos próprios alunos que forneçam as informações sobre a família. Os dados obtidos na secretaria da escola ou que já constem dos arquivos do SOE podem ser omitidos dos questionários ou, ainda, podem ir já preenchidos para serem apenas conferidos ou atualizados.

Todavia, quando a folha com as perguntas é levada para casa, ela poderá ser perdida ou esquecida, portanto o trabalho do preenchimento teria sido em vão. Por este motivo, se possível, recomenda-se que os questionários sejam respondidos na matrícula ou na primeira reunião.

É importante que a coleta de informações junto aos responsáveis pelos alunos seja realizada logo no início do ano, pois, se o Or.E. solicitar informações quando ocorrerem casos mais ou menos graves, os pais poderão achar que elas se destinam à solução desses casos e, nessas circunstâncias, deixarão de dar as informações pedidas ou não as fornecer corretamente.

É importante para a interação entre a escola e as famílias que estas frequentem a escola. Nem sempre conseguir isso constitui tarefa fácil. Há pais que não podem comparecer à escola, e há, também, os que não querem. No caso dos primeiros, cabe à OE envidar esforços para facilitar a vinda desses pais, criando condições, como estudando horários, providenciando condução e até procurando manter um professor cuidando de filhos menores ou alunos, enquanto os pais participam das reuniões.

Nos casos dos pais que poderiam mas que não querem comparecer, cabe à OE pesquisar as razões para essa atitude. Na maior parte das vezes, tais pais são e sempre foram convocados exclusivamente para tratar do mau aproveitamento escolar e do mau comportamento dos seus filhos na escola. Tanto quando se tratam de tais alunos, como no caso de alunos ótimos, em ambos os quesitos, os pais se aborrecem com tais convocações, ou por não gostarem de ouvir falar mal de seus filhos, no primeiro caso, ou por considerarem desnecessária sua presença no segundo. O desinteresse dos pais, por qualquer um desses dois motivos, tira a oportunidade do Or.E. de tratar de outros assuntos importantes com eles. Por isso, torna-se importante o Or.E. primeiramente pesquisar a frequência dos pais à escola, quando convidados ou convocados, depois as razões da não frequência de alguns deles, para posteriormente tomar providências para que os pais, cujo comparecimento à escola em cada convocação seja realmente necessário, compareçam. O Or.E. deve tomar cuidado para não convidar ou convocar pais para tratar de assuntos que não digam respeito a seus filhos. Convocados nessas condições por uma ou mais vezes, eles tenderão a não mais comparecer, mesmo quando sua presença seria importante.

MODELO PARA PESQUISA SOBRE O COMPARECIMENTO, OU NÃO, DE PAIS À ESCOLA

É importante para a melhor comunicação dos pais com a escola, para a melhor atuação desta e para aprimorar a atuação da Orientação Educacional, visando oferecer, conjuntamente com a família, uma educação e instrução de melhor qualidade e mais integrada, que os senhores retornem este questionário, expressando suas experiências e opiniões.

Aluno   Nº   Série   Turno

Nome do responsável

Costumo comparecer à escola, quando convidado ou convocado:

sempre ( )   sempre que posso ( )   quase nunca ( )   nunca ( )

Por quê?

Em anos anteriores, costumava comparecer:

sempre ( )   sempre que podia ( )   quase nunca ( )   nunca ( )

Por quê?

Gostaria e acho importante comparecer, mas não posso.

Por quê?

Pelas minhas experiências de comparecimento anteriores, avalio os meus comparecimentos à escola como:

quase sempre úteis ( )   às vezes úteis ( )   quase sempre inúteis ( )

Por quê?

Pelas minhas experiências anteriores, avalio os meus comparecimentos como:

agradáveis ( )   nem agradáveis, nem desagradáveis ( )   desagradáveis ( )

Por quê?

Tenho alguma(s) sugestão(ões) para fazer para tornar o comparecimento dos pais à escola mais útil? Qual ou quais?

E mais agradável? Qual ou quais?

Alguns pais se interessam muito pelo aproveitamento escolar de seus filhos e, podendo, fazem questão de comparecer à escola apenas por esse motivo. Outros pais, entretanto, precisam de incentivos para serem atraídos.

Além dos fatos relativos à vida escolar do aluno, outra maneira de atrair os responsáveis por ele à escola é a realização de eventos abertos ao público. Inserida na comunidade, a escola pode vir a ser um núcleo de irradiação socioeconômica e cultural. Por esse motivo, nela poderão ser organizados cursos de pequena duração, sobre diferentes temas. Há, nas comunidades, entidades que são voltadas para o atendimento de adultos e/ou para a realização de cursos e com as quais o SOE poderia entrar em contato para oferecê-los na escola. Havendo condições, é possível, ainda, recorrer a festas, como as juninas, da primavera, de aniversário da escola ou outras de âmbito mais amplo, desde que não entrem em conflito com comemorações já existentes e bem organizadas em outros locais da comunidade, caso em que a escola poderá, se conveniente, estudar sua participação nessas comemorações, para atrair a comunidade à escola. Entretanto, o Or.E. deve ser cauteloso no sentido de não promover, de forma independente, nenhuma atividade extra, pois ele deve lembrar-se que ocupa uma posição técnica na hierarquia administrativa da escola e tudo o que não esteja previsto em suas atribuições deve ser submetido à apreciação superior.

Embora a organização de festas escolares e de atividades extraclasse não seja sua responsabilidade, ele tem nelas oportunidade de manter contatos com os pais e a comunidade, facilitando assim sua atuação. Tais eventos – pelo seu caráter festivo e de lazer – contribuem para desvincular a ideia de que a presença de pais na escola significa reclamação sobre o aluno. É importante mostrar que as relações escola-família não se restringem a punições ou recriminações mútuas. Antes, devem basear-se no espírito cooperativo e integrativo. Nesse sentido, são ilustrativas experiências de alguns Estados brasileiros em que escolas públicas, vivenciando situações críticas, tiveram, a partir da atividade participativa de pais, seus problemas superados.

Visando, ainda, a essa colaboração e integração, a escola pode cooperar em muitas campanhas que dizem respeito à comunidade, colocando sua infraestrutura e recursos à disposição e educando, em sentido mais amplo, os alunos. Algumas dessas campanhas são tradicionais, como a do agasalho, a dos brinquedos, a de livros ou material escolar para os mais carentes, as de vacinação, as ecológicas, as de ajuda a flagelados, dentre outras.

Há escolas que vão mais além, abrindo sistematicamente suas portas à comunidade fora do horário das aulas, proporcionando oportunidades de cursos os mais variados e de atividades de lazer. Embora também não caibam ao Or.E. a realização e supervisão de tais atividades, elas constituem um fator de maior entrosamento da escola com as famílias e com a comunidade, aumentando as possibilidades de comunicação e apoio mútuo.

Uma maneira bastante antiga de atrair a participação dos pais nos assuntos da escola é conhecida pela sigla APM (Associação de Pais e Mestres). Como o nome diz, trata-se de uma associação congregando pais de alunos e professores da escola. Às vezes, tais associações funcionam bem, outras vezes chegam a constituir mais um dos muitos problemas que as escolas enfrentam. Se, por um lado, as escolas precisam de auxílio de fora, dado por pessoas interessadas, por outro lado, a interferência de tais pessoas pode ser prejudicial ao bom andamento delas, pois há pais que, em lugar de ajudar, atrapalham e causam problemas à condução das escolas. Outro problema em relação às APMs é o desinteresse, em algumas escolas, por parte dos pais e até de professores de participarem delas.

Com relação ao muitas vezes fraco intercâmbio entre a escola e as famílias dos alunos, principalmente nas escolas públicas, autoridades costumam ter ideias por meio das quais tentariam "matar dois coelhos com uma só cajadada". Usando de justificativas de caráter aparentemente pedagógico, autoridades do ensino propõem medidas que, na realidade, têm motivações de caráter econômico, administrativo e até político, decisões essas que conflitam com o papel da OE. Como exemplo de tais iniciativas, para resolver o problema criado pela reprovação em uma prova para renovação dos contratos de largo contingente de professores temporários, professores esses já com vínculo de trabalho em escolas públicas, foi sugerido o aproveitamento de tais professores, não capacitados para dar aulas, como "mediadores escolares e comunitários". Segundo o secretário da Educação, "Esse professor vai orientar os pais sobre o papel da família, com visitas às residências, analisando fatores de vulnerabilidade aos quais o aluno possa estar exposto". Ora, não são estas atribuições legais da OE? Se a OE não é implantada nas escolas por razões de ordem econômica, como justificar a proposta de fixar um professor por colégio e até por turno de uma mesma escola para mediar conflitos e interagir com as famílias, atribuições essas da OE?

Há ainda a agravante de que a proposta indica que estão previstos, no máximo, até dois professores por unidade. Ora, se na maior parte das vezes alega-se não haver possibilidade de contratação sequer de um Or.E. por escola, com funções e formação bem definidas, como pode haver a possibilidade de contratação de até dois professores mediadores por escola, com funções muito mais restritas que as de um Or.E.? Note-se que esses professores, além de terem sido reprovados para lecionar, atividade para a qual foram preparados e contratados, não têm a formação necessária para exercer atividades próprias dos Or.Es.

Como se dariam as visitas domiciliares? Seriam bem recebidas pelas famílias? Seriam recebidas por elas? E se a intervenção deles redundasse em fracasso, ou se fosse causa de mais problemas para a escola?

Embora se considere de extrema importância o entrosamento da família do aluno com a escola, os fins não justificam os meios. As estratégias a serem empregadas para a ação do Or.E. em relação às famílias dos alunos serão tratadas em capítulo sobre as estratégias que o Or.E. emprega em seu trabalho, pois as mesmas estratégias são empregadas também para outras finalidades da OE.

MODELO DE RELATÓRIO A SER ELABORADO PELO OR.E., APÓS REUNIÃO COM OS RESPONSÁVEIS PELOS ALUNOS

Data	Motivo da reunião
Turmas dos alunos cujos pais foram convocados:	
Número esperado de pais	Número de comparecimentos
Pontos positivos da reunião:	
A que podem ser atribuídos?	
Pontos negativos da reunião:	
A que podem ser atribuídos?	
Observações gerais e sugestões para as próximas reuniões:	

MODELO DE FICHAS DE COMPARECIMENTOS DOS RESPONSÁVEIS PELOS ALUNOS À ESCOLA

Turno	Série	Turma	Data
Nomes dos alunos	Relação*	Tipo de reunião	Observações
1-			
2-			
3-			
etc.			

* P= pai, M= mãe, A= ambos, Pt= parente, V= vizinho, O= outros e I= irmão

Capítulo 17

A participação do Orientador Educacional em relação ao aproveitamento escolar do aluno

1. A escola, os técnicos em educação e o aproveitamento escolar do aluno

Historicamente, a escola tem assumido, de modo gradativo, as mais diversas funções, mas é importante ter em mente que a função precípua dessa instituição é a de transmitir conhecimentos. Espera-se, pois, que a escola ensine e que o aluno aprenda. Entretanto, isto não significa que basta o aluno frequentar a escola para, automaticamente, adquirir conhecimentos. Outras condições se fazem necessárias, quer no que se refere ao aluno e ao seu ambiente familiar, quer no que tange à instituição escolar. Nesse sentido, são importantes e contribuem para a aprendizagem: fatores socioeconômicos e culturais, ambientes escolar e familiar próprios; professores bem preparados e motivados; métodos de ensino e material didático (adequados), além de, por parte do aluno, assiduidade, adaptação à escola, disciplina, bons hábitos de estudo, condições físicas e psicológicas favoráveis e bom relacionamento com professores e demais funcionários, bem como com os colegas.

É importante que todos esses fatores atuem como facilitadores da aprendizagem, cabendo a toda a comunidade o dever de cuidar para que isso aconteça da melhor forma possível. Nessa tarefa, entretanto, estão envolvidos, mais diretamente, os professores, o CP e o Or.E.

Na maior parte das vezes, por questões independentes da vontade deles, a contribuição dos professores está sujeita aos limites impostos pela sua atuação restrita às salas de aula e a dos funcionários, às funções que lhes são inerentes, por força do respectivo cargo. Faz-se necessária, portanto, a existência de profissionais da equipe técnica que lidem com os problemas de aprendizagem e de ensino.

Quais seriam os profissionais que, atuando na escola, deveriam lidar com problemas do ensino e da aprendizagem para tornar mais eficaz o trabalho dos docentes? Seriam o CP e o Or.E. Como tem sido explicado neste livro, cada um desses profissionais tem funções que lhes são próprias, e as escolas deveriam contar com os serviços de ambos.

Quando em uma escola existem um CP e um Or.E., cabe ao primeiro cuidar de aspectos da educação escolar mais ligados ao ensino e, ao segundo, às condições necessárias à aprendizagem.

Dificilmente, entretanto, integram a equipe técnica da escola tanto um Or.E. como um CP. Nessas condições, na ausência de um desses profissionais, boa parte das atribuições que lhe cabem acaba sendo assumida pelo outro. Assim, na ausência do CP, muitas de suas funções passam a ser normalmente realizadas pelo Or.E. Por essas razões, neste capítulo, serão apresentadas várias sugestões que visam, em última instância, contribuir para que o aluno, em particular, e a escola, como um todo, alcancem seus objetivos precípuos, quer ela conte com a colaboração de um ou outro profissional, quer de ambos.

2. O Orientador Educacional trabalha em cooperação com os professores, para o melhor rendimento dos alunos

Não havendo CP na escola onde o Or.E. atua, é comum, por ocasião do planejamento, a direção da escola, após o início dos trabalhos, dar as boas-vindas aos antigos funcionários da casa e apresentar os novos, passar aos presentes informações de caráter geral sobre modificações havidas para o ano letivo que se inicia e incumbir o Or.E. de dar continuidade ao planejamento.

Nesse caso, o Or.E. deverá atuar como CP e como Or.E. Ele se reunirá com os professores, repassando a eles as diretrizes que tenha recebido de autoridades. Reiterará a eles a importância da integração entre as disciplinas de uma mesma série escolar e da sequência de conteúdos de uma série para a seguinte. Procurará, ainda, esclarecer dúvidas sobre o projeto pedagógico.

Ele também tratará, de forma preventiva, de outros assuntos que normalmente não vêm sendo abordados no planejamento, como uma resolução conjunta de todos os professores no que se refere aos erros de português em provas que não sejam dessa disciplina, procurando um consenso sobre o que todos devem fazer a esse respeito, se simplesmente assinalarem, ou se também descontarem pontos nas notas dessas provas. Nessa mesma linha de atuação, tratará também sobre a exigência, por parte de todos os professores, da boa apresentação dos trabalhos escolares, visando à obtenção de um consenso para uniformizar o comportamento deles em relação a esse assunto.

O Or.E. orientará os docentes sobre a solicitação de material didático, levando em consideração as possibilidades dos alunos, de acordo com o nível econômico das famílias. Dará, também, as diretrizes sobre a adoção de livros pelos docentes, ponderando com eles critérios para a escolha, quando for o caso, sem, contudo, tirar-lhes a autonomia nas escolhas.

O Or.E. informará sobre a colocação, na sala dos professores, de quadros para que eles, ao marcarem as respectivas provas, assinalem os dias, a fim de evitar sobrecarregar os alunos com várias provas simultaneamente.

Durante o ano letivo, participará de reuniões com os professores, todos ou parte deles, sempre que for solicitado pela administração, pelos próprios professores ou quando necessite fazê-lo. O Or.E., entretanto, respeitará sempre a autonomia didática do corpo docente, procurando orientar e apoiar sem interferir indevidamente no trabalho dos professores.

A maior parte das tarefas mencionadas são, normalmente, da alçada do CP, mas na inexistência desse profissional em determinada escola, havendo um Or.E., espera-se dele que supra essa lacuna.

Porém, mesmo quando há um CP, ainda em relação aos professores, o Or.E. tem tarefas específicas que cabem a ele realizar.

Foi introduzido, em várias escolas, um Conselho Escolar que tem por finalidade decidir sobre aspectos administrativos e pedagógicos de cada escola. Esse conselho poderia ajudar a equipe técnica no que se refere ao rendimento escolar dos alunos. Regulamentados pela primeira vez em 1985, existem hoje em praticamente todas as escolas estaduais e municípios do Estado de São Paulo tais conselhos. Na capital desse estado, sua existência tornou-se obrigatória desde 1994. Hoje, todos os estados e boa parte dos municípios contam com tais conselhos em suas escolas. Por vários motivos, entretanto, eles não suprem a falta do CP e do Or.E.

Formados por docentes, que não estão preparados para exercer as atribuições desses técnicos de educação, muitas vezes também não funcionam por falta de incentivo para os professores, que são eleitos para integrá-los. Na prática, tal expediente enfrenta muitos problemas também devido à rotatividade de professores na maior parte das escolas públicas, principalmente naquelas que mais necessitam de ajuda.

Constitui também incumbência do Or.E., em relação aos professores, a de mantê-los informados sobre alunos que estejam com problemas em casa, sobre faltas justificadas por motivos de saúde ou outros problemas, solicitando, inclusive, a marcação especial de provas para eles. Cabe, também, ao Or.E., a tarefa de informar sobre impossibilidade de algum aluno de realizar provas, por motivos de ordem religiosa, em data estabelecida pelo professor.

Um assunto bastante importante que deveria ser tratado com os professores, tanto pelo CP como pelo Or.E., de preferência por ocasião do planejamento, diz respeito às famosas "pesquisas" a serem feitas na casa dos alunos. Se bem planejadas e realizadas, se referentes ao assunto estudado, constituem excelente instrumento de aprendizagem, seja pela possibilidade de trazerem novos conhecimentos, seja para reforço da aprendizagem. Infelizmente, entretanto, as finalidades dessas pesquisas têm sido desvirtuadas e, além de não terem contribuição para a aprendizagem, muitas vezes são causas de problemas.

Muitos alunos pedem aos professores que passem pesquisas para eles realizarem a fim de melhorar suas notas ou de conseguir aprovação. Muitas vezes, tais pesquisas têm como tema qualquer assunto, inclusive assunto não tratado em sala de aula. Outras vezes, o pedido pelo professor está fora da capacidade ou dos meios materiais dos alunos. Geralmente, também, não costuma haver preparação ou instruções para a boa consecução da tarefa exigida, ou, ainda, os professores aceitam pesquisas que não foram realizadas pelos seus alunos, inclusive cópias da internet.

Embora o Or.E. interaja com os professores, seja por iniciativa própria, seja por solicitação deles, o principal foco de atenção do Or.E. concentra-se nos alunos, em suas famílias e nos problemas a eles relacionados. O Or.E. atuará em funções que caberiam ao CP apenas quando não houver esse profissional na escola e quando solicitado pela direção, ou na medida em que assuntos da competência do CP estariam interferindo em seu trabalho, caso não fossem tratados.

3. O Orientador Educacional orienta alunos e seus familiares para melhorar o rendimento escolar

São vários os temas que o Or.E. precisa tratar com os alunos e, quando estes são mais jovens, também com seus pais, para assegurar o melhor rendimento escolar.

Para aprender, o aluno precisa primeiramente saber estudar. A Psicologia da Aprendizagem pode auxiliar o Or.E. a passar para os alunos métodos e técnicas que facilitam a aprendizagem deles, como, por exemplo, revisar a matéria dada após as aulas e não estudar apenas para as provas.

O bom rendimento escolar depende de organização, disciplina, responsabilidade e distribuição adequada das tarefas em função do tempo disponível, do volume, da complexidade das tarefas e das dificuldades específicas do aluno. São essenciais, para tanto, a colocação dos horários de aulas e de outras atividades escolares ou não, embora regulares, em local bem visível para consulta rápida e fácil, além, também, do uso adequado de uma agenda bem organizada.

A agenda é de importância tão grande para a eficácia do trabalho escolar que todas as escolas deveriam incumbir-se, como grande parte das escolas particulares o fazem, de elaborar as próprias agendas e exigir o uso constante delas para a organização do trabalho do aluno.

Como, em muitos casos, o custo de agendas, mesmo produzidas em grandes quantidades pela escola, costuma estar acima das possibilidades econômicas do alunado, o Or.E. pode, em conjunto com professores de disciplinas ligadas às artes ou de outras afins, planejar a confecção dessas agendas pelos próprios alunos.

Outra ideia seria conseguir a colaboração de empresas ou de instituições que as patrocinariam, total ou parcialmente.

Das agendas constariam, entre outras informações, as seguintes, já preenchidas ou a serem preenchidas pelo aluno:

- Dados sobre a escola (endereço, telefone etc.) e sobre o aluno.
- Calendário do ano em curso e do próximo.
- Horário das aulas.
- Horário das atividades extraclasse.
- Nome dos diretores, do Or.E., dos CPs, dos professores e dos demais funcionários.
- Calendário escolar com as datas do início das aulas; períodos de planejamento; feriados e dias sem aulas; início e término das férias; reuniões de pais; períodos de provas; períodos de recuperação; conselho de classe; matrícula e pré-matrículas, enfim todas as atividades importantes da escola.
- Folhas contendo os dias de cada mês, com espaço suficiente para o aluno anotar exercícios, trabalhos a serem entregues, pesquisas e outras atividades programadas.
- Folha de registro de provas e/ou outras avaliações.
- Espaço apropriado para recados e solicitações da escola, por parte do diretor, professores, SOE, Serviço de Orientação Pedagógica, biblioteca etc. É importante lembrar, entretanto, que a agenda será usada durante todo o ano letivo, devendo a escola evitar colocar nela observações comprometedoras sobre o aluno, pois elas poderão ser lidas por colegas ou outras pessoas.
- Espaço para comunicações dos pais ou responsáveis para a escola, bem como justificativas para atrasos, ausências, saídas antecipadas, falta de material ou de uniforme, se for o caso.
- Local para registro de notas bimestrais e faltas, bem como para gráficos de aproveitamento escolar do aluno e da classe.

Ele deve orientar os pais sobre hábitos de estudos em casa, como, por exemplo, ter um local calmo e livre de distrações, para a realização das tarefas escolares e do estudo. É contraproducente estudar com televisão ligada, com música barulhenta, com irmãozinhos chorando e gritando e com conversas de outras pessoas. Estudar sempre em um mesmo local também ajuda muito. Há crianças que cada hora, ou dia, estudam em um local diferente.

O local onde o aluno irá estudar deve estar livre de distrações, como cartazes, fotos, quadros, brinquedos e excesso de material escolar desnecessário, como canetas enfeitadas, cadernos com capas vistosas, borrachas de vários tipos, estojos e lápis de cores, *crayons* e outros objetos para pintura que não estejam sendo necessários à lição em questão.

Um assunto que gera dúvidas e discussões é a necessidade de os pais ajudarem nas tarefas de casa. O normal é que o aluno seja autossuficiente e que as tarefas propostas sejam completamente exequíveis sem a ajuda de familiares.

Há crianças que não se esforçam para realizar as próprias tarefas, preferindo fazê-las perto de adultos para ficar perguntando a eles, em lugar de tentarem resolver sozinhas ou procurar o que não sabem nos livros ou no dicionário. Por mais que os adultos se sintam tentados a ajudar, devem evitar fazê-lo.

Os professores não devem exigir dos alunos a realização de tarefas que necessitam da ajuda dos pais e evitar que elas sejam realizadas por esses pais. Se a finalidade do pedido da participação dos pais nessas tarefas tivesse intenção apenas de integração de pais e filhos, tais tarefas devem ser sugeridas e não exigidas e não devem valer nota para o aluno. Há, entretanto, professores que não se preocupam com esse problema e que aceitam, e até atribuem notas, a tarefas de casa quando realizadas total ou quase totalmente pelos pais. Há pais que gostam de realizar essas tarefas, enquanto outros não podem, não gostam ou não concordam com tal prática. Esse assunto precisa ser discutido, logo no início do ano letivo, com os professores, os pais e os alunos, para que se evitem incidentes desagradáveis.

Principalmente em escolas particulares, em que o nível de exigência nas notas escolares costuma ser maior, há pais que têm por hábito contratar professores particulares para acompanharem seus filhos. Exceto em algumas poucas circunstâncias, esta não constitui uma prática saudável.

Além de sinalizar ao aluno que é impossível se sair bem na escola graças ao seu próprio esforço, vicia-o na dependência de terceiros para a realização de algo que é da responsabilidade dele, e faz com que ele tenha alguém em quem jogar a culpa quando não se sai bem nas provas.

Ademais, embora isso possa não constituir problema para muitos pais desses alunos, a prática da contratação de professores particulares pode ser onerosa. Há casos de alunos para os quais os pais contratam vários professores particulares, para diferentes matérias, alguns somente por ocasião das provas, outros para todo o ano.

Outro problema que costuma afetar o rendimento escolar do aluno é o desrespeito, por parte de seus responsáveis, pela distribuição e pela organização do tempo do aluno, e o desequilíbrio em relação às atividades desenvolvidas por ele nesse tempo.

O aluno precisa ter seu tempo organizado, isto é, distribuído de forma balanceada entre cuidados pessoais, descanso, estudo, obrigações familiares e/ou trabalho e lazer. Qualquer excesso em uma dessas áreas acarretará problemas de rendimento escolar. É sobejamente sabido que aluno mal alimentado não tem condições ideais para a aprendizagem. O mesmo pode ser afirmado em relação à higiene pessoal e ao descanso. Alunos que frequentam as aulas no período matutino devem se deitar cedo, para não perderem a hora das aulas e para não ficarem sonolentos durante elas. Mesmo os que frequentam as aulas em horário vespertino não devem ficar acordados até tarde, pois precisam estar bem para estudar de manhã. A não ser em casos excepcionais, não se recomenda realização de tarefas escolares à noite.

Ao contrário do que muitos acreditam, o excesso de estudo também pode ser contraproducente. É melhor um estudo não muito extenso, mas bem aproveitado, que um excesso de estudo de má qualidade quando, por exemplo, o aluno estuda com rádio e até TV ligados. Também não é recomendável o aluno passar noites em claro em vésperas de provas. Teria sido muito mais producente ele ter estudado um pouco por dia, de preferência logo após as respectivas aulas da matéria.

Para colocar ordem em uma rotina desorganizada, os pais podem adotar um horário-base de atividades e seus horários. Ele deve, entretanto, servir de guia e comportar certa flexibilidade.

No final deste capítulo, foi colocada uma sugestão para a elaboração de tal horário. Quando o Or.E. perceber que uma das causas do fracasso escolar do aluno esteja relacionada a questões de horários, ele poderá oferecer esse modelo para os pais.

Outro assunto que costuma acarretar problemas de aproveitamento do aluno e que é de fácil solução é o da organização do material escolar. É comum o aluno esquecer em casa parte do material de que necessitará durante as aulas do dia. O aluno deverá ter, de forma visível, um horário de aulas e uma lista do que deverá levar para a escola, como o material comum de todos os dias, e o material específico para cada aula.

À medida que o aluno for ficando mais velho e supõe-se, mais responsável, essas precauções vão também se tornando mais desnecessárias, bem como a supervisão dos familiares.

O lazer é uma necessidade de todo ser humano. Há, entretanto, certas ponderações a serem feitas aos pais.

Há pais que sobrecarregam os filhos com muitas atividades, seja com trabalho, seja com outras atividades, como aulas de judô, de tênis, de natação, de ginástica, de música e outras tantas, todas ao mesmo tempo, não sobrando tempo para o lazer independente e do gosto da criança. Não há nada de errado em se oferecer oportunidades variadas de aprendizado e de exercícios para as crianças, desde que elas as realizem com prazer e por escolha própria, e não por imposição dos pais, e desde que tais atividades não sejam realizadas em quantidade e diversidade excessivas, de tal forma que prejudiquem a saúde da criança e o seu rendimento escolar. Em outras palavras, a criança precisa de lazer de sua própria escolha com tempo determinado e sob a supervisão dos pais. Nesse sentido, o excesso de TV, de videogames, de internet, bem como programas inadequados à respectiva faixa etária não constituem lazer saudável, mesmo que sejam do gosto das crianças e dos jovens. Há pais que deixam os filhos pequenos assistirem, inclusive junto com eles, novelas para adultos e filmes violentos. Essa não constitui uma forma de lazer adequada, além de ser altamente prejudicial à criança.

Outra questão referente ao aproveitamento escolar que tem sido causa de dúvidas é a que se refere ao trabalho do aluno. Em si, o fato de o aluno trabalhar não constitui empecilho para o rendimento escolar. Pelo contrário, o trabalho pode até ser benéfico para o aluno, dependendo de uma série de variáveis, tais como a idade do aluno, o tipo de trabalho, a quantidade dele e os horários. A experiência das autoras é de que alunos do ensino médio que trabalham em tempo parcial costumam ter melhores resultados na escola e na vida do que aqueles que se dizem apenas "estudantes". Tendo menos tempo disponível para estudar, aproveitam melhor esse tempo. Eles também amadurecem mais cedo e adquirem novas experiências, qualquer que seja o tipo de trabalho realizado. Isso, claro, desde que o horário ou a intensidade do trabalho não inviabilize o estudo em casa.

O Or.E. colabora, ainda, para melhor aproveitamento dos alunos, procurando orientá-los no que diz respeito às provas. Uma série de fatores pode contribuir para que o aluno se saia mal nas avaliações, mesmo quando estuda bastante e eficientemente. Problemas de atuação inadequada com relação às provas, como falta de atenção e compreensão para com o que foi solicitado, letra ilegível, desorganização, falta de limpeza, falhas de redação e erros gramaticais podem afetar negativamente a avaliação, da mesma forma que ansiedade, medo, insegurança e impulsividade também podem prejudicar o desempenho do aluno.

4. O Orientador Educacional dá atenção especial a problemas que ocorrem com mais frequência em determinadas séries escolares

As observações anteriores dizem respeito à totalidade dos alunos da escola. Cada série, entretanto, costuma apresentar problemas específicos que merecem a atenção do Or.E. Em sua programação anual, ele deve deixar espaço especial para elas. São apresentados, a seguir, os principais problemas encontrados com frequência em cada série, para que o Or.E., ao elaborar seu plano, os leve em consideração.

Lista de problemas específicos comuns nas séries indicadas:

Nas primeiras séries do ensino fundamental (ou na educação infantil, se for o caso):

- Adaptação à situação escolar.
- Horários e disciplina.
- Concentração.
- Relacionamento com professor e colegas.
- Prontidão.
- Hábitos e cuidados com o material.

- Falta, repetência e evasão.
- Problemas de visão e de audição.
- Hábitos de estudo.
- Problemas familiares.
- Problemas emocionais.

Nas segundas, terceiras e quartas séries:
- Disciplinas novas.
- Mais de um professor.
- Repetência e evasão.
- Hábitos de estudo.
- Violência.
- *Bullying*.
- Drogas.

Nas quintas séries:
- Hábitos de estudo.
- Muitos professores, muitas disciplinas.
- Diferentes exigências e diferentes personalidades do professor.
- Tratamento mais impessoal do aluno.
- Tratamento de "adulto".
- Mudança de período ou de escola.
- Namoricos.
- Violência.
- *Bullying*.
- Drogas.

Nas sextas e sétimas séries:
- Número grande de disciplinas.
- Diferentes professores, diferentes exigências.
- Transformações da puberdade.
- Violência.
- *Bullying*.
- Drogas.

Nas oitavas séries:
- Decisões vocacionais: cursos, trabalho atual e/ou futuro.
- Eventual mudança de turno ou de escola.
- Violência.
- *Bullying*.
- Drogas.
- Namoro.

No Ensino Médio:

Primeiras séries:

- Nova escola, período, prédio ou colegas.
- Disciplinas novas.
- Eventual trabalho ou maiores responsabilidades fora da escola.
- Namoro.
- Violência.
- *Bullying*.
- Drogas.

Segundas séries:

- Namoro.
- Violência.
- *Bullying*.
- Drogas.
- Decisões sobre prosseguimento nos estudos.

Terceiras séries:

- Decisões profissionais e/ou escolares.
- Término do curso, saída da escola.
- Cursinho e vestibular.
- Namoro.
- Violência.
- *Bullying*.
- Drogas.

5. O Orientador Educacional acompanha o rendimento escolar dos alunos

O acompanhamento do rendimento escolar do aluno é muito importante e, como o próprio nome o sugere, é uma atividade que deve ser realizada durante todo o ano letivo e de forma sistemática. Para tanto, é importante que se façam diagnósticos bimestrais da situação das notas e das faltas por aluno, classe, série, disciplina e até da escola como um todo.

Para visualizar melhor as tendências, em cada caso, é útil o emprego de quadros e de gráficos.

Como já foi indicado no capítulo sobre organização do SOE, a informatização dos serviços de registros escolares irá facilitar significativamente todos os levantamentos e análises necessários.

Estagiários, professores e os próprios alunos, orientados pelo CP e/ou pelo SOE, a partir de notas ou conceitos obtidos e das faltas registradas, poderão elaborar gráficos para análise da atuação e da evolução de cada aluno nas diferentes disciplinas e no conjunto delas, bem como sua posição comparada à dos demais alunos da classe e desta em relação a outras classes da mesma série e da escola como um todo.

Seguem-se alguns exemplos de gráficos com informações sobre sua aplicabilidade e seu significado.

O exemplo de gráfico apresentado a seguir permite analisar a evolução de cada aluno no decorrer do ano letivo e, ao mesmo tempo, comparar a atuação dele com a média da classe em determinada disciplina. O professor coordenador poderá colaborar fornecendo para os alunos as médias da classe e ensinando-os a colocar, nos gráficos, as próprias notas ou conceitos. Em classes pouco numerosas, os próprios alunos poderão calcular essas médias, desde que sejam fornecidas as notas de cada um. Se não for possível tirar as médias da classe a tempo, os estudantes farão apenas a parte do gráfico relativa à atuação deles.

Na primeira coluna da esquerda, são colocados os conceitos ou as notas, conforme a norma da escola, e, nas outras colunas, cada um dos bimestres, se o regime de notas da escola for bimestral.

Nome do aluno:				
Nome da disciplina:				Série:
Conceitos ou Notas	Bimestres			
	1º	2º	3º	4º
9-10 A				
7-8 B				
5-6 C				
3-4 D				
1-2 E				

Figura 1 – Gráfico de aproveitamento de um aluno e comparação com o aproveitamento médio da classe dele

A linha contínua representa os resultados do aluno ao qual o gráfico diz respeito e a linha pontilhada, a média dos resultados da classe à qual ele pertence. Neste exemplo, observa-se que, na disciplina em questão, a classe teve um aproveitamento entre médio e bom, enquanto o aluno do exemplo ficou, de modo geral, acima da média, tendo somente um desempenho menor no terceiro bimestre.

Se for possível fornecer os papéis preparados (ou até já com as médias da classe) aos alunos, ficará mais fácil para eles colocarem a nota ou conceito que tiraram nos gráficos. Neste caso, seria oferecida aos estudantes, ao final do 1º bimestre, uma folha já quadriculada, contendo um modelo de gráfico para cada disciplina e um para a média das disciplinas, conforme exemplos seguintes.

MODELO DE FOLHAS A SEREM OFERECIDAS AOS ALUNOS PARA QUE ELES PRÓPRIOS PREENCHAM

Nome do aluno _____ Série _____

Matemática				
*/**	1º	2º	3º	4º
A				
B				
C				
D				
E				

Geografia				
*/**	1º	2º	3º	4º
A				
B				
C				
D				
E				

História				
*/**	1º	2º	3º	4º
A				
B				
C				
D				
E				

Média geral das disciplinas				
*/**	1º	2º	3º	4º
A				
B				
C				
D				
E				

* Bimestrais   ** Conceitos

6. O Orientador Educacional acompanha o rendimento escolar das classes

Uma forma de ter visão geral do desempenho da totalidade dos alunos de uma classe, em todas as disciplinas, de determinado bimestre, é passando os resultados da avaliação de cada aluno, nas diferentes disciplinas, para uma ficha como no modelo seguinte.

MODELO DE FICHA COM RESULTADOS DAS AVALIAÇÕES

Série _____ Data ___/___/_____
Bimestre _____

Alunos	Disciplinas				
	Português	Matemática	História	Geografia	etc.
Aldo					
André					
Antônio					
Caio					
Carlos					
etc.					

= A   = B   = C   = D   = E

O desempenho de cada um e o da classe como um todo, em cada disciplina, ficarão mais evidenciados se, em vez ou além de se escreverem as notas ou conceitos, for feita uma correspondência com cores, pintando ou colorindo cada espaço com a cor que corresponda a cada nota ou conceito.

Por exemplo: azul para representar o conceito "A"; verde, o "B"; amarelo, o "C"; laranja, o "D" e vermelho, o "E". Se for mais prático, em lugar das cores podem ser empregados códigos.

Este gráfico será elaborado a cada bimestre e, se for possível, pelo computador. Sua análise deve ser feita com os alunos, explorando-se todos os aspectos facilmente visíveis pelas cores predominantes. Pode-se perguntar: em quantas disciplinas esta turma foi mais "azul", "verde" etc.?

Como se mostra o perfil de cada aluno em relação ao dos demais? Quais as tendências do conjunto e de cada aluno em relação às diferentes matérias? Pode-se também juntar os gráficos da mesma classe para comparar os resultados nos diferentes bimestres e, também, efetuar comparações entre as diversas classes de uma mesma série. Esses gráficos podem ser usados nas reuniões de pais e de professores, explorando-se as comparações já referidas sob diversos aspectos.

A ajuda dos estagiários é muito valiosa, seja para a elaboração, seja para a análise desses gráficos. Embora, às vezes, possa parecer trabalhosa a realização deles, sua grande utilidade justifica o esforço.

Passados os conceitos nos gráficos, estes seriam analisados e recolhidos. Ao final do próximo bimestre e dos seguintes, seria repetida a operação. Os gráficos anteriores são muito úteis para se ter uma visão do aproveitamento escolar de uma classe e de cada um de seus alunos, nas diferentes disciplinas, em um dado bimestre. A seguir, apresentamos outro modelo que engloba as informações contidas nos dois anteriores, pois contém os mesmos dados de ambos, só que para os quatro bimestres conjuntamente. O mesmo modelo poderá ser empregado para o registro das faltas.

MODELO DE QUADRO DE APROVEITAMENTO ESCOLAR DE UMA CLASSE, NAS DIFERENTES DISCIPLINAS E BIMESTRES

Série _____ Ano letivo ___/___/_____

Alunos	Aproveitamento											
	Disciplinas											
	Português				Matemática				História			
	Bimestre				Bimestre				Bimestre			
	1º	2º	3º	4º	1º	2º	3º	4º	1º	2º	3º	4º
Aldo												
André												
Antônio												
etc.												

Além da possibilidade de existirem alguns ou vários dos problemas anteriormente indicados, para o aproveitamento escolar insatisfatório, é muito comum, também, que estes se devam a dificuldades no relacionamento professor-alunos, em todas ou em uma ou mais classes nas quais um professor leciona, acabando por influir na atuação de ambos. Estas ocorrências podem evidenciar-se a partir do exame do gráfico anterior. A intervenção do Or.E., no sentido de minorar atritos, deve ocorrer o mais cedo possível, conversando com ambas as partes e procurando uma solução.

Se apenas um ou poucos alunos apresentarem desempenho fraco ou excesso de faltas, deve-se dar maior atenção a eles. Cabe, primeiramente, investigar se tal(is) fato(s) ocorre(m) apenas em relação a uma disciplina ou se em relação ao conjunto delas. Para cada um desses casos, a orientação ao aluno será diferente.

A falta de base ou de pré-requisitos por parte de um ou mais alunos, em uma ou mais disciplinas, deve ser sanada o mais cedo possível, de acordo com os recursos da escola e dos pais, para que o problema não se agrave. A falta de base de uma classe inteira deve ser analisada e resolvida com o professor, na sala de aula.

7. O Orientador Educacional se preocupa com possíveis causas de mau rendimento escolar dos alunos

Comparados com décadas e até com anos atrás, a situação da escolarização no Brasil, como também no mundo, melhorou muito. Passou-se do analfabetismo quase que generalizado e da frequência à escola como exceção, para a matrícula praticamente total das crianças em idade escolar. O novo desafio que se impõe agora não é mais o quantitativo, mas o qualitativo. Enquanto o ensino não era obrigatoriamente universal, a evasão escolar não constituía problema.

Se o aluno não acompanhava o ensino ou se apresentasse problemas de comportamento, ele era simplesmente expulso da escola. A didática do professor não era tão importante, e a aprendizagem era assegurada com a exclusão dos que não se enquadravam nos padrões esperados.

A necessidade atual de manter o aluno na escola acarretou a preocupação com a metodologia e a didática e com as condições ideais para que ocorra a aprendizagem de todos os alunos. Tanto a evasão como o fracasso escolar, ambos intimamente ligados, deixaram de constituir problemas apenas dos alunos e de seus familiares para virem a se constituir objeto de estudos e pesquisas de especialistas da educação. Tornou-se extremamente importante localizar o fracasso escolar e aprender como lidar com ele. Para localizá-lo, em situação escolar, pode-se utilizar gráficos, como os propostos neste capítulo.

Os gráficos apresentados são muito úteis para indicar a existência de problemas de aproveitamento, tornando-os visíveis à simples olhada deles. Entretanto, embora em alguns casos eles também indiquem as causas, como quando o problema se encontra não no aluno mas nas circunstâncias da escola, na grande parte deles, quando a causa do mau aproveitamento do aluno encontra-se nele, o Or.E. precisa pesquisar o que o está ocorrendo com o aluno ou que circunstâncias o estão afetando.

Os problemas que têm origem nas circunstâncias da escola costumam afetar quase todos ou a maior parte dos alunos de uma escola ou de uma classe. Em uma escola descuidada, com direção fraca, excesso de faltas do pessoal, falha em planejamento, com sérios problemas de violência e de indisciplina, o problema do mau rendimento acomete, praticamente, todos os alunos.

Os recentes exames que incluem números grandes de escolas têm caracterizado as melhores escolas e um estudo delas esclarece muito do que ocorre nas piores delas.

Outra causa de mau rendimento escolar reside no material humano que frequenta a escola e o nível de exigência dela, sem que sejam dadas condições para que os alunos possam alcançar o exigido ou sequer acompanhar as aulas. Não se pode comparar uma escola que atende alunos de classe social e/ou de bairros ou cidades privilegiadas social e economicamente, e, portanto, também culturalmente, com alunos de outras origens. Antes de exigir, a escola precisa analisar a situação e oferecer aos alunos condições para o acompanhamento do ensino ministrado.

A causa mais frequente de maus resultados de algumas classes e/ou disciplinas encontra-se em determinados professores. Ou eles ensinam mal e/ou têm mão pesada nas avaliações. Não é normal e nem se deve esperar que classes inteiras estejam mais no vermelho. Muitas pessoas desavisadas consideram, quando tal ocorre, aquele um excelente professor, rigoroso. Este não é, certamente, o caso.

Além de ter a mão pesada na hora da avaliação, tais professores costumam não ter boa didática, apresentando, inclusive, também problemas de relacionamento com os alunos.

Embora quando haja um CP na escola, problemas desse tipo, causados por docentes, sejam da alçada desses profissionais, a existência deles preocupa a OE, pois afeta sobremaneira os alunos. Quando não há aquele profissional, caberá ao Or.E. achar uma solução para o caso.

Mais diretamente ligados às atribuições específicas do Or.E. são os casos em que problemas de rendimento escolar ocorrem apenas com relação a alguns poucos alunos em cada classe. Eles têm suas causas em circunstâncias do aluno ou de seus familiares que afetam o aluno. Em outros capítulos deste livro, são tratados vários problemas, familiares ou do meio, que impedem ou dificultam o aproveitamento escolar do aluno.

Dentre os problemas que podem ser encontrados no aluno estaria o excesso de faltas ou atrasos. Eles podem ser devidos a circunstâncias externas, como, por exemplo, trabalho ou pais desorganizados ou por motivos de saúde, mas podem ocorrer também por causa do próprio aluno, que estaria cabulando aulas ou se atrasando na rua ou no próprio recinto da escola. Cabe ao Or.E. verificar as causas do excesso de faltas ou de atrasos.

Uma causa comum do fraco rendimento escolar de um ou poucos alunos em uma disciplina ou classe poderia ser encontrada na falta de base para acompanhamento das aulas. No caso de dificuldade na alfabetização, que cada vez vem ocorrendo mais cedo na vida da criança, a causa pode ser a não adaptação à escola ou a falta de prontidão, isto é, maturidade da criança para as tarefas.

Muitos pais forçam a escola a aceitar seus filhos quando não possuem a idade oficial para a entrada em classes da alfabetização ou quando não possuem prontidão para tal. Muitos deles não sabem que prontidão é diferente de inteligência, o que faz com que eles não aceitem a possibilidade de que seus filhos não possam estar prontos, se os consideram suficientemente inteligentes. Problemas de prontidão, sendo de maturidade, são resolvidos facilmente com o decorrer do tempo. Apressar exigências para as quais a criança não apresenta maturidade, além de indispô-la para a escola, pode causar problemas futuros de aprendizagem.

Os problemas de um aluno, quanto ao rendimento escolar, podem ocorrer em relação a várias disciplinas ou a apenas uma delas. Esse aluno pode ter vindo transferido de uma escola mais fraca. Mesmo se for da mesma escola, ele pode ter sido aprovado na série anterior sem ter alcançado um nível de conhecimentos e/ou habilidades para acompanhar os novos ensinamentos.

A falta de base constitui um obstáculo importante para o prosseguimento nos estudos. Isso ocorre com relação a todas as disciplinas escolares, mas afeta algumas de forma mais decisiva. É o caso de línguas estrangeiras e de matemática, por exemplo. Se problemas causados por falta de base não forem resolvidos logo, eles vão se acumulando, o que torna cada vez mais difícil sua solução. Nas escolas particulares, recomenda-se, excepcionalmente, em tais casos, o recurso a professor particular. Nas públicas, recomenda-se a frequência de alunos com esses problemas a classes de reforço.

Traumas, aversões, falta de gosto ou de interesse de alunos em relação a disciplinas específicas devem ser trabalhados para que este fator que pode ser revertido não afete a vida escolar subsequente do aluno. Há vários princípios e técnicas psicológicas que podem auxiliar nessa área. O excesso de faltas e/ou de notas baixas pode indicar a existência de problemas pessoais ou familiares. Alunos regulares e até bons alunos, sob pressões desse tipo, costumam apresentar aumento nas faltas e/ou queda no rendimento escolar. O Or.E. deve estar atento para esses indicadores de que algo não vai bem na vida particular do aluno e procurar ajudá-lo o mais cedo possível.

Para facilitar a identificação das possíveis causas de problemas de aproveitamento escolar, apresentamos, neste capítulo, duas listas, uma com as causas mais frequentes e outra para investigar as razões das dificuldades que os alunos enfrentam em relação a apenas uma ou poucas disciplinas.

8. O Orientador Educacional opina sobre os alunos levados ao Conselho de Classe

O Or.E. que, ao final do ano letivo conhece bem os alunos, deve ter participação importante no Conselho de Classe. O conhecimento não só da vida escolar dos alunos, bem como o que vem ocorrendo na vida particular deles poderá ser útil nas decisões desse Conselho.

Não se trata de promover alunos considerados "coitados" pelos revezes que sofreram ou que vêm sofrendo naquele ano letivo, mas entender e ponderar a situação deles. Embora muitos pais, alunos e até Or.Es. e professores considerem a não aprovação – ou retenção – de um aluno em determinada série como um castigo, muitas vezes ela constitui o melhor a ser feito pelo aluno.

Não é indicado promover um aluno que não tenha aprendido o suficiente apenas por ele ser bem comportado, pois o problema irá se arrastar e se agravar na série seguinte. Nesses casos, é fundamental analisar cuidadosamente cada situação para verificar o que irá ser melhor para o aluno, não do ponto de vista emocional, mas do racional. Caso se chegue à conclusão de que será melhor para ele levá-lo à recuperação, ou mesmo retê-lo na mesma série, deve-se explicar ao aluno e também aos responsáveis que não se trata de punição, mas de ajuda.

Em cursos noturnos de escolas públicas, nos quais a maioria dos alunos trabalha em tempo integral, tendo pouca possibilidade de estudar em casa, e nos quais as aulas são mais curtas e mais fracas, é comum encontrar professores que promovem alunos que sequer chegam ao mínimo exigido por eles, quando tais alunos são comportados. Se bem que o bom comportamento seja condição necessária para o aproveitamento escolar, ele não é suficiente. Promover alunos nessas condições nem constitui um prêmio para eles e nem resulta em benefício, muito pelo contrário. Se estiverem cursando o ensino fundamental, as deficiências irão se agravando cada vez mais. Caso estejam cursando o ensino médio, ao final dele, não terão a menor possibilidade de cursar o ensino superior, pois não têm condições de serem aprovados em escolas superiores públicas, não podem pagar por um cursinho e também não conseguem pagar faculdades particulares.

Normalmente, os professores das últimas séries do ensino fundamental e de todas do médio lecionam para várias classes e, mesmo ao final do ano, não conseguem identificar todos os seus alunos pelo nome. A discussão sobre algum aluno do qual o professor não se recorda, ou o qual ele confunde com outro, pode causar embaraço para o próprio professor e, o que é pior, injustiças para com o aluno em questão. Uma ficha com as fotos, nomes, números, por série, dos alunos que serão submetidos ao conselho pode ser de grande valia.

Essa ficha é de fácil elaboração, visto que os alunos entregam fotos 3x4 no ato da matrícula. Recomenda-se a confecção de tantas cópias quanto necessárias para mais rápida consulta por parte dos professores da classe do aluno, já que todos eles são chamados a opinar.

MODELO DE FICHA A SER ELABORADA PELO Or.E. PARA SER DISTRIBUÍDA AOS PROFESSORES NAS REUNIÕES DE CONSELHOS DE CLASSES

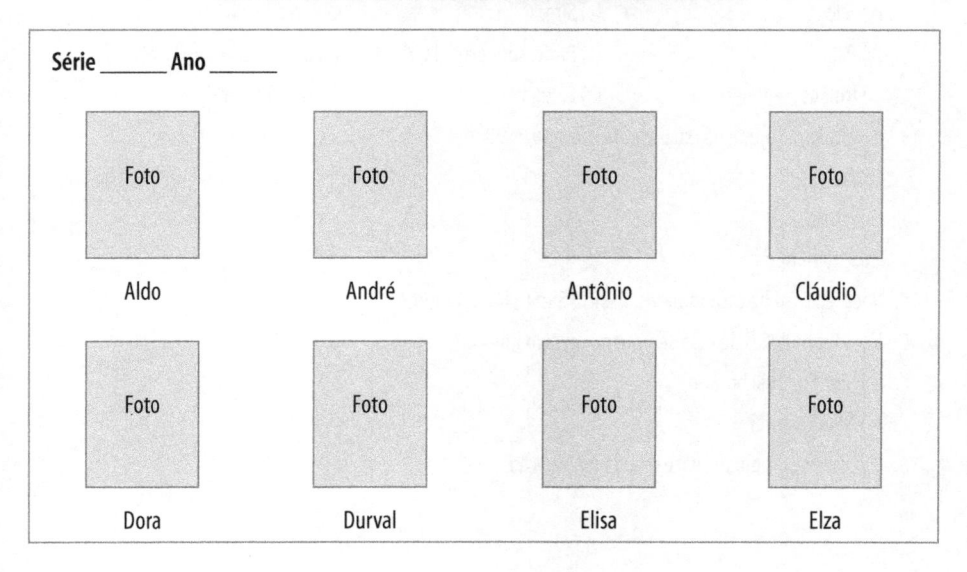

Série _____ Ano _____

Foto	Foto	Foto	Foto
Aldo	André	Antônio	Cláudio
Foto	Foto	Foto	Foto
Dora	Durval	Elisa	Elza

São apresentados, a seguir, modelos de instrumentos para coleta de dados relevantes para a área de Orientação Escolar.

QUESTIONÁRIO OU ROTEIRO DE ENTREVISTA PARA ORIENTAÇÃO ESCOLAR
(A ser preenchido pelo aluno ou pelo Or.E., em entrevista)

Data ____/____/_____

1. Nome do aluno   Sexo
2. Série   Período
3. Que outras escolas já frequentou?
   Escolas   Local   Datas
   _____   _____   ___/___/_____
4. Se frequentou outras escolas, por que saiu de cada uma delas?
5. Por que escolheu esta escola para estudar?
6. Já repetiu alguma série?   ( ) Não   ( ) Sim. Quais?   Por quê?
7. Há quanto tempo você frequenta esta escola?
8. Você gosta desta escola?   ( ) Sim   ( ) Não. Por quê?
9. Você gosta de estudar?   ( ) Sim   ( ) Não. Por quê?
10. Do que você mais gosta na escola?
11. Normalmente, onde você faz suas lições de casa? Descreva o local de estudo (escrivaninha só sua; mesa para todos; sala; quarto; outros; tranquilidade do lugar, barulhos, distrações etc.).
12. Alguém o ajuda em seus estudos?
    ( ) Não   ( ) Sim.   Quem o ajuda?
    ( ) Pais   ( ) Professor particular   ( ) Bibliotecário
    ( ) Irmãos   ( ) Colega   ( ) Outro. Quem?
13. Se alguém o ajuda nas suas tarefas de casa, explique:
    Como
    Quantas vezes
    Quanto tempo
14. Você faz lição de casa todos os dias? ( ) Sim ( ) Não. Por quê?
15. Você faz as lições de casa sempre no mesmo horário?
    ( ) Sim. Em qual horário?
    ( ) Não. Por quê?
16. Quantas horas por dia você estuda ou faz lição?

17. Como o seu esquema de estudo diário se modifica:

    (a) nas vésperas de provas?

    (b) quando tem trabalho em grupo?

    (c) nos finais de semana?

18. Você anota as tarefas e consulta as anotações ou a agenda antes de iniciar os estudos ou procura lembrar-se de cor? Explique.

19. Você consulta sempre o horário das aulas?

    ( ) Sim   ( ) Não. Por quê?

20. Você tem sempre o material de que precisa para estudar? (livros, dicionário, cadernos, lápis, canetas, borracha, rascunhos, régua, cola, tesoura, apontador, grampeador, durex etc.)

21. Você tem todos os livros de que precisa para estudar?

    ( ) Sim   ( ) Não. Por quê?

22. Você costuma ter as anotações de aula para estudar e fazer as tarefas? ( ) Sim ( ) Não. Por quê?

23. Na sua casa, as pessoas respeitam seu horário e materiais de estudo (local, material, silêncio, interrupções etc.)?

    ( ) Sim   ( ) Não. Por quê?

24. Você costuma procurar as palavras que não conhece no dicionário ou perguntar para alguém (professor, pais, irmãos, outros)?

    ( ) Não   ( ) Sim. Explique.

25. Você tem livros, além daqueles que o professor pede, em casa ou no local de estudo?

    ( ) Não   ( ) Sim. De que tipo?

26. Frequenta alguma biblioteca?   ( ) Não   ( ) Sim. Qual?

27. Gosta de trabalhar em grupo?   ( ) Sim   ( ) Não. Por quê?

28. Nos trabalhos em grupo, geralmente, qual é a sua participação?

29. Quais são suas maiores dificuldades em relação aos estudos e tarefas de casa?

30. Quando você vai mal em alguma matéria, provavelmente, é porque você: (marque todas as alternativas que valem para o seu caso, onde 1 "x" se mais ou menos e 2 "x" (xx) se muito.

    ( ) não gosta da matéria ou assunto   ( ) acha difícil

    ( ) não gosta do professor   ( ) não tem base

    ( ) faltou tempo para estudar   ( ) não consegue se concentrar

    ( ) não consegue lembrar do que estudou   ( ) fica nervoso nas provas que estudou

31. Você anota as dificuldades ou o que não entendeu para perguntar ao professor?

    ( ) Sempre   ( ) Às vezes, quando se lembra ou tem vontade

    ( ) Nunca   ( ) Depende do professor

32. Você dedica o tempo necessário para estudar cada matéria?

    ( ) Sim   ( ) Não. Por quê?

    ( ) Depende do que tem para fazer

    ( ) Depende da dificuldade que sente

    ( ) Estuda primeiro o mais fácil

    ( ) Estuda primeiro aquilo de que gosta mais

33. Para cada uma das afirmações seguintes, escreva "SIM", "NÃO" e "±" (mais ou menos conforme o caso).

    _____ Nas aulas, sabe anotar apenas o que é importante

    _____ Distrai-se facilmente nas aulas

    _____ Distrai-se facilmente quando estuda em casa

    _____ Alterna períodos de estudo e de descanso

    _____ Dorme e come o suficiente e em horário fixos

    _____ Começa muitas tarefas de uma só vez e fica mudando de uma para outra

34. Matérias nas quais tem maior facilidade para aprender e razões.

    Matérias   Por quê?

    _____   _____

35. Matérias nas quais tem maior dificuldade para aprender e razões

    Matérias   Por quê?

    _____   _____

36. Você trabalha ou tem outras atividades?   ( ) Não   ( ) Sim. Quais?

37. Quanto tempo gasta em cada uma?

38. O que faz nas horas vagas?

FICHA DE REGISTRO DE OBSERVAÇÃO DE ALUNOS
(A ser preenchida pelos professores das diferentes disciplinas)

Série   Período   Data ___ / ___ / _____
Nome do Professor   Disciplina

Aspectos para observação / Número de chamada Alunos	Interesse	Nível Intelectual	Compreensão	Concentração	Retenção	Expressão escrita	Expressão oral	Base de conteúdo	Independência	Organização	Participação	Material	Esforço	Tarefas de casa	Frequência	Pontualidade	Relac. c/ professores	Relac. c/ colegas	Disciplina	Problemas físicos	Problemas emocionais
01 Ana																					
02 André																					
03																					
04																					
05																					
06																					
07																					
08																					
09																					
10																					
...																					
40																					

Legenda: 0 = Não pôde observar   3 = Muito bom
           1 = Insuficiente   4 = Ótimo
           2 = Médio ou regular

FICHA-SÍNTESE PARA ORIENTAÇÃO ESCOLAR
(A ser preenchida pelo Or.E.)

Data ____ / ____ / _____

Nome do aluno   Sexo

Série   Período

O rendimento escolar do aluno situa-se acima, abaixo ou na média nas seguintes disciplinas:

ACIMA DA MÉDIA				NA MÉDIA				ABAIXO DA MÉDIA			
1º Bim	2º Bim.	3º Bim.	4º Bim.	1º Bim	2º Bim.	3º Bim.	4º Bim.	1º Bim	2º Bim.	3º Bim.	4º Bim.

Em relação às suas capacidades, o aproveitamento do aluno é:

( ) compatível   ( ) fraco

De acordo com a ficha de observação preenchida pelos professores, o aluno apresenta, para a maior parte dos professores, as seguintes características:

POSITIVAS   NEGATIVAS

_____   _____

_____   _____

_____   _____

Preencha o quadro da página seguinte no caso de constatar que um ou outro professor tenha registrado uma característica positiva ou negativa que esteja divergindo das observações da maioria do corpo docente da respectiva classe.

Professor   Disciplina

Qualidade positiva diferente   _____

Professor   Disciplina

Qualidade positiva diferente   _____

Professor   Disciplina

Característica negativa diferente _____

Professor   Disciplina

Característica negativa diferente _____

Em relação ao questionário ou entrevista de Orientação Escolar, os principais problemas referentes a hábitos de estudo detectados pelo Or.E. são:
_____

Na entrevista realizada com o aluno, ele afirmou ou esclareceu que:
_____

Na entrevista com o pai ou responsável, este esclareceu que:
_____

O Or.E. propôs:
— Ao aluno que:
— Aos pais que:
— Aos professores que:
— Em relação aos diferentes bimestres, nota-se que:
— Resumo da avaliação do aluno:
_____
_____
_____
_____
_____

CHECK LIST COM POSSÍVEIS RAZÕES PARA AS DIFICULDADES DOS ALUNOS EM RELAÇÃO A APENAS UMA OU POUCAS DISCIPLINAS.

(A ser respondido pelo Or.E., que colocará, após cada questão, as respostas "SIM", "NÃO", "MAIS OU MENOS" ou "?", esta última para o caso de não saber ou não ter podido observar)

1. O aluno aparenta ter limitações físicas ou de outro tipo para a disciplina em questão. Se sim, quais.
2. O aluno parece imaturo ou aparenta não ter prontidão para a disciplina. Se sim ou mais ou menos, as evidências desse problema são...
3. O aluno não tem base ou não tem pré-requisitos.
4. O aluno não entende o que o professor quer.
5. O professor demonstra impaciência, preconceito ou animosidade em relação ao aluno.
6. O aluno é tímido e o professor dá muitos trabalhos em grupo.
7. O aluno não tem o material necessário.
8. Os pais não valorizam a disciplina ou comentam sobre a própria dificuldade em relação a ela, na frente do aluno.
9. A disciplina é ministrada em algum horário especial, como, por exemplo, nas primeiras ou nas últimas aulas; antes ou após o recreio; aos sábados ou às segundas-feiras.
10. Outras observações.

CHECK LIST COM POSSÍVEIS CAUSAS DE PROBLEMAS DE APROVEITAMENTO.

(A ser respondido pelo Or.E., que colocará, após cada questão, as respostas "SIM", "NÃO", "MAIS OU MENOS" ou "?", esta última para o caso de não saber ou não ter podido observar)

1. O aluno teve, tem ou está tendo algum problema físico.
2. O aluno teve, tem ou está tendo algum problema emocional.
3. O aluno teve, tem ou está tendo algum problema de relacionamento.
4. O aluno aparenta ter limitações intelectuais.
5. O aluno parece relativamente imaturo para a idade ou para a série frequentada.
6. O aluno tem ou está tendo problemas na família (nascimento de irmãos, separação dos pais, morte).
7. O aluno demonstra sono ou cansaço nas aulas.
8. O aluno alimenta-se pouco ou inadequadamente.
9. O aluno falta muito ou chega quase sempre atrasado.
10. O trabalho do aluno interfere no estudo.
11. O aluno tem muitas atividades extracurriculares ou fora da escola (judô, natação, música, inglês etc.).
12. O aluno é mais vagaroso que os demais.
13. O aluno tem menor intensidade ou duração de concentração.
14. O aluno é impulsivo e/ou ansioso.
15. O aluno é muito tímido.
16. O ambiente familiar e/ou cultural do aluno não valoriza a escola e a aprendizagem.
17. O aluno tem interesses conflitantes, vida social ou esportiva intensas.
18. O aluno é muito mimado, superprotegido.
19. O aluno não tem disciplina.
20. O aluno não está motivado para a escola ou para a aprendizagem.
21. O aluno não tem ou não segue horário.
22. O aluno tem problemas com os professores.
23. O aluno não faz lições e exercícios em classe.
24. O aluno não faz lições e exercícios em casa.
25. O aluno não é aceito pelos colegas (para trabalho em grupo).
26. O aluno não tem local apropriado para fazer lição ou estudar.
27. O aluno não sabe estudar.
28. Outros

MODELO DE HORÁRIO E TIPOS DE ATIVIDADES DO ALUNO EM CASA
(A ser respondido pelo aluno e responsáveis)

Dias Horas	Segunda	Terça	Quarta	Quinta	Sexta	Sábado	Domingo
7							
8							
9							
etc.							
Obs.							

Observações:
1. Deverão constar desse horário cuidados pessoais, refeições, descanso, estudo, lazer e trabalho.
2. Colocar abaixo, no item observações, atividades esporádicas como; visitas, aniversários etc.

MODELO DE QUESTIONÁRIO SOBRE O ALUNO QUE TRABALHA

1. Você ajuda nas tarefas domésticas? Qual ou quais?
2. Se você ajuda, o faz de vez em quando ou com regularidade?
3. Você ajuda automaticamente, se oferece quando nota que é necessário, ou espera que lhe peçam?
4. Alguém mais trabalha dentro de sua casa? Quem, e o que faz(em)?
5. Dentre as tarefas domésticas, o que você sabe fazer?
6. Você trabalha fora de casa? Se sim, o que faz e por quantas horas.
7. Se você trabalha fora, quais são seus horários de trabalho? Esse horário é fixo ou variável? Explique.
8. Seu horário de trabalho interfere com o horário das aulas? Explique.
9. Descreva as suas atividades de um dia de semana, desde a hora em que você acorda até a hora em que vai dormir.
10. O fato de você trabalhar ajuda, atrapalha ou não faz diferença no seu aproveitamento escolar? Explique sua resposta.
11. Na sua opinião, o estudante deve ou não ajudar nas tarefas do lar?
12. Na sua opinião, o estudante deve ou não trabalhar?

Capítulo 18

A Orientação Educacional e a integração do aluno à escola e à sociedade

Ao entrar para a escola, deve-se considerar que o aluno irá passar nela muitas horas do dia e muitos dias de sua vida. É importante, pois, que ela se constitua em um ambiente interessante e agradável que, além da formação intelectual, favoreça o desenvolvimento sadio do educando. Entretanto, por outro lado, ela pode vir a se tornar, e infelizmente às vezes se torna, pelo menos para alguns alunos, um meio hostil onde problemas preexistentes se agravam e/ou onde sérios conflitos têm início.

Pode-se dizer que, em grande parte, experiências positivas ou negativas vivenciadas na escola irão refletir-se pela vida toda do indivíduo. Gostos, traumas, aversões por determinadas matérias, opções profissionais, amizades e até apelidos em geral tiveram suas origens nos bancos escolares. Portanto, a adaptação do estudante à escola torna-se muito importante e deve ser preocupação de todos, inclusive do Or.E., desde o início da vida escolar, para que a escola represente um ambiente acolhedor e afetivo para o pré-escolar.

1. A escolha da escola

A escolha de uma escola, quando possível, é muito importante. Em localidades onde existe apenas uma escola, portanto, só uma possibilidade de os pais matricularem seus filhos em determinada escola, não há o que escolher. Entretanto, principalmente em cidades grandes, os pais poderiam escolher uma dentre duas ou mais opções. Havendo tal oportunidade, é fundamental que os pais façam a melhor escolha.

É importante salientar, entretanto, que não existe a melhor escola, mas a melhor escola para cada criança.

Diferentes escolas trabalham com diferentes filosofias da educação, da mesma forma que as famílias também possuem, ainda que implicitamente, suas próprias filosofias e suas próprias expectativas em relação ao tipo de educação que esperam que a escola dê a seus filhos.

As escolas não são todas equivalentes. Há as boas e as ruins, em termos de ensino. Mesmo dentre as melhores nesse aspecto, há aquelas que mais se coadunam com a educação recebida no lar, como há, também, aquelas cuja filosofia se chocaria com a da casa do aluno. As escolas devem ser aquelas mais adequadas a cada tipo de aluno, de acordo com as características de personalidade, de nível socioeconômico, de exigências acadêmicas, bem como outras variáveis. Escolas próprias ao aluno são aquelas às quais ele se adaptará mais facilmente e onde será mais feliz.

Quando determinada criança começa a apresentar problemas sérios de adaptação, o Or.E. pode analisar com os pais as possíveis causas desses problemas, chegando até a sugerir a conveniência de mudança de escola. Essa providência costuma funcionar nos casos mais severos de adaptação e, claro, quando há a possibilidade de tal mudança. Mesmo quando for este o caso, a nova escola deverá ser analisada com cuidado, para evitar que a prática de mudança de escola seja repetida toda a vez que o aluno não goste de uma escola ou tenha alguma contrariedade, pois as sucessivas mudanças poderiam se tornar um hábito ruim, isto é, o aluno poderia, toda vez que contrariado, querer mudar de escola.

Todos podem errar na escolha de uma escola, mas o uso de critérios errados para tal escolha é, muitas vezes, a principal causa dos problemas de adaptação. Quais seriam esses critérios errados? Poucos pais atentam para as características filosóficas e pedagógicas das escolas, concentrando seus critérios de escolha naquilo que eles, pais, acham que seria o melhor para seus filhos ou, muitas vezes, para eles próprios. Dentre tais critérios, podem-se citar: a localização da escola; o aparato ou as instalações dela, como tamanho, as quadras desportivas, os auditórios etc.; a clientela que frequenta essa escola; os horários das aulas; a colocação da escola no *ranking* dos exames nacionais ou estaduais; a preparação e o sucesso de seus alunos nos exames vestibulares, mesmo quando se trata de crianças do ensino fundamental; filhos de amigos que estudam naquela escola e outros critérios do tipo. Esquecem de se questionar sobre o principal, isto é, se a escola escolhida com um ou vários desses critérios será aquela em que seu filho aprenderá melhor e, principalmente, será mais feliz.

Há escolas particulares que usam o jargão de pedagogês para atrair pais desavisados que procuram dar o melhor para seus filhos. Tais escolas citam este ou aquele método de ensino, como se o método delas fosse um grande diferencial ou como se o aluno aprenderia apenas com aquele método. O Or.E. não deve compactuar com tal prática e, quando indagado por algum pai, deverá estar em condições de explicar como esses métodos citados funcionam. Pode ser que eles não sejam o melhor para determinada criança.

Feita a escolha de uma ou mais escolas, os pais procuram a direção delas para conhecer os detalhes. Normalmente, havendo Or.E., os diretores encarregam esse profissional de apresentar a escola aos interessados. Os Or.Es., na maior parte desses casos, costumam oferecer um *tour* pelas instalações, falar das mensalidades, do material didático, dos uniformes, de outros itens do regulamento da escola e, às vezes, do método de ensino, mas dificilmente tratam e perguntam das expectativas da família em relação à escola ou oferecem esclarecimentos sobre a filosofia que a escola adota. Cabe, portanto, aqui um alerta para os Or.Es. na orientação dos pais quanto à escolha, ou não, daquela escola para seus filhos.

2. O Orientador Educacional e a recepção a novos alunos

Durante todo o ano letivo, as escolas costumam receber alunos novos. Há ocasiões, entretanto, em que todos ou a maior parte dos alunos entram juntos na escola, ou em uma mesma classe, no início de um ano letivo. Tal pode ocorrer em diferentes momentos da vida escolar, como nas escolas de educação infantil, na entrada para a primeira série do ensino fundamental (ou na segunda série, conforme o caso), na passagem da primeira para a segunda metade desse grau de ensino ou para o ensino médio. Pode ocorrer, também, quando na mesma escola e série, há reformulação das classes ou no caso em que o aluno muda de turno de aulas.

Cada vez com maior frequência e com idades menores, as crianças começam a frequentar escolas. É comum que, ao entrar pela primeira vez na escola, a criança sinta-se abandonada pela mãe, temendo que ela não volte mais, principalmente se ela se atrasar na hora de vir buscá-la. A existência e a permanência, no lar, de irmãos menores, em especial de recém-nascido, podem agravar a situação, pois a criança passa a conceber a escola como local onde ela é deixada para que a mãe possa dar mais afeto aos que ficam em casa. Nessas circunstâncias, a escola adquire, para a criança, uma conotação desagradável e ameaçadora, apesar do esforço de professores e funcionários para confortá-la, agradá-la e dos brinquedos e atividades lúdicas disponíveis.

Conversas ou expressões que a criança costuma ouvir, em casa, de pais, irmãos ou colegas mais velhos sobre a vida escolar ou sobre determinada escola, contendo juízos de valor – positivos ou negativos –, também serão significativas na determinação de atitudes dela em relação à escola e aos seus ajustamento e integração futuros.

Em geral, hoje, principalmente nos grandes centros, a maior parte dos alunos chega ao ensino fundamental tendo já passado por um certo grau de escolarização, seja em jardins de infância, seja em creches. Por esse motivo, não costumam ser mais comuns, nessa etapa, as cenas de crianças chorando desesperadamente por se desligarem das mães, e também mães nas salas de aula nos primeiros dias.

Isso não quer dizer que não mais haverá ansiedade no início do ano em uma nova escola ou em uma nova etapa de escolarização. Novo ambiente, novas regras, novas expectativas, novos colegas, novos professores, tudo contribui, para uns mais, para outros menos, dependendo de cada aluno, para ansiedade e preocupações.

Como parte da recepção e para minorar possíveis problemas dessa natureza, o SOE pode planejar uma recepção que torne a entrada dos alunos novos menos traumática. Deverão fazer parte dessa recepção explicações sobre as instalações da escola, o funcionamento delas, a apresentação dos professores e demais funcionários, bem como atividades recreativas visando, se for o caso, à familiarização com os novos colegas.

Havendo CP na escola, ele tratará das lições de casa, do material didático, das avaliações; não havendo CP, o Or.E. precisará tratar também desses assuntos.

A preocupação do Or.E. com alunos novos não ocorre apenas na passagem da educação infantil para o ensino fundamental.

O aluno que se transfere de uma escola para outra (e, às vezes, muda até de cidade, estado ou país), qualquer que seja a série em que tal ocorra, poderá sentir-se inseguro e deslocado, pois, ao chegar, já encontrará grupos formados e de difícil acesso, e, caso seja tímido, terá, ainda, mais dificuldades de adaptação e de integração. Cabe ao Or.E., mais uma vez, dar-lhe assistência, planejando atividades que visam recepcionar, envolver e integrar aqueles que ingressam na escola. Um exemplo dessas atividades é a realização de uma gincana com tarefas relacionadas à descoberta de determinados locais e de quem são as pessoas que atuam na escola.

3. A mudança de ciclos

Há escolas que oferecem mais de um ciclo de ensino, recebendo alunos desde o maternal até o final do ensino médio e, às vezes, até o ensino superior. Porém grande parte das escolas oferece apenas um grau de ensino. Após terminar esse ciclo, o aluno é obrigado a mudar de escola para continuar seus estudos.

O aluno que "se forma" no ensino infantil para entrar no ensino fundamental, quer partindo de uma escola pequena e quase familiar para uma de maior porte, quer permanecendo na mesma escola e, nesse caso, em nova ala, vai encontrar novas instalações, novas exigências, tanto no que se refere a comportamentos como a estudos. Alguns alunos se adaptam melhor aos novos desafios, outros precisarão da ajuda do Or.E.

Hoje, grande parte das escolas opta por começar a introduzir professores especialistas em determinadas áreas desde o ensino infantil, acostumando os alunos, logo cedo, a diferentes personalidades de professores, a diferentes exigências e métodos de ensino. Geralmente, a diversificação começa por professores de Artes, de Educação Física e de Música. Tais escolas mantêm esses professores especialistas e um professor que, além de ministrar os demais conteúdos, é o responsável pela classe naquele ano letivo.

Dessa maneira, graças a uma mudança gradual, o aluno não sentirá tanto a transição como se ela fosse de forma mais abrupta, como ainda ocorre em algumas escolas, em que o aluno parte de um ou dois únicos professores para vários.

Outro ponto crítico da mudança de ciclo ocorre quando o aluno passa da primeira metade do ensino fundamental para a segunda metade dele. Na maior parte das escolas, principalmente nas públicas, aumenta o número de disciplinas e de professores, e desaparece o professor multidisciplinar que, nas primeiras séries, acompanha a classe e integra o trabalho dos demais.

Professores que, normalmente, atuam nas séries seguintes também costumam ter personalidade diferente daqueles que lecionam nas séries iniciais do ensino fundamental, estando mais centrados na transmissão de conteúdos do que nos alunos.

Muitos alunos apresentam dificuldades de adaptação a essas novidades e, como consequência, costuma ser maior o número de alunos não promovidos ao final da primeira série dessa segunda metade do ensino fundamental.

A mudança do ensino fundamental para o médio costuma ser menos traumática, mas em muitos casos há a necessidade de mudar de escola, onde o aluno poderá vir a ter problemas de adaptação não tanto com os professores, mas com os novos colegas, principalmente quando ele é o único ou um dos poucos novos alunos na classe. Os demais já se conhecem e formam uma espécie de grupo fechado no qual o novo aluno deverá achar uma maneira de entrar para não se sentir deslocado.

4. O Orientador Educacional e casos de falta de adaptação à escola de alunos que constituem minorias

Não apenas alunos novos enfrentam problemas sérios de adaptação e integração à escola. Costuma ocorrer, com frequência, a existência de estudantes que, por pertencerem a minorias de algum tipo (cor, religião, classe social), são rejeitados pelos colegas. Em escolas de nível socioeconômico elevado, um aluno bolsista, de família pobre, pode ser facilmente discriminado, sentindo-se só ou até sofrendo com a hostilidade e desprezo dos demais.

Crianças ou jovens que apresentam problemas físicos permanentes, defeitos de fala, atraso de crescimento ou no desenvolvimento sexual, dificuldades motoras, de audição ou de visão, ou algo que os diferencia dos demais, também podem ser vítimas de discriminação. Com relação a esses alunos discriminados, o Or.E. deve recorrer à técnica de aconselhamento para ajudá-los a enfrentar situações difíceis que irão vivenciar na escola e na vida em geral. Entretanto, não basta dar apenas assistência às vítimas de discriminação.

Ele deve, também, aproveitar o ensejo para orientar as maiorias que exercem a discriminação. Alunos mais jovens costumam ser particularmente cruéis em relação a colegas diferentes e menos afortunados. Se não for dada a devida atenção a tais problemas, eles poderão contribuir para a deterioração das relações entre a totalidade da classe e causar sérios problemas na escola.

Embora nem sempre se trate de minorias, às vezes, alunos que diferem dos demais em relação a algum aspecto podem sofrer rejeição, discriminação e até violência. Em classes onde há alunos de diferentes níveis socioeconômicos, pode haver problemas para a realização de trabalhos em grupos. Se o trabalho tiver de ser realizado na casa dos alunos, os mais pobres poderão se sentir constrangidos de oferecer suas residências, enquanto os mais afortunados poderão não aceitar a presença de alguns colegas por esses motivos, além das diferenças gritantes de recursos didáticos dos dois grupos.

Costuma haver também alunos que, por morarem longe da escola e dos colegas, têm dificuldade de serem aceitos para trabalhos em grupo fora da escola. Por motivo dessas diferenças, além de outras mais que possam existir, podem se formar panelinhas nas classes, onde há a inclusão de alguns e a exclusão e até a hostilidade a outros. A aplicação da técnica sociométrica, apresentada em outro capítulo deste livro, com a devida análise dos resultados, pode ajudar o Or.E. no diagnóstico do que está ocorrendo em determinada classe, a fim de procurar soluções, tanto atuando junto aos professores de classes onde ocorram problemas dessa natureza como trabalhando com os alunos.

A técnica sociométrica serve não só para o diagnóstico da natureza do problema, como também para o OE achar a solução para ele. Detectando alunos menos radicais e mais abertos para acolher outros, ou trabalhando com os líderes apontados pelo sociograma, o Or.E. terá a possibilidade, se não de reverter totalmente situações difíceis, pelo menos torná-las suportáveis para alunos que não conseguem se integrar totalmente ao grupo.

5. Outros fatores de falta de adaptação do aluno à escola

Estudantes com falta de base ou com dificuldades de aprendizagem também requerem atenção especial para que esses problemas não deem origem a desajustamentos em relação à escola. Tanto os defasados dos demais em conteúdos ou em ritmo de aprendizagem quanto os superdotados costumam apresentar dificuldades de adaptação ao novo sistema escolar e dificilmente as escolas estão preparadas para lidar, de modo adequado, com esses dois tipos de estudantes. De modo geral, a seleção dos conteúdos e o ritmo do processo ensino-aprendizagem são baseados na capacidade média da classe e, por esse motivo, acabam não sendo adequados para os menos aptos e também não representam desafios para os superdotados, o que leva tanto a uns como aos outros a aborrecerem-se com os professores e com a escola, enfim, ao desinteresse e à falta de motivação para o estudo. Colabora também para esse quadro o fato de serem, os superdotados, mais rápidos na execução das tarefas propostas para a classe e, não tendo o que fazer, podem partir para atos de indisciplina. Em cooperação com os professores, o Or.E. deve procurar identificar tais estudantes para buscar desenvolver suas potencialidades e canalizá-las tanto em benefício do próprio aluno como de seus colegas e da escola como um todo.

Alunos muito mais adiantados que os demais podem ser estimulados com tarefas e incumbências mais desafiadoras. Se eles quiserem, podem ajudar os colegas mais fracos. Caso se trate de alunos com habilidades ou talentos específicos para determinada área ou atividade, eles podem ser encaminhados para programas ou atividades onde possam usar essas habilidades.

Há alunos muito fracos em relação aos estudos, mas que possuem, por exemplo, talento excepcional para a música, para o teatro, para as artes plásticas ou para esportes. Cabe aos professores indicarem ao Or.E. ou este identificar tais alunos e providenciar para eles atendimento adequado na própria escola ou até, em casos excepcionais, fora da escola.

No caso de alunos que não possuem talento individual diferenciado e que também não acompanham a classe nas atividades regulares, recomenda-se estudo especial, caso a caso, para saber se vale à pena mudá-los de classe, de série, de escola ou propor para eles aulas de reforço na própria escola, ou a contratação de professores particulares apenas até o ponto em que sejam colocados em situação de poder acompanhar o restante da classe.

6. Como o Orientador Educacional pode identificar casos de não adaptação à escola?

A não adaptação à escola não se manifesta exclusivamente pelas evidências de não aproveitamento escolar, como notas baixas. Ela pode ser detectada de várias maneiras, bastando atentar para os sintomas que o aluno costuma apresentar nesses casos. Tais sintomas diferem com a faixa etária dos alunos. Nos maiores, são mais frequentes as notas baixas, a indisciplina e outros comportamentos inadequados.

Entre os alunos menores, além desses sintomas há outros. Há os sintomas físicos, como as doenças psicossomáticas. Os pais reportam e/ou os alunos se queixam de problemas de saúde que não possuem causa física aparente. Alguns deles são típicos indicadores de problemas psicológicos, como dores crônicas de cabeça ou de barriga, que ocorrem apenas em dias de ir à escola, urticárias, tosses sem explicação e outros do tipo.

Há outros sintomas também facilmente detectáveis como choro, recusa em ir à escola, dificuldade em acordar para aulas do período matutino, ou demora demasiada em realizar tarefas, pegar o material ou almoçar, no caso de aulas no período vespertino. Em crianças menores, pode ocorrer enurese. Às vezes, com a simples mudança de escola esses problemas desaparecem por encanto, enquanto em outros casos, ou quando tal mudança é impossível, a criança precisa de tratamento especial.

O rendimento escolar incompatível com a série, manifestado pelas notas, indica certamente falta de adaptação. Essa falta de adaptação pode ser em relação à escola, ao período de aulas, à classe, à série, ou ainda, quando ocorre em relação a apenas uma dada disciplina, ao respectivo professor, se não ocorria na série anterior com aquela disciplina.

Geralmente, é difícil o aluno fazer a opção de mudar de turno, mas esta poderia ser uma solução no caso de alunos que não podem mudar de escola ou de classe.

Há outros casos em que ocorre uma aparente falta de adaptação à escola. Em famílias em que todos os membros adultos dormem muito tarde e também acordam tarde, pode ser difícil para a criança estar com disposição logo de manhã. Alunos que trabalham e cujos horários de trabalho são incompatíveis com o horário das aulas também podem apresentar fraco rendimento escolar e até indisposição e sono no período das aulas.

A falta de adaptação de alunos às respectivas classes pode ser detectada pela sociometria ou pelas notas. A sociometria tem a propriedade de mostrar aspectos e circunstâncias nem sempre visíveis e até insuspeitas pelos professores da classe. Alunos que não escolhem colegas e/ou não são escolhidos por eles estão, obviamente, mal-adaptados.

A observação dos recreios constitui, também, uma boa fonte de informação sobre a adaptação de alunos. Um determinado aluno pode não ter bons resultados nas avaliações escolares, mas se destacar nos recreios, mostrando-se muito querido, procurado pelos colegas e se relacionando bem com eles. O caso contrário, entretanto, é digno de atenção especial do Or.E.

Alunos mais ou menos imaturos e inseguros, e independentemente da idade deles, podem ter problemas de não adaptação por não se sentirem aceitos pelos colegas. Na tentativa de se integrarem e passarem a ser aceitos pelos demais, apresentam comportamentos alterados. Tais comportamentos, nessas circunstâncias, costumam ser ditados por dois motivos que, principalmente na adolescência, são muito fortes: o gregário, e outro ligado a ele, o de afiliação. O aluno acredita que impressionando os colegas pela ousadia em transgredir normas, ou por agredir verbal ou fisicamente professores, consiga granjear a admiração e a consequente aceitação pelos colegas. O que esse tipo de aluno realmente está procurando é "pertencer" ou ser aceito pelo grupo. Isso explica porque alunos anteriormente estudiosos, educados, corteses, sem quaisquer problemas de desvio comportamental, começam a apresentar desafios à autoridade dos adultos, agressões a professores, notas que não condizem com as possibilidades deles e até transgressões mais sérias. O Or.E. precisa compreender e identificar as causas de tais comportamentos para poder trabalhar com o aluno que passa a apresentá-los, quando eles nem faziam parte do padrão daqueles alunos e nem são compatíveis com a índole ou os desejos deles. Devem ser oferecidos a esses alunos outros meios de serem aceitos pelo grupo.

Encontra-se, a seguir, um modelo de questionário informativo para sondagem de problemas na área de adaptação – integração dos estudantes à escola, principalmente à classe e aos grupos que nela se formam. Por meio dele, o Or.E. poderá coletar dados que lhe propiciem uma percepção de cada um sobre si mesmo e sobre eventuais problemas em sala de aula.

Os questionários seguintes têm a finalidade de informar ao Or.E. os critérios para a escolha daquela escola e a atitude do aluno em relação a ela.

MODELO DE QUESTIONÁRIO PARA OS RESPONSÁVEIS, SOBRE A ESCOLHA DAQUELA ESCOLA PARA O ALUNO

Nome do aluno   Nº   Turno   Série

1. Escolhi(emos) esta escola para nosso(s) (quantos____) filho(s)_____ e/ou filha(s)_____
   porque _____

2. O que mais quero que a escola propicie a meu(s) filho(s) e/ou filha(s) é
   _____.

3. Se pudesse, preferiria que ele(s) e/ou ela(s) frequentasse(m) outra escola. Se sim, qual?
   _____.
   porque _____
   mas o que impede é _____

4. Estou(amos) satisfeito(os)(as) _____ ou não estou(amos) satisfeito(os)(as) _____ com a escolha desta escola porque
   _____.

QUESTIONÁRIO SOBRE A ATITUDE DO ALUNO EM RELAÇÃO À ESCOLA

Nome do aluno   Nº   Turno   Série

Complete, de acordo com a sua opinião, as afirmações abaixo.

Eu vim estudar nesta escola por escolha de _____ porque _____ por indicação de _____ por minha escolha _____ porque _____ ou porque era a única opção _____ porque _____

O que eu mais gosto nesta escola é _____

De que eu menos gosto é _____

Se eu puder ficarei nesta mesma escola _____ ou ficaria nela até _____ ou sairia dela _____ porque _____

Se pudesse mudar de escola iria para _____ porque _____

QUESTIONÁRIO DE INFORMAÇÕES SOBRE A ADAPTAÇÃO DO ALUNO À ESCOLA
(A ser preenchido pelo aluno)

Responda às perguntas deste questionário com bastante sinceridade. As informações fornecidas por você serão usadas para ajudá-lo na sua adaptação à escola e são estritamente confidenciais, isto é, não serão passadas para ninguém.

Data ____ / ____ / _____

1. Nome   Sexo
2. Série   Período
3. Data de nascimento ____ / ____ / _____
4. Há quanto tempo você estuda nesta escola?
5. Mudou recentemente de classe, turma ou período?   ( ) Não   ( ) Sim
   De: para: Quando?   Por quê?
6. Religião Praticante   ( ) Sim   ( ) Não
7. Bairro onde mora
8. Mudou de residência há pouco tempo?   ( ) Não   ( ) Sim. Quando?
9. Profissão do pai ou responsável
10. Em relação aos estudos, você se considera um aluno: Fraco ( )   Médio ( )   Forte ( )
11. Você foi reprovado alguma vez?   ( ) Não   ( ) Sim. Em que séries?
12. Quando tem trabalho em grupo, você prefere:
    ( ) escolher os colegas   ( ) que o professor escolha
    ( ) que o Orientador Educacional forme os grupos
13. Para fazer trabalho em grupo, você prefere grupos: ( ) pequenos   ( ) grandes
14. De quantos alunos mais ou menos?
15. Para trabalhar em grupo, você prefere colegas que _____
16. Nos trabalhos em grupos, você prefere fazer _____
17. Você prefere realizar trabalhos em grupo:
    ( ) em sua casa   ( ) na casa de seus colegas   ( ) na escola. Por quê?
18. Você costuma ter problemas com seus colegas, quando os professores passam trabalhos em grupo?
    ( ) Não   ( ) Sim. Quais?
19. Você tem alguma habilidade especial?   ( ) Não   ( ) Sim. Qual(is)?
20. Você gosta de atividades: ( ) culturais   ( ) sociais   ( ) esportivas
21. Qual o seu passatempo preferido?
22. Você gosta de trabalhos: ( ) escritos   ( ) orais   ( ) manuais
23. Você tem amigos na escola?   ( ) Não   ( ) Sim
    ( ) Muitos   ( ) Mais ou menos   ( ) Poucos

24. Na escola, você prefere:
    ( ) ter muitos amigos   ( ) ter poucos amigos, porém, mais íntimos   ( ) não ter amigos
25. Você briga muito na escola?   ( ) Não   ( ) Sim. Por quê?
26. Quando algum colega o insulta, como você reage?
27. Você se considera:
    ( ) muito tímido   ( ) normalmente tímido   ( ) sem timidez
28. Você se sente diferente de seus colegas?   ( ) Não   ( ) Sim. Em quê?
29. Você tem problemas: (pode marcar mais de um)
    ( ) econômicos. Quais?
    ( ) de estudo. Quais?
    ( ) familiares. Quais?
    ( ) no trabalho. Quais?
    ( ) de relacionamento com:
    ( ) pais. Quais?
    ( ) irmãos. Quais?
    ( ) professores. Quais?
    ( ) colegas. Quais?
    ( ) namorado(a). Quais?
    ( ) amigos. Quais?
30. Você recebe mesada?   ( ) Não   ( ) Sim. De quanto?
31. Você recebe salário?   ( ) Não   ( ) Sim. Quanto recebe?
32. Quanto fica para você?
33. Você se preocupa muito com: (pode marcar mais de um)
    ( ) política do país. Por quê?
    ( ) problemas de família. Por quê?
    ( ) futura profissão. Por quê?
    ( ) suas roupas ou sua maneira de se vestir. Por quê?
    ( ) falta de independência. Por quê?
    ( ) participação nos trabalhos em grupo. Por quê?
    ( ) notas na escola. Por quê?
    ( ) injustiças. Por quê?
    ( ) namoro. Por quê?
    ( ) outros aspectos. Quais?
    ( ) Explique por quê.

Capítulo 19

A Orientação Educacional e os aspectos morais, cívicos e religiosos da educação do aluno

1. A importância e a necessidade de a escola se preocupar com os aspectos morais, cívicos e religiosos da educação do aluno

Como temos ressaltado neste livro, todas as atividades programadas pela escola visam à formação integral do educando, isto é, uma formação que considere, de forma completa e harmônica, os diferentes aspectos do desenvolvimento do aluno, como o intelectual, o físico, o social, o emocional, o moral, o cívico, o vocacional, enfim, todos aqueles que dizem respeito ao ser humano. Por esse motivo, em qualquer momento, durante as aulas ou fora delas, o estudante deverá receber, de forma direta, indireta ou difusa, orientação relativa a cada um desses aspectos, dentre eles, também, o moral, o cívico e o religioso. Numerosos são os conteúdos, noções, informações, normas e conceitos que ele adquire nessas áreas, embora neste capítulo se considere de especial interesse e importância a aprendizagem de valores e atitudes.

A discussão sobre a educação moral, cívica e religiosa, apesar de importante, nem sempre é muito tranquila, por diversas razões. Primeiro, existe o receio de que a inclusão ou exclusão de disciplinas ou atividades nessas áreas adquira conotação político-ideológica, de caráter coercitivo ou repressivo. É comum, também, julgar-se essas noções como "coisas do passado", retrógradas e que os tempos hoje são outros. Há, ainda, quem discorde de que a escola deva assumir tais responsabilidades, alegando o risco de que tanto os professores como o Or.E. poderiam estar divulgando e defendendo seus próprios princípios nem sempre aceitos por todos.

Sabe-se que, embora as normas e conceitos morais tenham certa estabilidade, eles costumam diferir de uma cultura para outra, em determinada época e lugar, para cada grupo social e mesmo para cada indivíduo, durante as diversas fases de sua vida. Por isso, na escola, deve-se começar por desenvolver atitudes e comportamentos fundamentados em princípios mais genéricos e, portanto, mais estáveis, como, por exemplo, a valorização e preservação da vida, o respeito humano, a preservação da liberdade, individualidade, o respeito à propriedade e o direito a uma vida saudável.

A partir daí, com base nesses princípios, deve-se procurar definir, conjuntamente com a comunidade, os princípios mais particulares a serem trabalhados com os alunos.

Na realidade, a escola não poderia se eximir das responsabilidades ou preocupações relativas a comportamentos morais, cívicos e religiosos porque se trata de aspectos do desenvolvimento da personalidade do indivíduo e também porque, queiramos ou não, cada pessoa aprende e desenvolve um padrão moral, de civismo e de religiosidade, sendo que seu comportamento, as decisões que toma, a maneira de agir, de encarar as coisas e de se relacionar com os outros são pautados pelos valores por ela incorporados, durante toda sua formação, inclusive na escola.

2. Estratégias para a educação moral e cívica dos escolares

Dada a convivência dos alunos com diferentes professores e a possibilidade de todas as disciplinas, nas salas de aula, dentro até do conteúdo programático, oferecerem orientação moral e cívica e, principalmente nas escolas confessionais, também, religiosa, é essencial que, por ocasião do planejamento da escola, sejam discutidas as principais diretrizes nessas áreas e que os professores cheguem a um plano de ensino em que essas atividades sejam desenvolvidas de forma sistemática, coerente e, na medida do possível, de acordo com uma ação conjunta e consensual.

Somente por meio de uma ação integrada é possível alcançar o desenvolvimento de atitudes esperadas, em geral, dos alunos. Às vezes, um ou outro professor exige explicitamente uma atitude ou um comportamento, enquanto outros, ainda que concordem totalmente com eles, não o fazem. Por exemplo, deve-se esperar que os alunos tratem com cordialidade e civilidade a todos os professores e funcionários da escola, independentemente do nível funcional deles, e não apenas àqueles investidos de cargos mais elevados e que poderiam admoestá-los ou mesmo puni-los.

Além da unidade de ação, o plano, definido em conjunto com o corpo docente e a equipe técnica, deve prever também o uso de estratégias adequadas e eficientes. Entretanto, convém alertar que algumas estratégias, comumente empregadas na orientação moral, cívica ou religiosa, são completamente inadequadas para essas áreas do desenvolvimento do aluno. É o caso dos "sermões", aulas expositivas, advertências, repreensões, castigos, ameaças, punições, chamar a atenção em público de um aluno que tenha cometido alguma falta, esquema de chantagem, ironia ou outras táticas semelhantes que não funcionam devido, principalmente, ao fato de se alicerçarem na motivação extrínseca e na concepção do aluno como ser passivo, dirigido apenas pelas forças do ambiente. Por outro lado, existem inúmeras estratégias indicadas para essa área que, por levarem em consideração a motivação intrínseca, são muito mais eficazes.

Dentre elas, estão as discussões em grupo, seminários, leitura e análise de textos, campanhas, visitas, comemorações cívicas, "semanas" dedicadas a diferentes temas, desfiles e festas cívicas.

Datas cívicas significativas, como a da Independência, da Proclamação da República, consideradas feriados ou pontos facultativos, devem ser comemoradas por todos na escola. Elas não devem constituir dia de folga. Se for impossível comemorá-las no próprio dia, a comemoração deverá ocorrer no final do dia letivo anterior.

Cabe aos professores, principalmente aos de História, elucidarem os alunos sobre o por que desses feriados, e aos demais professores darem tarefas relativas a eles.

3. A atuação específica do Orientador Educacional no que se refere à educação moral e cívica dos alunos

Cabe ao Or.E. colaborar com o corpo docente e com a administração da escola em atividades que visem ao desenvolvimento moral, cívico e religioso do aluno, como também exercer esse tipo de orientação, quer indiretamente, pelo exemplo de sua participação em festas cívicas e no preparo de comemorações, campanhas e outras atividades da escola, quer diretamente, por meio das estratégias já citadas e até do aconselhamento, quando necessário.

Embora predominantemente o Or.E. deva atuar de modo preventivo na área da moral e de civismo, são frequentes, na escola, diferentes tipos de ocorrências que demandam providências urgentes e específicas, como casos de furtos ou "roubos", tanto de objetos pertencentes à escola como aos alunos; danos materiais, como quebra de vidraças e instrumentos; explosão de bombas no interior da escola, etc. Esses atos podem ser praticados por alunos, individualmente ou em grupo. Há, ainda, as brigas de alunos entre si ou destes com professores ou funcionários.

No nível administrativo, nem sempre as medidas tomadas costumam ser as mais educativas. Às vezes, a delação é estimulada e frequentemente as medidas punitivas adotadas mostram-se injustas. Nessas situações, a intervenção do Or.E. com o qual o grupo ou classe discutiu o tipo de comportamento ocorrido, as implicações, as consequências, as responsabilidades de cada um diante do fato e as decisões cabíveis, seria bastante útil, proveitosa e educativa tanto para a solução do problema específico, em questão, como na prevenção de ocorrências futuras.

Às vezes, dada a imaturidade dos alunos e a falta de orientação preventiva nesse sentido, eles cometem atos considerados indevidos ou inadequados em relação ao comportamento cívico do cidadão. Não se pode esquecer que atitudes de respeito são devidas, por exemplo, aos símbolos nacionais, como a bandeira, o hino e até o dinheiro circulante.

Outros comportamentos inadequados a serem tratados de forma preventiva são a cola e a realização de trabalhos, pesquisas, redações, exercícios ou demais tarefas escolares por outras pessoas que não os próprios alunos.

Como se trata de problemas generalizados nas escolas, para os quais os próprios professores e pais, muitas vezes inconsciente ou inadvertidamente estão contribuindo, recomenda-se que o assunto seja debatido com todos os envolvidos: os alunos, professores e pais. Os professores deverão começar por analisar se as instruções estão inteligíveis, se o nível de exigência para as tarefas solicitadas é compatível com as aulas ministradas e se o que foi solicitado não estaria além da capacidade dos alunos para o realizarem sozinhos. É recomendável, também, que os professores empreguem técnicas de avaliação que não motivem ou deem ensejo à "cola".

Os pais devem ser alertados sobre a inconveniência de comportamentos superprotetores que dificultam ou impedem a criança de desenvolver independência, iniciativa e responsabilidade. Ainda que, para tanto, ela possa correr riscos (notas mais baixas, demora na execução dos trabalhos, mau humor), os pais devem atentar para os inconvenientes, do ponto de vista moral, de realizar as tarefas pelos filhos. A melhor ajuda que podem dar consiste na valorização da escola, do aprender, da prioridade para o cumprimento dos deveres, da responsabilidade. Cabe, ainda, aos pais fornecerem todas as condições éticas, psicológicas e materiais para o melhor desempenho do aluno, como, por exemplo, elogios e incentivo ao esforço próprio, cadernos, livros, dicionários, local apropriado, para a realização das lições de casa, a fim de que os filhos sintam-se encorajados e estimulados a realizar as próprias tarefas.

Como vimos anteriormente, por melhores que sejam as condições de trabalho no lar e na escola e por mais cuidadosas que sejam as medidas de caráter preventivo tomadas pelos professores e pelo Or.E. – que são as estratégias mais indicadas para a orientação moral, cívica e religiosa dos alunos –, às vezes, surge a necessidade de a escola tomar medidas punitivas. Nesses momentos, uma das primeiras providências da direção é a convocação dos pais dos alunos. Se o relacionamento entre escola e família tiver sido mais ou menos frequente e, de preferência, em situações neutras ou até agradáveis, como no caso de reuniões em que são discutidos temas de forma genérica e em ocasiões festivas, torna-se mais fácil a vinda desses pais à escola e a sua colaboração na solução de problemas envolvendo seus filhos.

4. A Orientação Educacional e a disciplina escolar

É importante, na educação moral e cívica, que a escola tenha um código disciplinar, conhecido e seguido por todos, em cuja elaboração o Or.E. deve colaborar ativamente. A vida e o trabalho em comum e a interação constante entre as pessoas exigem o respeito e o acatamento a inúmeras normas, explícitas ou não. Entretanto, para que surtam efeito, é conveniente que os códigos disciplinares e outras decisões importantes sejam discutidos e que tais discussões contem com a participação de quem deva segui-los. Isto poderá ser realizado amplamente entre os alunos, o Or.E. e, conforme o caso, também professores e demais funcionários.

A disciplina, ou melhor, a falta dela, constitui um dos problemas mais colocados por parte de quem atua nas escolas, principalmente pelos professores. Como eles costumam dizer, ensinar é fácil, o difícil é conseguir ensinar.

Com indisciplina na sala de aula, desgasta-se o professor e o aluno não aprende. Tem sido contabilizado, nos últimos anos, um aumento no número de faltas de docentes justificadas com atestados médicos e o número de licenças por motivo de saúde.

Muitas vezes, professores desesperados e alquebrados recorrem ao SOE para sanar problemas de indisciplina, seja de alguns alunos, seja até de classes inteiras. Quando o caso envolve um ou poucos alunos, o professor costumeiramente coloca os alunos em questão "para fora" da classe, geralmente os mandando para a diretoria e esta para o SOE, quando não diretamente para o SOE.

Ora, o Or.E. não é bedel (inspetor de alunos) e não é corretor de infratores, nem o SOE é depósito de alunos indisciplinados. Quando a indisciplina se instala, torna-se difícil debelá-la, motivo pelo qual ela deve ser prevenida.

Cabe ao Or.E., na qualidade de técnico em educação, o estudo das causas da indisciplina para a busca de soluções gerais para o problema.

Em primeiro lugar, é importante lembrar que o problema não tem origem e não ocorre apenas na escola, mas na sociedade em geral, principalmente no seio das famílias.

O que vem ocorrendo nas escolas constitui apenas o reflexo do aumento da permissividade nos lares.

Concepções errôneas sobre educação, baseadas em uma leitura malfeita de certas correntes da Psicologia, levaram à conclusão de que a criança tudo pode, pois senão corre o risco de se tornar "frustrada" ou "traumatizada". Lares não existentes ou desfeitos, pais totalmente ausentes da educação de seus filhos, quer física, quer psicologicamente, criam pequenos tiranos, mal-educados, prepotentes e até violentos, sem qualquer noção de civilidade, de respeito, de paciência, de acato.

O confronto entre esse tipo de aluno e professores ou funcionários que procuram manter o mínimo de ordem na escola tem chegado até às vias de fato, e, muitas vezes, os pais se colocam a favor do aluno.

Experiências bem-sucedidas demonstram ser fundamental o envolvimento dos alunos nas decisões sobre os códigos disciplinares, incluindo-se aí as punições. Desse envolvimento resulta o compromisso de seguir as normas que foram estabelecidas por eles, e não impostas pela escola.

Essa experiência tem funcionado até com crianças, sendo que em relação a elas chega a ser preciso a interferência dos educadores para calibrar os castigos, geralmente mais severos que aqueles que seriam sugeridos pelos adultos.

Em primeiro lugar, torna-se necessário definir indisciplina. O que é indisciplina para alguns adultos, para outros pode ser interpretado como manifestação salutar de vitalidade e de juventude. O aluno que, na sala de aula, pode ser considerado indisciplinado por um professor, pode ser, pelos mesmos motivos, considerado ativo, participante, interessado. Em aulas em que o professor espera que os alunos, principalmente os de idades menores, fiquem sentados o tempo todo, quietos e imóveis, ouvindo explicações, muito provavelmente ele irá reportar indisciplina. Sabe-se que, nesses casos, os meninos são, geralmente, considerados mais indisciplinados que as meninas. Em aulas em que o professor aceita e até estimula a participação ativa dos alunos, a indisciplina tende a ser menor. A nossa forma tradicional de ensino, em que o professor escreve ou dita a matéria e o aluno copia ou escreve, a disciplina é mantida mecanicamente, mantendo o aluno ocupado. Mas cabe a questão: essa é a forma correta ou melhor de manter a disciplina na sala de aula? Muitos professores procuram manter a disciplina por meio das notas, chegando ao cúmulo de dar notas por comportamento – isto é, imobilidade – ou usando o componente comportamento na média dos alunos.

Como se vê, tratar de disciplina não é tratar de punições. O assunto é muito mais amplo e tem caráter pedagógico.

Analisando o assunto de forma mais genérica, isto é, a disciplina como forma de conduta dentro e fora da sala de aula, melhora a manutenção dela na sala de aula. Caso ela se manifeste especificamente nesse ambiente, cabem, para melhor conhecimento do problema e para a busca de soluções eficazes, algumas questões fundamentais, a saber:

- A indisciplina ocorre em toda a escola ou apenas em alguns ambientes dela?
- Ela ocorre em quais ambientes, em quais turnos, em quais graus de ensino?
- Ela ocorre apenas em uma classe? Qual?
- A classe toda, ou quase toda, participa da indisciplina?
- Ela ocorre com a presença de professores ou sem a presença deles?
- Ela ocorre apenas em determinadas aulas e/ou nas aulas de apenas algum professor?
- Nas outras classes onde esse professor leciona ela também ocorre?
- Se ela ocorre apenas nas aulas de determinado professor, e envolve vários alunos, cabe perguntar como é estruturada tal aula.

- Se ela ocorre apenas com poucos alunos de uma classe e em várias aulas, cabe pesquisar o que está ocorrendo com esses alunos.

A simples resposta a essas questões constitui um ponto de partida para o entendimento da questão naquela escola. Em lugar de se começar pelas consequências, pelos sintomas ou pelas punições, o Or.E. deve tentar responder a essas questões.

Respondidas tais questões, a solução do problema se torna mais viável. Para cada caso, haveria uma tentativa diferente de solução. No caso da maioria dos alunos de uma classe, o Or.E. poderia conversar com a classe para descobrir a(s) causa(s) da indisciplina geral. No caso de um, ou de poucos alunos, ele poderia conversar com eles em particular. Se a indisciplina estivesse ocorrendo apenas nas aulas de determinado(s) professor(es), o Or.E. poderia pedir ao CP, caso houvesse na escola, que auxiliasse aquele(s) professor(es) na condução de suas aulas. Caso não houvesse esse profissional, a ajuda caberia ao Or.E. Mesmo havendo CP, o Or.E. procuraria saber, junto aos alunos, o que estaria ocorrendo nas aulas daquele(s) professor(es) que estaria causando a indisciplina, passando essa informação ao CP.

Se, ao passar pelos corredores das salas de aula, alguém não visse alunos sentados, imóveis, em filas, todos voltados para o professor, mas andando e executando diferentes atividades, poderia, imediatamente, classificar aquela classe como indisciplinada. Pode-se dizer que havia indisciplina naquelas salas de aula? Depende da proposta do professor e do que os alunos estavam fazendo. O diretor da escola, ou o gestor escolar, não deve julgar o domínio da classe pelo professor apenas passando pelo corredor. O mesmo se aplica ao Or.E. que passa pelo corredor.

5. A educação religiosa dos alunos na escola

Coexistem, no sistema escolar brasileiro, escolas públicas, todas elas laicas, e escolas particulares de vários tipos. Dentre estas últimas, existem as laicas, as laicas mantidas ou subvencionadas por membros de diferentes nacionalidades e as religiosas, mantidas por congregações ou membros de diferentes confissões religiosas, a maior parte delas pela Igreja Católica Apostólica Romana.

As escolas particulares podem optar por oferecer aos alunos ensino religioso e/ou educação religiosa, obrigatória ou opcional. Nesses casos, os pais que matriculam seus filhos nessas escolas, pertençam ou não àquelas religiões, não só concordam, como, também, na maior parte dos casos, esperam que a escola forneça esse tipo de educação para seus filhos.

Entretanto, quando um pai matricula seu filho em escola pública, ele o faz porque não pode ou não quer pagar pela instrução deles, ou não quer dar a eles nem educação estrangeira e nem religiosa ou porque, não existe, ou não existe perto, o tipo de escola em que gostaria que seus filhos estudassem. Considerando-se todas essas possibilidades, coloca-se a questão: a escola pública deveria oferecer ensino religioso aos seus alunos? Se a resposta a essa questão for sim, deve-se perguntar se em caráter opcional ou obrigatório, e de qual religião, uma vez que o Estado se tornou independente da então religião oficial que era o catolicismo?

Essa questão é colocada de forma recorrente tanto pela pressão dos religiosos, principalmente os católicos, como pelas autoridades do ensino. Claro que uma escola pública não consegue oferecer educação religiosa de todas as possíveis religiões de seus alunos. Aventa-se, portanto, a possibilidade de uma educação religiosa sem denominação, uma educação de religiosidade.

Há pais que são indiferentes a essa questão, outros gostariam que seus filhos tivessem na escola educação da religião deles e outros, ainda, que se opõem a qualquer tipo de educação religiosa na escola, ou porque acham que ela extrapola as suas finalidades ou porque temem que a instrução religiosa entre em conflito com as suas religiões, ou, ainda, porque são ateus.

Há muito existe esse debate e não se chegou a nenhuma conclusão. É claro que se a escola pública se dispuser a oferecer educação religiosa ela o fará em caráter opcional e usando professores voluntários e, portanto, não necessariamente pertencentes ao seu quadro funcional. Caberá a ela, em primeiro lugar, consultar os responsáveis pelos alunos e depois verificar as credenciais e a idoneidade dos professores. A escola pública não pode tornar obrigatória a educação religiosa para todos os seus alunos, a menos que haja dispositivo legal para isso.

É claro que a seleção dos professores de religião não é tarefa do Or.E., mas ele, ou o CP, pode ser designado pelo diretor da escola para ajudar na seleção e para o acompanhamento da atuação desses professores. Caberia ao Or.E. a incumbência de consultar os responsáveis pelos alunos sobre o desejo de que seus filhos tivessem aulas de religião e, em caso afirmativo, se essa religião poderia ser aquela que a escola teria condições de oferecer. Caso essas questões tivessem respostas afirmativas, o Or.E. verificaria se os alunos estariam frequentando essas aulas, e estudar, juntamente com a administração e equipe técnica, as questões operacionais que o oferecimento de aulas de religião acarretariam para a escola, como horários, locais, definição de turmas, se por classe, por idades, por turnos etc., e o que fazer com os alunos cujos pais não quiserem que frequentem aulas de religião, caso estas sejam ministradas no horário das aulas da grade curricular.

Caso a escola opte por oferecer educação multiconfessional, não privilegiando o ensino de uma religião em particular, não será fácil encontrar professor capacitado para tal empreitada, não só porque por se tratar de voluntários e, portanto, interessados em difundir a própria religião, como também porque constitui tarefa muito difícil oferecer educação religiosa não ligada diretamente a alguma religião.

O Brasil é um país predominantemente católico, sendo as segundas religiões, em números, a dos chamados evangélicos e a dos sincretistas, sendo que todas essas religiões adotam ou não se opõem à colocação de crucifixos nas dependências das escolas, ainda que públicas. Essa questão não tem sido motivo de grandes controvérsias no Brasil, como também não o tem sido o que vem afligindo outros países sobre o uso de símbolos e costumes próprios de outras religiões, como o de cobrir a cabeça das mulheres muçulmanas. Essas questões, afortunadamente, não chegaram ao nosso país, onde em relação a esse aspecto a liberdade de expressão e o respeito pela diversidade têm sido totais. Entretanto, há alunos na escola pública que professam, de forma ortodoxa, religiões que possuem certos preceitos a que se submetem, como, por exemplo, a impossibilidade de frequentar aulas e, consequentemente, também de realizar provas em certos dias da semana e/ou em dias considerados feriados apenas para essas religiões. O Or.E. que conhece esses alunos, suas restrições de natureza religiosa e a legislação sobre o assunto deverá alertar e orientar os professores sobre quais são esses alunos e como proceder nesses casos.

Na qualidade de elemento técnico-pedagógico da escola e de elemento integrador de todas as atividades que visam ao desenvolvimento dos alunos na escola, quando se trata de escola pública, o Or.E. deve inteirar-se do que os pais e os alunos desejam e esperam de uma educação religiosa no ambiente escolar e o que está sendo realizado, colaborando para que as atividades nessa área alcancem os objetivos desejados e que não se tornem objeto de atritos e conflitos.

Convém ressaltar que, mesmo que o Or.E. tenha suas próprias e firmes convicções religiosas, ele não deve manifestar suas preferências ou opinião sobre o assunto e, em hipótese alguma, se propor ou aceitar dar aulas de religião naquela escola.

O Or.E. deve alertar professores das diferentes disciplinas que não abordem assuntos de natureza religiosa, exceto nas aulas de Estudos Sociais e desde que tratados de forma histórica e não opinativa, principalmente evitando ministrar ensinamentos e emitir opiniões que possam entrar em choque com os ensinamentos passados no lar dos alunos.

Embora no questionário preenchido pelos responsáveis pelos alunos, e que se encontra no SOE, perguntou-se sobre religião, convém passar para os responsáveis, ou para os alunos maiores de idade, um questionário específico sobre o assunto, caso a escola tenha a possibilidade de oferecer instrução religiosa. Tal questionário serviria para orientação do Or.E., da direção da escola e do(s) professor(es) de religião. Segue-se um modelo de tal questionário, que poderá ser modificado, de acordo com as necessidades de cada escola.

MODELO DE QUESTIONÁRIO SOBRE AULAS DE RELIGIÃO NA ESCOLA

Nome do aluno	Turno	Série	Número

Quem está respondendo a este questionário?

1. Qual a religião do aluno?   É praticante?
2. A religião do aluno é a mesma daquela de:
   a. ambos os pais
   b. de um deles
   c. de nenhum deles
3. Caso a religião de ambos os genitores não seja a mesma, explique:
4. Os pais são praticantes ( )   eventualmente praticam ( )   não praticantes ( )
5. O aluno, maior de idade, ou os pais do aluno menor gostariam que a escola oferecesse instrução religiosa?
6. Se a resposta à questão acima for não, explique:

7. Se a resposta tiver sido sim, de qual religião, de qualquer religião ou sem ser de uma determinada religião, apenas tratando de Deus?

8. Se a escola não tiver condições de oferecer aulas da religião que você(s) gostaria(m) que ela oferecesse, prefere(m) que seu filho: não frequente nenhuma aula de religião; aula de qualquer religião que a escola possa oferecer, desde que consultado; ou se for oferecida, aula ecumênica, não destacando nenhuma religião em particular?

9. Se a opção tiver sido por ensino religioso e a escola puder atender às suas solicitações acima, a escola deve tornar obrigatória a presença de seu filho às aulas de religião, ou ele deverá frequentá-las se e quando quiser? Explique.

Capítulo 20

A Orientação Educacional e o desenvolvimento físico e emocional do aluno

1. Por que a escola e o Orientador Educacional devem se preocupar com os aspectos físicos e emocionais do desenvolvimento dos alunos?

Embora, como vimos, a função precípua da escola seja o ensino, ela tem assumido, cada vez mais, a responsabilidade pela educação integral do aluno. Tal objetivo não deixa de ser legítimo, pois o indivíduo que aprende é um ser complexo que se desenvolve não só no aspecto intelectual como também, e concomitantemente, no afetivo-emocional, físico-motor, social, sexual, vocacional, enfim, em todos os aspectos de sua personalidade. Por esta razão e também porque dificuldades ou problemas nessas áreas poderão afetar o rendimento escolar do aluno, o Or.E. não pode desconsiderá-las no seu trabalho.

2. A Orientação Educacional e os aspectos físicos do desenvolvimento do aluno

É altamente recomendável, e a quase totalidade dos pais cuida para que tal ocorra, que toda criança tenha seu desenvolvimento acompanhado por médico pediatra. Além de consultar esse especialista, é também recomendável consultar médicos de outras especialidades, como oculista, otorrinolaringologista, ortopedista e também dentista. Às vezes, torna-se necessário consultar fonoaudiólogo ou outros especialistas, como psicólogos, quando houver indicação para tal.

Muitos pediatras, ao examinarem os pacientes, nem sempre atentam para todos esses aspectos da saúde das crianças. Outros, eles próprios, muitas vezes, aconselham os pais que procurem esses especialistas, seja para exame de rotina, seja por notarem ou suspeitarem de algum problema em determinada área.

Alguns pediatras acreditam ser desnecessário alertar os pais sobre a importância de consultarem especialistas, porque acham que os pais são sabedores disso, e os pais, por outro lado, acreditam que, se o pediatra não indicou, a criança não precisa de outras especialidades.

Há, também, pais que, mesmo não sendo médicos, acham que seus filhos não necessitam de avaliação médica ou de outro profissional da área da saúde. Outros, ainda, não possuem recursos ou tempo para cuidar devidamente de seus filhos, apenas o fazendo em situações de emergência. É comum ocorrer que pais, mesmo diante de problemas de saúde bastante visíveis, não os percebem ou não querem perceber, ignorando-os, achando que dessa forma estão protegendo os filhos e acreditando que tal ou tais problemas logo desaparecerão sem intervenção de especialistas.

Qualquer que seja o caso, antes ou no máximo por ocasião da entrada do aluno na escola, ele deverá ser examinado por profissionais competentes, e deveria ser obrigatório que, ao efetuar a matrícula, a escola exigisse atestado de saúde do escolar, bem como sua ficha de vacinação em dia. Normalmente, os pais fornecem um atestado genérico de saúde, não se sabendo se a criança foi examinada, além da saúde em geral, também em relação a aspectos importantes para o rendimento escolar, como a visão e a audição. Crianças que aparentemente são incapazes de acompanhar a classe muitas vezes apresentam problemas nessas áreas, que podem ser corrigidos.

Com a recomendação atual de que crianças com necessidades especiais frequentem as mesmas classes, conjuntamente com alunos de suas idades, torna-se fundamental que todo o pessoal da escola esteja apto a lidar com esta nova situação, visando não apenas à inclusão física desses alunos nas classes, como também ao preparo para a aceitação e o acolhimento especial a eles.

De qualquer forma, cabe aos professores em geral, nas primeiras séries, principalmente aos alfabetizadores e, nas demais, aos de Educação Física, alertarem os Or.Es. sempre que notarem que algum(ns) aluno(s) possa(m) apresentar problema que necessite de atendimento especializado, e cabe ao Or.E. comunicar-se com os responsáveis para que estes procurem ajuda ou, se for o caso, indicar a eles profissionais ou postos de saúde que atendem os alunos daquela escola.

Não são raros, entre os alunos, problemas físicos permanentes ou temporários como: deficiências, magreza excessiva ou obesidade, tiques nervosos, estatura muito alta ou muito baixa em relação aos colegas, problemas com a emissão de voz, mamas muito desenvolvidas em meninos e pouco em meninas, orelhas ou nariz muito grandes, acne, entre outros, que costumam ser fonte de conflitos para os alunos, não só do ponto de vista interno de suas frustrações ou complexos, mas também em relação aos colegas que podem usar tais problemas para agredi-los ou fazê-los alvo de apelidos, chacota e de brincadeiras maldosas. É possível, também, que existam alunos portadores de males para os quais ainda não se tenha encontrado cura, como a epilepsia e a esquizofrenia. Outros, vítimas de acidentes ou tendo sofrido cirurgias, necessitam de tratamento sistemático ou periódico.

Mesmo estudantes que não apresentam problemas sérios de saúde precisam ser instruídos e orientados sobre doenças e sobre higiene pessoal, não só teoricamente, nas aulas de Ciências e de Biologia, como também nas demais aulas quando o tema tratado comportar, e também pelo Or.E. em sua programação específica sobre esses assuntos. Muitos alunos que tiram boas notas nessas disciplinas nem sempre seguem as normas recomendáveis de higiene e saúde.

A mesma observação vale com relação aos hábitos alimentares dos alunos. A passagem daquilo que se aprende em teoria não é total e nem automática para a vida do aluno. Havendo profissional da área de saúde na escola, este deve orientar os alunos sobre a boa alimentação. Caso não haja tal profissional, se possível, o Or.E. deverá convidar algum especialista para palestras aos alunos, e, caso isso seja impossível, ele próprio deverá tratar do assunto, de preferência com professores, na elaboração de cartazes e de outras atividades práticas. Uma cantina escolar não deveria comercializar alimentos prejudiciais aos alunos.

Outro assunto que diz respeito à saúde dos educandos é o costume de muitos pais de mandarem para a escola alunos doentes, com doenças transmissíveis. Há até os que mandam remédios para serem administrados aos filhos. A escola deve estabelecer, no início do ano, se ainda não houver, uma política para lidar com tais casos. É claro que não deveria haver esse problema, mas ele costuma ocorrer com frequência, daí a necessidade de um pronunciamento claro da escola. De qualquer forma, não cabe e é vedado ao Or.E. ministrar remédios aos alunos.

3. O Orientador Educacional e os aspectos psicológicos do desenvolvimento dos alunos

Além da saúde do corpo, a escola, e nela o Or.E., deve também se preocupar com aspectos psicológicos dos alunos. Dada a complexidade da problemática familiar, agravada pelas crises socioeconômicas que afetam a família, a frequência de alunos com problemas emocionais tem aumentado gradativamente. Muitos apresentam comportamentos agressivos, de revolta ou de apatia. Outros mostram-se tímidos ou superprotegidos. Enquanto os primeiros chamam a atenção e são, muitas vezes, atendidos, alunos excessivamente tímidos tendem a passar quase despercebidos, por não causarem problemas para a escola. É possível, entretanto, que estejam, devido à timidez, enfrentando dificuldades de relacionamento ou evitando experiências de aprendizagem que seriam importantes para o seu desenvolvimento.

O aluno que, no ambiente familiar, é superprotegido, recebendo todas as atenções, cuidados, tendo os seus desejos amplamente satisfeitos e não sendo cobrado de responsabilidades mínimas, ao entrar para a escola, onde provavelmente será um anônimo em meio a tantos outros e onde necessitará ter iniciativas para acompanhar a rotina escolar, talvez desenvolva comportamentos inadequados a fim de receber a atenção do pessoal da escola e/ou se furte a cumprir com todas as obrigações escolares. É necessário que os professores e o Or.E. estejam dispostos e preparados para auxiliá-lo na aquisição de independência.

Há manifestações de caráter emocional que necessitam serem observadas e eventualmente trabalhadas nos escolares, tais como medo excessivo, fobias, acessos e manifestações desproporcionais de raiva, insegurança e apego exagerado a algum adulto. Há, ainda, casos em que as crianças ou jovens passam por situações traumáticas, em decorrência de experiências negativas anteriores com a escola, com determinados professores, com certas disciplinas ou provas. É interessante ressaltar que não é a dimensão aparente de uma situação que a torna traumática. Às vezes, uma ironia, uma humilhação em público, uma ameaça velada, uma injustiça sofrida, de modo irreparável, podem, dependendo, é claro, do tipo e da situação de quem as sofre, resultar num trauma duradouro.

Dificilmente tais alunos conseguirão superar, sozinhos, esses problemas, que acabam por interferir tanto na sua saúde mental como em seu desempenho escolar.

Alunos muito tímidos ou ansiosos sofrem demais na escola e fora dela. Além da ansiedade geral, existe a ansiedade de prova, que se manifesta por ocasião das avaliações. Alguns alunos chegam a ficar, nessas ocasiões, realmente doentes, o que os impede de demonstrar nas provas todo o conhecimento que possuem. Muitas vezes, preferem tirar notas baixas, alegando não saber o que está sendo perguntado, a ter de sofrer durante arguição oral. O professor que conhece bem cada aluno sabe condescender em tais casos. Como nem todos os professores conhecem bem todos os seus alunos e nem todos eles sabem diagnosticar e lidar com a ansiedade de prova, cabe ao Or.E. alertar todos os professores e orientá-los a como proceder.

Vários psicólogos têm estudado características de alunos que são filhos únicos, dos que são o único filho de um dado sexo em meio a uma família onde todos os outros membros são do outro sexo, de alunos caçulas ou mais velhos na família. Nem todos esses alunos apresentam problemas de comportamento que possam interferir no rendimento ou na adaptação escolar, mas alguns deles podem apresentar algum tipo de problema ligado a tais fatores, motivo pelo qual no questionário familiar pede-se a constelação familiar do aluno.

Nos últimos anos, aumentou a ocorrência, ou se tornou mais conhecida, da síndrome do pânico, um distúrbio psicológico e físico que afeta principalmente adultos jovens, mas que, às vezes, pode ser encontrado em pessoas de outras idades. Não se sabe ao certo se a constatação desse aumento tenha ocorrido porque ele passou a ser mais conhecido, tanto pelos médicos quanto pela população leiga, ou se alguma(s) causa(s) na sociedade estaria(m) sendo responsável(is) por tal aumento na incidência dessa síndrome. O fato é que o aluno acometido por essa doença precisa de tratamento, pois além dos sintomas físicos, a pessoa acometida por ela não quer sair de casa, o que torna inviável o comparecimento do aluno à escola. O Or.E. atento poderá, ao verificar as faltas dos alunos às aulas, caso suspeite que seja esse o problema, indicar aos pais a necessidade de buscar tratamento.

4. A Orientação Educacional e a orientação sexual-afetiva do aluno

Dentre os aspectos do desenvolvimento do educando, a área mais problemática para se lidar é, sem dúvida, a de orientação sexual-afetiva. Principalmente o jovem, mas também as crianças necessitam de assistência nesses aspectos da educação e dificilmente encontram, na família e em outras instituições, orientação útil e adequada. Grande parte dos pais até desejaria que a escola se incumbisse totalmente dessa tarefa, reconhecendo o próprio despreparo devido ou à falta de informações, ou à falta de tempo ou, ainda, por dificuldade em lidar com essa temática. Por outro lado, entretanto, há pais que nem sempre aceitam e até temem a incursão da escola nesses assuntos. Daí a necessidade de que o Or.E. procure informar-se bem sobre a filosofia e a posição da escola e da comunidade, sobre as expectativas dos pais, a programação dos professores de Ciências e de Biologia e as necessidades dos alunos. Tudo deve ser feito com a devida ética e muita cautela, pois, em última análise, exceto quanto à parte de anatomia e fisiologia que compõe os programas de Ciências e de Biologia, no caso de alunos menores de idade, cabe aos pais decidir o que e como a escola deve tratar das questões afetivas e sexuais. Tratando-se de temas complexos, com múltiplas implicações, é importante que o Or.E. esteja bem preparado para lidar com eles, atualizando-se constantemente e solicitando auxílio de especialistas.

Uma dificuldade, em relação à orientação sexual, é que numa mesma classe coexistem alunos que, embora possam ter a mesma idade cronológica, apresentam diferenças marcantes quanto ao nível de desenvolvimento físico e afetivo e de conhecimentos relativos ao sexo. Ora, do ponto de vista metodológico, o tratamento mais adequado para a abordagem dos temas relacionados à afetividade e à sexualidade teria início com o conhecimento das noções biológicas e fisiológicas, o que poderia ser desenvolvido nas aulas dos professores de Ciências e de Biologia. Já a discussão que daria sequência aos aspectos tratados naquelas aulas seria realizada em grupos, em sala de aula, com o Or.E., para analisar valores, atitudes, comportamentos, implicações, responsabilidades e consequências.

Nesse caso, deveriam ser levadas em conta as diferenças individuais marcantes entre os alunos. Tal sistemática, embora seja o ideal, enfrentaria grandes dificuldades para implementação, pois além do problema inicial de fazer a separação entre os conteúdos, acarretaria, na escola, situações difíceis de explicar e de lidar. Na realidade, o que se verifica, normalmente, na prática, é que somente dá para separar os alunos por série, sexo e, eventualmente, por idade.

A orientação, no que respeita à afetividade e à sexualidade, constará do plano de OE e será realizada gradativamente, de acordo com a série frequentada pelos alunos e o nível de desenvolvimento deles. Provavelmente, os alunos mais velhos terão maior facilidade para explicitar abertamente suas dúvidas. Para os mais jovens, podem-se colocar em uma caixa de sugestões os assuntos específicos que gostariam que fossem tratados nessa área. É importante que todos vejam no Or.E. um amigo discreto a quem possam confiar seus problemas, suas dúvidas, inquietações, temores, incertezas e curiosidades. Por exemplo, não é raro, mesmo no ensino fundamental, que ocorram fatos mais sérios como gravidez acidental de aluna solteira. Cabe a ele ajudá-la no relacionamento com a família e analisar, com todos os envolvidos, as implicações, as consequências e as decisões a serem tomadas no caso.

A atuação do Or.E. nessa área do desenvolvimento é necessária, pois os professores de Ciências e de Biologia, embora aptos a ministrar conhecimentos teóricos, dificilmente se reportam a questões de ordem prática, que são justamente aquelas que mais preocupam e afetam os alunos.

Acidentes como a contaminação por doenças sexualmente transmissíveis ou a gravidez na adolescência, e até na infância, ocorrem porque, apesar de o aluno ter estudado a teoria básica, ele não conhece totalmente a teoria e, muitas vezes, ele acha que tais acidentes não ocorrerão com ele. Os professores de Biologia normalmente não chegam a pormenores, e seus alunos, muitas vezes, têm noções errôneas sobre assuntos de sexo, como, por exemplo, acreditam que não há perigo de gravidez na primeira relação.

O jovem pode também conhecer sobejamente toda a teoria relativa às questões de natureza sexual, mas estar desorientado no que diz respeito aos seus relacionamentos afetivos. Por insegurança de natureza afetiva e nos últimos tempos até por medo de violência, a menina pode ceder a exigências de namorado, não querendo e sabendo que não é o melhor para ela. Ela pode ceder também para não perder o namorado diante de recusa. Meninas, e principalmente meninos, podem ser motivo de críticas e até de chacota pelo fato de serem virgens.

A menina e principalmente o menino precisam aprender a diferenciar desejo sexual de amor. Essas são questões que não cabem em aulas de Biologia.

Quando da primeira edição deste livro, a educação sexual nas escolas era muito discutida e, de forma geral, restrita a apenas algumas escolas particulares, e a tentativas esporádicas em pouquíssimas escolas públicas. O assunto era considerado delicado e perigoso para ser tratado em todas as escolas. Iniciativas de alguns educadores, professores ou orientadores eram, muitas vezes, podadas, ainda que veladamente, pelas autoridades do ensino. Isso no século XX.

Hoje, em pleno século XXI, a escola continua a tratar com timidez a sexualidade, não obstante a sociedade vir escancarando o assunto para crianças da mais tenra idade. Não só a maior abertura nas conversas dos adultos com as crianças, e na presença delas, impensável há algumas décadas, como a televisão, as revistas nas bancas e até a internet com uma quantidade assustadora de pornografia tornam a atitude de excessivo fechamento da escola não só obsoleto como também prejudicial ao aluno. Ao se omitir, a escola deixa a porta aberta para informações errôneas e para a falta de relevância dos ensinamentos ministrados em relação à realidade enfrentada pelo aluno.

O MEC classificou a sexualidade como tema transversal nos parâmetros curriculares nacionais. Tais parâmetros constituem as diretrizes para os conteúdos ensinados nas escolas. São "transversais" porque não constituem objeto de uma dada disciplina escolar, mas podem ou devem ser tratados em várias delas. Apesar desse progresso, o MEC não impõe um modelo de ensino para a sexualidade, deixando a cargo dos Estados e municípios a maneira de tratar do assunto nas escolas. Em São Paulo, tanto no nível estadual como no municipal, o tema é abordado na área de saúde, seja por professores de Biologia, seja conjuntamente com a Secretaria da Saúde. Seria esse o melhor ou um caminho suficiente para tratar da sexualidade com os alunos? E os aspectos psicológicos e sociais não seriam tão ou mais importantes que os físicos na sexualidade dos alunos?

QUESTIONÁRIO PARA LEVANTAMENTO DE INFORMAÇÕES NAS ÁREAS DE SAÚDE FÍSICA E EMOCIONAL
(A ser preenchido pelos pais ou responsáveis pelo aluno)

Data ____/____/_____

Nome do aluno					Número		Série

Data do preenchimento deste questionário ____/____/_____

1. O aluno recebe orientação, em casa, sobre amizades, namoro, noivado, casamento?

    ( ) Não

    ( ) Às vezes, quando pede

    ( ) Sempre que pergunta ou pede

    ( ) Às vezes, sem pedir

    ( ) Sempre, sem pedir

2. O aluno tem namorado(a)?

    Se sim, há quanto tempo?

    Se sim, ele(a) frequenta a escola?		( ) Sim		( ) Não

    Se sim, qual o nome e a série?

3. Em casa, o aluno recebe orientação sexual? Escolha apenas uma das alternativas, isto é, aquela que mais corresponda à realidade.

    ( ) Não

    ( ) Às vezes, quando pergunta

    ( ) Sempre que pergunta ou pede

( ) Às vezes, sem pedir

( ) Sempre, sem pedir

4. Vocês gostariam e autorizam a escola a orientar os alunos em relação aos aspectos afetivos? Escolha apenas uma alternativa, isto é, aquela que descreve melhor a sua posição.

( ) Pelo SOE, em conjunto com professores e demais alunos, obedecendo a um programa preestabelecido.

( ) Por alguns professores, em aulas, desde que as informações façam parte dos respectivos programas.

( ) Sim, em particular, desde que o pedido ou as questões partam do aluno.

( ) Por especialistas convidados pela escola.

( ) Não.

5. Vocês gostariam e autorizam a escola a orientar os alunos em relação ao desenvolvimento sexual? Escolha apenas uma alternativa, isto é, aquela que descreve melhor a sua posição.

( ) Pelo SOE, em conjunto com professores e demais alunos, obedecendo a um programa preestabelecido.

( ) Por alguns professores, em aulas, desde que as informações façam parte dos respectivos programas.

( ) Sim, em particular, desde que o pedido ou as questões partam do aluno.

( ) Por especialistas convidados pela escola.

( ) Não.

6. O aluno alimenta-se regularmente?   ( ) Sim   ( ) Não. Explique
7. Dorme bem?   ( ) Sim   ( ) Não. Explique
8. Tem bons hábitos de higiene?   ( ) Sim   ( ) Não. Explique
9. O aluno pode realizar exercícios físicos?   ( ) Sim   ( ) Não. Se não, explicar quais e por quê.
10. O aluno está fazendo tratamento médico ou psicológico?

( ) Não   ( ) Sim. Para quê?

Nome de quem preencheu este questionário

Assinatura de quem preencheu este questionário

Parentesco com o aluno

FICHA DE OBSERVAÇÃO DE ALUNOS
(A ser preenchida pelos professores)

Do SOE

Para o/a Sr.(a) Prof.(a) _____

Data ____ / ____ / _____

Favor assinalar o que, na sua opinião, se aplicaria ao aluno _____ da _____ série _____

( ) Tem deficiência visual
( ) Tem deficiência auditiva
( ) É muito alto
( ) É muito baixo
( ) É muito gordo
( ) É muito magro
( ) É doentio
( ) Desmaia
( ) É muito fraco
( ) Gagueja
( ) Rói unhas
( ) Morde borracha
( ) Estala dedos
( ) Pisca olhos
( ) Chupa dedos
( ) Morde canetas
( ) Estremece
( ) Apresenta trejeitos
( ) É isolado
( ) É muito submisso
( ) Fala muito alto
( ) Perturba a aula com brincadeiras
( ) Faz perguntas inoportunas
( ) Chega tarde
( ) Mente
( ) Tem manias
( ) Não termina as tarefas
( ) Não tem iniciativa
( ) É mandão
( ) É tímido
( ) É agressivo
( ) É indiferente
( ) Chama a atenção
( ) É malcriado
( ) É irritadiço
( ) É desinteressado
( ) É irrequieto
( ) É dispersivo
( ) É preguiçoso
( ) É desastrado
( ) É revoltado
( ) É impaciente
( ) É briguento
( ) É tristonho
( ) É muito sensível
( ) Apresenta crises de choro
( ) É desajeitado
( ) É arredio
( ) Falta muito
( ) Não cuida do material escolar
( ) É irresponsável
( ) Grita
( ) É muito dependente
( ) Tem muito interesse por sexo
( ) Não aceita críticas
( ) Outros. Quais?

Capítulo 21

A Orientação Educacional e o lazer do aluno

1. O que é lazer?

Não é fácil definir o que vem a ser lazer.

Uma das dificuldades na definição de lazer consiste no fato de que as atividades que dão prazer, condição para que se configure a ocorrência do lazer, são individuais. O que é lazer para uma pessoa pode não ser para outra, pois nem todas as pessoas consideram uma mesma atividade como prazerosa.

Outra dificuldade é que, nem toda atividade prazerosa para algumas pessoas é lícita e/ou saudável, como, por exemplo, não pode ser considerado como lazer o uso de drogas. Se a pessoa nem estuda e nem trabalha, o que ela faz no tempo livre também não pode ser considerado como lazer, mas como prolongamento do ócio. Em outras palavras, existem diferentes lazeres para diferentes pessoas, e em determinadas condições.

Apenas para não deixar a questão totalmente em aberto, pode-se definir lazer como a realização de atividades prazerosas de descanso para o corpo ou para a mente, executadas nas horas livres do estudo e/ou do trabalho, de natureza diversa deles, e que contribuem para o desenvolvimento e o bem-estar para quem as realiza.

Embora se tenha colocado na definição acima que o lazer descansa, ele não se confunde com o ócio, isto é, o não fazer nada, que também, de certa forma, descansa. Enquanto o lazer consiste na mudança de uma atividade para outra, o ócio consiste em não se ocupar com nenhuma atividade. Enquanto o lazer é prazeroso, de tal forma que a pessoa não vê o tempo passar, o ócio, quando passa de certo tempo, causa tédio. Nas férias prolongadas é comum alguns alunos sentirem saudades da escola. É comum que pessoas aposentadas, que desejaram muito que chegasse esse momento para "não ter de fazer nada", depois de um tempo comecem procurar o que fazer.

Isso não quer dizer que a pessoa deva, ao deixar uma atividade, passar sempre para outra. O descanso, físico e metal, sem o necessário preenchimento do tempo com alguma atividade programada, mesmo que prazerosa, também é fundamental para o organismo repor suas energias

Relata a Bíblia que no sétimo dia da criação do mundo, tendo Deus dada por encerrada sua obra, Ele descansou. Teria Ele, realmente, precisado de descanso, apesar da incomparável e monumental obra realizada, ou teria sido esta uma maneira de sinalizar à humanidade de que é necessário o descanso após um período de trabalho? A Bíblia relata apenas que Deus descansou, não informando o que ele teria feito no sétimo dia, se nada ou se alguma atividade de lazer. O importante é que Ele parou o que vinha fazendo e, em qualquer dos casos, descansou.

Levando-se em consideração essas ressalvas, pode-se dizer que há várias formas possíveis de lazer, dentre as quais cada um escolhe as que lhe dão prazer. Há as de natureza cultural, como, por exemplo, ler, ouvir música, frequentar galerias de artes, ir ao teatro ou cinema, assistir a palestras sobre determinados assuntos, discutir questões filosóficas, estudar línguas estrangeiras, visitar sítios arqueológicos ou históricos, ir a museus e outras do tipo. Há também as atividades físicas exercidas pela própria pessoa ou assistida, como jogar futebol ou assistir a uma partida da seleção nacional, andar, correr, nadar, frequentar academia e outras que tais. Há as atividades de natureza social, como sair com os amigos ou namorado(a), ir a bailes, a baladas, a festas de vários tipos e assim por diante. Há, ainda, e são comuns, atividades que envolvem dois ou mais desses tipos de lazer, como uma excursão promovida pela escola (social) para visitar um local de interesse histórico ou geográfico (cultural), cuja visita requer uma escalada (física).

Para cada pessoa, existe um conjunto de atividades do mesmo tipo e/ou de diferentes tipos que podem ser consideradas lazer.

Como o lazer, por definição, é prazeroso e como, por conseguinte, ele deve ser prazeroso não em si próprio, mas para alguém, e como as pessoas diferem entre si em gostos, há lazeres diferentes para diferentes pessoas. Assim, ouvir música clássica por várias horas seguidas pode constituir lazer para algumas pessoas, pode ser indiferente para outras, mas também pode ser suplício para terceiras. Afinal, pergunta-se, ouvir música clássica constitui lazer? Depende de quem a ouve. Se a pessoa adora esse tipo de música, seria lazer para ela, desde que esse não constitua seu trabalho do dia a dia. O mesmo pode ser dito de qualquer outro tipo de lazer que se possa aventar.

Todos concordam que a prática de esportes é desejável e que a leitura é importante para a vida das pessoas, mas classificá-las, teoricamente, como lazer para todos constitui um grande erro. As pessoas que não gostam dessas atividades podem realizá-las porque acham importante e necessário, mas tais atividades não constituem lazer para elas, apenas mais trabalho e estudo.

Sabe-se, também, que o trabalho e o estudo podem ser intrinsicamente prazerosos para muitas pessoas, e que o ideal seria escolher atividades profissionais que cada um exercesse com prazer. Isto, porém, nem sempre é possível, mas mesmo nos casos em que tal ocorra, o trabalho ou o estudo, nesses casos, não constitui lazer, pois não ocorre a quebra da natureza da atividade que vem sendo exercida.

2. O lazer é necessário?

O lazer, tanto quanto o descanso, é importante e necessário para todo ser vivo. Ele constitui uma atividade instintiva para os animais.

O lazer é necessário e útil. Ele serve não apenas para intercalar períodos de trabalho ou estudo com períodos de atividades prazerosas, mas também, para os animais jovens e para as crianças, como preparação para a vida futura. O lazer serve também para os adultos a diferentes propósitos.

Seja nos esportes, seja nos jogos de salão, os adultos também exercitam, em ambiente neutro e em circunstâncias aceitáveis socialmente, a agressividade e a competitividade que não podem exercer abertamente na prática. O esporte é muito importante na vida do jovem, sendo, ao mesmo tempo, uma forma de lazer, de saúde e de educação. Na prática do esporte, o jovem desenvolve suas habilidades motoras essenciais para a escola e para seu bem-estar físico e mental, além de aprender a competir, a cooperar, a respeitar regras e regulamentos, a ter responsabilidade, desenvolvendo ao mesmo tempo a sociabilidade. Os pais precisam conhecer esse valor, possibilitando a seus filhos a prática de esportes.

A escola deve ter um papel relevante em relação a esse aspecto da educação do aluno. Como não costuma haver muito espaço público para atividades esportivas em todas as localidades, a escola deve suprir essa falta. Nas escolas há espaço para aulas de Educação Física que, além da programação específica das aulas, podem orientar os alunos no incentivo da prática de esportes.

O lazer deve constituir parte integrante da vida, pois é necessário para uma vida saudável. Quando não é dado um espaço para ele, o organismo reage apresentando doenças tanto psicológicas como físicas. A ausência de lazer pode causar desgaste emocional e doenças psicossomáticas. Pode prejudicar o desenvolvimento da inteligência emocional, a socialização, o entendimento de se pautar por regras, o saber ganhar e perder nos jogos.

Durante muito tempo, considerou-se o lazer como uma perda de tempo, algo que não só não deveria ser estimulado como também até proibido para as crianças e para os jovens. Hoje, os psicólogos e os educadores recomendam e estudam o brincar, os brinquedos e as brincadeiras das crianças, bem como as atividades de lazer dos jovens. Crianças e jovens saudáveis exercem atividades de lazer.

3. Os pais e o lazer

Constitui um grande erro considerar atividades de lazer sadio como perda e até desperdício de tempo. Esse é um erro que muitos pais cometiam antigamente e que muitos outros ainda hoje, inadvertidamente, cometem. Quando veem os filhos jogando bola com os amigos sempre os chamam para fazer tarefas em casa ou para estudar. Não que essas atividades deixem de ser importantes e necessárias, mas deve haver tempo para elas, bem como para o lazer. As pessoas, de qualquer idade, devem aliar suas obrigações com atividades de lazer, isto é, devem ter um tempo para tudo.

Da mesma forma que realizar apenas atividades de lazer é altamente prejudicial, também não ter espaço para ele também o é.

O importante para os pais é estabelecer um equilíbrio, em termos de horários e alocação de energia, para as obrigações dos filhos e aquilo de que os filhos gostam de fazer. Cabe aí um diálogo em que os pais mostrem a importância que eles, pais, dão a certas atividades que os filhos deveriam realizar, e escutem seus filhos sobre o interesse deles, filhos, por essas atividades. Se todas elas ou, de preferência, algumas delas forem do interesse dos pais e também dos filhos, na medida em que a consecução delas não exaure o aluno e não interfere em seu rendimento escolar, ele pode investir seu tempo livre nessas atividades e elas podem ser consideradas lazer.

Algumas das atividades propostas pelos pais são do conhecimento dos filhos e eles estão, portanto, em condições de opinar sobre se gostariam ou não de realizá-las. Outras, entretanto, podem ser mais ou menos desconhecidas pelos filhos e, para saberem de seu interesse, deveriam experimentá-las. Essa tentativa também deve ser colocada no diálogo entre os pais e seus filhos para escolha de atividades. O fator econômico, em muitos casos, precisará ser levado em consideração. Os filhos podem querer realizar muitas atividades de lazer ao mesmo tempo, ou alguma, em particular, que exija gastos com os quais os pais não podem arcar. Esses casos precisam, também, ser ponderados, sendo objeto de diálogo

Suspeita-se, entretanto, que nos tempos atuais o lazer programado seja mais necessário que o era antigamente. As crianças de zona rural eram criadas de forma mais solta, mais livre e podiam brincar sem muita programação; as de zona urbana podiam brincar na rua de casa, passear e viajar com os pais. Hoje, essas possibilidades escassearam e é natural a preocupação dos pais em procurar ambientes seguros para seus filhos nas horas em que não estejam ocupados ou evitar que não estejam sempre ocupados.

Em um mundo cada vez mais competitivo e em que se cobram dos pais muitas responsabilidades além das anteriormente consideradas como básicas, muitos deles preenchem todos os momentos livres dos filhos com mil e uma atividades terceirizadas, procurando, por um lado, os manter afastados dos perigos da rua e da ociosidade e, por outro, dando a eles uma série de oportunidades que possam abrir as portas para um futuro próspero. Dessa forma, e por esses motivos, preenchem o tempo dos filhos com aulas de futebol, de natação, de judô, de balé, de ginástica, de música, de línguas estrangeiras, esquecendo-se de deixar tempo livre, principalmente para as crianças brincarem e escolherem seus próprios interesses.

Tal tipo de preocupação ocorre principalmente com pais de classe média, das zonas urbanas. Esses pais compram brinquedos para os filhos, mas tais brinquedos têm como característica o uso exclusivo dos filhos, isto é, não pressupõem ou exigem o compartilhamento no uso com os pais. Quem acompanha as séries de televisão das superbabás deve ter notado que elas sempre trazem brinquedos para as crianças, mas que também incentivam os pais a participarem das brincadeiras, envolvendo toda a família, pai, mãe e as crianças das mais variadas idades.

Pais ricos, com frequência, compensam a falta de atenção com brinquedos caros e não compartilham o lazer dos filhos.

Algumas escolas particulares, percebendo a vontade de vários pais de que seus filhos tenham atividades programadas fora do horário normal de aulas, e que esses pais, por necessidade ou por praticidade, prefeririam ter todas as atividades dos filhos em um mesmo local, oferecem educação em horário integral, sendo que os alunos teriam todas as aulas extras na própria escola, em outro turno. Embora uma solução prática, esta não pode, por razões econômicas, ser estendida a todos os alunos, e nem seria o mais indicado. Em vez de lazer, o aluno estaria tendo mais aulas.

De qualquer forma, são poucas as escolas públicas que funcionam dessa forma, e nem todos os pais podem pagar, em escolas particulares, a educação em tempo integral.

Sabe-se que muitas mães sustentam, sozinhas, a casa, precisando, por esse motivo, explorar o trabalho infantil. Seus filhos, fora do período de aulas, são instados a trabalhar, não sobrando tempo e condições para qualquer possibilidade de lazer.

Uma das formas de lazer que tem tomado grande parte, senão a maior parte do tempo ocioso das crianças e dos jovens, é a televisão. Esta forma de lazer acarreta dois problemas que devem constituir preocupação por parte dos pais: o excessivo tempo dedicado a ela, com o consequente sedentarismo, este muitas vezes associado à ingestão de alimentos prejudiciais à saúde, e a qualidade dos programas assistidos.

Da mesma forma que a TV, e pelos mesmos motivos, os pais devem ficar alertas com o uso e o abuso da internet.

4. O lazer e o aluno

O aluno, como todo ser humano, seja ele criança, jovem ou adulto, também necessita de lazer.

O fato de ele apenas estudar, isto é, de não trabalhar, não significa que não precise de lazer. O estudo, levado a sério, constitui uma forma de trabalho, um trabalho mental.

Psicólogos que estudam a aprendizagem chegaram, experimentalmente, à descoberta de que uma das variáveis mais relevantes para o maior aproveitamento dos estudos é o tempo despendido pelo aluno estudando. Dessa conclusão, poder-se-ia deduzir, de forma apressada, que o aluno deveria dedicar todo seu tempo disponível à tarefa de estudar. Isso não é correto. Uma série de outros experimentos, sem contradizer os resultados anteriores, mostrou que o aproveitamento dos alunos melhora quando eles intercalam períodos de estudo com períodos de descanso. Por descanso, não se deve entender que ele não faça nada, mas que quebre os períodos de estudo com outro tipo de atividade, que vai do não fazer nada a outro tipo qualquer de preenchimento desse tempo, desde que diferente daquilo que vinha estudando.

É claro que os períodos de estudo e de descanso precisam ser bem dosados. Se quanto mais o aluno estudasse fosse muito bom para ele, não haveria a necessidade ou a recomendação da existência de períodos de férias escolares e também não haveria a necessidade de recreio nas escolas. Não haveria, também, a necessidade de se intercalar aulas de diferentes disciplinas no horário diário de aulas dos alunos. Seria mais prático dar aulas de Português, por exemplo, nas segundas-feiras, de Matemática, nas terças e assim por diante.

Outra questão que muitos colocam é se o aluno que possui todo o tempo tomado com a escola e o trabalho tem, necessariamente, pelo fato de precisar trabalhar, seu rendimento escolar prejudicado. A menos que haja interferência de horário ou que o trabalho seja aversivo e cansativo demais, não costuma haver grandes problemas no fato de o aluno trabalhar. Uma e outra atividade, a de trabalho e a de estudo, podem ser consideradas como lazer, pois interrompem o que o aluno vinha fazendo.

5. O Orientador Educacional e o lazer dos alunos

O Or.E. deve orientar pais e alunos sobre o lazer, levando em consideração a idade do aluno e os conhecimentos sobre o assunto e as possibilidades dos pais. Deve alertar os pais que não é preciso, e muitas vezes é contraproducente, comprar muitos brinquedos, principalmente brinquedos caros, mesmo que a condição econômica desses pais o permita. É comum que crianças que têm brinquedos sofisticadíssimos se extasiem quando se deparam com objetos simples que podem manusear e aos quais dão vida, como bonecas mais simples "que não fazem nada de especial", bolas de jornal e até embalagens dos brinquedos caros que acabam de ganhar.

Em escolas em que alunos e pais dispõem de poucos recursos – como acontece com a maior parte da clientela da escola pública –, é importante que se busque, por meio de orientação cultural, informar a eles as possibilidades oferecidas na comunidade, principalmente promovidas pelo setor público, cujas taxas, quando existentes, são mais acessíveis.

Não se pretende que o Or.E. seja o *"big brother"* da escola ou a serviço do sistema, mas como a escola vem assumindo, cada vez mais, não por vontade ou iniciativa própria, a tarefa de educar, o Or.E. deve lidar com o aluno em todos os aspectos da educação, e isto envolve os pais. Problemas na área do lazer fora dela costumam apontar na escola. Quando o aluno começa a faltar muito, sem justificativa, ou quando chega sistematicamente atrasado para as aulas, também sem causa, o Or.E. pode suspeitar que esteja havendo problemas na área do lazer. Uma das primeiras suspeitas seria o desregramento nos horários da casa. Há pais que deixam os filhos assistirem à TV, ficarem acordados ou brincando até tarde da noite. No dia seguinte, se eles têm aula no período matutino, costumam perder a hora. Se no vespertino, ficam sonolentos. Outro tipo de problema que interfere na escolaridade do aluno e também na vida dele é a substituição de tipos saudáveis de lazer por fliperamas, baladas, roda de amigos que consomem bebidas alcoólicas e outros do tipo.

O lazer não se restringe ao período em que o aluno está fora da escola, mas também deve ser levado em consideração quando ele se encontra no período de aulas. O Or.E. deve constatar o que a escola oferece para alunos de cada faixa etária, em termos de lazer, durante o período de aulas. O Or.E. deve observar o que ocorrem nos intervalos, como brigas, brincadeiras perigosas, crianças sentadas em um canto sem ter o que fazer, alunos usando o recreio apenas para frequentar a lanchonete, adquirindo balas, por exemplo, e se questionar o que poderia ser feito para tornar o recreio melhor e mais aproveitável.

Uma das autoras deste livro melhorou muito o comportamento dos alunos do curso fundamental de uma escola ao propor o desenho de "amarelinhas" no pátio, ao disponibilizar cordas para pular, ao organizar jogo de queimada e de peteca e deixar jogos disponíveis nos bancos do recreio, todas providências de fácil implementação e de baixo custo para a escola. Para alunos maiores, devem ser providenciados outros tipos de lazer, de acordo com o tempo disponível e com as idades, sexo e interesses dos alunos.

Além dos períodos de recreio, ou quando por causa da falta de um professor os alunos esperam fora da sala de aula, a escola deve estar equipada com biblioteca e acesso a computadores.

O Or.E. deve atentar também para as atividades extraclasse. Essas atividades são muito importantes na educação dos alunos, embora se apresentem sob a forma de lazer. Por meio delas, descobrem-se talentos especiais que, muitas vezes, passam despercebidos nas atividades de sala de aula. A escola pode promover excursões com várias finalidades, visitas a bienais de arte e do livro, incentivar a criação de clubes de leitura, entre outras atividades de lazer e de estímulo à cultura.

A existência de uma fanfarra ou um festival de música, por exemplo, pode dar ensejo ao desenvolvimento de talentos para a música; um coral pode revelar vozes privilegiadas; a existência de um teatro pode iniciar alguns na carreira de artes cênicas; campeonatos de várias modalidades desportivas podem iniciar alunos nos esportes competitivos; visitas a museus podem despertar o interesse de alunos por artes plásticas, o envolvimento dos alunos na preparação de comemoração de feriados pode acrescentar muito a suas aulas de História, assim como o envolvimento na preparação das festas juninas pode dar ensejo a muito estudo interdisciplinar.

O Or.E. não pode, é claro, realizar tudo isso de uma só vez e sozinho, mas ele pode sugerir as atividades que são de maior interesse para os alunos e para a escola e, dessa maneira, ir expandindo as ofertas dessas atividades, contando com a colaboração de outros elementos da escola, além dos pais e dos próprios alunos.

Além dos horários livres no período de aulas, tem-se cogitado do uso das instalações escolares também quando delas não se faz uso, como nos finais de semana e no período de férias. Esse uso, bastante importante, necessário e recomendável, exige, entretanto, uma complexidade de providências que fogem à alçada da OE. Caso as autoridades cogitem da implantação de algo do gênero, o Or.E. pode colaborar, pois é ele que, na escola, melhor conhece os alunos e seus pais. O uso da escola nos períodos de recesso poderia se estender para toda a comunidade, não apenas para os alunos. Esse assunto, entretanto, extrapola as incumbências do Or.E.

Dentro das atribuições do Or.E. cabe a pesquisa da situação atual do lazer na escola e o que os alunos gostariam que lhes fosse oferecido.

Encontram-se a seguir um modelo de questionário a ser preenchido pelos alunos e um modelo de resumo estatístico dos resultados desse questionário.

MODELO DE QUESTIONÁRIO SOBRE O QUE OS ALUNOS GOSTARIAM QUE A ESCOLA OFERECESSE

Turno	Série	Turma
Nome do aluno	Sexo	Data

1. O quê você e seus colegas têm para fazer durante o recreio?
2. Você participa? Sim ( ) do quê? _____
   Não ( ) Por quê? _____
3. O que você gostaria que a escola oferecesse?
4. O que a escola oferece, para recreação, em outros períodos, que não o de suas aulas?
   Você participa? Sim _____ De quê?
   Não _____ Por quê?
5. O que você gostaria que ela oferecesse?
6. O que mais você gostaria que a escola oferecesse, em termos de lazer, onde e quando?
7. Você acha que a escola possui locais, ou instalações, que poderiam ser usados para o lazer dos alunos? Se sim, quais? Explique como.

MODELO DE RESUMO ESTATÍSTICO DO QUESTIONÁRIO SOBRE LAZER DO ALUNO
(A ser preenchido pelo SOE)

Questão nº 1 do questionário:

Período

	Sexo feminino		Sexo masculino	
	Atividades citadas	nº	Atividades citadas	nº
1ªs a 5ªs séries				
6ªs a 8ªs séries				
Ensino médio				

Razões mais citadas pelas quais os alunos não participam das atividades oferecidas (indicar o período, sexo e série).

Repetir as estatísticas para as demais questões do questionário, conforme o modelo acima.

Conclusões dos resultados:

Como se encontra a situação do lazer oferecido pela escola?

Por que os alunos não participam?

O que os alunos propõem é viável? Se não, por quê?

Baseado nesta estatística, o Or.E. poderá elaborar um plano de lazer que seja viável, a ser apresentado à direção da escola.

MODELO DE QUESTIONÁRIO PARA LEVANTAMENTO DE INFORMAÇÕES
SOBRE AS ATIVIDADES DE LAZER DO ALUNO
(A ser preenchido pelos pais ou responsáveis)

Data ____ / ____ / _____

Nome do aluno   Sexo

Série   Período

1. O aluno lê livros, jornais ou revistas? Quais?
2. Aproximadamente, quantas horas livres (sem trabalho, cursos, ajuda aos pais, lições de casa) o aluno tem por dia? O que ele faz, normalmente, nessas horas?
3. O que ele faz nos fins de semana?
4. Ele pratica esportes? Quais? Quantas horas por semana?
5. Ele assiste a apresentações, competições ou jogos? Quais? Onde?
6. O aluno anda, corre, pula, brinca normalmente ou tem pouca atividade física? Explique.
7. O que o aluno faz, normalmente, nas férias?
8. O aluno tem talento especial para esporte ou arte? Explique.
9. O aluno frequenta aulas ou cursos fora da escola? Quais? Quantas horas por semana? Ele traz tarefas para casa desses cursos? Quanto?
10. O aluno pode participar de todas as atividades programadas pela escola?
    Sim ( )   Não ( ) Se não, explicar quais e por quê.

Capítulo 22

A atuação do Orientador Educacional em relação à Orientação Vocacional do aluno

1. A importância da escolha profissional

A profissão representa um aspecto significativo na vida das pessoas, aspecto este do qual, em grande parte, os demais dependem. É considerável o tempo que se dedica ao trabalho: pelo menos um terço do dia, durante trinta anos ou mais. Com o seu desempenho, o indivíduo provê os recursos para a própria subsistência e a de sua família, assim como contribui para o desenvolvimento econômico e social da comunidade e do país. Entretanto, esses aspectos não esgotam a relevância do trabalho. Há que se considerar, igualmente, o que a profissão representa para o indivíduo como pessoa. É por meio dela que este satisfaz a necessidade de autorrealização, aplica suas capacidades e potencialidades e expressa sua personalidade. Portanto, quando ele realiza uma atividade compatível com suas habilidades e demais características, num ambiente favorável, o trabalho exercido constitui um fator de ajustamento e de satisfação pessoal. Quando tal não ocorre, o exercício profissional, ainda que necessário e relevante, passa a ser um fator de desajustamento e de insatisfação individual, e até um problema para os demais. Tanto o trabalho representa um aspecto fundamental na vida das pessoas que elas geralmente se apresentam e se definem pela respectiva profissão, com maior ou menor orgulho, conforme o caso.

A profissão ou a função exercida é tão importante na identificação da pessoa que ela geralmente é colocada sob o nome dela no cartão de visitas.

Além dessas, há muitas outras razões pelas quais a escolha de uma profissão adequada torna-se um dos projetos mais significativos na vida de cada um.

2. A escolha profissional assumiu diferentes características na evolução das sociedades

Houve vários momentos, com características diversas, na história das civilizações no que se refere à atribuição de profissões às pessoas.

Em um primeiro momento na vida da humanidade, todos realizavam tarefas iguais para sua própria sobrevivência, não havendo diversificação nos trabalhos e não havendo profissões e, por conseguinte, possibilidade de exercer escolhas profissionais.

Com o correr do tempo, o homem descobriu que seria mais produtivo se as pessoas dividissem o trabalho que vinha até então sendo realizado por cada um e por todos os indivíduos que habitavam próximos, de tal forma que uns passassem a se dedicar e, por conseguinte, se especializar na consecução de apenas algumas tarefas, enquanto outros se desincumbiriam de outras. Os critérios mais gerais para tal divisão decorriam da concepção que cada grupo possuía dos papéis próprios para cada categoria de pessoas, isto é, caso se tratasse de homens, de mulheres, de crianças, de idosos etc. As decisões sobre quais tarefas caberiam a cada indivíduo tinham, portanto, caráter cultural e social, sendo tomadas por consenso e ficando implícitas em cada comunidade, não havendo também, ainda, escolha profissional individual.

Em um terceiro momento, houve uma hierarquização do trabalho, de acordo com a família na qual o indivíduo nascia, sendo que ele exerceria a profissão familiar. Formavam-se, então, verdadeiras dinastias profissionais, havendo, inclusive, segredos profissionais passados de pais para filhos e, dessa forma, mantidos na família. Seguindo esse modelo, tornaram-se famosas na Idade Média as corporações de ofício.

Em um quarto momento, começaram a ser feitas escolhas, mas estas seriam possíveis apenas quando realizadas intraclasses, isto é, cada indivíduo podendo exercê-las desde que o fizesse dentro de certos parâmetros, ditados pela classe social a que pertencesse. Como consequência, e por que os filhos não precisariam mais exercer a mesma profissão dos pais, embora pudessem fazê-lo caso quisessem, e por que as profissões, mesmo as mais simples, começaram a exigir certo preparo, surgiram escolas que instruíam os jovens para diferentes atividades. Entretanto, como as profissões, ou grupos delas, continuavam ligadas às classes sociais, as escolas criadas para preparar os jovens para as diferentes profissões assumiram características e currículos diferenciados. Criaram-se, desta forma, dois tipos de escolas, destinadas a cada uma de duas classes sociais, os ginásios e as escolas técnicas. As escolhas individuais somente seriam possíveis dentro de cada tipo. Assim, quem cursasse o ginásio poderia seguir estudos em qualquer curso de nível superior, enquanto quem cursasse as escolas técnicas teria seu campo de escolha limitado ao ensino médio ou a apenas alguns poucos cursos de nível superior. De qualquer forma, ainda que incompleta, esboçava-se alguma possibilidade de escolha.

No momento seguinte, houve uma "abertura", pelo menos teórica, para que todos pudessem optar por qualquer profissão, e a escola começou a ser vista como uma grande possibilidade, quase a única, de ascensão social, tendo, então, o diploma de curso superior constituído o passaporte para tal ascensão.

A escolha, então, passou a ser feita por fatores externos ao indivíduo. Tais fatores, entretanto, nem sempre se mostraram os mais adequados, no sentido de o indivíduo ser livre para escolher a profissão que o realizaria como pessoa. As profissões já se achavam há muito classificadas hierarquicamente, tanto em função de salários como de *status* social. Esse entrelaçamento viria a ser causa de muitas escolhas infelizes. Um psicólogo chamado Skinner, criticando esse estado de coisas, escreveu um livro sobre uma sociedade utópica que ele considerava ideal, na qual as profissões nem seriam remuneradas em espécie, nem de acordo com a hierarquia que conhecemos hoje. Nessa sociedade proposta por Skinner, as profissões, consideradas como menos atrativas para os membros da comunidade, teriam melhor remuneração. Tal remuneração consistia no número de horas necessário para atingir uma quota diária. Assim, quanto pior o trabalho, menos horas a pessoa que o aceitasse trabalharia, sobrando mais tempo de lazer para ela.

De certa forma, embora não totalmente, essa filosofia e respectiva prática são encontradas nos EUA, onde a diferença salarial entre profissões menos consideradas socialmente e as mais consideradas é bem menor que nos demais países, inclusive no Brasil. Essa proposta, inviável nas nossas sociedades, vem ilustrar a hierarquização nelas do trabalho profissional.

A escolha profissional baseada em fatores internos aos que escolheriam, de acordo com a qual o indivíduo fosse livre para escolher uma profissão, baseando-se em seus interesses e aptidões, passou a seguir a ser possível, ainda que apenas para alguns privilegiados e dentro de certos limites. Tais limites agora, entretanto, não se refeririam mais ao máximo que o indivíduo pudesse almejar, mas geralmente ao mínimo, mínimo esse determinado pelas condições familiares. Começaram a ser aplicados os chamados "testes vocacionais" para que, dentro dos limites ditados pela classe social a que o jovem pertencesse, ele pudesse ser orientado para determinada profissão.

3. Existiria uma vocação para cada profissão?

Uma questão que foi colocada, então, era sobre a possível existência de vocações para determinadas profissões. Sabe-se que tal vocação não existe, a não ser, talvez, para a vida religiosa. As pessoas têm, em geral, a possibilidade de exercer mais de uma profissão. Muitas profissões aparecem e desaparecem com o decorrer do tempo e com as modificações sociais. Como ficariam, então, as pessoas cujas vocações seriam para profissões desaparecidas? E quem exerceria as novas profissões?

Por que, então, empregam-se, usualmente, as expressões testes vocacionais e orientação vocacional?

No que se refere à OV, não há um consenso, entre os especialistas, quanto aos termos utilizados nessa área, empregando-se, às vezes, expressões como: orientação profissional, orientação ocupacional, informação profissional. A partir das contribuições das teorias desenvolvimentistas, a expressão "Orientação Vocacional" passou a ter a preferência de profissionais nesse campo, embora sofra algumas restrições pelo fato de sugerir uma relação com o termo "vocação" que, por sua vez, poderia transmitir a noção de um determinismo, de algum tipo, isto é, que a pessoa nasceria com vocação para determinado trabalho e que caberia a quem a orientasse descobrir qual seria ele. Por outro lado, a expressão "Orientação Vocacional" é mais inclusiva que as demais, porque denota que, na verdade, cada indivíduo se define por um projeto de vida, o que, certamente, representa mais do que a escolha ou o exercício de uma profissão, embora esta seja um aspecto importante deste projeto.

4. Por que vem se tornando cada vez mais difícil a escolha profissional?

À gradativa maior abertura e liberdade para a escolha profissional, aliada a uma maior complexidade social, vem correspondendo um aumento no leque de possíveis opções para o jovem. O desenvolvimento científico e tecnológico e as transformações sociais e econômicas tornaram não só a vida em sociedade mais complexa, como também alteraram profundamente o mundo do trabalho, fazendo com que novos campos profissionais, com novas especialidades, surgissem e outros caíssem em desuso ou se transformassem. Torna-se, assim, cada vez mais difícil conhecer todas as profissões – algumas dezenas de milhares – a fim de se tomar uma decisão valiosa.

Cada vez mais vem se acentuando a interferência familiar na escolha profissional dos jovens, pois a forte hierarquização das profissões faz com que as famílias interfiram nas escolhas: as mais abastadas desejam manter o *status quo*, não aceitando que o jovem queira escolher profissões cuja posição na hierarquia social esteja abaixo daquela delas, enquanto as famílias menos favorecidas social ou economicamente vêm na escolha profissional possibilidade de ascensão econômica e social. Dessa forma, se, por um lado, a liberdade de escolha constituiu um fator positivo para a escolha profissional do jovem, por outro, veio trazer um cerceamento nessa escolha e um fator de angústia em relação a ela.

Em relação ao próprio jovem, fatores muitas vezes inconscientes afetam suas escolhas. Por exemplo, há jovens que, não tendo talento para as artes, desejam ser artistas porque se identificam com o pai, amigo ou ídolo que são artistas. O mesmo ocorre quando ele não escolhe determinada profissão apenas porque ela é exercida e identificada com pessoa pela qual ele nutre acentuada rejeição. O fato de ter incorporado valores ou preconceitos relativos ao mundo do trabalho pode, igualmente, conduzi-lo à seleção ou rejeição de determinada atividade profissional.

As restrições econômicas, as limitações físicas e psicológicas e as dificuldades nos estudos devem ser levadas em consideração na escolha profissional, e nem sempre o são.

Sem preparação adequada, os jovens costumam escolher profissões usando para isso critérios fantasiosos, profissões de moda, acreditando que elas lhes propiciarão excelente mercado de trabalho ou lhes propiciarão altos rendimentos. Costumam, também, optar pelas profissões mais conhecidas que, por este motivo, geralmente têm o mercado mais saturado. Por outro lado, há profissões igualmente importantes e interessantes, às vezes novas, outras vezes antigas, mas menos conhecidas, que deixam de merecer a atenção dos jovens, quando estes não recebem orientação adequada.

Muitas vezes, a profissão é escolhida apenas pelo nome dela, sem que a pessoa saiba exatamente o que o profissional faz e em que circunstâncias.

Alguns jovens, não sabendo o que escolher, acompanham as escolhas feitas por namorados ou amigos. Eles não atentam para o fato de que tal escolha deve ser pessoal e que as restrições econômicas, as limitações físicas, psicológicas e as dificuldades do curso de formação do profissional devem ser levadas em consideração na escolha profissional. Tal escolha não deve ser feita de forma leviana e apressada. Nem para uma boa escolha profissional bastaria conhecer todas as profissões, ainda que tal fosse possível, pois a pessoa precisa ter, antes e além e mais do que o conhecimento de profissões, um conhecimento de si própria – seus interesses, valores, aptidões e limitações –, conhecimento do mundo do trabalho e maturidade para o exercício da escolha.

Tem se tornado comum para jovens, muitas vezes aconselhados por seus pais, escolherem profissões de acordo com o "mercado de trabalho". Além de tal forma se constituir em um péssimo critério para a escolha, ela constitui uma falácia. Mercado de trabalho constitui uma variável subjetiva, isto é, não existe em valor absoluto.

Deve-se perguntar: mercado para quem? Para quê? Onde? Em que circunstâncias? Quando? Essas são questões difíceis de serem respondidas. Se todos os jovens escolherem, ao mesmo tempo, uma mesma profissão, porque ouviram falar que oferece ótimo mercado de trabalho, o que acontecerá quando todos eles se formarem, ao mesmo tempo, para exercer tal profissão? Além disso, devido às mudanças, cada vez mais aceleradas, na sociedade e no mundo do trabalho, como estará a profissão escolhida pelo jovem que a escolheu há cinco ou mais anos atrás? Teve, por exemplo, há alguns anos, o caso noticiado na imprensa sob o título de "o engenheiro que virou suco", em que um engenheiro formado achou melhor o mercado para a venda de sucos do que para o exercício da profissão para a qual se formara. De fato, na ocasião, escasseavam os postos de trabalho para engenheiros. Hoje, entretanto, está havendo falta desses profissionais no mercado.

Por esses motivos, somente de posse, como se fosse um cardápio de restaurante, de um catálogo de profissões, e este seria sempre incompleto e defasado, o jovem não conseguiria realizar a melhor escolha para ele. Precisaria, por se tratar de um processo tão complexo quanto importante, de uma eficiente OV.

Tal orientação deve ser baseada em um tripé constituído pelo autoconhecimento, conhecimento do mundo do trabalho e maturidade para a escolha.

5. Como e quando se adquire maturidade para a escolha profissional?

Se a maturidade vocacional constitui um dos fatores importantes para a escolha profissional, pode-se perguntar como e quando ela é adquirida, pois o termo maturação implica a aquisição de algo inexistente, que se adquire. Maturidade implica tempo e ações. As ações devem ocorrer em função do tempo, isto é, para cada época, deverá haver ações adequadas que levem a aumentar a maturidade.

Apesar da importância da escolha a ser feita, nas sociedades modernas, requer-se que o jovem decida sobre seu futuro profissional cada vez mais cedo. Mesmo em tom de brincadeira, os adultos começam a perguntar às crianças a conhecida frase: O que você vai ser quando crescer?

Quando uma criança mostra um interesse ou habilidade, ainda que pequeno e/ou passageiro, para algo, imediatamente, os adultos começam a cogitar se ela exerceria tal ou qual profissão ligada a esse interesse.

Vários psicólogos que se dedicam ao estudo do desenvolvimento humano e que se interessaram pela escolha profissional, como Tiedman, O'Hara e Super, por exemplo, formularam teorias segundo as quais a escolha profissional não consiste em uma decisão de momento, mas que constitui todo um processo de desenvolvimento profissional. Por se tratar de um processo que se desenrola durante toda a vida, começando desde a mais tenra idade, às vezes até antes do nascimento, isso não quer dizer que a criança deva, desde cedo, definir sua futura profissão. Segundo esses mesmos autores, ela passa, no seu desenvolvimento profissional, por etapas, sendo que as primeiras tentativas de explicitar uma escolha nada têm a ver com a profissão a ser exercida no futuro, tanto é que há muita semelhança nas escolhas enunciadas por crianças das mesmas classes sociais e das mesmas idades que vivem nos mesmos ambientes. Assim, muitas meninas dizem que serão bailarinas, modelos, professoras, e muitos meninos dizem que serão bombeiros, pilotos e outras profissões de moda onde eles vivem. Escolhas chamadas de fantasiosas não devem ser consideradas definitivas e incentivadas pelos pais, mas como preparo para escolhas mais maduras e realistas.

A escolha profissional é uma decisão difícil e que, portanto, deveria ser postergada, até que o indivíduo pudesse passar tranquilamente por todas as etapas do desenvolvimento profissional. Infelizmente, o ritmo de vida moderno não dá a ele essa oportunidade, cobrando desde cedo uma escolha para a qual ele não está devidamente preparado.

Dependendo das condições socioeconômicas dos pais, o jovem pode ser solicitado a se pronunciar, em diferentes idades, nos chamados pontos críticos de sua vida escolar, como naquele da passagem do ensino fundamental para o médio e na conclusão deste. Nessa ocasião, alguns alunos irão deixar, definitiva ou temporariamente, os estudos para trabalhar, outros farão inscrição nos exames vestibulares e, ao fazê-lo, deverão se pronunciar sobre a profissão que pretendem exercer. Em alguns casos, por decorrência de como são organizados tais vestibulares, o candidato deve optar até pela especialidade na profissão escolhida, como, por exemplo, caso escolha engenharia, deverá decidir se civil, de produção, química, naval e assim por diante.

Para tanto, o jovem, apesar da pouca idade para isso, precisa estar preparado para o exercício das escolhas que será solicitado a realizar. Por esse motivo, é essencial que a escolha não represente um único momento na vida das pessoas, mas um processo gradual de desenvolvimento e amadurecimento. Além do tempo necessário à maturação, há ações que, desenvolvidas principalmente na escola e no momento certo, ajudam o processo de maturação profissional.

Dessa forma, a escola deve proporcionar aos alunos, nos diferentes níveis de ensino e no decorrer de toda a sua permanência nela, uma série de atividades, para que, quando estiverem concluindo seus cursos, apesar ainda da relativa imaturidade frente à importância da tarefa a ser executada e à relativa pouca idade cronológica, estejam mais habilitados a realizar uma escolha adequada. Toda a comunidade escolar deve se envolver nesse processo, mas cabe à OE a sua condução.

6. A importância e a necessidade do Orientador Educacional na condução da Orientação Vocacional na escola

Apesar de sua importância e necessidade, dificilmente a OV vem sendo oferecida nas escolas, seja por falta de Or.E., seja porque o Or.E. não tem condições para implementá-la.

Como foi visto anteriormente neste livro, a tarefa da OV nas escolas constitui uma das atribuições privativas do Or.E., segundo a legislação que regulamentou a profissão do Or.E. Não fosse meramente pelo aspecto legal, o seria por necessidade, pois o jovem necessita, na escola, de OV, sendo que não há nela ninguém melhor que o Or.E. para a consecução dessa tarefa.

Ele deverá atuar na coordenação das atividades relacionadas ao desenvolvimento vocacional elaborando, para isso, um plano que tenha como objetivo instrumentalizar os alunos para a escolha de cursos e de profissões. Desse plano, constarão objetivos parciais a serem atingidos a cada etapa do desenvolvimento escolar e vocacional, bem como as respectivas estratégias a serem empregadas para a consecução de tais objetivos. O plano deverá também ser integrado à atuação dos professores, dos demais membros da equipe técnica e da comunidade, deverá ser desenvolvido desde as primeiras séries do ensino fundamental, e não apenas nas séries finais, isto porque, segundo vários autores, a OV deve ser conduzida como uma sucessão de experiências de aprendizagem em tomadas de decisão. O valor implícito nesta abordagem é que o planejamento é mais desejável do que a improvisação. Ponderar escolhas e iniciar uma ação é preferível a não fazer nada ou deixar as coisas acontecerem.

A partir do desdobramento do objetivo final da escolha de cursos e profissões, em objetivos intermediários, selecionam-se as melhores estratégias para cada etapa, assim como, quando a escola comportar, pode-se separar as classes em função dos interesses demonstrados pelos alunos.

Desde as primeiras séries do ensino fundamental, pode-se fazer o reconhecimento das profissões exercidas, primeiramente na escola e nas famílias dos alunos e, nas séries mais adiantadas desse nível de ensino, na comunidade e fora dela. Tais atividades podem contar com a colaboração dos professores da área de Estudos Sociais e ser, também, objeto de jogos, gincanas e de dramatizações.

A leitura e a discussão de biografias de diferentes profissionais podem, igualmente, contar com a participação de professores de várias disciplinas e constituem uma preparação útil para um maior entendimento sobre o mundo do trabalho, a maneira como as decisões ocorrem, as limitações e o fator "sorte" ou "acaso" na escolha profissional.

Devem ser aproveitados, para a sondagem de aptidões artísticas, vários recursos e/ou eventos que ocorrem na escola como: a encenação de peças, ensaio da banda e fanfarra, preparo de festas, festivais de música popular, organização de coral, exposição de pintura, fotografias, esculturas, festas cívicas etc.

Em qualquer série ou nível de ensino, desde que adequadamente planejadas, podem ser organizadas visitas a empresas ou locais onde profissões são exercidas ou cursos são ministrados.

Uma estratégia bastante usada em OV consiste em convidar pais ou diferentes profissionais da comunidade para que venham à escola proferir palestras, coordenar debates ou dar entrevistas sobre suas profissões. O mesmo pode ser feito em relação a ex-alunos que teriam a oportunidade de discutir, com os atuais, suas experiências com trabalho exercido ou cursos frequentados.

Organização de eventos como "semana da informação profissional" e "feira de profissões" são estratégias valiosas para despertar o interesse e conscientizar os alunos para a importância de que se reveste a escolha profissional. Deve-se, entretanto, cuidar para que a "feira" e os profissionais convidados, como costuma ocorrer nesses casos, não venham a acentuar o direcionamento das escolhas para as profissões mais conhecidas e mais facilmente encontráveis na comunidade. Debates entre alunos e palestras do Or.E. sobre a importância do trabalho e de uma escolha consciente teriam a função de despertar alunos para o assunto. Organização de bancos de empregos; coleções de livros e de folhetos; "recorteca" (recortes de jornais) ou outras publicações sobre o mundo dos cursos e do trabalho são iniciativas a serem desenvolvidas e atualizadas permanentemente.

Além dessas estratégias voltadas aos alunos, é importante que o Or.E. também ministre palestras dirigidas aos pais sobre o papel e a atuação adequada da família e da escola na condução da escolha vocacional.

Por meio desse trabalho sistemático, realizado durante todo o período de escolaridade do aluno, o SOE estará contribuindo para o desenvolvimento vocacional do orientando e construindo, assim, uma base mais segura para os momentos em que este deverá tomar decisões que irão definir sua trajetória profissional. Esses momentos críticos, em geral, ocorrem nas últimas séries do ensino fundamental e do ensino médio, e é quando a atuação do Or.E. se torna mais específica e direta. Nessa ocasião, ele irá analisar as opções de cursos e profissões, sistematizará as sondagens de interesses, aptidões e demais características de personalidade que vinham sendo realizadas durante os cursos e ajudará os alunos na elaboração de uma síntese de todas essas informações, demonstrando mais uma vez, na prática, a importância e a necessidade de uma escolha consciente e adequada.

Mesmo que o jovem não se encontre totalmente bem preparado para o exercício de sua escolha profissional, todos concordam que a escolha deve caber única e exclusivamente a ele.

Dificilmente, a família está em condições de dar uma ajuda eficiente e descompromissada. Devido à possibilidade de ascensão social, via escola, é comum, nas classes sociais menos privilegiadas, que os filhos alcancem um maior nível de escolaridade e de aspirações profissionais que os pais. Por outro lado, familiares com *status* sociocultural elevado e que exercem profissões de nível superior, costumam desejar que a carreira deles seja seguida pelos descendentes, principalmente quando se trata de profissões bem-sucedidas. Nesses casos, os pais estariam dificultando o livre desenvolvimento vocacional e a escolha independente dos filhos, que devem exercer suas próprias opções. Outros adultos, ainda que bem-intencionados, nem sempre têm o preparo e a visão ampla da diversidade de profissões existentes para auxiliar o jovem. A orientação, que talvez pudessem propiciar, além de incompleta, poderia ser tendenciosa em relação a algumas carreiras, em detrimento de outras.

7. Por que a Orientação Vocacional tem falhado?

Em muitas circunstâncias ainda não há a possibilidade de o jovem escolher a profissão que gostaria de exercer por vários fatores impostos pela sociedade. Entretanto, quando tal possibilidade existe, a OV, seja a que é ou deveria ser realizada nas escolas, seja a realizada fora dela, tem falhado. Salvo em casos em que o aluno prescinde de OV por já ter definido sua futura profissão, a maior parte dos alunos e seus pais sentem profunda insegurança e angústia nos momentos em que lhes é necessário tomar decisões.

O tipo de ensino e os currículos das escolas não favorecem o desenvolvimento vocacional dos alunos e os Or.Es., quando existem, não têm podido ajudá-los nem do ponto de vista desenvolvimentista e nem nos momentos críticos. Muitas vezes, mal preparados para efetuar a OV dos alunos e/ou assoberbados com inúmeras outras funções, Or.Es. resumem todo um longo e complexo processo de orientação à aplicação de questionários, teste de interesses e ao convite de pessoas para realizar palestras sobre profissões para os alunos.

Os questionários, geralmente elaborados pelos próprios Or.Es., são, obviamente, insuficientes para a OV. Mesmo quando o teste de interesses é de boa qualidade, não preenche os requisitos para o autoconhecimento do aluno, necessários à escolha vocacional. O número de palestrantes e as profissões exercidas por eles estão longe de representar o enorme leque de profissões existentes, além de terem o inconveniente de reforçar exatamente as mais conhecidas e quase sempre saturadas.

Os processos de OV feitos fora das escolas, apesar de serem pagos, nem sempre conseguem levar a resultados adequados. O jovem que pagou, e que pagou caro por tais orientações, muitas vezes, é levado a acatar, sem questionar, os resultados que lhe são passados. Além disso, dificilmente esses resultados são fornecidos sob a forma de uma única profissão, mas de várias delas, deixando a critério do cliente a escolha de uma.

Preocupada com essa problemática, a primeira autora deste livro publicou duas obras: *Atividades para Orientação Vocacional*, esta para uso dos orientandos, e *Orientação Vocacional por atividades*, para uso dos Or.Es. e que visa oferecer subsídios para o trabalho nessa área. As indicações encontram-se na bibliografia no final deste livro. No livro destinado ao Or.E., são apresentadas as várias teorias de OV, o embasamento teórico delas, principalmente nas diferentes correntes da Psicologia e da Economia, suas contribuições e os motivos pelos quais não têm obtido muito sucesso, quando cada uma delas é aplicada no processo de OV. Nesse livro, são discutidos princípios básicos da psicometria, a teoria das medidas e suas aplicações ao campo da OV. São, também, discutidos os instrumentos mais usados em OV e sua fundamentação teórica e prática. Por fim, é apresentada uma nova teoria para embasar a OV, bem como a fundamentação teórica e prática dessa nova teoria. Derivando-se dela, são discutidas atividades para serem desenvolvidas pelos orientandos no momento que precede a escolha de um curso profissional de nível superior. Tais atividades constituem objeto do outro livro citado anteriormente (*Atividades para Orientação Vocacional*). São também explicados métodos de trabalho e de avaliação dos resultados obtidos por meio das atividades propostas.

Esses livros são úteis tanto para o trabalho sistemático do Or.E., como também para ajudar os alunos nos momentos críticos das decisões ligadas à profissão. Elaborados com base em metodologia inovadora, apresentam várias atividades destinadas a levar os jovens a um melhor conhecimento de si próprios, dos cursos e a refletir sobre os temas "profissões" e o "mundo do trabalho", condições necessárias, como foi visto, para uma escolha vocacional eficiente e eficaz.

Como a OV constitui uma das áreas prioritárias e importantes da OE, enfatizada como tal na legislação, sugere-se que ele tome conhecimento dos textos citados.

O questionário que se segue neste livro serve apenas para localizar o Or.E. em relação à maneira de iniciar o trabalho com cada aluno.

MODELO DE QUESTIONÁRIO INFORMATIVO DE ORIENTAÇÃO VOCACIONAL
(A ser preenchido pelo aluno)

Data ____ / ____ / _____

1. Nome
2. Número   Série   Período
3. Data de nascimento ____ / ____ / _____ Sexo
4. Profissão do pai
5. Profissão da mãe
   Profissão de irmãos ou parentes muito próximos que trabalham
   Irmã _____ Irmão _____ Parente _____ Parente _____
6. Gostaria de exercer a profissão de seu pai?   ( ) Sim   ( ) Não. Por quê?
7. Gostaria de exercer a profissão de sua mãe?   ( ) Sim   ( ) Não. Por quê?
8. Qual a profissão que seu pai gostaria que você exercesse?
9. E a sua mãe?
10. Você acha importante a opinião de sua família em relação à profissão que você irá escolher?
    ( ) Sim   ( ) Não. Por quê?
11. Você trabalha?   ( ) Sim   ( ) Não.   Se trabalha, escreva: O que faz?
    Está satisfeito com o seu trabalho ( ) Sim   ( ) Não. Por quê?
12. Você trabalha porque: ( ) precisa   ( ) gosta   ( ) é bom para a pessoa

13. Ao terminar este grau de ensino, você pretende continuar:

    ( ) só estudando   ( ) só trabalhando   ( ) estudando e trabalhando.
    Por quê?

14. Até que série e curso seus pais poderiam custear seus estudos? Explique.

15. Você gosta de estudar: ( ) muito   ( ) mais ou menos   ( ) não gosta

16. O que mais o preocupa em relação à escolha de uma profissão ou trabalho?

17. Quem mais o influencia na escolha da futura profissão?

    Ninguém ( )   Amigo(s) ( )   Orientador Educacional ( )

    Orientador Vocacional de fora da escola ( )   Seu pai ( )   Sua mãe ( )

    Namorado(a)   ( ) Professor(es) ( ) da(s) disciplina(s)

    Outros ( )   Quem? E Por quê?

    Você poderá assinalar mais de uma dessas influências, se for o caso.

18. O que você acha mais importante na escolha de uma profissão?

    Marque com: 1"x" o que é importante; 2"x" (xx) o que é mais importante e 3"x" (xxx) o que é mais importante ainda para você

    ( ) os pais desejarem para você   ( ) ser fácil de executar

    ( ) exigir pouco estudo   ( ) corresponder a seu ideal

    ( ) ter bom mercado de trabalho   ( ) dar prestígio

    ( ) outro. Qual?

19. Se você fizer curso superior (faculdade), do ponto de vista econômico você irá:

    ( ) contar com a ajuda total dos pais   ( ) contar com a ajuda parcial dos pais

    ( ) sustentar-se totalmente, trabalhando   ( ) sustentar-se totalmente e ajudar a família

20. Alguma vez você já recebeu Orientação Vocacional?   ( ) Não   ( ) Sim. Quando?

21. Por quanto tempo?

22. Onde?

23. Por quem?

24. A que conclusão chegou?

25. Concorda hoje com as conclusões?   ( ) Sim   ( ) Não. Por quê?

26. Escreva, em ordem de preferência, 3 (três) profissões que você gostaria de exercer:

    1ª_____   2ª_____   3ª_____

27. Sobre quais profissões você gostaria de receber mais informações?

Parte VI

Estratégias empregadas em Orientação Educacional e o emprego de técnicas de medida e de avaliação

Capítulo 23   Estratégias empregadas pelo Orientador Educacional

Capítulo 24   Técnicas de medidas e de avaliação mais empregadas em Orientação Educacional

Capítulo 25   Orientação Educacional e a avaliação da personalidade

Capítulo 26   O Orientador Educacional e a medida da inteligência

Capítulo 27   A técnica sociométrica e seu emprego pelo Orientador Educacional

Capítulo 28   Procedimentos estatísticos mais usados pelo Orientador Educacional

Capítulo 23

Estratégias empregadas pelo Orientador Educacional

Estratégias são recursos utilizados para a consecução de objetivos. Assim como há uma grande diversidade de objetivos em relação às áreas de OE, há, da mesma forma, uma multiplicidade de estratégias para serem selecionadas pelo Or.E., de acordo com o grau de adequação delas às finalidades propostas.

As diferentes estratégias usadas pelo Or.E. podem ser classificadas de várias maneiras, segundo diferentes critérios. Há, por exemplo, as gerais que o Or.E. emprega em todo o seu trabalho, como, por exemplo, a observação, e as específicas, empregadas em algumas circunstâncias, como, por exemplo, as reuniões.

Uma parte das estratégias refere-se a diagnósticos de situações ou de conhecimento de pessoas, outras dizem respeito à atuação do Or.E.

1. Estratégias usadas para diagnósticos, coleta e análise de dados

Como o Or.E. lida com objetos, fatos e sobretudo com pessoas, ele precisa conhecê-los bem para melhor exercer seu trabalho. Ao leigo, pode parecer estranho e até intromissão na vida alheia a quantidade de dados que o Or.E. coleta e disponibiliza para o SOE. Trata-se, entretanto, de uma necessidade, ditada pelas funções que o Or.E. exerce, e não mera curiosidade ou bisbilhotice.

Quando surgem dúvidas sobre alunos em relação a vários aspectos, sobre os pais dos alunos, sobre recursos da comunidade e outros tipos de informações, é no SOE que essas informações são encontradas.

O Or.E. não deve coletar dados inúteis apenas para mostrar serviço. Ele os coleta somente tendo em vista alguma finalidade importante. As secretarias das escolas dispõem de alguns dados, mas são de natureza diversa e menos completa daqueles dados que se encontram no SOE.

Uma das estratégias empregadas pelo Or.E. para coleta de dados para consulta ou análise é constituída pela aplicação de questionários, cujos modelos são encontrados em vários pontos deste livro. Entretanto, o Or.E. não deve sempre tomar por absolutamente verdadeiras as informações contidas nesses questionários. Muitas vezes, e pelas mais variadas razões, a pessoa que responde a um questionário não quer, ou não pode, disponibilizar todas as informações pedidas. Um dos itens mais difíceis de ser respondido corretamente é o que se refere ao nível econômico. Pessoas mais ricas tendem a declarar renda familiar menor que o real, o contrário acontecendo com os mais pobres, que tendem a declarar renda maior.

Os dados obtidos por meio dos questionários são complementados ou esclarecidos por outras estratégias usadas pelo Or.E., como as entrevistas e as observações.

As entrevistas constituem um procedimento bastante empregado pelos Or.Es. Elas podem ser realizadas com uma ou mais pessoas, de acordo com a necessidade de cada caso.

As entrevistas podem ser estruturadas, conforme modelo apresentado no capítulo 24, como podem ser mais livres, dependendo do caso e das circunstâncias.

O Or.E. pode, também, complementar os dados obtidos por outros meios, usando de observações. Ele poderá proceder a observações sistemáticas ou assistemáticas, conforme explicado no capítulo 24.

Da mesma forma, o Or.E. pode contar também com relatos de observações feitas por terceiros, como professores, demais funcionários e colegas de algum aluno, porém deve tratar tais relatos com o devido cuidado, mantendo o caráter confidencial dos assuntos tratados e verificando sua veracidade, tudo com a máxima discrição. Outras estratégias para diagnóstico encontram-se descritas no capítulo 24 deste livro, como as técnicas de avaliação de atitudes, de preconceitos, de problemas no lar.

Uma forma muito útil e simples para entender a dinâmica dos grupos e dos alunos nas salas de aulas consiste no emprego da sociometria, descrita no capítulo 27 deste livro. Por meio dela, o Or.E. poderá diagnosticar o grau de sociabilidade e de aceitação de cada aluno pelos seus colegas, bem como a dinâmica social da classe como um todo.

Com o auxílio dos professores de Artes e de Português, em especial, o Or.E. pode observar os desenhos livres e as redações dos alunos, que muitas vezes contêm informações pessoais importantes que, por terem caráter íntimo e até inconsciente, são fontes ricas no conhecimento dos alunos e de sua vida. Os professores de Educação Física podem, também, muitas vezes, fornecer elementos importantes sobre alunos, elementos esses que podem passar despercebidos para os demais. É o caso, por exemplo, de aluno que foge dessas aulas ou que não se troca na presença dos outros.

Para conhecer os demais funcionários da escola, o Or.E. dispõe de questionários próprios e pode promover, a pedido ou com permissão da direção da escola, reuniões, além de entrevistas quando necessárias.

2. Estratégias empregadas nas ações do Orientador Educacional

No item anterior, tratou-se de estratégias empregadas pelos Or.Es. com finalidades diagnósticas, que são empregadas apenas como subsídios para implementar as estratégias de ação. Quais são as estratégias de ação?

Compõem o leque de ações de Or.E. estratégias remediativas e estratégias preventivas.

São preventivas aquelas ações do Or.E. que visam, antecipando os problemas que podem ocorrer, tomar providências para que não ocorram. Já as remediativas são aquelas que o Or.E. deve utilizar depois que os problemas tiverem ocorrido.

É claro que, se puder prevenir acontecimentos problemáticos, é melhor fazê-lo que esperar que ocorram, para só depois tomar providências. Com a experiência, adquirida com a observação dos alunos nos anos anteriores, e com a consciência do que vem ocorrendo na sociedade, o Or.E. tem condições, pelo menos em parte, de saber em relação a que pontos ele deverá atuar de forma preventiva.

As estratégias remediativas variam conforme o caso. Elas geralmente são solicitadas pela direção da escola, mas também podem sê-lo por algum funcionário, professor, pai ou até por algum aluno. O Or.E. deverá ouvir as queixas do(s) queixoso(s) e também o aluno que teria dado causa a elas para entender a situação, a fim de tomar decisões com a necessária imparcialidade na busca de uma solução para o problema apresentado.

Ele deve procurar o envolvimento de todos os interessados na solução do problema, de preferência tomando decisões conjuntas com eles.

Algumas vezes, o Or.E. precisa empregar estratégias que são ao mesmo tempo remediativas e preventivas. No caso de indisciplina, por exemplo, não basta punir os culpados, mas precisará encontrar uma maneira de acabar com a indisciplina. Preventivamente, pode-se propor código disciplinar elaborado com a colaboração dos alunos, engajando-os na solução de problemas.

a. Entrevistas

As entrevistas e reuniões são exemplos de estratégias tanto de diagnóstico como de ações e que podem ser tanto remediativas quanto preventivas, dependendo do que as tenha motivado.

A entrevista com os alunos e/ou com seus pais poderá ser marcada por convocação do SOE ou por solicitação dos interessados. Às vezes, podem ser convocadas ou solicitadas entrevistas pelo Or.E. com professores ou outros funcionários para tratar de assuntos específicos.

As entrevistas, sempre que possível, devem ser agendadas. É necessário que a pessoa seja informada sobre o tempo de duração delas, para que haja objetividade na prestação das informações e aproveitamento do tempo. As entrevistas precisam, ainda, ser conduzidas de modo que se chegue a resultados satisfatórios, isto é, que os objetivos pretendidos com elas sejam alcançados. Na condução da entrevista, deve-se ter uma postura adequada e somente fazer intervenções verbais oportunas. É importante que se ouça atentamente o que é dito pelo aluno, pelo pai ou responsável durante ela. Igualmente relevante é prestar atenção à voz de quem fala, às mudanças de entonação e como e quando estas ocorrem, isto é, de que a pessoa estava tratando no momento. Da mesma forma, deve-se observar o comportamento não verbal, o que inclui a postura de quem fala, os gestos, expressões faciais, maneirismos e as mudanças de posição, conforme o assunto tratado. Às vezes, a pessoa pensa uma coisa e, consciente ou inconscientemente, diz outra diferente. Por este motivo, é preciso que o Or.E. não se restrinja apenas a ouvir o que o entrevistado fala, mas que analise e registre como ele o faz.

Terminada a entrevista, deve-se fazer um registro do que foi tratado e colocá-lo na pasta do aluno, do professor ou do funcionário, conforme o caso. São empregados em OE vários tipos de entrevistas, com diferentes finalidades.

Na realização de entrevistas, precisam ser tomados alguns cuidados como: marcá-las em horários que não conflitem com outras atividades; delimitar o tempo de sua duração; procurar sempre manter a objetividade, ética e discrição no trato das questões; organizar um breve roteiro para facilitar a sua condução; providenciar, com antecedência, fichas, gráficos de aproveitamento escolar e de frequência ou outros materiais que possam ilustrar os problemas tratados, e registrar, devidamente, o que tiver sido conversado e decidido em cada entrevista, passando para a ficha cumulativa, se houver, o que for significativo. As solicitações devem ser impressas, conforme modelo sugerido na parte deste livro que trata da organização do SOE, e assinadas. Eventuais retornos serão agendados.

As entrevistas tanto podem ser solicitadas pelos pais para pedir esclarecimentos, orientação ou falar sobre dificuldades escolares ou problemas de relacionamento de seus filhos, como podem ser convocadas pelo Or.E. para tratar do baixo rendimento escolar, dificuldades de aprendizagem, problemas de disciplina ou de questões na família que estejam interferindo no desempenho escolar.

b. Reuniões

O Or.E. costuma realizar vários tipos de reuniões, seja com alunos e/ou com pais, seja com o pessoal que atua na escola e até com elementos da comunidade. Ele deverá planejar bem tais reuniões, pois tanto ele como as demais pessoas que seriam convidadas não dispõem de muito tempo para participar de muitas reuniões.

O Or.E. deverá trabalhar, de forma preventiva, por meio de reuniões, discussões em grupos, palestras, filmes apropriados, leituras e visitas, enfim, dos diversos meios de que dispõe, sobre a diversidade de costumes, religiões, crenças, etnias, classes sociais, dentre outros, existentes entre as pessoas, no sentido de desenvolver o respeito e a tolerância dos alunos quanto às diferenças individuais. O mesmo tratamento deve ser dado em relação a problemas ligados a alunos e a outras pessoas portadoras de deficiências.

Como, na maior parte das situações, é praticamente impossível manter contato individual e sistemático com todas as famílias dos alunos, as reuniões com os pais ou responsáveis constituem o recurso mais prático e frequente de interação escola-família, tornando-se também o mais comum, embora não o ideal. Considerando-se, pois, a frequência com que ocorrem tais reuniões e a importância de que se revestem em OE, é necessário atentar para alguns pré-requisitos que assegurem a elas maior eficácia. Dentre esses, destacam-se: boa organização e planejamento; periodicidade, datas, duração e escolha de horários favoráveis à presença do maior número possível de pais; pontualidade, elaboração de pautas contendo temática de interesse geral, convocação por escrito e local adequado.

Quanto à periodicidade, não se deve programar um número excessivo de reuniões. De modo geral, prevê-se uma reunião no início do ano letivo, na qual são divulgadas as informações gerais da escola e é feita a apresentação do SOE, bem como sua programação para o ano letivo.

Posteriormente, dependendo da realidade de cada escola, pode-se propor a realização de uma reunião por bimestre para analisar temas oportunos e, se for o caso, informar aos pais sobre os resultados da avaliação, ocasião que deveria ser igualmente aproveitada não apenas para apontar problemas como também para ressaltar e elogiar as ocorrências positivas em relação aos alunos.

Se possível, deveria haver uma última reunião, quando seriam feitos um balanço geral do ano letivo e as projeções para o próximo ano. Reuniões extraordinárias seriam propostas quando houvesse um assunto de emergência, referente a problemas que estão afetando a comunidade escolar ou parte dela.

Ao se definir a melhor data para serem marcadas as reuniões previstas, devem-se levar em conta fatores como o tipo de escola, os hábitos da comunidade, a proximidade de feriados e outros que possam interferir na frequência dos pais ou responsáveis. Assim como há preocupação com o número de reuniões, deve haver também com a duração delas.

Reuniões muito longas costumam cansar os participantes, desestimulando-os para as próximas. Da mesma forma, o horário precisa ser definido com muito critério, pois alguns pais ficarão impedidos de comparecer, embora assim o desejassem. Se for escolhido o horário noturno, é conveniente que seja marcada na segunda hora do período, para permitir que os pais que trabalham possam comparecer, tendo-se, porém, o cuidado para que a reunião não acabe muito tarde. A pontualidade para seu início e término é importante. Deve-se começá-la na hora marcada, com qualquer número de presentes, admitindo-se, entretanto, a entrada de retardatários que não tenham podido chegar no horário. Tal sistemática evita que as pessoas pontuais sintam-se prejudicadas, esperando pelos retardatários e atrasando, portanto, a sua saída, e contribui, ainda, para que, nas próximas reuniões, o atraso seja evitado.

Para os pais que não conseguem chegar no início das reuniões, deve-se colocar no quadro-negro, resumidos, os avisos e/ou decisões importantes. A temática das reuniões ordinárias consta, normalmente, de informações gerais sobre normas e funcionamento da escola e sobre assuntos escolhidos pelo Or.E., de acordo com as necessidades do momento. Às vezes, os pais costumam sugerir temas para serem tratados. Isso pode ocorrer, naturalmente, no final das reuniões ou ser solicitado nos questionários.

No caso de tópicos específicos propostos, é melhor convocar apenas os interessados. O caráter optativo dessas reuniões deverá ficar claro nas comunicações enviadas aos pais, bem como o assunto a ser tratado e por quem, para evitar que um eventual excesso de reuniões previstas torne menos provável a presença dos pais nas de maior importância para a escola. Nessas reuniões optativas, não devem ser dados avisos ou informações que digam respeito a alunos cujos pais não estejam presentes.

Tendo sido programadas para grupos menores de participantes e tratando-se de pauta única, é aconselhável, se possível, trazer especialista(s) – que poderá(ão) ser até algum(ns) pai(s) ou membro(s) da própria comunidade – para aprofundar o tema tratado. O menor número de pessoas e a especificidade do assunto podem permitir debates gerais ou em grupos, após a exposição e respostas às dúvidas colocadas pelos presentes.

As pautas das reuniões são definidas *a priori* e devem constar da convocação ou convite enviado à família. Exemplos de pautas são encontrados no final deste capítulo.

Em todas essas ocasiões, deve-se deixar claro que não é o momento para tratar de assuntos particulares relativos a filhos e/ou professores, ou, ainda, fazer reclamações e repreensões em público. Esses assuntos deverão ser tratados em entrevistas agendadas. Quando os pais realmente não dispõem de outra ocasião para frequentar a escola e o Or.E. tem assuntos urgentes a tratar com eles, apenas para facilitar, é possível organizar um esquema de atendimento após a reunião, embora esta não seja a ocasião ideal para esse tipo de atendimento.

Nas reuniões ordinárias, apesar de os assuntos tratados serem importantes e dizerem respeito à totalidade dos alunos, não se pode pressupor que todos os responsáveis estejam necessariamente informados. A frequência a elas costuma variar de escola para escola, mas nunca atinge a todos os pais. Muitos não comparecem por impossibilidade, outros, por acanhamento ou falta de interesse, ou, ainda, porque não as consideram importantes, e há os que temem reclamações sobre seus filhos. Os pais dos bons alunos podem considerar sua presença desnecessária na escola. É aconselhável, pois, usar também outros canais de comunicação, como um boletim contendo a programação do SOE e avisos gerais da escola. Se não for possível ter uma publicação específica e houver uma geral da escola, esta poderia incluir uma coluna para as informações do SOE.

EXEMPLOS DE PAUTAS DE REUNIÕES DO SOE COM OS PAIS DE ALUNOS

Pauta para a primeira reunião ordinária
1. Apresentação do Or. E. e do SOE.
2. Sistemática da reunião. (Finalidade, duração, o que deverá ocorrer.)
3. Assuntos a serem tratados.
4. Objetivos do SOE para o ano letivo.
5. Cronograma para o primeiro semestre.
6. O que se espera dos pais.
7. Canais de comunicação entre pais e escola e entre escola e pais.
8. O que está previsto para a próxima reunião.
9. Assinar folha de presença.
10. Esclarecimento de dúvidas e sugestões.

Pauta de reunião ordinária semestral ou bimestral
1. Consecução dos objetivos do primeiro semestre (ou bimestre).
2. Proposição de objetivo para o segundo semestre (ou bimestre).
3. Avisos gerais do SOE e comunicações gerais para os pais.
4. Preparo e pauta para a próxima reunião.
5. Esclarecimento de dúvidas e sugestões.

Pauta para a última reunião ordinária do ano
1. Avaliação geral do trabalho do SOE e da atuação junto às famílias.
2. Avisos gerais do SOE e da escola.
3. Comunicações, dúvidas e sugestões dos familiares.

c. Palestras

Outro tipo de estratégia comumente empregada pelo Or.E. são as palestras.

As palestras são recursos valiosos que podem ser usados tanto na escola como na comunidade. Na escola, poderão destinar-se a todos, como também ser direcionadas apenas a determinados segmentos, como alunos, professores, pais etc., dependendo do que deva ser tratado.

As palestras são geralmente empregadas como veículo de comunicação sobre os mais variados assuntos e temas, desde os objetivos e cronograma do SOE para o ano em curso e para os próximos anos, até aspectos de Psicologia do Desenvolvimento Humano, relacionamento criança-adulto, drogas e Aids, dentre outros.

Para que essa estratégia seja eficiente, há alguns requisitos a serem observados. O tema da palestra deve ser amplo, de interesse geral e transmitido em linguagem adequada à plateia à qual se destina, além de bem elaborado, fundamentado e dosado. No início, o público deve ser informado sobre as razões para a escolha do tema proposto e sobre os principais tópicos a serem desenvolvidos.

Quanto à duração, a palestra não deve ser muito longa, prevendo-se um tempo, ao final, para proposição de perguntas, esclarecimento de dúvidas e coleta de sugestões para as próximas palestras.

Alguns temas para as palestras são os mesmos todos os anos, outros são ditados por ocorrências que o Or.E. acompanha na sociedade e outros ainda são ditados pela disponibilidade de palestrantes. Como nem sempre as pessoas têm possibilidade de comparecer à escola, do comunicado/convite para o comparecimento devem constar dados claros sobre o tema, a relevância dele, o palestrante e as credenciais dele, o caráter opcional do comparecimento, além de outras informações de caráter prático, como data etc.

d. Estratégias para atrair pais e a comunidade para a participação nas atividades da escola

Várias das estratégias empregadas pelo Or.E. visam atrair os pais e alguns membros da comunidade para a escola.

Além dos fatos relativos à vida escolar do aluno, outra maneira de atrair os responsáveis por ele à escola é a realização de eventos abertos ao público. Inserida na comunidade, a escola pode vir a ser um núcleo de irradiação socioeconômica e cultural. Por esse motivo, nela poderão ser organizados cursos de pequena duração sobre diferentes temas. Há, nas comunidades, entidades que são voltadas para o atendimento de adultos e/ou para a realização de cursos e com as quais o SOE poderia entrar em contato para oferecê-los na escola, desde que com a anuência da direção da escola. Havendo condições, é possível, ainda, recorrer a festas, como as juninas, da primavera, de aniversário da escola ou outras de âmbito mais amplo, desde que não entrem em conflito com comemorações já existentes e bem organizadas em outros locais da comunidade, caso em que a escola poderá, se conveniente, estudar sua participação para atrair a comunidade à escola. Entretanto, o Or.E. deve ser cauteloso no sentido de não promover, de forma independente, nenhuma atividade extra, pois ele deve lembrar-se que ocupa uma posição técnica na hierarquia administrativa da escola e tudo o que não esteja previsto em suas atribuições deve ser submetido à apreciação superior.

Embora a organização de festas escolares e de atividades extraclasse não seja sua responsabilidade, ele tem nelas oportunidade de manter contatos com os pais e a comunidade, facilitando assim sua atuação. Tais eventos – pelo seu caráter festivo e de lazer – contribuem para desvincular a ideia de que a presença de pais na escola significa reclamação sobre o aluno. É importante mostrar que as relações escola-família não se restringem a punições ou recriminações mútuas. Antes, devem basear-se no espírito cooperativo e integrativo. Nesse sentido, são ilustrativas experiências de alguns Estados brasileiros em que escolas públicas, vivenciando situações críticas, tiveram, a partir da atividade participativa de pais, seus problemas superados.

Visando, ainda, a essa colaboração e integração, a escola pode cooperar em muitas campanhas que dizem respeito à comunidade, colocando sua infraestrutura e recursos à disposição, bem como educando, em sentido mais amplo, os alunos. Algumas dessas campanhas são tradicionais, como a do agasalho, a dos brinquedos, a de livros ou material escolar para os mais carentes, as de vacinação, as ecológicas, as de ajuda a flagelados, dentre outras.

Há escolas que vão mais além, abrindo sistematicamente suas portas à comunidade fora do horário das aulas, proporcionando oportunidades de cursos os mais variados e de atividades de lazer. Embora também não caibam ao Or.E. a realização e a supervisão de tais atividades, elas constituem um fator de maior entrosamento da escola com as famílias e com a comunidade, aumentando as possibilidades de comunicação e apoio mútuo.

A partir das informações colhidas de várias fontes e do convívio nas circunstâncias já descritas, o Or.E. terá a oportunidade de conhecer melhor os pais e saber do interesse, das capacidades e da disponibilidade deles para colaborar com as atividades da escola.

Capítulo 24

Técnicas de medidas e de avaliação mais empregadas em Orientação Educacional

Constitui condição importante para que o Or.E. exerça suas atribuições, a contento, o conhecimento das pessoas, principalmente dos alunos. Quanto mais sistemático, completo, profundo e acurado for este conhecimento, maior a probabilidade de seu trabalho se tornar mais fácil e eficaz. Assim, o preparo teórico do profissional, aliado ao convívio diuturno e prolongado com o aluno, os pais, os professores, os funcionários e demais membros da comunidade, contribuirá para aumentar a capacidade para o seu desempenho.

No exercício de suas funções, são utilizadas várias técnicas e instrumentos de medida para coleta de dados, entre os quais se destacam: a observação sistemática e a assistemática; a entrevista estruturada e a não estruturada; os questionários; a técnica conhecida como "teste sociométrico" e, eventualmente, também outros testes psicológicos, como os de interesses que são adquiridos em firmas especializadas. Além dos instrumentos que emprega, o Or.E. pode receber, ainda, resultados de testes aplicados por psicólogos.

A observação, que tem grande emprego e importância na OE, pode ser assistemática, quando ocorre casualmente, isto é, quando algo chama a atenção do observador, ou sistemática, isto é, quando há a intenção de observar algo definido, bem como regras estabelecidas para realizar tal observação. A observação sistemática exige um planejamento anterior adequado, incluindo-se nele: o que deve ser observado, por quem, quando, onde, em que circunstâncias, por quanto tempo, além das condições de registro das observações, durante e/ou logo após a sua realização.

Essa técnica pode ser empregada pelo Or.E., funcionários e professores. Estes últimos, como mantêm contato frequente com os alunos, podem vir a se constituir em auxiliares valiosos para essa tarefa, sendo importante que sejam preparados por ele, principalmente em relação aos aspectos éticos, o que observar e como registrar o que foi observado. Esse registro deve ser objetivo e preciso, isto é, deve-se descrever, pormenorizadamente, apenas o que pôde ser observado, sem interpretações pessoais.

Caso o observador tenha alguma opinião sobre o ocorrido, ou suposição não diretamente observada ou comprovada pelos fatos, ele deverá ter o cuidado de indicar, nas anotações, que se trata apenas de hipóteses.

Observações posteriores poderão confirmar ou não tais hipóteses. A entrevista constitui outra técnica também muito usada pelo Or.E., porque ele lida essencialmente com pessoas, necessitando manter contato mais ou menos frequente com elas. Para as entrevistas mais estruturadas, ele levará um roteiro no qual tanto o conteúdo quanto a ordem das questões a serem formuladas são muito importantes. Por exemplo, é necessário atentar para que a ordem não influa nos resultados, isto é, para que uma questão apresentada antes não induza a resposta da questão seguinte. Convém que o número de itens não seja muito grande, pois a entrevista muito longa torna-se prejudicada pelo cansaço. Assim, deve-se evitar que constem do roteiro de entrevistas itens que forneçam informações irrelevantes ou que possam ser obtidas por outros meios, como, por exemplo, na secretaria da escola ou mesmo no fichário cumulativo do SOE. Quando isso ocorre, tais itens podem estar tomando o lugar de outros mais necessários, que deixam de ser respondidos.

É necessário que as questões sejam formuladas com clareza, de acordo com o vocabulário e o nível de compreensão de quem irá respondê-las. O entrevistador deve manter um comportamento receptivo, sem manifestar, por palavras, gestos ou expressões faciais, sua reação ao conteúdo das respostas.

Embora a entrevista estruturada leve a resultados mais precisos, o tipo de entrevista mais empregada em OE é a não estruturada. Ela pode ser solicitada pela outra parte interessada ou pelo Or.E. Este deve ouvir com atenção e encorajar o entrevistado a colocar seus problemas, dúvidas e sugestões.

A gravação da entrevista, qualquer que seja o seu tipo, ou a anotação das respostas no momento em que ela se realiza, se bem que ofereça condições para um registro mais completo e objetivo daquilo que foi manifestado, costuma inibir o entrevistado. Recomenda-se, portanto, que as respostas dadas sejam registradas logo após o seu término.

A entrevista visa, de modo geral, a um atendimento individual e tem indicações específicas. Quando a finalidade do contato é obter informações para eventual uso futuro, poderão ser empregados os questionários, de aplicação muito mais prática. Se necessário, todavia, estes poderão ser seguidos por entrevistas.

Para facilitar o trabalho do Or.E., foram incluídos, neste livro, vários modelos de questionários com diferentes finalidades.

Os questionários, bem como as questões nele contidas, da mesma forma com o que ocorre em relação à entrevista, somente terão sentido se forem úteis para alguma coisa. Neles, cada questão deverá ter, pois, uma finalidade. Perguntar por perguntar, ou por mera curiosidade, aborrece, cansa e indispõe quem responde para ocasiões em que as respostas venham a ser importantes ou muito necessárias.

Um dos problemas mais frequentes com o emprego de questionários é que, quando não respondidos na hora, correm o risco de ser perdidos pelos alunos e/ou de não serem respondidos ou devolvidos pelos pais. Por este motivo, o Or.E. deverá manter controle da entrega e da devolução dos questionários, bem como ter mecanismos para assegurar o seu retorno.

Além dos instrumentos citados, há outros que serão apresentados nos capítulos seguintes. Um exemplo de relatório de observação assistemática, um modelo de roteiro para observação sistemática, e um exemplo de roteiro para entrevista estruturada encontram-se a seguir.

EXEMPLO DE RELATÓRIO DE OBSERVAÇÃO ASSISTEMÁTICA

Nome do observador: Sandra da Silva (estagiária de OE).

Local da observação: Sala de aula.

Data: 19/8/1994

Horas: Das 9h às 9h50

Aluno(s) observado(s): N.V., nº 32, sexo feminino.

Situação: Trabalho em grupos, aula de Educação Artística, 5ª série C, período matutino.

Registro do que foi observado:

Explicado o trabalho, os alunos logo se reuniram em grupos, variando o número de alunos por grupo de 2 a 6.

N.V. permaneceu sentada e quieta em seu lugar. Não procurou nenhum grupo ou colega para trabalhar junto. Também não foi convidada por nenhum colega para participar. A professora sugeriu que ela se juntasse a algum grupo. Ela puxou sua cadeira para junto da equipe mais próxima, sentando-se meio afastada e não participando nem do planejamento nem da execução do trabalho, ocupando-se em escrever seu nome e rabiscar no caderno. Ao final da aula, os demais alunos do grupo perguntaram o nome dela e o incluíram no trabalho.

Observação:

Chamou a atenção da estagiária o comportamento de N.V. Não havia, de início, a intenção de observar apenas comportamentos atípicos ou a distribuição dos alunos em grupos. Por este motivo, pode-se dizer que a observação foi assistemática.

MODELO DE ROTEIRO PARA OBSERVAÇÃO SISTEMÁTICA

Nome do(a) observador(a):

Nome do auxiliar ou ajudante:

Cargo ou função do(a) observador(a):

Cargo ou função do(a) auxiliar:

Data: ____ / ____ / _____

Horário: Das 10h05 às 10h25

Localização do(a) observador(a): janela do 2º andar, com visão total do recreio das primeiras séries do ensino fundamental.

Local observado: recreio (pátio, merenda e lanchonete).

Situação: recreio livre (das 10h às 10h30).

Comportamentos a serem observados:

Número e tipos de diferentes atividades e brincadeiras.

Número de alunos envolvidos em cada uma.

Número de alunos sentados, tomando lanche ou merenda.

Número de alunos sentados, não fazendo nada.

Número de alunos na fila da merenda.

Número de alunos na fila da lanchonete.

Padrão de interação entre alunos e alunas.

Padrão de interação entre alunos de diferentes idades.

Número e tipos de pequenos acidentes (tropeções, queda de altura, esbarrões em velocidades etc.).

Brigas: discussões e agressões físicas (número e descrição).

Brincadeiras entre meninos

Brincadeiras entre meninas.

Brincadeiras compartilhadas por meninos e meninas.

Áreas do recreio e critério aparente da divisão.

EXEMPLO DE ROTEIRO PARA ENTREVISTA ESTRUTURADA

Entrevistador(a):

Cargo ou função: Orientador Educacional

Entrevistado(a):

Categoria (aluno, pai, mãe etc. da aluna) _____

Local: sala fechada do SOE.

Data: ____ /____ /_____

Duração da entrevista: 20 minutos.

Quem solicitou a entrevista: o Or.E.

Motivo da entrevista: Notas baixas.

Roteiro para a entrevista:

Mudou algo na família recentemente?

O comportamento do aluno mudou em casa? Como?

Mudou algo recentemente na vida do aluno? (Trabalho? Namoro?)

O que o aluno faz em casa?

O aluno gosta da escola?

Ele vem de boa vontade para a escola?

Como tem sido o rendimento escolar desde que entrou na escola?

A partir de quando as notas começaram a piorar?

O que ele diz sobre as notas baixas?

Que dificuldades, segundo o aluno, prejudicam o seu rendimento escolar?

O que ele relata em casa sobre o seu comportamento na escola?

Capítulo 25

Orientação Educacional e a avaliação da personalidade

Quando bem conduzidos, a observação, a entrevista e os questionários representam técnicas muito úteis na obtenção de dados sobre as pessoas, mas elas devem ser complementadas com outros instrumentos, mais precisos, para se aprofundar o conhecimento dos orientandos.

São inúmeros tais instrumentos e variados os aspectos que eles se propõem a medir. Alguns podem e devem ser empregados apenas por psicólogos especializados neles, pois requerem vários anos de estudo e experiência para a interpretação dos resultados e respectivo diagnóstico. Dentre esses, destacam-se os destinados a desvendar aspectos das camadas mais profundas da personalidade, chamados "projetivos", porque se baseiam no princípio de que as pessoas projetam, no que fazem, sua personalidade. Os estímulos para eliciar tal projeção são variados, conforme o teste em questão. Um exemplo bastante conhecido de tal categoria de testes é o Rorschach, também conhecido como teste dos borrões de tinta, por usar esse tipo de material como estímulo para suscitar as respostas. Diferentes tipos de estímulos deram origem a outros testes projetivos. Assim, há aqueles em que se pede para desenhar a figura humana; para contar histórias baseadas em pranchas com gravuras pouco estruturadas; para desenhar a família de crianças; para completar frases; para completar histórias; para redigir um texto sobre as mãos ou para traçar linhas, de acordo com instruções especiais, ou, ainda, para copiar texto para exame grafológico, dentre muitos outros estímulos usados para conseguir a projeção da pessoa sujeita ao teste.

É claro que o Or.E. não irá aplicar estas técnicas, mas como poderá receber resultados enviados por psicólogos deverá saber da existência delas e conhecer seus pressupostos, para melhor entender a origem, a interpretação dos resultados, o diagnóstico e observações ou orientações sobre a conduta a ser adotada em relação aos alunos em questão.

Embora os testes citados anteriormente, bem como outros a serem mencionados neste capítulo sejam conhecidos como "testes de personalidade", isto não significa que todos meçam a mesma coisa e nem que os resultados obtidos com um deles sejam exatamente iguais, caso tivesse sido aplicado outro.

A personalidade é um constructo muito complexo e difícil de ser definido, sendo, por estas razões, também complicada para ser equacionada e medida. Em livros de Psicologia e de medidas psicológicas, são encontradas várias teorias sobre a personalidade e, correspondentemente, um número muito grande de testes propostos para medi-la, pois seria impossível medir, com um único teste, por melhor que ele fosse ou por mais aceita que fosse a teoria na qual ele tivesse sido baseado, todos os aspectos da personalidade. Daí por que existem muitos instrumentos, cada qual medindo alguns poucos aspectos, traços ou fatores de personalidade.

Embora os testes projetivos citados sejam de aplicação relativamente fácil, sua interpretação é extremamente complexa, pois as respostas são livres para que haja a esperada projeção. Nesse caso, a interpretação é sempre subjetiva e sua exatidão dependerá exclusivamente da competência de quem as interpreta. Por este motivo, os resultados recebidos serão sempre tomados com cautela.

Há outros tipos de testes de personalidade de aplicação mais fácil quanto ao nível de especialização requerido de quem os aplica, mas excessivamente trabalhosos tanto para quem se submete a eles como para quem os avalia, mesmo quando acompanhados de gabaritos que facilitam essa avaliação. A leitura dos resultados é menos subjetiva, pois se baseia em respostas fechadas, isto é, previstas. Esses testes são conhecidos como questionários e inventários. A tabulação deles não representa uma tarefa complexa, mas a interpretação dos resultados exige conhecimento especial das variáveis avaliadas.

Algumas maneiras de avaliar a personalidade parecem fáceis porque envolvem observações de situações ou atividades comuns. Na realidade, o uso dessas técnicas exige grande capacidade e treino por parte de quem as aplica. É o caso, por exemplo, de dramatizações – como o psicodrama – e a observação de atividades lúdicas de crianças pequenas, com a finalidade de avaliação e diagnóstico, ou, ainda, das chamadas provas "situacionais" que são utilizadas com múltiplas finalidades.

Existe um grande número de testes destinados a medir apenas um traço de personalidade, situando o indivíduo em uma escala que vai desde os valores mais baixos até os mais altos em relação àquele traço. Esses traços são representados por um par de palavras antônimas. Temos, como exemplo, os testes que servem para medir ansiedade (baixa × alta); local de controle (interno × externo); dependência de campo (dependente × independente); ascendência × submissão e muitos outros desse tipo. A forma genérica desses testes é a de questionários ou inventários. Têm sido usados, entre nós, apenas para finalidades de pesquisa, mas podem ser de grande valia na orientação ao aluno que eventualmente apresente problemas em relação aos traços medidos, pois valores extremos neles costumam vir acompanhados de problemas na aprendizagem e na sua avaliação. É o caso, por exemplo, da ansiedade, tanto da geral, que prejudica a aprendizagem, como da específica, para o caso de provas escolares, que impede o aluno de sair-se bem nelas.

Além da medida da personalidade como um todo – para fins de diagnóstico, terapia e seleção de pessoal – e de traços, como os descritos anteriormente, existe também interesse na medida de alguns aspectos específicos dela para determinadas finalidades. Uma delas, de especial interesse para o Or.E., é a OV e, nesse caso, os testes mais empregados são os de interesses, aptidões e valores.

Infelizmente, não há um conjunto determinado de instrumentos de medida cujos resultados possam assegurar uma boa escolha vocacional. Apesar do grande número de testes existentes, nenhum, isoladamente, ou em conjunto com os demais, é suficiente para tal decisão. Além disso, há outras restrições em relação a esses testes ou à sua utilidade. Os de interesse, geralmente, são muito diretos na maneira de perguntar e/ou dão indicações demasiadamente genéricas em relação ao campo de interesses das pessoas submetidas a eles. Nessas condições, costumam não acrescentar muito ao que as pessoas já sabiam sobre seus próprios interesses.

Um dos testes de interesse mais empregados, entre nós, na área de OV é o de Angelini e Angelini, que utiliza a escolha entre atividades apresentadas aos pares. Os resultados são dados sob a forma de gráfico de preferências pelos nove campos profissionais pesquisados: ciências físicas; ciências biológicas; cálculo; atividades persuasivas; atividades burocráticas; atividades sócio-humanísticas; literatura; artes plásticas e música. Este teste tem a vantagem de ter sido feito, padronizado e aferido no Brasil, de ser de aplicação, tabulação e interpretação extremamente fáceis e rápidas. Normalmente, os próprios alunos realizam, com o auxílio do Or.E., a avaliação dos resultados. Um teste mais antigo, semelhante na forma de apresentação e nos resultados propostos, mas com a desvantagem de apresentar, em lugar de atividades, nomes de profissões, é o teste de Thurstone.

Seguindo outro esquema formal, isto é, apresentando questões para as pessoas responderem "gosto", "não gosto" ou "indiferente", há o teste de Strong, a partir do qual elas manifestam o interesse relativo a profissões, disciplinas escolares e outras atividades. As notas obtidas pelas pessoas submetidas e esse teste são comparadas às de outras que também se submeteram a ele e que tiveram sucesso nas respectivas profissões. A avaliação, como é de se prever, é demorada e trabalhosa. Por este motivo, há versões simplificadas desse teste (originalmente com 400 questões, passou para 280 e, finalmente, para 166). Mesmo na forma mais reduzida, constitui instrumento pouco prático para ser aplicado e tabulado.

Há, ainda outros testes para a medida de interesses ligados a profissões. Por exemplo, o catálogo de livros, também chamado BKT. Como o nome indica, consta de uma lista fictícia de títulos de livros para que a pessoa escolha os que desejaria ler. Baseia-se no pressuposto de que a escolha desses livros indica interesse pelas profissões correspondentes. Há, além dos descritos, vários outros testes ou inventários de interesses, sendo os mais conhecidos o de Kuder e o de Ibañez.

A julgar pela quantidade e diversidade de testes existentes, percebe-se que nenhum deles mostrou-se totalmente satisfatório. Apesar disto, muitos Or.Es., por falta de tempo ou de conhecimento, na prática, limitam o processo de OV apenas à aplicação, nas últimas séries do ensino fundamental e/ou ensino médio, de um único teste de interesses. Ora, além do fato de que os interesses se modificam com o tempo, mostrar interesse por atividades ligadas a uma profissão é condição necessária para bem exercê-la, mas não suficiente para assegurar uma escolha adequada. Às vezes, o interesse se realiza melhor por meio de um *hobby*. Outras vezes, há interesse sem a respectiva aptidão para determinada profissão. Devemos, ainda, considerar que interesses genéricos, como são evidenciados pelos resultados dos testes, podem corresponder a várias dezenas de profissões. Num mundo em que as mudanças ocorrem em grande velocidade, surgem novas e inúmeras especializações no mercado de trabalho, de forma que é possível uma mesma profissão comportar tipos diferentes de interesses.

Há, além disso, limitações físicas, econômicas e/ou mentais que impedem ou restringem, em grande parte, o exercício de profissões pelas quais a pessoa possa manifestar interesse. É necessário, pois, levar em consideração outros fatores na escolha profissional, dentre eles o nível mental e as aptidões, condições básicas para poder sair-se bem nos cursos de nível superior exigidos por algumas profissões. No que se refere às aptidões, não há testes específicos para se medir todas elas.

Além dos interesses, da inteligência, das aptidões e de limitações físicas e econômicas, há que se considerar os valores na escolha das profissões. Para esta finalidade, o instrumento mais conhecido é o de Allport, Vernon e Lindzey, destinado a medir seis valores básicos: o teórico, o econômico, o estético, o social, o político e o religioso. É um teste relativamente fácil de ser aplicado, tabulado e interpretado. Os valores são mais estáveis que os interesses e são tão ou mais importantes para o ajustamento da pessoa à profissão.

Há outros testes de personalidade, além dos de interesses, de aptidões gerais e específicas, e de valores que, às vezes, são empregados em OV. A dificuldade com estes testes é a validação preditiva, isto é, saber se há relação – e qual – entre os resultados deles e as profissões.

O número de testes existentes é muito grande, pois são vários os aspectos a serem medidos, e, como já vimos, resultados de apenas um ou dois testes, para cada aspecto, são insuficientes. As dificuldades apontadas acabam evidenciando a precariedade da medida psicológica aplicada à OV, apesar da aparência de cientificidade que ela lhe confere. Além disso, como são muitos os testes a serem aplicados, o processo pode tornar-se demorado, cansativo e dispendioso. Autores de testes detêm direitos autorais sobre eles, motivo pelo qual não podem ser copiados ou reproduzidos.

Outras restrições, nessa área, além da falta de instrumentos adequados, dizem respeito à maneira como os testes de OV são aplicados. A aplicação é feita de forma individual – mesmo quando aplicados em conjunto, em um mesmo local e horário –, não havendo interação entre as pessoas que são submetidas a eles. Ora, sabe-se que o adolescente, normalmente, prefere trabalhar em grupo, e a interação entre pessoas da mesma idade e com os mesmos objetivos esclarece muitos aspectos da personalidade que não seriam captados pelos testes.

Pelas razões já indicadas, constata-se uma crescente tendência à realização da OV em grupos, usando-se em complemento aos testes, e até em lugar destes, informações obtidas em âmbito escolar (do próprio aluno, de seus colegas, de professores, do Or.E. e de outros elementos da equipe técnica), durante todo o período de permanência do aluno na escola, trabalhando-se com material diversificado, porém organizado de modo sistemático, para sondagens vocacionais e levando-se em consideração o que foi discutido anteriormente.

Isto não quer dizer que o trabalho do psicólogo, nessa área, seja desnecessário. Sabe-se que diferentes motivos, tanto conscientes como inconscientes, impelem o indivíduo para escolher uma profissão. Ora, o primeiro passo para uma boa escolha deveria ser a eliminação de bloqueios psicológicos que possam impedir a pessoa de tomar decisões racionais. Nesse sentido, uma terapia prévia, quando indicada, é fundamental. Entretanto, é importante ressaltar que basear a escolha profissional apenas em resultados de testes psicológicos é inadequado e insuficiente. O aluno deve ser tratado como um indivíduo pensante, que faz suas próprias opções, ainda que com a ajuda de adultos especializados, e não como um ser passivo que se submete a testes e recebe os resultados deles para a tomada de decisão. Em outras palavras, a responsabilidade pela escolha deve ser do interessado e não dos testes ou do psicólogo.

Há várias outras medidas que poderiam ser aplicadas na escola, tanto para a OV como para outras finalidades, e que raramente o são. Entre elas, destacam-se as sondagens de acuidade visual e auditiva, a discriminação entre as cores, os testes motores, as escalas de atitudes, os testes de prontidão, a sociométrica, a medida do autoconceito, a avaliação do nível socioeconômico e cultural da família, entre outras.

Claro que não estamos propondo que o Or.E. venha a desempenhar o papel de médico, fonoaudiólogo, ortopedista, psicólogo, professor de Educação Física, ou exercer as atribuições exclusivas desses profissionais. Por outro lado, o ideal de que todo o escolar possa contar com a assistência especializada é totalmente utópico, não só no Brasil como até em países mais desenvolvidos. Como a criança, normalmente, passa grande parte de seu tempo na escola e como, de modo geral, os pais não dispõem de treino ou de elementos de comparação para detectar eventuais problemas, o SOE deve coordenar uma triagem para sugerir o encaminhamento de alunos sobre os quais haja suspeita de problemas ou dificuldades da alçada de outros profissionais. Com esta finalidade, o Or.E. irá treinar os professores na observação controlada de crianças de diferentes idades, principalmente na pré-escola ou nas primeiras séries do ensino fundamental. Para tanto, a orientação de um otorrino e a de um oftalmologista são muito valiosas. Há alunos que não aprendem simplesmente porque têm problemas não detectados de visão ou de audição. Outros, ainda, não alcançaram a prontidão ou amadurecimento necessários às tarefas exigidas na escola. Cabe aos médicos, professores de Educação Física e professores alfabetizadores ajudarem na identificação de problemas desse tipo e ao Or.E., encaminhá-los.

Na área de alfabetização há os chamados testes de prontidão que foram muito conhecidos e usados no passado. Os mais empregados foram o ABC, de Lourenço Filho, e o Metropolitano, de Hildreth e Griffiths, ambos aplicados durante décadas pelos professores alfabetizadores, mas hoje quase não mais usados ou mesmo conhecidos pelos professores. Há, ainda, outros testes para crianças em fase de alfabetização menos conhecidos e utilizados no Brasil. Alguns deles são de uso exclusivo de psicólogos.

Muitas vezes, torna-se necessária, nas escolas, a medida de um aspecto da personalidade conhecido como "atitudes". Há escalas padronizadas de atitudes, mas elas raramente são empregadas entre nós, pois possuem um âmbito muito restrito naquilo que medem.

O Or.E. pode também construir escalas simples de atitudes, para uso específico na sua escola, quando necessário. Por exemplo, pode-se empregar escalas de Likert para saber da atitude da criança em relação à família; à escola; ao estudo; a diferentes preconceitos, como o racial, o religioso, o socioeconômico etc., quando há suspeita de problemas nessas áreas. Embora passos formais devam ser seguidos e sejam necessários conhecimentos especializados de psicometria para a construção de escalas, o Or.E. pode elaborar uma escala rudimentar para aplicar aos alunos, como ponto de partida para um trabalho sistemático de orientação, em determinada área.

Basicamente, as escalas de Likert pressupõem que se tenha uma lista grande de afirmações representativas do tópico em questão. A cada afirmação, a pessoa submetida a ela deve escolher um algarismo de 1 a 5, com a seguinte convenção.

1. Concordo completamente.
2. Concordo.
3. Indeciso.
4. Discordo.
5. Discordo completamente.

O resultado é dado pela soma dos pontos assinalados em todas as afirmações. Há o cuidado prévio de se atribuir o correspondente valor negativo quando as afirmações estiverem formuladas de forma contrária à atitude que se quer medir. Esta é uma técnica mais usada com adolescentes e adultos.

Uma maneira mais simples de medir atitudes, que pode, inclusive, ser empregada com crianças, são as escalas de diferencial semântico. Para cada conceito que se está interessado em avaliar, usa-se um par de adjetivos, sendo um antônimo do outro, colocados cada um em uma extremidade de uma escala com 7 graus. De um lado da escala, são colocados adjetivos positivos e, do outro, negativos. O exemplo seguinte ilustra um emprego do diferencial semântico para a avaliação da atitude de crianças em relação à escola.

	Minha Escola							
Feia	1	2	3	4	5	6	7	Bonita
Pequena	1	2	3	4	5	6	7	Grande
Triste	1	2	3	4	5	6	7	Alegre
Ruim	1	2	3	4	5	6	7	Boa

Quadro 1 – Exemplo de diferencial semântico

Explica-se ao aluno que ele tem, em cada linha, 7 algarismos e que ele deverá avaliar a sua posição em relação ao par de palavras que se referem à escola, marcando o algarismo que indica a sua posição. Dá-se um exemplo para maior compreensão.

O ponto crítico do diferencial semântico está na escolha dos adjetivos e na colocação adequada em relação ao conceito. Seria muito importante que se consultasse um especialista quando da sua construção, mas o Or.E., com certa prática, poderá, para as finalidades de sua atuação na escola, construir diferenciais semânticos. Para analfabetos, podem ser usadas figuras ou símbolos, em lugar de palavras, assim como podem ser lidas, em voz alta, pelo aplicador, as palavras escritas. É uma técnica fácil e pode ser um bom ponto de partida para se lidar com problemas no campo das atitudes.

Muitas dificuldades de comportamento e principalmente de interação, como já foi visto em capítulo anterior, podem ser melhor diagnosticadas e estudadas com o auxílio da sociometria que será objeto de capítulo separado.

Costuma ser necessária, principalmente no caso de escolas públicas, a avaliação do nível socioeconômico e cultural da família da criança, pois, além de ser esta uma informação útil para melhor conhecimento do aluno, às vezes, precisa-se desse tipo de informações para tomar decisões de ordem prática, como concessão de bolsas de estudo ou ajuda por parte da APM (Associação de Pais e Mestres). Não há medida padrão destes aspectos; o que se usa são critérios pré-definidos que, entretanto, variam de época para época e até conforme o lugar. Os critérios mais gerais e mais comumente empregados são: o nível de escolaridade dos pais; os salários; o número e o tipo de eletrodomésticos; local de residência; casa própria ou não; número de cômodos na residência; clubes frequentados; números e tipos de carros. Entretanto, nenhum desses itens, sozinho, é suficiente para determinar o nível socioeconômico.

Quanto ao nível cultural, além da escolaridade dos familiares, pode-se perguntar sobre a existência de diferentes tipos de livros em casa, a assinatura de jornais e revistas, o tipo de lazer da família etc.

Ao finalizar este capítulo, cabe uma advertência sobre as medidas. Com a dificuldade na aquisição e aplicação de testes padronizados, nota-se que se está difundindo, nas escolas, a prática de elaborar testes para uso próprio. No caso da medida da prontidão, por exemplo, é comum professores alfabetizadores, alegando grande experiência, construírem seus próprios "testes". Para que um instrumento de medida possa ser chamado de "teste" e para que se possa ter certo grau de confiança nos seus resultados, é necessário que a pessoa que os elabore tenha não apenas experiência e conhecimento do assunto a ser avaliado como também, e principalmente, formação específica em psicometria, pois um teste, antes de ser utilizado, precisa ter algumas qualidades ou características comprovadas. A primeira delas, como deve ocorrer com qualquer instrumento de medida, é a validade. Um teste é válido quando mede aquilo a que se propõe. Parece mais ou menos óbvio, mas se um professor constrói um "teste" de prontidão ou de inteligência, por exemplo, como saber se realmente o seu teste estará medindo o que ele pretende? O especialista deve seguir passos e provas rigorosas antes de afirmar que um teste é válido para medir algo, o que, normalmente, encontra-se fora da competência dos professores.

Outra qualidade a ser considerada é a fidedignidade, que consiste em medir com precisão o que se pretende. Numerosos cuidados e provas são necessários antes de se saber se o teste é ou não fidedigno.

Construir um teste, usá-lo, interpretando os resultados como se fossem válidos e fidedignos, pode levar a erros grosseiros, por mais experiente que seja o professor. Recomenda-se, por este motivo, cautela redobrada em relação a testes elaborados e/ou aplicados por pessoas que não tenham formação adequada.

Capítulo 26

O Orientador Educacional e a medida da inteligência

Há diversas teorias e definições de personalidade, mas, de modo geral, entende-se por personalidade tudo o que distingue uma pessoa das demais, desde o seu aspecto físico até as camadas mais profundas de sua psique. Neste sentido, a rigor, todos os testes e instrumentos de medidas aplicados à pessoa humana são testes ou medidas de personalidade. Historicamente, entretanto, desenvolveram-se linhas diversas de medidas aplicáveis a diferentes aspectos da personalidade e até para diferentes finalidades. Assim, as medidas de aspectos físicos são efetuadas, normalmente, por profissionais da área de saúde. As "mentais", incluindo-se aí os testes de inteligência e de aptidões específicas, são de alçada dos psicólogos; as sociais, especialidade dos cientistas sociais, e as educacionais, dos pedagogos.

Constitui condição essencial da medida uma definição prévia do que se está medindo. Conceitos como "personalidade", "ansiedade", "prontidão", "motivação", "inteligência", "aptidão" e outras palavras usadas, comumente, são muito difíceis de ser definidos e, sem as respectivas definições, impossíveis de ser medidos. Assim, por trás de cada resultado de medida ou teste usado em Psicologia, há sempre uma concepção teórica, explícita ou implícita, sobre o que se mede. Esta concepção teórica chama-se "construto", isto é, uma construção de um conceito, como, por exemplo, o de "inteligência".

A cada concepção do que vem a ser inteligência – e elas são muitas – corresponde um tipo de teste para medi-la.

A concepção mais conhecida, que deu origem à noção de QI, foi a de Binet e Simon, que organizaram uma série de tarefas, de dificuldade crescente, aplicadas a alunos de diferentes idades, para prever quais os que teriam sucesso na escola. Segundo essa proposta, percebe-se que, para aqueles pesquisadores, a inteligência era concebida como algo que se desenvolve com a idade e que, portanto, quanto mais rápido fosse alcançado esse desenvolvimento, mais inteligente a pessoa seria. Outra decorrência do trabalho de Binet e Simon é a de que a inteligência, expressa em termos de QI, está diretamente ligada ao sucesso escolar e pode predizê-lo. Tal concepção deu ensejo a que se estabelecesse uma relação entre o conjunto de tarefas que uma criança consegue realizar (idade mental) e a sua idade real (idade cronológica), ambas calculadas em meses. Dessa comparação, surgiu a noção de QI ou Quociente de Inteligência que é definida como o resultado da divisão da idade mental pela cronológica, multiplicado por 100. Dessa forma, a criança adequadamente desenvolvida para a sua idade teria um QI igual a 100. Um QI abaixo de 100 indica atraso e, acima, que a criança está adiantada para a idade. Na realidade, estabeleceu-se que o chamado intervalo de normalidade abrangesse um QI de 90 a 110, dando-se, assim, desconto a prováveis erros de medida.

Como já dissemos, o Or.E. não aplica esses testes aos alunos na escola, mas como poderá vir a receber resultados aplicados por psicólogos, resultados esses geralmente expressos em termos de QI, é importante que ele saiba a sua origem, como ler esses resultados e as cautelas que deve tomar em relação a eles, não se deixando influenciar demais por eles, principalmente se o QI estiver abaixo da normalidade. Sabe-se, hoje, que muitas condições adversas, como, por exemplo, indisposições físicas do aluno – dores, gripes, fome, cansaço, febre – no momento da aplicação, timidez excessiva, medo ou desconfiança em relação a quem aplica, desconforto – frio, calor, barulho –, ansiedade, algum problema pessoal ou familiar, podem influir negativamente nos resultados de testes de inteligência. Por este motivo, é necessário que o Or.E. observe o aluno em diferentes ocasiões e circunstâncias, não confiando totalmente e se baseando apenas no QI.

Existem hoje muitos testes de inteligência para a população escolar. Alguns são compostos por apenas um único tipo de tarefa, geralmente com grau de dificuldade crescente, outros possuem tarefas diversificadas. Um exemplo de teste de um único tipo de tarefa que, em décadas passadas, teve largo emprego nas escolas de ensino fundamental no Brasil é o do desenho de um homem (DAM – *draw a man*), mais conhecido como teste de Goodenough. Basicamente, consiste em se pedir à criança que desenhe (com lápis preto e em papel tipo sulfite) a figura de um homem (há uma revisão do teste na qual se pede também para ela desenhar uma mulher e a si própria). A avaliação é feita em forma de pontos, com relação a 51 (73 e 71 na forma revisada) itens observados em cada desenho, que são transformados em QI. O princípio deste teste é o de que a criança desenha o que sabe e não o que vê. Portanto, quanto mais ela sabe de algo comum na vida dela, que é a figura humana, maior o seu desenvolvimento mental, pois este teste relaciona o desenvolvimento dessa capacidade de observação e incorporação de aspectos da figura humana ao desenvolvimento mental.

Apesar da facilidade de coleta do material e da grande popularidade que chegou a ter, este teste apresenta sérias restrições. A principal se refere à avaliação. Mesmo com a lista de pontuação, a avaliação é subjetiva. Isto significa que dois avaliadores diferentes podem atribuir resultados diferentes para o mesmo desenho. Outra objeção séria reside no pressuposto teórico de que a criança desenha o que sabe. Estudos mais recentes mostram que, principalmente no que se refere à figura humana, outros fatores interferem no desenho. Partes do corpo podem estar ligadas a problemas de personalidade e a criança pode omiti-las ou tratá-las "incorretamente" do ponto de vista do teste, embora "saiba" como elas são. Crianças tímidas, por exemplo, costumam esconder as mãos no desenho, não significando que não sabiam da existência delas. Por estas razões, mas sobretudo porque os cursos de formação do magistério para o ensino fundamental têm sido descaracterizados, praticamente não se usa mais o teste Goodnough nas escolas. Este teste, mesmo com toda a problemática aqui discutida, dava uma indicação geral sobre as crianças que estariam necessitando de atenção mais especializada no que se refere à inteligência geral, principalmente no Brasil, onde a aplicação de testes de inteligência não constitui rotina nas escolas.

Vale aqui abrir um parêntese para lembrar a importância da observação do desenho da criança – quer seja pedido pelo professor, quer realizado livremente –, mesmo sem ser dentro de um esquema de teste. Todo desenho, desde que não seja alguma forma de cópia, pode ser considerado uma projeção. Assim, não somente problemas ligados ao desenvolvimento mental, mas também e sobretudo os emocionais, facilidades ou dificuldades com a escola e outros podem se tornar evidentes em desenhos, desde que se saiba observá-los. O Or.E. deve pedir aos professores que atentem para este fato, não no sentido de interpretarem desenhos – que é uma técnica difícil –, mas de encaminharem crianças cuja produção revele, sistematicamente, diferenças marcantes em relação à de outras crianças da mesma faixa etária.

Testes propostos para medir aptidões diferenciadas ou múltiplas são genericamente chamados de "baterias" e são úteis quando se necessita ter informações diferenciadas sobre cada aptidão. O teste mais conhecido de aptidões diferenciadas, no Brasil, é o DAT (*Differential Aptitude Tests*). Essa bateria fornece resultados em percentis para: raciocínio verbal; raciocínio mecânico; raciocínio abstrato; relações espaciais; habilidade numérica; rapidez e exatidão e uso de linguagem, este contendo duas partes: ortografia e sentenças. Com essas medidas de diferenças intrapessoais é possível desenhar "perfis" para cada pessoa. Mostra-se, portanto, não só quanto cada um difere dos outros, em termos quantitativos, como também quanto à distribuição qualitativa dessa diferença. Não se pode dizer, entretanto, que a soma dos percentis de cada aptidão daria um percentil de inteligência geral. O que se recomenda é que os psicólogos empreguem os dois tipos de teste para se ter um conhecimento mais amplo das pessoas.

Há, ainda, testes de capacidades para determinadas atividades, geralmente motoras e artísticas. Estes, embora também de aptidão, não são, a rigor, tratados como testes de inteligência. Poder-se-ia falar em "tipos" de inteligência, considerando a geral apenas como um dos tipos, prevendo-se também o tipo artístico, o tipo social, o tipo esportivo etc. Entretanto, o tipo geralmente levado em consideração e que prediz sucesso escolar é o abstrato, discutido anteriormente.

Percebe-se que a medida de inteligência não é tarefa simples. A própria definição de inteligência depende do teste usado e este, por sua vez, depende daquela. Por este motivo, deve-se ter uma boa fundamentação teórica com referência a constructos e à medida deles para que se saiba analisar os resultados desses testes. Tomadas com os devidos cuidados, essas medidas têm-se mostrado excelentes preditores de sucesso escolar em todos os níveis de ensino, principalmente com relação a cursos superiores que exigem maior capacidade mental. Os testes de aptidões diferenciadas também têm-se revelado úteis em seleção de pessoal e para a OV, pois, de acordo com a profissão escolhida, há perfis mais adequados e menos adequados, dentro de um mesmo nível intelectual geral. Os testes de aptidões específicas ajudam na escolha de determinadas profissões.

Capítulo 27

A técnica sociométrica e seu emprego pelo Orientador Educacional

A técnica sociométrica, à parte, apresentada neste capítulo, constitui um dos instrumentos mais importantes à disposição do Or.E. É geralmente conhecida como "teste sociométrico", embora, na realidade, seja mais uma técnica do que um teste propriamente dito. De fato, não existe um "teste sociométrico" preparado. O que se faz é pedir a quem se submete a ele que, de acordo com certos critérios, escolha pessoas, colocando o nome delas em papéis fornecidos pelo aplicador. Este é o esquema geral. O que muda são as instruções, passadas de acordo com a finalidade para a qual o teste esteja sendo aplicado, e a maneira de lidar com os resultados.

Diferentes profissionais têm usado, com sucesso, esta técnica. Ela se mostra bastante útil nas mais variadas situações em que pessoas interagem com certa constância, como em terapias de grupo, na escolha de chefes e na formação de equipes e de grupos de trabalho. É usada em empresas e escolas, onde há muitas aplicações para ela. Muito frequentemente, tem sido usada nas escolas para a formação de equipes de alunos para trabalhos em grupos e para a descoberta ou confirmação de lideranças. Porém, o seu uso não se esgota aí, pois constitui, ainda, instrumento valioso para detectar e diagnosticar problemas nas salas de aula.

Às vezes, há classes consideradas "difíceis", indisciplinadas ou desunidas, onde o clima é de constante conflito dos alunos entre si e destes com os respectivos professores. Nesses casos, mesmo professores experientes podem ter dificuldade para equacionar os problemas e suas causas, equivocando-se a esse respeito. Nessas ocasiões, a sociometria mostra-se particularmente eficaz, desde que bem empregada e interpretada. Sendo uma técnica, coletados os dados, eles passam a ser trabalhados como resultados de testes ou dados de pesquisa, podendo ser tabulados de várias maneiras e os resultados colocados em gráficos para melhor visualização. Os dados são passados, primeiramente, para uma folha chamada de sociomatriz e desta para um gráfico chamado sociograma. No final deste capítulo, são apresentados exemplos de folha para coleta de dados, de sociomatriz e de sociograma.

A sistemática de tabulação e a apresentação dos dados dependerão das razões ou finalidades para as quais foi aplicado o teste. Se, por exemplo, a finalidade é apenas a de formação de grupos, pede-se a cada aluno que coloque seu nome no papel e o nome de três ou mais colegas, classificados ou não em ordem de preferência, com os quais gostaria de trabalhar em grupo, em tarefas a serem realizadas em sala de aula. Sendo o caso, a instrução deve informar quando se trata de trabalhos em casa, pois fatores como vizinhança e locomoção poderiam alterar as preferências.

Para classes particularmente problemáticas, às vezes, é útil passar um segundo papel com instruções para que os alunos escrevam o nome de colegas com os quais NÃO gostariam de trabalhar em grupos.

Entretanto, se a finalidade for a de detectar lideranças e rejeições "panelas", clivagem ou outras constatações desse tipo, o critério fornecido aos alunos seria mudado para incluir escolhas de outros tipos como: colegas dos quais gosta ou gostaria de ser amigo; de brincar no recreio; de sentar perto na classe; de participar junto em jogos, gincanas, excursões etc.

Para detectar alunos com habilidades ou qualidades específicas, o critério proposto será modificado, pedindo-se, por exemplo, os nomes dos colegas que cada um gostaria de ter na sua equipe para disputar campeonatos desportivos, participar de um concurso de poesia, de música, de teatro ou de outras atividades.

Para classes desunidas, há interesse em identificar os grupos que nelas existem e os motivos da desunião. Respostas a estas questões são obtidas pedindo-se aos alunos que indiquem os colegas de quem gostam mais e os de quem gostam menos. Feito o gráfico correspondente aos nomes citados, o Or.E. terá delineado os grupos antagônicos e, pelos critérios das decisões, chegará a saber a(s) causa(s) da desunião de cada classe – alunos pobres × ricos, católicos × protestantes, meninos × meninas, brancos × pretos, alunos com melhores notas × alunos com piores notas, alunos novos × alunos antigos, alunos mais novos × mais velhos etc. Neste caso, a sociometria pode ser seguida e complementada por escalas de atitudes, como foram descritas no capítulo anterior.

Como se vê, a sociometria fornece uma espécie de radiografia das interações que ocorrem na sala de aula, dando a possibilidade de diagnosticar problemas e trabalhar para resolvê-los.

Uma das grandes vantagens da sociometria é que o teste pode ser repetido a intervalos regulares, a fim de analisar a evolução das interações e, se for o caso, verificar se as intervenções do SOE estão surtindo efeito.

O emprego da técnica sociométrica requer que certos requisitos sejam respeitados. É condição essencial para que se possa empregar essa técnica que todos os participantes se conheçam e saibam os respectivos nomes. Portanto, antes da aplicação do teste, deve-se cientificar de que este requisito seja satisfeito. Não é certo supor que, pelo fato de os alunos estudarem em uma mesma sala de aula, todos se conheçam e, muito menos, que saibam os nomes uns dos outros. Assim, antes do início da aplicação do teste, explica-se que esta é uma condição importante e pede-se aos participantes que apontem os colegas cujos nomes desconheçam. Outra maneira de atender a este requisito consiste em realizar jogos em que os alunos demonstrem saber ou tenham oportunidade de aprender os nomes de todos os colegas. Se a classe não for muito numerosa e não se dispuser de muito tempo, pede-se a cada um que escreva seu nome em uma folha de papel ou cartolina e o coloque à frente de sua carteira, supondo-se que os alunos estejam dispostos em círculo. Verifica-se, então, se não há nomes repetidos e se todos os cartazes estão visíveis e legíveis. Também não tem sentido a aplicação do teste em classes recém-formadas ou no início do ano letivo. Para evitar dúvidas ou perguntas sobre o assunto, é conveniente, quando possível, que o teste seja realizado em um dia em que a classe esteja completa, isto é, com todos os alunos presentes. Caso não haja possibilidade de esperar até que tal ocorra, antes do início da aplicação do teste, o aplicador verifica quem está ausente, coloca os nomes desses alunos no quadro-negro e pergunta se todos os conhecem. Tal procedimento, porém, é para ser usado em último caso, pois o fato de os nomes estarem visíveis aumenta a probabilidade de suas citações indevidas.

As condições ateriores dizem respeito a requisitos técnicos na aplicação do teste. Um cuidado essencial de ordem ética, inerente ao uso da sociometria com finalidades não terapêuticas, como é o caso das pedagógicas, consiste no caráter confidencial e sigiloso das respostas. Em hipótese alguma as informações obtidas poderão ser divulgadas, seja para quem for, e isto deve ser colocado claramente aos alunos antes da coleta de dados, para que se sintam à vontade nas respostas dadas e também para que não insistam no sentido de terem acesso aos resultados.

Os papéis com as respostas devem ser recolhidos, guardados e tabulados pessoalmente pelo Or.E. Não é indicado pedir auxílio a estagiários e muito menos a alunos de outras classes ou até escolas, porque algum destes pode conhecer os alunos e/ou pertencer à mesma comunidade. Os papéis não devem ser deixados sobre mesas, em armários abertos ou outros locais onde se possa ter acesso. Feita a tabulação, os papéis devem ser queimados ou jogados em local onde haja segurança de que não serão encontrados. No momento da aplicação do teste, os alunos devem estar sentados a uma distância suficiente para assegurar que as respostas não sejam vistas pelos colegas.

Antes da aplicação, assegura-se aos alunos, de todas as formas possíveis, o caráter confidencial do teste, o que irá garantir a confiabilidade das respostas dadas. Em outras palavras, o aluno precisa sentir-se seguro e confiar no aplicador para dar as respostas verdadeiras e não as que daria se o resultado fosse público.

Os resultados gerais da tabulação e os gráficos obtidos por meio dela também não devem ser mostrados aos alunos, pelas mesmas razões anteriores. Esta é uma limitação do teste, pois quem dele participa jamais irá saber o resultado. Por este motivo, é importante que se converse com os alunos sobre o assunto antes da aplicação do teste.

Se necessário, o Or.E. dará a conhecer os resultados, em termos gerais, aos professores e outros membros da equipe técnico-administrativa da escola. Todavia, é preferível que ele apresente já as soluções ou sugestões baseadas nos resultados do teste. Assim, em lugar de mostrar quem escolheu ou rejeitou quem, ele pode explicar a configuração geral da classe, eventuais problemas, sugestões para formação de grupos etc. Não deve também, com base nos resultados do teste (ou sem eles), rotular, distinguir e apontar alunos pelas suas características, tais como "líder", "estrela", "rejeitado", "esquecido" etc., e muito menos usar de forma indevida essas características (exemplo, pedir ao "líder" para "marcar" quem conversa ou faz alguma coisa não permitida na ausência do professor).

Um problema comum que ocorre quando são formados os grupos de estudo usando-se esta técnica são as reclamações e insatisfações que surgem, por parte dos alunos, em relação ao atendimento de todas as suas escolhas. A classe deve ser avisada, antecipadamente, que é muito difícil atender a todos de acordo com o sociograma e que a técnica permite ajudar na melhor formação possível dos grupos. De fato, normalmente, há alunos muito populares que são escolhidos por muitos colegas e outros que não são escolhidos por nenhum. Como o Or.E. não pode divulgar os resultados, ele deverá ter habilidade para formar os grupos dentro das possibilidades, evitando, por exemplo, que os alunos não escolhidos sejam antagonizados no grupo para o qual precisarão ser designados, que sejam formados grupos só com alunos fortes ou só com alunos fracos, só com alunos indisciplinados etc. Para essa finalidade, as informações constantes das fichas arquivadas no SOE serão muito úteis para que os grupos sejam organizados equilibradamente. Nesse sentido, costuma haver maiores vantagens na diversidade do que na homogeneidade na constituição dos grupos. É possível esperar que os melhores alunos estimulem ou exijam maior cooperação dos que não são tão bons.

É importante distinguir entre alunos que não foram escolhidos por terem sido esquecidos (indiferentes) e os que não o foram por rejeição. Para resolver essa questão, pede-se a todos que indiquem, além dos colegas com os quais gostariam de trabalhar, os nomes daqueles com os quais não desejariam. Porém, este recurso não deve ser muito usado, pois pode acirrar eventuais desavenças existentes. Outra maneira é ter uma conversa com a classe, sem citar nomes, para que ela seja flexível, mais condescendente e mais tolerante para com os colegas, tratando das possíveis causas de rejeição (alunos novos, minorias etc.). Se for impossível formar grupos, deve-se propor rodízio de elementos nos grupos e expor o fato aos alunos, claro, sem nomear os rejeitados e dando explicações de caráter pedagógico para o rodízio.

Embora, como vimos, o teste sociométrico possa e, às vezes, precise ser repetido em uma mesma classe, não se deve abusar de seu emprego para que não seja banalizado e perca o poder de diagnóstico. Empregada de forma tecnicamente correta e ética, a sociometria é um grande auxiliar do SOE.

A seguir, serão dados exemplos da folha de aplicação, da de tabulação e do sociograma, com as respectivas explicações.

EXEMPLO DE "TESTE SOCIOMÉTRICO"

Nome do aluno _____ nº _____ Sexo _____
Série_____
Nas linhas abaixo, você deverá colocar os nomes de 3* colegas** com os quais você gosta ou gostaria*** de realizar trabalhos escolares**** na sala de aula*****
_____
_____
_____

Este é apenas um modelo genérico que deve ser muito bem pensado, tendo em vista as finalidades de sua aplicação, pois comporta especificações e/ou modificações conforme as circunstâncias. Assim, por exemplo, onde foi colocado o primeiro asterisco (*), pode-se modificar para qualquer número viável, explicitando-se se o aluno é "obrigado" ou "não" a citar todos os colegas pedidos ou se deve citar "até" (ou no máximo) o número mencionado. Ele poderá, também, ser requisitado (**) a colocar suas escolhas em ordem de preferência (1ª, 2ª, 3ª etc.) ou simplesmente escolher o número pedido de colegas, em qualquer ordem. Como vimos anteriormente, no caso (***), o teste comporta também a forma negativa, isto é, além do "gostaria", seria possível pedir, em outra pergunta ou em outra ocasião, os nomes dos colegas com os quais cada aluno "não gostaria" de trabalhar. No caso dos quatro asteriscos (****), as modificações possíveis dizem respeito a diferentes situações, conforme discutido no texto, bem como no caso dos cinco asteriscos (*****), em que as instruções sobre situações hipotéticas podem variar.

A sociomatriz, que é a tabela construída a partir dos dados coletados, reflete o grau de complexidade conferida às questões e também as finalidades com que foi aplicado o teste. A sociomatriz mais simples, isto é, aquela em que o aluno cita três nomes, por exemplo, sem ordem hierárquica de preferência, consta de uma linha e de uma coluna, ambas com os nomes dos participantes, em ordem alfabética, separados por sexo ou não, sendo que na coluna e na linha os nomes estão na mesma ordem de colocação. Quando um aluno escolhe um colega, marca-se, na junção da respectiva linha com a coluna, um sinal. Olhando-se para a sociomatriz, vê-se, facilmente, quem escolheu quem.

Nas margens inferiores, coloca-se o total de escolhas recebidas por aluno. Caso se queira, pode-se colocar subtotais de escolhas femininas e masculinas. Como se constata, mesmo com o caso mais simples do emprego da sociometria já é possível tirar várias conclusões. À medida que se sofistica a técnica, as conclusões possíveis são multiplicadas.

EXEMPLO DE SOCIOMATRIZ

	Aldo	Caio	Celso	Décio	Ênio	Ivo	Ada	Ana	Célia	Eva	Rita	Tânia
Aldo		X			X	X						
Caio	X			X	X							
Celso				X	X	X						
Décio			X		X	X						
Ênio		X	X			X						
Ivo		X		X	X							
Subtotal	1	3	2	3	5	4						
Ada								X	X			X
Ana							X		X			X
Célia							X	X				X
Eva					X						X	X
Rita							X	X				X
Tânia							X		X		X	
Subtotal					1		4	3	3	0	2	5
Total	1	3	2	3	6	4	4	3	3	0	2	5

O sociograma consiste na representação gráfica do conteúdo da sociomatriz para melhor visualização do conjunto.

Embora o resultado seja o mesmo, há diferentes técnicas para a construção de um sociograma. O processo se torna tanto mais trabalhoso quanto mais sofisticada tenha sido a coleta dos dados (exemplo: número maior de escolhas; hierarquização das ordens de preferência; números grande de sujeitos etc.). Pode-se diferenciar, se for de interesse, meninos de meninas, convencionando-se, por exemplo, que circunferências vermelhas representam meninas e azuis, meninos, ou que triângulos representam uns e círculos, os outros.

No caso mais simples, como o do exemplo apresentado a seguir, pode-se traçar circunferências concêntricas, cada uma delas representando um certo número de escolhas recebidas. A seguir, partindo-se do centro, vão se colocando os(as) alunos(as) mais escolhidos(as), ficando nas circunferências mais periféricas os menos ou não escolhidos. A direção e o sentido das escolhas são indicados por flechas. Deve-se tomar cuidado para não cruzar muito essas flechas, o que atrapalharia a leitura do gráfico. É conveniente que os primeiros traçados sejam feitos a lápis para permitir as mudanças necessárias até que se obtenha um gráfico mais nítido.

EXEMPLO DE SOCIOGRAMA

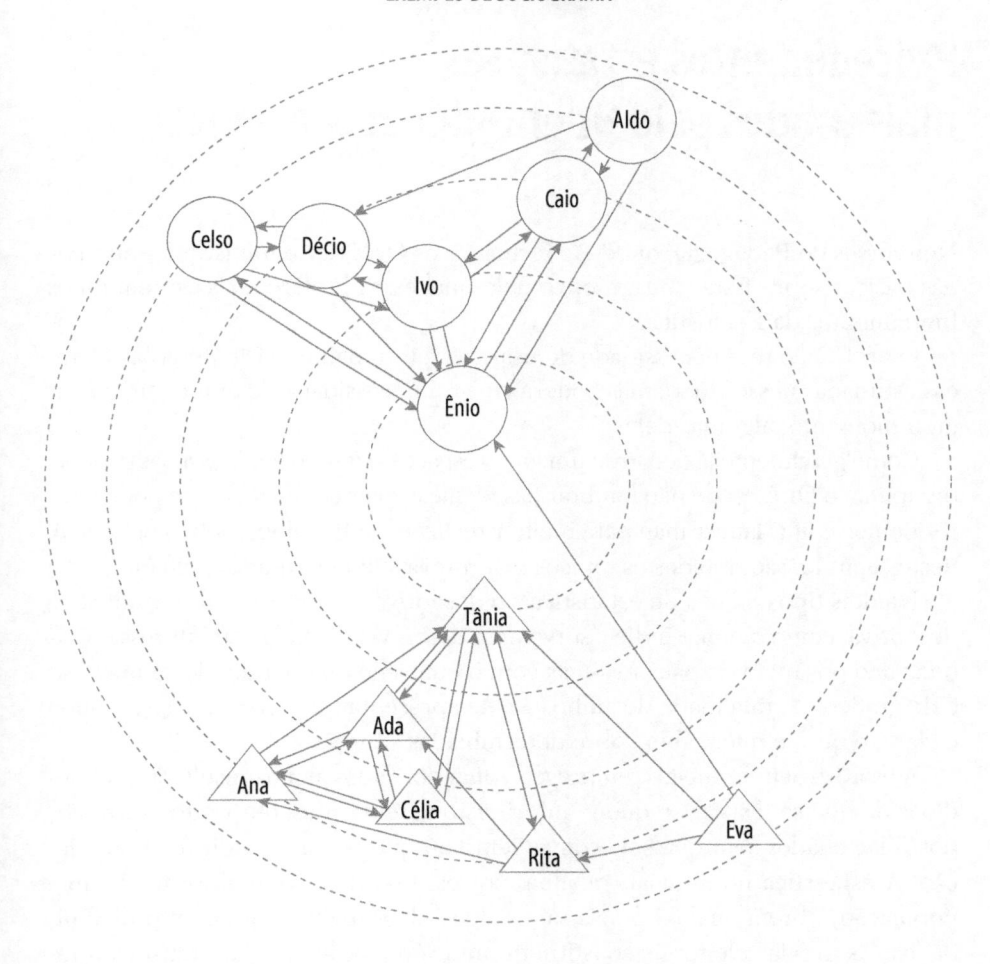

Capítulo 28

Procedimentos estatísticos mais usados pelo Orientador Educacional

Nos cursos de Pedagogia, onde são formados os Or.Es., são ministradas disciplinas básicas sobre Estatística, motivo pelo qual esses profissionais estudaram os fundamentos da Estatística.

O Or.E. não terá necessidade de usar, no seu trabalho diário, todas as técnicas estudadas nesse curso, mas poderá vir a ter necessidade de empregar, em algum momento, algumas delas.

Como geralmente já decorreu um longo espaço de tempo entre as aulas daquela disciplina, o Or.E. pode não lembrar das técnicas mais comuns de que pode querer ou necessitar lançar mão para melhor realizar seu trabalho, motivo pelo qual, neste capítulo, são tratados os tópicos mais provavelmente usados pelo Or.E.

Há dois tipos de uso de estatísticas: o descritivo e o inferencial. A estatística descritiva, como o nome indica, serve para descrever os dados de interesse, mas o faz não por meio de palavras, mas com o emprego de quantidades numéricas e de gráficos. A finalidade de ambos é a de apresentar, de forma mais resumida e clara, o que se quer saber sobre determinadas situações.

A estatística inferencial é empregada quando, dados alguns resultados de medidas de que se dispõe, se queira inferir, isto é, tentar descobrir outros resultados relacionados sem que seja conveniente ou que possam medir toda população. A estatística inferencial trabalha, por esse motivo, com amostras de uma população sobre a qual se deseja saber algo. Ela trabalha, pois, com probabilidades. As prévias eleitorais constituem um exemplo de uso da estatística inferencial. Como não é possível entrevistar todos os eleitores, entrevistam-se, dentro de critérios preestabelecidos, amostras deles, para se tirar conclusões sobre os resultados das votações de todos eles. Por esse motivo, os resultados são dados com uma margem de erro para mais ou para menos.

Em OE dificilmente o profissional irá necessitar do emprego da estatística inferencial. A população com a qual trabalha é pequena. Quando ele quer saber algo sobre ela mede diretamente todos seus elementos, não necessitando extrair amostras e elaborar complicados cálculos para chegar a um resultado probabilístico menos preciso que o resultante da medida de toda a população de interesse no momento. Na vida acadêmica, entretanto, esse tipo de estatística é bastante usado. Se o Or.E. decide fazer pesquisa, como no caso de se candidatar a um mestrado ou doutoramento, ele poderá precisar desse tipo de estatística.

No trabalho nas escolas, o Or.E. poderá precisar ou desejar dar maior ênfase ou resumo aos dados de que dispõe, usando para isso medidas da estatística descritiva e apresentando gráficos para dar maior visibilidade a esses ou a outros dados.

As medidas mais usadas pela estatística descritiva são as de tendência central e as de dispersão. A medida de tendência central mais conhecida, inclusive pelos alunos, é a média aritmética que pode ser simples ou ponderada. Para se obter a média aritmética simples basta somar os dados da medida de interesse e dividir o resultado dessa soma pelo número de parcelas. Assim, a média aritmética simples entre as notas 5, 6, 7, 8 e 9 é 7, pois a soma dessas notas é igual a 35 que, dividido pelo número delas, resulta em 7.

No caso de se desejar calcular uma média ponderada, como, por exemplo, quando se deseja dar maior valor a uma das notas (ou outro dado), multiplica-se essa nota ou dado por certo valor, 2, 3 etc., conforme a ênfase que se queira dar a ele, soma-se o resultado e divide-se pelo número de notas acrescido do(s) valor(es) do(s) peso(s) atribuído(s) a uma(s) dela(s). Exemplo: sejam as notas e respectivos pesos 5x1, 6x2, 7x3, 8x1 e 9x1, as mesmas notas usadas no exemplo da média aritmética simples, mas com diferentes ênfases, chamadas de pesos, o resultado da soma ponderada é 55, que dividido por 8 dá 6,85. Como foi dada maior importância a notas mais baixas, o valor da média diminuiu com o uso da ponderação.

A média aritmética não é usada apenas para cálculo de médias de notas, mas para outras medidas de interesse, como altura dos alunos, peso, tamanhos de uniformes, número de alunos por classes, frequências e outras medidas de que o Or.E. possa precisar.

A média aritmética é bastante influenciável por valores extremos de algumas medidas. Por exemplo, se um aluno tira uma nota zero e uma nota 10, a média 5 dessas notas não dá uma ideia segura sobre o aproveitamento desse aluno. Sem conhecer o fato de que a nota 5 representa uma média entre extremos, pode-se concluir, diante desse 5, que se trata de um aluno médio, o que não é correto.

Se em uma classe há 10 alunos e nas três outras da mesma série há, respectivamente, 45, 46 e 47 alunos, a média de 37 alunos por classe daquela série também não retrata a situação do número de alunos por sala de aula. Pelo fato de que a média, embora muito empregada na prática, não retrata sempre a realidade medida, às vezes costuma-se apresentar, juntamente com ela, medidas de dispersão, que indicam o grau de afastamento dos valores medidos da média aritmética.

Nem sempre, entretanto, é necessário calcular a dispersão. Quando se nota a existência de valores extremos e quando o grau de precisão no caso não é fundamental, pode-se usar outras medidas, que não a média, para retratar a situação do grupo de dados que se quer apresentar. Como estas são de cálculo mais simples que os de dispersão, e o Or.E. que não precisa de tanta precisão, poderá empregar essas medidas além ou em lugar da média.

Essas medidas são a mediana e a moda. O cálculo delas é mais fácil e mais rápido que o da média, e para algumas finalidades mais interessantes ela. Para se obter a mediana, toma-se primeiramente o cuidado de colocar os dados em ordem crescente ou decrescente. A mediana é o valor que resulta no meio dessa lista de dados. Exemplo: a mediana entre as notas 5, 6, 7, 8 e 9 é igual a 7. Por coincidência, a mesma nota obtida com o emprego da média aritmética, conforme o exemplo já citado. Tal ocorreu porque a dispersão entre os valores não é grande.

Quando ocorrem duas notas, no meio, e isto acontece quando o número de dados é par, para o cálculo da mediana basta tirar a média aritmética entre esses dois dados do meio da lista. Assim, por exemplo, a mediana entre as notas 4, 5, 6, 7, 8 e 9 é 6,5, isto é, a média entre os valores 6 e 7 que ficaram ambos no meio da distribuição.

A moda é o valor mais frequente em uma distribuição de dados. Por exemplo, a moda entre as notas 5, 6, 7, 7, 7, 7, 7, 8 e 9 é 7. Ela é interessante, por exemplo, para se saber se um aluno tirou nota de acordo com as notas da maioria da classe. Às vezes obtêm-se distribuições com duas ou mais modas, chamadas, respectivamente, bimodais ou multimodais. Quando isso ocorre significa que há diferentes grupos compondo uma mesma população, por exemplo, quando são medidas as alturas de alunos de uma classe em que há meninos e meninas.

Conforme a situação, o Or.E. poderá usar uma dessas medidas de tendência central.

Supondo-se, por exemplo, que se necessite comprar um grande lote de uniformes e que haja a possibilidade de apenas dois tamanhos, a média não seria uma medida indicada no caso. A mais indicada seria a moda.

Com maior frequência que usa essas medidas, o Or.E. costuma usar gráficos. Neste livro, quando se tratou do rendimento escolar dos alunos, foram dados exemplos de gráficos que facilitam a visualização desse rendimento de classes inteiras e de alunos nessas classes.

Há vários tipos de gráficos. Os mais comumente usados pelos Or.Es. são os gráficos em barras ou colunas, os histogramas e os gráficos de setores.

Os gráficos em barras ou colunas são representados por retângulos com a mesma base e com altura proporcional à magnitude dos dados. A diferença entre os gráficos de barras e de colunas está na apresentação. Quando os retângulos são apresentados verticalmente, o gráfico é chamado de colunas, e quando horizontalmente, de barras. Em ambos os casos os retângulos não são contíguos, isto é, não encostam uns nos outros.

O histograma é uma representação de uma distribuição de frequência e os retângulos são contíguos. Na linha horizontal são colocados intervalos de classe, e a altura dos retângulos é proporcional às frequências observadas em cada uma das classes. Com a união dos pontos médios nas alturas desses retângulos obtém um gráfico chamado polígono de frequência.

Os gráficos de setores são representados por meio de setores em um círculo e têm por finalidade retratar um fato e todas as partes em que ele se subdivide.

Parte VII

Contribuição do Serviço de Orientação Educacional da escola para a formação de orientadores

Capítulo 29   A avaliação da atuação do Serviço de Orientação Educacional

Capítulo 30   O papel do Orientador Educacional no planejamento, na supervisão e na avaliação dos estágios em Orientação Educacional, na escola onde atua

Capítulo 31   Acompanhamento Pós-Escolar (APE)

Capítulo 29

A avaliação da atuação do Serviço de Orientação Educacional

Todos os anos e ao final de cada ano letivo, o Or.E. (ou os Or.Es.) deve(m) proceder à avaliação dos serviços prestados pelo SOE naquele ano letivo. Essa avaliação irá constar do plano do Or.E. para o ano seguinte e servirá de base para ele. Por meio de tal avaliação, o Or.E. terá condições de verificar o que, em seu trabalho, surtiu os efeitos desejados e o que não surtiu tal efeito, podendo, dessa forma, repetir e manter algumas estratégias, bem como complementar ou substituir outras.

Como realizar tal avaliação? O ponto de partida para ela são os objetivos que foram propostos para o ano em curso. Como foi visto no capítulo sobre planejamento, o SOE terá objetivos mais gerais, que representam intenções de longo prazo, e objetivos de médio e de curto prazo.

Para avaliar a consecução dos objetivos de longo prazo, torna-se necessário desdobrá-los em níveis de maior especificidade para que se possa proceder à avaliação de cada um deles naquele ano letivo.

Embora o trabalho do Or.E. seja realizado de forma integrada, a divisão desse trabalho em áreas de atuação facilita não só a colocação dos objetivos a serem alcançados, como também a avaliação do trabalho desenvolvido pelo SOE em relação a eles.

Realizando um processo de avaliação sistemática, evita-se que ela seja feita de forma subjetiva, com base no que se supunha que o Or.E. deveria ter realizado e não o fez ou, em realizações mais visíveis, mas de menor efeito pedagógico, e que não constavam do plano anual.

Na avaliação sistemática, coteja-se o executado com o previsto. O que se procura avaliar, portanto, não é a quantidade de atividades programadas ou a sofisticação com que são descritas, mas a clareza, a viabilidade e a ordem em que as atividades foram propostas e realizadas em relação aos objetivos a serem alcançados.

A avaliação pode ser de caráter interno, quando o próprio SOE levanta os dados, realiza as análises e conclui sobre os resultados, ou externo, quando outros elementos – alunos, ex-alunos, professores, direção, equipe técnica e demais funcionários da escola e pais – são solicitados a se manifestar sobre o desempenho do SOE.

Ao final do processo de avaliação, evidencia-se o que foi previsto e não pôde ser realizado e quais as razões para isso. A análise dessas razões permitirá a realização de projeções quanto à probabilidade de elas persistirem, bem como quanto às medidas a serem tomadas, em cada caso.

Dessa forma, os resultados da avaliação constituem-se em elementos valiosos e indispensáveis para subsidiar o planejamento e o trabalho do SOE nos anos seguintes.

Para maior facilidade e eficiência da avaliação, é importante que as informações sejam registradas sistematicamente, e que sejam elaborados instrumentos de avaliação adequados para as diferentes atividades realizadas.

Em relação ao registro dos dados, o uso da agenda é fundamental. Nela, serão marcados os eventos previstos – reuniões, entrevistas, palestras, atendimentos etc. – e indicados os que não foram realizados e as razões para isso. Serão também registradas todas as ocorrências imprevistas ou não agendadas. Ao repassar a agenda, inicialmente, e depois ao retomar o cronograma e os quadros ou fichas de programação mensal, serão coletados os dados quantitativos, isto é, o número de reuniões das quais o Or.E. participou; o número de entrevistas, de contatos externos e outras atividades realizadas.

Os dados poderão ser distribuídos por categoria, por exemplo, 26 entrevistas com alunos, 14 com pais de alunos etc., e poderão, posteriormente, ser apresentados em quadros, tabelas ou gráficos.

No que se refere à avaliação externa, o Or.E. poderá pedir uma apreciação dos alunos, dos pais, dos professores e dos demais funcionários sobre a atuação do SOE, como um todo, e também sobre cada um dos eventos promovidos por ele. Para tanto, poderão ser elaborados questionários ou escalas de avaliação. As pessoas consultadas terão a oportunidade não só de manifestar o grau de satisfação em relação a cada tópico, como também de fazer sugestões para eles. Por exemplo, com relação às palestras para os pais, podem-se fazer indagações quanto: à conveniência e importância do tema; à adequação do horário e da duração do evento; à forma de apresentação; ao local e às sugestões para as novas programações. Tais instrumentos permitem, igualmente, uma avaliação qualitativa dos resultados alcançados. Para assegurar maior validade aos resultados, é interessante que as pessoas que realizem as avaliações não sejam identificadas.

Terminado o processo de avaliação, deverá ser redigido um relatório do qual constará tudo o que foi alcançado de modo plenamente satisfatório; o que deve ser reformulado; quais metas não foram atingidas com o levantamento das possíveis causas para isso; as sugestões e perspectivas para o próximo ano. Ao analisar esse relatório, a autoridade competente deve ser cautelosa e não atribuir, simplesmente, o que não foi alcançado à ineficiência do Or.E. Desse modo, os resultados apresentados não devem ser empregados para fins de avaliação profissional ou de carreira daquele profissional. Se tal ocorrer, a finalidade e a validade da análise certamente estarão comprometidas. O que se pretende com a avaliação das atividades do SOE é tornar esse serviço, na medida do possível, cada vez mais eficaz.

Segue-se um exemplo de uma planilha de avaliações:

PLANILHA DE AVALIAÇÕES DA ATUAÇÃO DO SOE

Ano letivo_____

Objetivos e metas finais totalmente cumpridas a contento:

1-

2-

3-

etc.

Sugestões para o próximo ano:

1-

2-

3-

etc.

Objetivos e metas parcialmente cumpridas:

1-

2-

3-

etc.

Razões para o não cumprimento completo:

1-

2-

3-

etc.

Sugestões para o(s) próximo(s) ano(s):

Objetivos e metas não cumpridas:

1-

2-

3-

etc.

Razões para o não cumprimento:

1-

2-

3-

etc.

Sugestões para o(s) próximo(s) ano(s).

PRINCIPAIS COLOCAÇÕES FEITAS EM QUESTIONÁRIOS PARA AVALIAÇÃO EXTERNA DAS ATIVIDADES DO SOE, OU COLOCADAS ORALMENTE

1. Pelos alunos:

2. Pelos pais dos alunos:

3. Por pessoal da escola (quem?):

4. Observações do Or.E. sobre essas colocações: (Procedência e o que fazer a respeito.)

Capítulo 30

O papel do Orientador Educacional no planejamento, na supervisão e na avaliação dos estágios em Orientação Educacional, na escola onde atua

Como foi visto anteriormente, o Or.E. deve ter formação específica em curso superior, além de possuir determinadas características de personalidade. Entretanto, esses requisitos, se bem que necessários, não são suficientes para garantir o seu bom desempenho. Ele precisa conhecer a realidade escolar e ver colocados em prática os princípios que aprendeu. Por essas razões, houve por bem o legislador instituir como condição para a obtenção do diploma a realização do estágio supervisionado em unidades da rede escolar.

O ideal seria que o futuro profissional passasse pelo menos um ano letivo completo acompanhando o trabalho no SOE e que o fizesse em diferentes tipos de escola. Entretanto, por questões de ordem prática, é quase impossível atingir esse ideal. Nessa situação, uma forma de tirar o máximo proveito do estágio é a discussão, em classe, dos resultados dele, com o supervisor e com os colegas de curso que estarão realizando seu treinamento prático em diferentes tipos de escolas.

Além de o estágio supervisionado ser extremamente proveitoso para o futuro Or.E., ele também pode reverter em benefício para a escola que o acolhe e para a própria universidade. A aceitação de estagiários tornará possível o intercâmbio constante entre esta e a escola, a primeira, colaborando com desenvolvimentos teóricos e a segunda, com aspectos práticos.

Há, basicamente, três maneiras de se estabelecer esse intercâmbio, partindo a iniciativa das faculdades, ou do estagiário, ou do Or.E. Para fins de encaminhamento, algumas faculdades, por meio do seu setor de estágio supervisionado, entram em contato com o SOE, diretamente ou por meio de correspondência, para solicitar a colaboração no recebimento de estagiários e, ao mesmo tempo, para informar ou definir questões como: horários, prazos, número de estagiários, formação e o que se espera deles em termos de avaliação, documentação, controle e outros dados que sejam indispensáveis.

Essa sistemática torna possível a inserção, no plano de OE, da atuação dos estagiários e da definição clara das funções a serem desempenhadas por eles. Entretanto, na maior parte das vezes, a iniciativa de contatar a escola para desenvolver o estágio parte do estagiário, que procura as unidades escolares às quais tenha acesso mais fácil para solicitar autorização a fim de realizar o estágio. Embora seja mais frequente, esta é a maneira menos indicada de estabelecer o vínculo estagiário-SOE.

Se o Or.E. desejar contribuir para a formação de futuros colegas, bem como se abrir para novas e atualizadas experiências com a universidade – além de poder contar com a participação de outros elementos na execução de seu programa –, deve partir dele a iniciativa de estabelecer contato com as faculdades, oferecendo essa possibilidade.

Normalmente, a administração das escolas reluta em receber estagiários por achar que eles irão perturbar o bom andamento das atividades desenvolvidas na instituição, assim como poderão tomar conhecimento de particularidades que a direção não deseja que sejam do domínio público. Porém, na realidade, todo SOE bem organizado terá excelente oportunidade não apenas de oferecer um bom treinamento para o estagiário, como também de valer-se da colaboração deste para ajudar na execução das tarefas programadas.

Como já vimos, são muitas e complexas as atribuições do Or.E. na escola e, na maior parte das vezes, o SOE conta só com um profissional dessa especialidade. Este fica assoberbado de trabalho e tem, consequentemente, de escolher prioridades, o que significa que deixará de realizar, independentemente de sua vontade, muitas das atividades de que gostaria e que são muito importantes. A possibilidade de contar com a colaboração de estagiários, trabalhando sob a supervisão e responsabilidade do Or.E., só viria, assim, a favorecer e não prejudicar a escola. É claro que deverão ser previstas experiências diversificadas das quais o estagiário deverá participar com vistas ao seu preparo e não somente propor a ele a realização de tarefas burocráticas, administrativas ou rotineiras, como, por exemplo, passar notas de alunos, fazer cálculos de porcentagem ou fazer tabulação de dados.

Sendo inúmeras as atividades das quais o estagiário poderia participar, suas atribuições irão depender, é claro, de sua disponibilidade de tempo, da realidade da escola e do que o Or.E. planejou para o respectivo ano letivo. Dentre essas atividades, destacam-se: a coleta de dados da comunidade e de publicações especiais para OV; a aplicação e tabulação de questionários informativos; a obtenção e organização de dados de escolaridade do aluno e elaboração de gráficos e quadros; a realização de eventos na escola (feira de informação profissional, palestra para pais); contatos com instituições da comunidade, entre outros, tarefas essas que ele as realizará sozinho ou em conjunto com outros estagiários e/ou profissionais que atuam na escola.

Deve-se considerar, ainda, que a atribuição de tarefas ao estagiário precisa ser feita com cautela, pois nem de todas ele poderia participar, por motivos éticos, como, por exemplo, as entrevistas de aconselhamento que envolvam problemas pessoais dos entrevistados. Considerando, ainda, a diversidade de tarefas e de situações das quais o estagiário poderá participar, no futuro, ele deve ser alertado para os aspectos éticos da profissão e sobre o caráter sigiloso da maior parte dos dados com as quais o Or.E. lida, principalmente porque o estagiário pode ser um membro da comunidade ou mesmo um ex-aluno da escola e conhecedor, pois, das pessoas que a frequentam e que nela atuam.

As informações relativas ao estágio, que serão passadas aos estagiários, devem estar organizadas da melhor forma possível. Um modo econômico de fazê-lo é através da elaboração de um texto ou de um pequeno manual que favoreça a consciência da responsabilidade deles no que se refere à escola, de suas obrigações, da importância de sua atuação e dos critérios para avaliação. É necessário, ainda, que os estagiários tomem conhecimento da estrutura, organização e funcionamento da escola e do SOE, bem como do plano geral de OE e do respectivo programa de estágio. A partir desse contato prévio com a escola e com o SOE, cabe a ele redigir um plano de ação, subordinado e compatível com o do SOE, para o período no qual deverá perdurar o estágio e contendo, mais especificamente, o que irá fazer e quando. Este plano será supervisionado pelo Or.E. e, caso haja outros estagiários, em conjunto com eles.

Com o plano de estágio aprovado pelo SOE, de um lado, e pelo supervisor da faculdade, de outro, ficará mais fácil saber o que se espera do estagiário e, portanto, como proceder à avaliação significativa da atuação dele. O plano tornará possível, ainda, saber o que faz o estagiário, onde e quando poderá ser encontrado e também se evitará que pessoas menos avisadas atribuam a ele tarefas que não sejam de sua alçada.

Uma boa razão para que tanto o SOE como o estagiário se preocupem com a realização de um estágio eficiente é que, não raro, as escolas, quando surgem vagas, acabam por contratar estagiários, pois já os conhecem, acompanharam seu trabalho e sabem até que ponto eles se identificam com a filosofia da escola.

A organização das informações do estágio é fundamental. Elas servirão, em parte, como documentação a ser consultada em qualquer oportunidade. Deve haver no SOE um fichário com dados dos estagiários que passaram pela escola, contendo principalmente o endereço deles; faculdades que cursaram; cópia da avaliação circunstanciada sobre o desempenho deles; livro com o registro da presença no período em que fizeram o estágio; dentre outros dados. Caso o estagiário venha a precisar, mais tarde, de carta de recomendação, o SOE terá elementos para uma avaliação objetiva dele, e se a própria escola precisar contratar um Or.E., terá subsídios para a seleção.

A seguir são apresentados: (l) um modelo de ficha informativa sobre o estagiário, que deverá acompanhar a solicitação dele para o estágio, (2) um modelo de ficha de recebimento de estagiários, (3) um modelo de cronograma anual de estágios, (4) um modelo de ficha de atividades das quais o estagiário tenha participado, (5) um modelo de avaliação do estagiário e (6) um modelo de atestado de realização do estágio, a ser fornecido para a faculdade.

Caso o estagiário venha a pedir ficha de avaliação para levar para a faculdade, o SOE deverá manter uma cópia dela.

As fichas (4) e (5) poderão ser enviadas à faculdade, juntamente com a (6).

MODELO DE FICHA INFORMATIVA QUE DEVERÁ ACOMPANHAR A SOLICITAÇÃO PARA O ESTÁGIO
(A ser preenchida pelo estagiário)

Data ___ / ___ / ___

1. Nome do estagiário
2. Endereço — Telefone
   e-mail — Telefone Celular
3. Empresa onde trabalha
   Endereço — Telefone
   Horário de trabalho
   e-mail
4. Faculdade onde estuda — Telefone
   Endereço
   Horário do curso
5. Nome do supervisor do estágio — Telefone
   e-mail
6. Período de realização do estágio
7. Dias e horários em que fará o estágio
   Plano do estágio

MODELO DE FICHA DE RECEBIMENTO DE ESTAGIÁRIOS
(A ser preenchida pelo SOE)

Faculdades que enviaram estagiários ou manifestaram interesse em estágios

Faculdade A _____

1. Endereço _____ Telefone _____
2. Nome do supervisor de estágios _____
3. Houve contato direto com o supervisor? _____
4. Se não houve, como e por que o(s) estagiário(s) procurou(aram) a escola? _____
   _____
5. Essa faculdade já encaminhou, ou dela vieram, anteriormente outros estagiários? _____
6. Quantos estagiários dessa faculdade já estagiaram na escola? Eles concluíram o estágio? _____
7. Quantos estagiários essa faculdade já encaminhou, ou quantos vieram dessa faculdade este ano?
   _____
8. Em linhas gerais, qual a proposta da faculdade para o estágio, em termos de objetivos, número de horas nessa escola, período, horários, preparo dos alunos e exigências técnicas e burocráticas em relação ao estágio? _____
   _____
   _____

9. Se houve, em anos anteriores, outros estagiários dessa faculdade, observações do Or.E. _____
   _____
   _____

   Repetir as informações acima em relação a outras faculdades

Faculdade B _____
1. Endereço _____ Telefone _____
   (Repetir as informações acima para esta faculdade)
Faculdade C _____
   (Idem para esta faculdade)
Etc.

MODELO DE CRONOGRAMA ANUAL DE ESTÁGIOS
(A ser preenchido pelo SOE)

Nomes dos estagiários para o ano de 2____.
1. _____ período do estágio_____
2. _____ período do estágio_____
3. _____ período do estágio_____
4. Etc.

Distribuição dos estagiários pelo ano letivo

Meses	Nomes dos estagiários
Fevereiro	
Março	
Abril	
Maio	
Junho	
Agosto	
Setembro	
Outubro	
Novembro	
Dezembro	

MODELO DE FICHA DE ATIVIDADES DAS QUAIS O ESTAGIÁRIO PARTICIPOU
(A ser preenchida pelo Or.E.)

Participações do estagiário em:

Atividades	Totalmente	Parcialmente	Pouco	Nada
1. Planejamento escolar				
2. Elaboração do plano de OE				
3. Organização do SOE				
4. Coleta de material pedagógico para o SOE				
5. Coleta de dados dos alunos				
6. Tabulação de dados				
7. Atendimento a alunos				
8. Solução de problemas de alunos				
9. De atendimento a pais de alunos				
10. Da Orientação Vocacional dos alunos				
11. Da Orientação Educacional dos alunos				
12. De reuniões com alunos				
13. De reuniões com pais				
14. De reuniões com professores				
15. De reuniões com funcionários				
16. De reuniões com a direção				
17. De contatos com a comunidade				
18. De outras atividades (quais)				
a.				
b.				
c.				
etc.				

Observações do Orientador Educacional responsável _____
_____
_____

_____   _____
Nome do Orientador Educacional   Assinatura do Orientador Educacional

FICHA DE AVALIAÇÃO DO ESTAGIÁRIO DE ORIENTAÇÃO EDUCACIONAL
(A ser preenchida pelo Or.E.)

Data ____ / ____ / _____
Nome do estagiário _____
Faculdade _____
Período do estágio de ____ / ____ / _____ até ____ / ____ / _____ Número de horas _____
Indique, com uma + (cruz), o desempenho do estagiário.

	Acima da média	Na média	Abaixo da média
Assiduidade			
Pontualidade			
Responsabilidade			
Capacidade de planejamento			
Capacidade de trabalho			
Capacidade de relacionamento			
Interesse pela Orientação Educacional			
Maturidade			
Equilíbrio emocional			
Objetividade			
Ética profissional			
Consecução dos objetivos propostos			
Contribuições para o SOE			

Avaliação e observações do Or.E. _____
_____
_____
_____

Data ____ / ____ / _____

_____   _____
Nome do Orientador Educacional   Assinatura do Orientador Educacional

MODELO DE ATESTADO A SER FORNECIDO PELA ESCOLA AO ESTAGIÁRIO DE ORIENTAÇÃO EDUCACIONAL

Nome da escola

Endereço

Atestado

Atesto, para os devidos fins, que _____ realizou estágio na área de Orientação Educacional, do dia ____ de ____ de ____ até ____ de ____ de ____, cumprindo o total de ____ (_____) horas de estágio supervisionado.

_____

Local e Data

_____   _____

Assinatura do(a) Diretor(a)   Assinatura do(a) Orientador(a) Educacional

Carimbo da escola

:::aside
Capítulo 31
:::

Acompanhamento Pós-Escolar (APE)

A educação é um processo amplo, dinâmico e contínuo que não se cumpre ao final do ensino fundamental e do ensino médio, mas que deve estar comprometido com a formação das pessoas para além dos limites dos cursos regulares. A atuação do SOE não se esgota, pois, ao final do período em que o aluno é entregue aos cuidados da escola. Daí a importância de que se reveste o Acompanhamento Pós-Escolar (APE), atividade esta que o legislador explicitou como uma das atribuições privativas do Or.E. Como o nome indica, trata-se de manter contato com os alunos que já saíram da escola, seja porque concluíram o curso, seja porque tenham se transferido para outro estabelecimento de ensino ou, ainda, por terem abandonado os estudos.

A identificação das diversas razões que levam o aluno a deixar a escola deve sempre merecer a atenção do Or.E., principalmente porque, além das causas que se situam fora do âmbito escolar – problemas familiares, dificuldades econômicas, mudanças para outra localidade, doenças –, há também aquelas pelas quais a escola é responsável, como, por exemplo, a inadequação do currículo, relacionamento difícil com professores, ambiente hostil. Às vezes, a partir do conhecimento dessas causas, pode-se levar o aluno ou, se for o caso, a família a reformular sua decisão, e/ou, atentando a elas, evitar que outros deixem a escola por motivos semelhantes.

Não apenas a movimentação de transferências "da" mas também "para" a escola deve ser objeto de análise, principalmente quando o número de alunos transferidos, em qualquer caso, atinge determinados níveis, o que poderia estar indicando que algo ocorre na escola que está atraindo ou repelindo os alunos. Tais fatos, é evidente, devem ser do conhecimento da equipe técnica e administrativa para que sejam tomadas as devidas providências.

Existem outras inúmeras razões que justificam a importância do trabalho de APE. Em primeiro lugar, os ex-alunos se constituem em fonte de informações preciosas que, direta ou indiretamente, irão ajudar ao SOE, bem como aos atuais alunos. No caso específico daqueles que prestaram vestibular, há muito a compartilhar sobre o nível de preparo que receberam e a experiência do exame em si. A atuação dos ex-alunos nos vestibulares constitui, na verdade, uma excelente oportunidade para a avaliação do currículo da escola. Eles poderão fornecer indicadores válidos a fim de que, se for o caso, o nível e as exigências do ensino possam ser reformulados de modo que os futuros vestibulandos não encontrem dificuldades na realização de seus objetivos educacionais.

O mesmo pode ocorrer em relação ao trabalho. É importante saber se o que os alunos aprenderam na escola os está ajudando na obtenção de emprego e no desempenho eficiente de suas funções. Além disso, os ex-alunos podem servir de elo de ligação entre a escola e a comunidade. Por exemplo, na obtenção de um emprego é sempre importante e, às vezes, até decisiva a recomendação de alguém que já esteja colocado na empresa. Experiências de ex-alunos, tanto as bem-sucedidas como, principalmente, as que não o foram, podem ser compartilhadas com os que ainda não passaram mas irão passar por situações semelhantes.

A cooperação de ex-alunos que estejam frequentando diferentes universidades, faculdades e cursos torna-se extremamente útil, quando eles se dispõem a dar palestras ou conceder entrevistas para os atuais alunos, durante o processo de informação profissional. Sabemos que não é pequeno o número de estudantes que, embora tenham sido aprovados em vestibulares bastante concorridos, acabam desistindo do curso porque este não corresponde àquilo que esperavam.

Apesar dos inúmeros benefícios que a escola possa obter com a ajuda dos ex-alunos, o Acompanhamento Pós-Escolar não é um processo unilateral do qual somente ela se beneficia. Costuma ocorrer, com frequência, que ex-alunos necessitem de recomendação, ajuda, apoio, conselho ou esclarecimento. Nessas circunstâncias, é importante saber que, embora tenham deixado a escola, podem contar com o SOE. É, também, comum ex-alunos procurarem a instituição onde estudaram quando necessitam realizar estágio supervisionado, como parte do currículo das faculdades que estejam cursando.

Há ocasiões em que, eventuais empregadores, entidades que concedem bolsas de estudo ou outros membros da comunidade necessitem de informações sobre ex-alunos e o SOE deverá ser, na escola, o local mais apropriado para o fornecimento dessas informações, respeitados sempre, como vimos, os princípios éticos que envolvem tais dados. Instituições da comunidade podem também precisar de dados estatísticos do SOE e da escola para tomar decisões sobre criação de cursos, composição de currículo ou determinação do número de vagas a serem oferecidas. O SOE colabora com essas escolas, fornecendo informações de alunos em fase de conclusão do curso, como também de ex-alunos.

Para uma eficiente realização das atividades de Acompanhamento Pós-Escolar, o Or.E. empregará estratégias e instrumentos adequados. A rigor, tais atividades se iniciam antes mesmo de o aluno deixar a escola.

No caso de transferência para outra escola ou abandono de estudos, o Or.E. procurará conhecer as razões que os estão motivando por meio da aplicação de questionários ou da realização de entrevistas.

No final deste capítulo, são apresentadas sugestões para a elaboração de tais questionários ou, se for mais conveniente, para o roteiro de entrevista.

Pelas razões apontadas, os prontuários e as fichas com as informações completas sobre os alunos não devem ser eliminados quando eles saírem da escola. Para localizá-los mais facilmente, devem ser deslocados, no SOE, do arquivo vivo para o dos ex-alunos.

Para os alunos que estão concluindo os cursos, a implementação do APE terá início todos os anos com uma reunião, no final do segundo semestre. Nessa oportunidade, eles serão informados sobre os objetivos, a importância do programa de APE e como ele será desenvolvido, isto é, por meio do envio de questionários – cujos modelos encontram-se no final deste tópico – aos quais se pede que eles respondam de modo completo, correto e que os devolvam rapidamente. Esses questionários serão enviados periodicamente – pelo correio ou por meio de parentes ou colegas do aluno que ainda estudem na escola – para que se possa acompanhar o aluno por um determinado tempo, isto é, depois de um ano, três ou cinco, por exemplo.

O estudante em vias de deixar a escola será, ainda, esclarecido sobre: a necessidade de atualização constante de endereços e da indicação de pessoas que possam saber de seu paradeiro, caso ele venha a mudar-se de residência ou de emprego; a importância da colaboração que possa dar à escola e do estabelecimento de um fluxo contínuo de informações entre ambos e da manutenção de um vínculo duradouro entre ele e a escola. Será, ainda, convidado para entrar em contato com a escola e a participar de eventos previstos, normalmente abertos ao público, dentre eles: festas juninas, campeonatos, festivais de música, peças de teatro, semana do ex-aluno, festa de aniversário da escola, festa da primavera ou outros que venham a ocorrer.

Durante a semana dos ex-alunos, poderá ser reservado um período para o contato deles com os atuais, com os professores e com o SOE para troca de ideias, de informações e outras necessidades.

É preciso que o ex-aluno cultive o amor à escola onde estudou e que, com sua colaboração, possa contribuir para torná-la cada vez melhor, sentindo-se orgulhoso de ter estudado nela.

Seguem-se dois modelos de questionário que poderão ser adaptados e/ou complementados de acordo com a realidade de cada escola e com as múltiplas situações que podem ocorrer com o aluno.

Quanto à realidade da escola, o estabelecimento pode ter só o ensino fundamental, só o ensino médio ou ambos.

Quanto à situação do aluno, ele deixou a escola: tendo concluído só o ensino fundamental ou tendo concluído o ensino médio; tendo se transferido para o ensino fundamental ou para o ensino médio em outra escola; porque abandonou os estudos no ensino fundamental ou no ensino médio. Após deixar a escola, o aluno poderá só estudar (no ensino fundamental, no ensino médio, no cursinho, na faculdade), só trabalhar, ambos ou nenhum dos dois.

O primeiro questionário destina-se a quem tenha concluído o ensino médio na escola, incluindo questões relativas a estudo, a trabalho, à avaliação da escola etc. O segundo questionário destina-se ao ex-aluno que deixou a escola: tendo concluído só o ensino fundamental (no caso de a escola ter também o ensino médio); tendo se transferido para o ensino fundamental ou para o ensino médio de outra escola ou tendo abandonado os estudos. No caso do segundo questionário, além das questões incluídas no primeiro, são importantes as que visam identificar razões pelas quais o aluno está saindo da escola sem concluir todos os cursos regulares por ela oferecidos.

QUESTIONÁRIO PARA ACOMPANHAMENTO PÓS-ESCOLAR (APE)
(A ser preenchido pelo ex-aluno que concluiu o ensino médio)

Data ____ / ____ / _____

1. Nome do ex-aluno
2. Endereço atual   Telefone
3. Telefones para contato
4. Ano de conclusão do ensino médio:
5. Você tem irmãos ou parentes na escola?   ( ) Não   ( ) Sim.
   Quem? Em que séries?
6. Quem poderia saber sempre o seu endereço, caso você se mude?
   Nome   Endereço   Telefone
7. Atualmente, você:
   ( ) só estuda   ( ) só trabalha
   ( ) estuda e trabalha   ( ) não estuda e não trabalha. Por quê?
8. A OE o ajudou nas decisões relativas à:
   ( ) continuidade dos estudos   ( ) escolha da futura profissão
   ( ) obtenção de um trabalho   ( ) solução de problemas pessoais
   Explique como.
9. Dê sua opinião sobre:
   O currículo desta escola
   O sistema de ensino dela
   A atuação do Serviço de Orientação Educacional

10. Que sugestões você faria para melhorar o:

    ensino na escola?

    o trabalho do Serviço de Orientação Educacional?

11. Escreva as observações que julgar importantes em relação à educação e à OE recebidas na escola.

12. Você gostaria de receber ajuda da escola?   ( ) Não   ( ) Sim. No quê?

13. Na escola, você gostaria de participar de:

    ( ) festas   ( ) atividades esportivas   ( ) atividades culturais

    ( ) Outras. Quais?

Se não estuda e só trabalha, passe para a pergunta número 18. Se não estuda e não trabalha, responda somente até a pergunta número 13.

14. Se você está fazendo um curso superior, um curso técnico ou exercendo alguma atividade interessante, você gostaria de falar sobre eles com os alunos?

    ( ) Não   ( ) Sim. Quando?

15. Se você estuda:

    Que curso está fazendo?

    Em que série está?

    Em que escola está estudando?

    Está satisfeito(a) com o curso?   ( ) Sim   ( ) Não. Por quê?

    O curso que você está fazendo corresponde à sua escolha?

    ( ) Sim   ( ) Não. Por quê?

    Como você está se saindo nos estudos? Explique.

16. O que você aprendeu antes:

    ( ) o preparou para continuar os estudos   ( ) foi insuficiente

    O que faltou?

17. Se você prestou vestibular, responda:

    Para quais faculdades

    Para quais cursos

    Foi aprovado?   ( ) Não   ( ) Sim

    Em qual(is) curso(s) e faculdade(s)?

18. Se não foi aprovado, você vai prestar, novamente, no próximo ano?   ( ) Não   ( ) Sim

    Para os mesmos cursos e faculdades?   ( ) Sim   ( ) Não

    Para quais, então?

    Por que teria mudado?

    O que você achou do(s) vestibular(es) que prestou?

Se as respostas forem diferentes para cada vestibular prestado, explique melhor nas linhas seguintes

_____

_____

Para quais matérias você se considerou preparado ou não?

Preparado	Não preparado
_____	_____

19. Se você trabalha:

   Onde trabalha? Que atividade exerce?

   Está satisfeito com o trabalho?   ( ) Sim   ( ) Não. Por quê?

   Foi fácil arranjar emprego?   ( ) Sim   ( ) Não. Por quê?

   Como o conseguiu?

   Como está se saindo no trabalho? Explique.

QUESTIONÁRIO PARA ACOMPANHAMENTO PÓS-ESCOLAR (APE)
(A ser preenchido por alunos que estão saindo ou saíram da escola antes de concluir o ensino fundamental e/ou o ensino médio)

Data ____ / ____ / _____

1. Nome do ex-aluno
2. Endereço atual   Telefone
3. Telefones para contato
4. Você deixou a escola em _____, na _____ série do _____
5. Você tem irmãos ou parentes na escola? ( ) Não ( ) Sim. Quem? Em que séries?
6. Quem poderia saber sempre o seu endereço, caso você se mude? Nome Endereço Telefone
7. Indique a(s) razão(ões) pela(s) qual(is) você está saindo ou saiu da escola.

   ( ) Concluiu o ensino fundamental e vai fazer o ensino médio em outra escola

   ( ) Está se transferindo para uma escola

   ( ) mais perto   ( ) melhor   ( ) do governo   ( ) particular

   ( ) Outra razão. Qual?

   ( ) Seus pais mudaram-se para outra localidade

   ( ) Sua família está com problemas:

   ( ) econômicos   ( ) de saúde   ( ) outro. Qual?

   ( ) Você vai trabalhar para ajudar a família

   ( ) Não gosta de estudar   ( ) não vai estudar mais

   ( ) Não quer mais estudar   ( ) não consegue acompanhar os estudos

O ensino nesta escola é ( ) muito fraco ( ) muito puxado

Você tem problemas de relacionamento:

( ) com colegas ( ) com professores

( ) O ambiente na escola não é bom

Outra(s) Qual(is)?

8. Se está saindo ou se já saiu da escola, o que você faz ou fará?

( ) só estudar ( ) só trabalhar

( ) estudar e trabalhar ( ) não estudar e não trabalhar

Por quê?

9. A OE o ajudou nas decisões relativas à:

( ) continuidade dos estudos ( ) escolha da futura profissão

( ) obtenção de um trabalho ( ) solução de problemas pessoais

Explique como

10. Dê sua opinião sobre:

O currículo desta escola

O sistema de ensino dela

A atuação do SOE

11. Que sugestões você faria para melhorar o:

ensino na escola?

o trabalho do SOE?

12. Escreva as observações que julgar importantes em relação à educação e à OE recebidas na escola.

Se não estuda e só trabalha, passe para a pergunta número 18. Se não estuda e não trabalha, responda somente até a pergunta número 13.

13. Você gostaria de receber ajuda da escola? ( ) Não ( ) Sim. No quê?

14. Na escola, você gostaria de participar de:

( ) festas ( ) atividades esportivas ( ) atividades culturais

( ) Outras. Quais?

15. Se você está fazendo um curso superior, um curso técnico ou exercendo alguma atividade interessante, você gostaria de falar sobre eles com os alunos?

( ) Não ( ) Sim. Quando?

16. Se você estuda:

Que curso está fazendo?

Em que série está?

Em que escola está estudando?

Está satisfeito com o curso?　　　　　　　　( ) Sim　　　　　　( ) Não. Por quê?

O curso que você está fazendo corresponde à sua escolha?

( ) Sim　　　　　　　　　　　　( ) Não. Por quê?

Como você está se saindo nos estudos? Explique.

17. O que você aprendeu antes

( ) o preparou para continuar os estudos　　　( ) foi insuficiente

O que faltou?

18. Se você prestou vestibular, responda:

Para quais faculdades

Para quais cursos

Foi aprovado?　　　　　　( ) Não　　　　　　( ) Sim. Em qual(is) curso(s) e faculdade(s)?

Se não foi aprovado, você vai prestar novamente, no próximo ano?　( ) Não　　( ) Sim

Para os mesmos cursos e faculdades?　　　　　　　　　( ) Sim　　　( ) Não

Para quais, então?

Por que teria mudado?

O que você achou do(s) vestibular(es) que prestou?

Se as respostas forem diferentes para cada vestibular prestado, explique melhor nas linhas seguintes

_____

_____

Para quais matérias você se considerou preparado ou não?

Preparado　　　　　　　　　　　Não preparado

_____　　　　_____

19. Se você trabalha:

Onde trabalha? Que atividade exerce?

Está satisfeito com o trabalho?　　　　( ) Sim　　　　　　( ) Não. Por quê?

Foi fácil arranjar emprego?　　　　　　( ) Sim　　　　　　( ) Não. Por quê?

Como o conseguiu?

Como está se saindo no trabalho? Explique.

Parte VIII

Mudanças sociais nas últimas décadas e seu impacto na escola e para a Orientação Educacional

Capítulo 32   O mundo mudou muito nas últimas décadas

Capítulo 33   Inovações tecnológicas e seu impacto na escola e no trabalho do Orientador Educacional

Capítulo 34   As drogas nas escolas e o Orientador Educacional

Capítulo 35   A violência nas escolas e o Orientador Educacional

Capítulo 36   O *bullying*, uma forma de violência nas escolas

Capítulo 37   O Orientador Educacional e alunos vítimas de pedofilia

Capítulo 38   O Orientador Educacional, problemas que a criança enfrenta fora da escola e a síndrome da vítima culpada

Capítulo 32

O mundo mudou muito nas últimas décadas

O mundo mudou muito nos últimos cinquenta anos e as mudanças que continuam a ocorrer vêm acontecendo de forma cada vez mais acelerada. A chegada do homem à Lua não constituiu apenas uma façanha histórica e tecnológica, mas possibilitou um grande avanço nas pesquisas que vieram a ensejar uma transformação de grandes proporções no mundo civilizado. Muitos outros acontecimentos de grande magnitude ocorreram nesse período, como a queda do muro de Berlim, a nova geopolítica, o crescimento econômico do Oriente em geral e da China, em particular, a revolução sexual ensejada pela pílula que veio liberalizar o sexo, o emprego dos satélites que tornaram possível um avanço surpreendente na comunicação, além de inúmeras outras novidades. Houve até novidades de novidades, isto é, a modificação do que acabara de ser modificado, tudo ocorrendo de forma cada vez mais rápida. Os discos de vinil de 78 rotações, que comportavam duas músicas e que persistiram por muitos anos, já haviam cedido lugar aos *longplays* que foram substituídos pelas fitas cassete e estas, por sua vez, cederam lugar aos CDs que, por sua vez, passaram a sofrer a competição de meios mais recentes de ouvir sons.

Os mainframes gigantescos que ocupavam enormes salas refrigeradas ficaram restritos a grandes instituições e foram sendo disponibilizados os chamados computadores pessoais para uso individual, estes cada vez menores, mais potentes e com preços mais acessíveis, de maneira que foram se popularizando. E as novidades não param por aí, pois agora computadores competem com celulares cada vez mais sofisticados.

Nem tudo o que mudou ocorreu no campo da tecnologia e nem tudo resultou em benefício para a humanidade. Como sempre ocorre com inovações, algumas delas foram benéficas, outras constituíram malefícios e a maioria delas, dependendo do uso que delas se faz, podem ser consideradas benéficas ou não à sociedade, à humanidade, à educação dos jovens na escola ou fora dela.

Novas doenças acometeram a humanidade, algumas bastante graves e mortais para as quais ainda não há cura, outras para as quais foram descobertos remédios. O uso de drogas e o desenvolvimento de novas drogas e sua difusão entre os jovens, a iniciação sexual cada vez mais cedo e o aumento no número e na diminuição da idade de gravidez entre adolescentes e até de crianças ocorreram paralelamente com as grandes modificações que vieram em benefício da humanidade.

O impacto de todas elas tem sido tão grande que a OE não pode mais ser a mesma. O Or.E. não tem como ignorá-las, quando até a própria escola, normalmente retrógrada, conservadora e, portanto, avessa a mudanças, teve de, embora de forma defasada e paulatina, adaptar-se a elas.

Por ocasião da primeira edição deste livro, em 1994, já se esboçavam algumas dessas modificações, porém o impacto que elas viriam a apresentar na escola ainda não era notável a ponto de se dedicar uma parte do livro e capítulos inteiros a cada uma delas. Sua influência era limitada pelo fato de que afetavam, então, a vida de apenas uma parte da população estudantil, não grande parte dela, conforme se verifica atualmente.

Já por ocasião da quinta edição deste livro, as autoras sentiram a necessidade de tratar de problemas e de desafios ao trabalho do Or.E. decorrentes dessas mudanças. Com o progressivo agravamento desses problemas, as autoras consideram, hoje, tímidos os tratamentos dados no livro, mesmo nessa quinta edição, motivo pelo qual resolveram dar um destaque a eles, acrescentando três novos capítulos versando, em separado, cada uma dessas mudanças de maior impacto na sociedade e das consequências delas para a condução da OE nas escolas.

Que mudanças foram essas que afetaram tanto a vida das pessoas e, em particular, dos alunos?

Embora falte aos jovens a necessária perspectiva de tempo para que possam se aperceber e aquilatar as modificações ocorridas nas últimas décadas, qualquer adulto pode facilmente enumerá-las, simplesmente apenas lembrando e comparando como era a vida antes e como ela é agora. Este é um exercício simples que os mais velhos costumam fazer.

Uma dessas modificações, senão a principal, decorreu do avanço tecnológico que a humanidade conheceu no final do século que acaba de findar. Devido a ela, há quem considere a nossa uma nova "Idade", após a Moderna e a Contemporânea, e/ou uma nova "onda" pela qual a humanidade está passando.

De qualquer forma, são visíveis os efeitos dessas mudanças na escola. Embora, como de costume, elas tenham chegado com certo atraso, não foi possível mantê-las de fora dos seus portões.

O computador, antes de uso restrito a grandes instituições, está se tornado um item obrigatório nos lares, nas escolas e até no material escolar dos alunos. Com seu uso e difusão, a internet também entrou na vida das pessoas, principalmente dos mais jovens. Hoje, é praticamente impossível a vida do cidadão que não tenha acesso a ela, e quem não o tem possui um tipo moderno de analfabetismo – o digital.

Da mesma forma, hoje é olhada com estranheza a pessoa que não tenha um número de telefone móvel – o celular –, quando, alguns anos atrás, poucas pessoas tinham sequer o fixo, havendo a necessidade, inclusive nas escolas, do quase obsoleto "orelhão". O telefone celular constitui, hoje, também um item encontrável nas mochilas escolares de grande parte dos escolares.

Os aparelhos de televisão, de vários tamanhos, muitas vezes mais de um deles, encontram-se atualmente presentes nos domicílios, até nos quartos e, certamente, na vida de alunos de praticamente todas as classes sociais, e passaram a constituir itens mais obrigatórios que as geladeiras nas casas dos mais pobres, sendo encontrados, inclusive, em algumas escolas. Estão, cada vez mais, fazendo parte do arsenal didático utilizado por governos, escolas e professores que deles lançam mão para ensinar os alunos. Assim como a mídia escrita, a televisão, de maneira formal ou informal, alfabetiza, instrui, informa, educa e deseduca crianças e jovens e os expõe, casa vez mais cedo, a um mundo novo e maravilhoso, mas também cão. As diligentes cegonhas que traziam bebês constituem uma espécie desconhecida e extinta, da mesma forma que desapareceram as chaminés pelas quais entraria o Papai Noel. Não que se possa considerar a mentira, mesmo quando bem-intencionada, como parte do processo educativo, mas o excesso de informação sexual antes que a criança esteja preparada para compreendê-la também é deseducativa.

É possível e muito provável que sempre tenha havido pedofilia, abuso sexual e violência na sociedade, mas hoje elas estão, não se sabe se por causa da divulgação ou se por que realmente tenha aumentado em números e em gravidade, bem como no acometimento de crianças cada vez mais jovens, muito mais presentes no noticiário e nas conversas de todos, tendo se tornado mais ou menos banais e corriqueiras. Não há muito tempo, uma aluna ou uma professora que apresentasse sinais de gravidez era excluída das escolas por mau comportamento e mau exemplo para os demais. As primeiras, por expulsão, as segundas, por exoneração. Se em ambos os casos as barrigas expandidas eram escondidas, hoje elas são exibidas com orgulho e muitas escolas tiveram de se adaptar a uma nova população de alunas que levam seus filhos enquanto frequentam as aulas. Na medida em que aumenta o número de gravidezes precoces, diminui a idade da primeira relação sexual dos jovens e até das crianças, com todos os problemas que o fato acarreta.

A revolução sexual do final dos anos 1960, que viria liberalizar os costumes, mudou profundamente o comportamento, a vida das pessoas e sua visão sobre a sexualidade. Com certo atraso, mas com certeza, ela chegou à escola, não por meio de ações desta, mas trazida de fora para dentro, com as pessoas que a frequentam. A maior abertura, clareza e naturalidade com que são tratados fatos e informações relativas ao sexo, ainda que nem sempre vistas com bons olhos na escola, onde elas são camufladas e restritas às aulas de ciências biológicas, fizeram com que as crianças passassem a tratar com mais naturalidade e com menos malícia desses temas. Hoje, grande parte dos pais, pelo menos os mais instruídos, conversa com naturalidade sobre gravidez, TPM, menstruação, formas de nascimento de bebês, na frente de e com crianças da mais tenra idade, o que era impensável há cerca de 50 anos atrás.

A violência, antes mais ou menos restrita aos lares e às ruas, adentrou a escola, o mesmo ocorrendo com as drogas.

Problemas varridos para debaixo do tapete eclodem às claras e desafiam o trabalho dos educadores. O Or.E., como um agente importante da educação, precisa estar consciente da nova situação e preparado para lidar com ela.

Nos próximos capítulos, as mais importantes mudanças sociais que chegaram à escola serão tratadas de forma mais pormenorizada.

Capítulo 33

Inovações tecnológicas e seu impacto na escola e no trabalho do Orientador Educacional

Foram muitas as inovações tecnológicas ocorridas desde a primeira edição deste livro. Algumas já existiam àquela época, mas seu impacto estava restrito a um pequeno número de pessoas e elas não tinham chegado ainda às escolas. Hoje, a situação mudou muito. A seguir, serão consideradas algumas delas e como elas afetaram a vida do escolar e a atuação do Or.E.

1. As calculadoras eletrônicas

Da contagem nos dedos das mãos e, na insuficiência destes, também nos dos pés, o escolar passou para a tabuada cantada ou àquela recitada e decorada a seco, depois à consulta das tabelas, contendo as multiplicações, passando, em alguns casos, pelos ábacos, a seguir à tabuada compreendida em seu significado, até chegar às máquinas eletrônicas. Estas, a princípio tão volumosas e caras quanto restritas nas operações realizadas, as calculadorasforam se sofisticando à medida que também diminuíam de tamanho e de preços, passando, em pouco tempo, a integrar a lista de material escolar de muitos alunos.

Tendo começado a ser utilizada apenas para dar maior rapidez aos cálculos envolvendo as quatro operações fundamentais, as calculadoras foram se sofisticando e passaram a resolver problemas complexos. Para alunos mais adiantados, vieram substituir as réguas de cálculos que, apesar de também agilizarem as contas, exigiam conhecimentos e maior interação dos alunos.

A chegada das calculadoras portáteis às mãos dos alunos e à lista do material escolar deles, cada vez mais cedo e antes mesmo de decorarem a tabuada, deu ensejo a uma série de questões entre os educadores. Seria seu uso benéfico ou não ao aluno? Em quais circunstâncias e condições deveria ser permitido seu uso? Estariam viciando os alunos de tal forma que na ausência delas eles ficariam impossibilitados de fazer cálculos? Deveria ou não ser permitido seu uso nas provas? Como lidar com a possibilidade de alguns alunos disporem dessas máquinas e outros não, ou de alguns terem máquinas mais sofisticadas que outros, e como calcular o tempo a ser dado para a resolução dessas provas, em cada caso?

Sem que se tivesse chegado a um consenso sobre tais questões, as calculadoras foram se disseminando e passaram a ser encontradas até em relógios de pulso e em aparelhos de telefonia celular, de tal forma que hoje, mesmo que se quisesse, não seria mais possível ignorar a presença e o papel delas, quanto mais proibir ou restringir seu emprego pelos alunos.

A permissão ou não do seu uso, em cada série escolar e em cada circunstância, deve ser discutida pelos professores, direção, pessoal técnico, pais e alunos mais velhos. As regras devem ser claras, explícitas e respeitadas. Algumas dessas máquinas são tão avançadas que resolvem os problemas propostos nas provas com a mínima interferência dos alunos.

2. Das máquinas de calcular aos computadores

As máquinas de calcular, embora coexistindo com os computadores, começaram, em muitos casos, a ser substituídas por eles. Como o tamanho e o preço deles diminuiu muito, hoje, já integram não só o material didático da própria escola, como também são encontráveis nas mochilas de alguns alunos. O governo vem sendo forçado a reconhecer o problema social causado pelo desnível entre alunos e seus professores das escolas particulares, com relação àqueles das escolas públicas, quanto ao acesso aos computadores. Por esse motivo, passou a oferecer subsídios para a aquisição desses aparelhos pelos docentes da rede pública de ensino, bem como estudar a possibilidade de disponibilizar *notebooks* de baixo preço a todos os alunos.

Da mesma forma como ocorreu com as calculadoras, deve haver regras de uso para os computadores pelos alunos, e este é um assunto em relação ao qual o Or.E. também deve opinar.

O advento do computador modificou não apenas a vida dos professores e dos alunos nas escolas, mas também o trabalho administrativo e técnico exercido nelas.

Não obstante o enorme crescimento das escolas, suas secretarias, graças ao auxílio da computação eletrônica, tiveram a possibilidade de se tornar mais eficientes, menos burocráticas e mais rápidas nos seus serviços que são essenciais ao bom funcionamento das escolas.

A direção também passou a se beneficiar com a possibilidade de consular *on-line* dados de que necessitasse para a tomada de decisões. Todo o pessoal técnico que trabalha nas escolas também teve seus serviços facilitados, graças à ajuda dos computadores. Os Or.Es. substituíram grande parte da papelada que enchia suas prateleiras e gavetas por um único móvel. As consultas a dados se tornaram também mais rápidas e eficientes.

3. O material escolar dos alunos e dos professores também se modificou

Não só a presença de calculadoras e de computadores mudou a didática nas escolas, vindo a exigir tomada de decisões por parte de todo o pessoal que nelas atua. Ao caderno, livro de leitura, lápis e borracha e, quando muito, caneta e lápis de cores, foram se acrescentando vários outros itens no material carregado pelos alunos para as escolas. As malas de alça foram trocadas por mochilas cada vez maiores, e estas por maletas de rodas. Cadernos de capa mole, com um máximo de cem folhas, mais ou menos padronizados, contendo o Hino Nacional no verso, foram trocados por cadernos enormes, com espiral, e com capas chamativas que nada têm a ver com educação. Estojos e até lápis, canetas e borrachas ficaram mais sofisticados, dando origem à exibição e onerando os pais que, em todo começo de ano letivo, se defrontam com enorme e dispendiosa lista de material escolar, além dos "extras" que as crianças pedem e que não fazem parte das já enormes listas enviadas pelas escolas.

Diante desse quadro, percebe-se a necessidade de regras e a atuação do Or.E. na formulação delas, em conjunto não apenas com o pessoal da escola, mas também e sobretudo com os pais e com os alunos.

Os quadros-negros usados por décadas como o material didático mais básico, senão único nas salas de aulas, cederam lugar a quadros de outras cores, da mesma forma que o tradicional giz foi substituído por canetas e depois por escrita eletrônica. Os modernos aparelhos didáticos, como retroprojetores, se tornaram rapidamente obsoletos, dando lugar a dispositivos eletrônicos mais avançados, em alguns casos disponíveis nas carteiras dos alunos. Isso tudo causou uma necessidade de reformulação do *layout* das salas de aulas e até da disposição delas e da distribuição dos alunos e dos professores por elas. Decisões de ordem técnica tiveram de ser tomadas para lidar com o progresso, decisões essas sobre as quais os Or.Es. também têm de se manifestar.

As provas escolares e as apostilas que cheiravam a álcool, não porque manuseadas por pessoas usuárias de bebidas alcoólicas, mas por usarem esse elemento para impressão em mimeógrafos, desapareceram. Deixou de ser necessário o auxílio e trabalho de horas do Or.E, muitas vezes solicitado para ajudar na impressão das provas, bem como a responsabilidade dele para a guarda desse material, de natureza sigilosa, em sua sala.

Dessa forma, as mudanças que ocorreram nas escolas exigiram, por um lado, maior trabalho para o Or.E, e, por outro, diminuição e facilitação dele.

4. Do computador à internet

O uso da internet se tornou tão difundido que se tem a impressão que ela está há muito tempo entre nós. Quando da primeira edição deste livro, a maior parte das pessoas, mesmo nos grandes centros, jamais havia ouvido falar da existência dela.

Introduzida nos EUA, na década de 1960, restrita e de uso fechado pelo Departamento de Defesa daquele país, para fazer frente à guerra fria, foi liberada apenas em 1987 para uso comercial. No Brasil, sua introdução data de 1992, quando o MEC disponibilizou-a para as universidades. Ela levou mais alguns anos para chegar ao conhecimento do cidadão comum.

Da mesma forma como ocorrera com o computador, o acesso à internet chegou primeiro aos lares, e dentre estes aos mais abastados, para depois entrar nas escolas e, no geral, primeiramente às mãos dos alunos e depois aos professores.

Algumas escolas, hoje, já introduziram, graças a ela, um sistema de comunicação com os pais. Principalmente nas escolas de educação infantil, há casos em que os pais têm a oportunidade de observar o que seus filhos estão fazendo e como estão sendo tratados na escola. Em cursos mais adiantados, os pais podem consultar na internet tanto a frequência dos filhos às aulas como o seu desempenho, quase que instantaneamente. É claro que diferentes escolas possuem diferentes possibilidades e interesse em disponibilizar essas facilidades, mas as pioneiras podem estar dando início a uma necessidade a ser implantada pelas demais.

Os tradicionais bilhetinhos trocados entre alunos foram rapidamente substituídos por torpedos e novas modalidades de comunicação eletrônica, que vêm se tornando dia a dia mais sofisticadas e difundidas. As tradicionais "colas" também se informatizam, exigindo maior e mais sofisticado nível de atenção por parte dos professores, bem como resoluções da escola. Com as vantagens desses novos meios de comunicação, vêm também problemas que o Or.E. não pode ignorar, pois podem afetar negativamente a educação e a vida dos alunos.

A formação dos professores, já considerada problemática, está se tornando cada vez mais difícil, pois esses professores antes, aos olhos dos alunos, detentores de todo o saber, irão deparar-se com alunos avançados no uso dos instrumentos eletrônicos e no acesso a conhecimentos, de tal forma que, não obstante os anos de estudos dos professores, estes não conseguem acompanhar todo o conhecimento facilmente obtido na internet. Professores defasados deixam alunos enfadados nas salas de aulas em que devem permanecer por horas. Estes, por consequência, muitas vezes, reagem com desacato e até indisciplina, acabando tais alunos na sala do Or.E.

As famosas "pesquisas", geralmente propostas pelos professores muitas vezes menos como meios coadjuvantes do processo ensino-aprendizagem e mais com o propósito de aprovação de alunos que não alcançaram média para aprovação, saíram do controle dos docentes. Grande parte delas, das antigas transcrições de textos de algumas poucas enciclopédias, facilmente detectadas pelos professores, passou a cópias eletrônicas. As primeiras enciclopédias datadas de 1772 foram substituídas pela Wikipedia, de 2001, e por outras informações sobre qualquer tema, facilmente encontráveis na internet.

Mais uma vez, o que pode consistir em um fato positivo para a instrução dos alunos, no caso em que procurem conhecimentos na internet, pode dar origem a novos problemas que precisam ser tratados pela escola.

Tal como ocorreu com a televisão, a internet pode educar, deseducar e ser até perigosa para os seres em formação. O seu uso passa a ser mais uma preocupação de todos os educadores, inclusive dos Or.Es.

A internet pode ser um instrumento perigoso nas mãos dos jovens, basta atentar para os maus usos de que se tem notícia. Além da pedofilia, com extensão internacional, ela possibilita o linchamento moral de pessoas, o denegrir de reputações, jogos que simulam estupros e outros tipos de violência. Ela também pode viciar as pessoas no seu uso, retirando-as da convivência social e de afazeres, bem como de exercícios físicos e de uma vida mais saudável.

Diferentes possibilidades econômicas existentes entre os alunos e as escolas viriam causar um desnível educacional, com sérias consequências sociais. Em uma sociedade cada vez mais competitiva, com exames vestibulares também competitivos, alunos mais aquinhoados economicamente teriam mais possibilidades, prejudicando os mais pobres.

Impossível e indesejável proibir o acesso à internet, mas o que fazer diante do problema?

5. Os telefones celulares: mais um problema ou uma solução de problemas na escola?

Em 1994, ao escrever a primeira edição deste livro, as autoras não poderiam sequer suspeitar de que haveria uma discussão sobre o uso de telefones móveis – os celulares – pelos alunos nas escolas. Os celulares, que haviam sido lançados em Chicago, nos EUA, em 1983 chegaram ao Brasil em novembro de 1990. Eram "tijolões" e, mesmo para os padrões norte-americanos, muito caros.

Nessa mesma época, os próprios telefones fixos não eram tão comuns no Brasil, e as escolas geralmente tinham apenas uma linha. Quando muito, algumas escolas disponibilizavam um aparelho para uso dos alunos, com o sistema de fichas, nos chamados "orelhões".

Ao se tornar mais acessível e mais portátil, o celular começou a ser levado para as escolas pelos alunos mais ricos e, portanto, nas escolas particulares. Hoje, ele se disseminou também entre as camadas mais pobres da população, inclusive nas mochilas dos alunos. Ele pode ser encontrado até com crianças do "infantil", mesmo que sob a forma de brinquedo.

Se, por um lado, pais e alunos podem se sentir mais seguros com esses aparelhos, pois eles possibilitam ligação fácil e direta entre o aluno e seus responsáveis, por outro lado, como costuma ocorrer com toda inovação, os celulares trouxeram em seu bojo alguns problemas. É tênue a linha entre o uso e o abuso, principalmente por parte dos jovens.

Algumas escolas optam por proibir o uso de celulares em qualquer local do recinto escolar, outras traçam regras. Em ambos os casos, o controle é difícil.

Pode-se facilmente imaginar o transtorno causado por um ou mais celulares tocando durante uma aula. No recreio, ele pode ocupar o tempo que seria dedicado a um lanche tranquilo, ao exercício ou até ao repouso mental do aluno. Eles prejudicam também a socialização dele com os colegas de classe, pois estão constantemente ocupados ao telefone. A sofisticação alcançada por esses cada vez mais minúsculos aparelhos constitui fonte de novas preocupações. Mensagens, namoros, jogos, músicas e até "cola" podem constituir o conteúdo desses aparelhinhos. Com a opção silenciosa, torna-se mais difícil detectar seu uso indevido.

Do ponto de vista econômico, a diversidade de modelos costuma contribuir para o consumismo e o exibicionismo entre alunos de diferentes classes sociais e filhos de pais que adotam diferentes filosofias para a educação financeira de seus filhos. Os aparelhos podem ser roubados na escola, o que vem adicionar, aos problemas já existentes, mais um. Conforme o caso, o uso excessivo dos celulares pode onerar em muito a economia de uma família.

Alguns pais argumentam que precisam se comunicar com os filhos no período em que eles se encontram na escola. Pergunta-se, então, como faziam quando não existiam os celulares?

6. Os tocadores de música e os fones de ouvido

Outra inovação que vem se popularizando entre os alunos, semelhantemente ao que ocorre com as outras citadas anteriormente, são os aparelhos de som de uso individual. Os antigos radinhos de pilhas que levavam alunos à sala do Or.E. foram substituídos por aparelhos menores e muito mais sofisticados. Hoje, o que se vê são jovens "plugados" o tempo todo nesses aparelhos. A ligação continuada neles pode causar desde danos físicos até psicológicos. Mesmo quando usados apenas nos recreios, eles excluem os alunos do convívio social com os colegas e é provável que afetem a capacidade mental, pois o aluno não tem tempo para pensar, bombardeado pelo som constante em seus aparelhos auditivos.

Como nos demais itens, este constitui um novo desafio para a escola e também para o Or.E.

Capítulo 34

As drogas nas escolas e o Orientador Educacional

1. Drogas pesadas adentram escolas

Além das inovações tecnológicas que, conforme discutido no capítulo anterior, ao mesmo tempo que acarretaram alguns problemas para as escolas também trouxeram enormes benefícios a elas, outro tipo de mudança ocorreu nas escolas, sendo que este somente trouxe problemas e bastante graves e de difícil trato, as drogas.

Desconhecidas há algumas décadas nas escolas, hoje se tornou difícil encontrar uma escola, pública ou privada, de ensino médio e até de fundamental, em turno noturno e também no diurno, em que não haja ou não tenha jamais havido incidência desse mal.

Tanto na sociedade em geral, como nas escolas, há cerca de meio século atrás, o fumo e o uso de bebidas alcoólicas eram experimentados por alunos mais velhos, quase sempre sem o conhecimento dos responsáveis. As bebidas eram consumidas em ocasiões especiais e não no dia a dia do período letivo. Os barzinhos e as baladas não constituíam o ponto de encontro e o lugar para início de namoros, como ocorre hoje. As meninas dificilmente eram vistas bebendo ou fumando em público.

A droga, então conhecida e usada por alguns estudantes, era apenas um estimulante cuja finalidade consistia em mantê-los despertos à noite para, pasmem, estudar para as provas. Se bem que o ensino, principalmente nas escolas públicas, fosse incomparavelmente muito mais puxado do que o ministrado na maior parte das escolas atuais, privadas e principalmente nas públicas, e os professores podiam marcar várias provas para a mesma data, não era imprescindível o uso de drogas para manter acordados alunos para estudarem até altas horas da noite. Tais drogas, estimulantes, não eram empregadas com a finalidade de obter um "barato", mas, quando muito, como forma de aventura e de exibicionismo perante os colegas. Tais drogas eram adquiridas normalmente em farmácias, da mesma forma como o era o então inocente lança-perfume usado, comumente, como instrumento para brincadeiras nos folguedos carnavalescos, com a finalidade de lançar perfume.

Pais e autoridades escolares também podiam ficar tranquilos com vendedores de guloseimas na porta das escolas, porque estes comercializavam, exatamente, guloseimas. Os portões das escolas não precisavam ser necessariamente trancados e a maior parte dos alunos podia ir a pé ou de ônibus comum para as escolas. Era também impensável a necessidade de policiais e de rondas nas cercanias dos estabelecimentos de ensino.

Hoje, esse quadro mudou sobremaneira e as drogas constituem preocupação dentro e fora das escolas.

2. A iniciação ao uso de drogas

Costumam-se diferenciar drogas lícitas das ilícitas, mas todas são drogas, isto é, substâncias artificiais que atuam física e psiquicamente no organismo. Até remédios são drogas, sendo, sintomaticamente, comercializados em "drogarias".

São lícitas aquelas drogas permitidas ou toleradas pela sociedade, apenas com algumas restrições, como é o caso do álcool, do fumo e de grande parte dos remédios. Isso não quer dizer que não possam fazer mal à saúde, embora não sejam ilegais, pelo menos quando consumidos por adultos e no caso de remédios com prescrição médica. Há, entretanto, as drogas chamadas ilícitas, isto é, as proibidas para indivíduos de qualquer idade.

Sendo consideradas drogas lícitas, muitos pais e adultos em geral consomem álcool, fumo e remédios. Há os que bebem "socialmente", os que fumam "apenas" um cigarro ou um maço por dia e os que se automedicam quando não estão bem. A linha divisória entre estes e os viciados ou os que estão prestes a se viciarem é muito tênue.

Crianças que convivem com pais que fazem uso regular dessas substâncias costumam sofrer menor vigilância e intolerância quanto ao uso delas por esses pais. Alguns pais não somente dão o mau exemplo como até iniciam os filhos no uso das drogas lícitas. Estas constituem, entretanto, uma perigosa porta de entrada para drogas mais pesadas, as ilícitas. Um dos fatores para a iniciação dos jovens nos vícios seria, portanto, o exemplo e/ou a condescendência dos pais.

As gerações mais velhas, quando começaram a fumar, desconheciam os males causados pelo fumo. Artistas charmosos e comerciais apelativos associavam o cigarro a conquistas e a posses de bens cobiçados pelas pessoas. As gerações mais velhas foram, portanto, cooptadas pela indústria do fumo. Um vício, uma vez estabelecido, normalmente é muito difícil de ser erradicado, portanto o melhor é evitar que os jovens adiram a quaisquer vícios, mesmo os lícitos.

Hoje, todos sabem que o fumo acarreta males para o organismo. O combate a ele, ainda tímido, começou com o controle da propaganda, depois, com a contrapropaganda, incluindo-se aí a impressão de alertas chocantes nos maços de cigarro e, finalmente, com a proibição do fumo, via legislação, em ambientes fechados. Entretanto, a indústria do cigarro é bastante forte e é triste ver jovens fumando. Se os mais velhos têm enorme dificuldade de se verem livres do vício, não tem sentido os mais jovens aderirem a ele.

Cabe, portanto, a questão do por que os jovens se iniciam nos vícios, lícitos ou ilícitos.

Alguns o fazem meramente por curiosidade, outros como forma de desafio aos adultos, por se tratar de algo proibido, ou de mostrar independência, de se firmar perante seus pares ou, ainda, usam o cigarro como forma de suprir certas carências psicológicas para enfrentar a realidade e até para fugir dela. Por desinformação, ou falta de informação suficiente, acham que podem experimentar e parar quando quiserem, por mera decisão própria. Enquanto alguns, de fato, não se viciam por terem experimentado drogas, para outros, o perigo é grande, pois ou possuem propensão física para se viciarem ou descobrem que as drogas podem constituir uma forma de lidar com os próprios problemas ou, ainda, por descobrirem nelas uma fonte de prazer.

Se, antigamente, boa parte dos viciados começava com as drogas lícitas ou com a maconha, ao perceberem que estas começavam a se tornar fracas, "progrediam" para o uso de drogas mais potentes, misturando ao tabaco pedras de cocaína e ao álcool outras drogas, e hoje muitos jovens já se iniciam diretamente nas drogas ilícitas mais pesadas, como o *crack* e a cocaína.

Antes, de certa forma, controladas por fatores de ordem econômica, hoje, tais drogas se difundiram por todas as classes sociais. Do "petilho" – pedras de *crack* trituradas que são adicionadas ao tabaco nos cigarros – mais sofisticado e preferido pelos economicamente mais favorecidos, ao cachimbo improvisado com qualquer tipo de sucata pelos mais pobres, o *crack* e a cocaína se tornaram devastadores para a nossa juventude e até para a infância, pois cada vez se torna mais precoce o uso de drogas.

São também muitas as modalidades de drogas. Há a heroína, a maconha, a cocaína, o *crack*, o *ecstasy*, a cola de sapateiro, o daime, o éter e vários medicamentos que eventualmente são descobertos como eliciadores de algum tipo de "barato". Todos potencialmente perigosos, muitos são fatais a curto ou médio prazo.

Dois tipos de fatores influenciam na iniciação às drogas: os de natureza interna e os de natureza externa. Os primeiros são decisivos, os segundos dão as condições necessárias para o uso.

Constituem fatores de natureza interna alguns próprios da puberdade e da adolescência, outros encontráveis apenas em alguns indivíduos. Nenhum deles é determinante, isto é, nem todos os indivíduos retratados nessas causas serão, necessariamente viciados, mas encontram-se, entre os viciados, indivíduos que se drogam por um ou mais desses fatores. Quais são eles?

Não é fácil enfrentar "de cara limpa" os problemas da vida, principalmente na época da transição para a vida adulta. Isto requer uma sólida estrutura individual e um ambiente propício. A falta de presença, de afeto e de diálogo nas famílias, a desestruturação social, maus exemplos e más companhias, ausência de lazer adequado, excessiva permissibilidade por parte dos educadores, ambiente hostil e preconceituoso em grande parte das escolas em relação a alunos que não se enquadram nos padrões tidos como necessários pelos demais podem levar à busca de drogas para compensar insegurança ou para procurar aprovação e afiliação a grupos dominantes nas escolas ou a aprovação de namorado(a) viciado(a).

Os fatores externos consistem na disponibilidade das drogas que, embora proibidas, são facilmente encontráveis, muitas vezes maldosamente fornecidas por traficantes de forma gratuita, visando viciar os não usuários. Os preços delas estão caindo consideravelmente. É sabido que, uma vez viciado, o jovem vende os próprios pertences, e até os da família, para a compra de drogas. Se, mesmo assim, não consegue dinheiro para a compra das drogas, é aliciado pelo tráfico ou é morto por ele.

3. Drogas, drogados e traficantes nas escolas

Hoje, as drogas, lícitas ou ilícitas, são usadas por uma quantidade considerável de alunos das escolas, tanto das públicas quanto das particulares, sendo praticamente impossível impedir que elas adentrem as escolas ou que sejam comercializadas em suas cercanias.

A atitude de ignorar o problema, por parte das autoridades escolares, assumindo em relação a ele a postura de avestruz, só contribui para piorar a situação.

Afirmações, com ou sem o conhecimento da existência do problema na própria escola, do tipo: "Na minha escola nunca houve problemas com drogas e jamais haverá", além de dificilmente verdadeiras, podem estar impedindo que se trate seriamente do assunto.

A situação é bastante alarmante. Estudos realizados em 2009, nos Centros Estaduais de Atendimento, mostraram que o número de atendimentos a menores, em dois anos, aumentou 107%, além de estarem sendo queimadas etapas na passagem de drogas mais leves para as mais pesadas. Preocupado com as dimensões que o problema vem assumindo na sociedade, o governo federal disponibilizou verba especial para o combate a elas.

O uso e o tráfico de drogas envolvem questões de ordem psicológica, educacional, econômica, social e até policial. A sociedade, em sua totalidade, precisa tomar conhecimento do assunto e procurar meios de combater esse mal.

Como muitos pais não têm conhecimento do uso de drogas pelos seus filhos, principalmente no início, e como a maioria não saberia como lidar com o problema, cabe à escola coadjuvar nessa tarefa bastante delicada quanto complexa.

Não é fácil, para a escola, assumir mais esta incumbência junto às tantas outras que foi, com o tempo, obrigada a assumir, mas como o educando não é apenas um aprendiz e como nem é possível desvinculá-lo de todo o resto nem deixar na porta da escola os problemas que afligem a sociedade, da qual ele faz parte, a escola se vê obrigada a assumir, mesmo que a contragosto, mais esta árdua tarefa.

Os educadores que atuam na escola, diretores, equipe técnica, docentes, profissionais da área da saúde e todos os demais funcionários, como merendeiras, inspetores de alunos, profissionais da limpeza, enfim todos, devem estar atentos e contribuir para o combate ao uso e ao tráfico de drogas nas escolas e nas suas vizinhanças. Isso não significa que devam atuar diretamente no combate às drogas, pois se trata de assunto perigoso, dado o poder do tráfico. Uma vez constatado ou sob suspeita do problema, esses educadores devem procurar os canais competentes para lidar com ele.

4. O Orientador Educacional e o combate ao uso de drogas na escola

Por se tratar de problema delicado, como foi visto, pode-se perguntar se cabe não só à escola como também a todos que nela atuam, inclusive o Or.E., se imiscuir nesse assunto.

O Decreto nº 69.845 de 27/12/1971, que trata de responsabilidades quanto ao tráfico e uso de substâncias entorpecentes e que coloca em seu artigo 1º o dever de toda pessoa física ou jurídica de colaborar no combate ao uso de tais substâncias, atribui ao MEC a coordenação dos planos e programas de esclarecimento sobre os malefícios do uso dessas substâncias que determinam dependência física ou psicológica. Pelo artigo 16º do referido Decreto, "os Estados, o Distrito Federal deverão organizar, no início de cada ano letivo, cursos para educadores dos estabelecimentos que neles tenham sede".

No parágrafo 2º desse artigo, lê-se:

"Na escolha dos representantes aos cursos a serem realizados nos Estados, Distrito Federal e Territórios será obedecida, preferentemente a seguinte ordem:
a. diretores de estabelecimentos
b. orientadores educacionais
c. professores de Educação Moral e Cívica
d. professores de ciências físicas e biológicas
e. professores de outras disciplinas e
f. assistentes sociais."

Apesar de ter a obrigação não só como educador, mas também legal e quase que prioritária na prevenção e tentativa de erradicação das drogas na escola, o Or.E. não deve e não pode tentar resolver o problema sozinho. Toda a equipe da escola, e até de fora dela, deve estar envolvida, cada qual atuando dentro de suas atribuições.

Mais especificamente, são atribuições do Or.E., no que se refere às drogas:

1. Estar muito bem informado sobre as drogas: tipos, características, estatísticas gerais de uso mais comuns consumidos na região.
2. Conhecer os principais indícios de uso, tais como: mudanças rápidas de comportamentos, furtos e roubos, até na própria residência do aluno, agressividade, ansiedade, inquietação, irritação, pupilas dilatadas, desinteresse pela escola, diminuição do rendimento escolar, falta de apetite, náuseas.
3. Solicitar a colaboração dos professores de Ciências e de Biologia no sentido de mostrarem as consequências do emprego de drogas, da dependência, solicitando, inclusive, trabalhos escolares sobre o tema.
4. Ser capaz de detectar alunos que possivelmente estariam fazendo uso de drogas.
5. Prover informações sobre o assunto para alunos, pais, professores e demais funcionários.
6. Trazer especialistas de várias áreas relevantes para discorrer sobre o assunto.
7. Se possível e na medida do necessário, realizar excursões com os alunos para mostrar as consequências do emprego de drogas.
8. Trabalhar a autoafirmação dos alunos para que não precisem partir para o uso de drogas, detectando e encaminhando para psicólogos alunos que aparentam ser mais vulneráveis, sempre tomando todos os cuidados éticos que o assunto requer.
9. Trazer, se possível e na medida do necessário, depoimentos de ex-drogados.
10. Passar filmes e vídeos educativos para os alunos.

Capítulo 35

A violência nas escolas e o Orientador Educacional

1. Vivemos em uma sociedade violenta

A violência, quer por parte de indivíduos, quer por parte de grupos e até de nações, sempre existiu na face da Terra. Ela faz parte do dia a dia dos animais, que dela dependem para a própria sobrevivência e, quiçá, para a das espécies.

A história da humanidade é povoada por casos de violência. Em pleno século XXI da era cristã, questões entre indivíduos e entre países ditos civilizados desencadeiam ações violentas na busca de soluções. Nações e indivíduos se armam, cada vez mais fortemente, para agredir ou para se defender de possíveis ou reais agressões. Notícias de agressões tomam boa parte dos noticiários.

Muitos alegam que a mídia dá maior visibilidade para assuntos ruins, o que pode ser verdade, mas a mídia não os cria ou inventa. É também possível, e bastante provável, que ela não dê conta de noticiar tudo o que de ruim ocorre na sociedade, atendo-se apenas aos casos mais graves. É ainda bastante provável que, ao noticiar casos de violência, a mídia esteja satisfazendo a curiosidade de uma sociedade agressiva que se interessa pelo assunto porque sua violência latente está sendo socialmente reprimida.

Há muito, psicólogos discutem sobre o papel da exposição das pessoas à violência na vida real e até nos desenhos animados, uns achando que essa exposição incita e exacerba a violência, enquanto outros, assumindo a posição contrária, acreditam que a participação passiva e despida de culpa procederia a uma catarse da violência inerente a cada ser humano. Embora a questão não tenha sido teoricamente resolvida, o que se observa, na prática, é que crimes de um determinado tipo ou com determinadas características costumam desencadear outros com características semelhantes e a se repetir em curtos espaços de tempo.

De qualquer forma, tudo indica que a violência, quando não manifestada em atos, permanece latente nas pessoas, sendo necessário trabalhar com os educandos para que ela não venha a se manifestar de formas socialmente inaceitáveis.

2. A violência na escola

É possível e muito provável que, pelo menos em alguns momentos, a violência tenha estado presente em todas as escolas. Mesmo se tal ocorrera no passado, hoje o problema parece ter se tornado mais frequente e de proporções maiores, por vários motivos. Alguns deles seriam: a violência na sociedade em geral e no ambiente onde os alunos vivem, o noticiário na mídia, o aumento no número e na heterogeneidade dos alunos nas escolas, o uso de drogas, a desvalorização do saber, da escola e do professor e a desvinculação da escola em relação à vida dos alunos, assuntos já discutidos neste livro.

Em uma sociedade potencialmente violenta, grande parte dos pais acredita que a escola constitua um oásis, ao qual podem confiar não só a instrução como também a guarda de seus filhos em segurança. Esse nem sempre é o caso.

Antigamente, quando se falava em violência nas escolas, pensava-se imediatamente e quase que exclusivamente na violência levada a efeito por parte de adultos, geralmente de professores e diretores, a menores. Havia, na sociedade em geral, a noção de que faria parte da boa educação das crianças, e até dos adolescentes, tanto o castigo físico como o psicológico. Como consequência, os alunos aceitavam sem contestação tais punições e os pais até os valorizavam. Havia, dessa forma, nas escolas, a palmatória, algo totalmente desconhecido modernamente, puxões de orelhas, bem como o colocar alunos ajoelhados sobre grãos de milho, colocá-los no canto da sala de aula, virados para a parede, colocar neles orelhas de burro, deixar alunos presos na sala durante o recreio etc. Tais castigos somente eram objeto de reclamação quando feriam fisicamente os alunos. Hoje, qualquer um deles seria impensável e se algum professor ousasse lançar mão de qualquer castigo físico ou psicológico, seria imediatamente punido pelos alunos, pelos seus pais e até pelas autoridades.

Hoje, quando se trata de violência nas escolas, esta muito provavelmente se refere a ações praticadas por alunos ou ex-alunos, mais raramente por professores ou por outros funcionários.

São vários os tipos de manifestação de violência de autoria de alunos que podem ocorrer nesses estabelecimentos. Há a violência contra o patrimônio, contra funcionários, contra autoridades, contra professores, contra colegas e contra si próprios.

No caso do patrimônio, a violência pode se manifestar pelo riscar uma carteira escolar até a depredação de uma escola. São relativamente comuns os casos de alunos que rasgam cortinas, quebram janelas, colocam bombas em banheiros ou que dão alarme falso de bombas na escola. Muitas vezes, vistas por tais alunos como uma travessura inocente, constituem formas de extravasar violência. Essas ocorrências têm lugar mais comumente nas escolas públicas, onde os alunos não pagam mensalidades, os pais não são obrigados a reparar materialmente os prejuízos causados e as escolas são tidas como "do governo", pois a comunidade não participa diretamente de sua manutenção. Esse não é o caso das escolas particulares e, por esse motivo, tais atos são muito menos frequentes nesse tipo de escolas.

A violência contra funcionários ocorre por preconceito, por se tratar de trabalhadores de baixo nível socioeconômico, o que contribui para a não aceitação da autoridade deles, quando alunos são repreendidos ou levados à diretoria. O mesmo ocorre com relação aos professores. Com a crescente degradação tanto social como salarial da categoria, a violência contra eles tem aumentado muito nas últimas décadas. Se as autoridades e a sociedade em geral não valorizam os professores, os alunos também não os valorizam, como valorizavam antigamente.

A violência contra os professores se manifesta por apelidos pejorativos, por indicação de características depreciativas, como idade avançada, aparência física, roupa, por xingamentos, por danos a veículos estacionados próximos à escola e até por agressão física, tendo havido recentemente caso de confinamento, por alunos, de docente em local da escola.

Se bem que hoje, nas escolas públicas, seja bastante raro o professor atribuir nota baixa a alunos, e mais rara ainda a retenção de alunos em uma dada série escolar, uma das causas de agressão contra professores seria a atribuição dessas notas. Nesse tipo de escola, a regra consiste em promover sempre o aluno, qualquer que seja seu nível de conhecimentos, e o professor sofre pressões não só dos alunos e de seus responsáveis, como também de todo o sistema para não reter nenhum aluno. O termo "reprovação" sumiu do vocabulário, substituído por retenção, este considerado menos traumático para o aluno. Os conselhos tendem a aprovar alunos até por bom comportamento, quando suas avaliações pelo professor indicam a necessidade de recuperação ou de retenção na série. A aprovação automática por ciclos também tira autoridade ao professor e torna alunos mais lenientes em relação aos estudos.

Desprestigiada a escola, como instituição, e desprestigiados por todos, os professores, bem como todos os adultos que nela atuam tornam-se alvo fácil para a manifestação de violência por parte dos alunos.

Há casos de violência do aluno contra si mesmo. Embora pelo menos aparentemente não tão frequente, esse tipo de violência ocorre com alunos. Há casos de alunos que se mordem, que roem unhas, que se causam ferimentos, como os há aqueles que, propositadamente, não respondem a questões que sabem, em provas orais ou escritas, acarretando para eles próprios notas mais baixas do que aquelas a que fariam jus. É importante que professores e Or.E. detectem a ocorrência desse tipo de violência e que encaminhem alunos que a apresentem à ajuda psicológica. Há notícias de alunos que, não suportando agressões de colegas, chegaram até ao suicídio.

A violência contra colegas – o *bullying* –, por constituir caso mais frequente de violência entre alunos e por possuir consequências mais sérias, foi tratada separadamente, em outro capítulo deste livro.

3. A violência nas escolas está assumindo grandes proporções. Por quê?

Não só no Brasil, mas em vários países do mundo, tem-se notícia da ocorrência de atos de violência nas escolas, seja por parte de pessoas de fora delas, com ou sem algum tipo de vínculo passado com aquela escola, seja por alunos da própria escola.

Os jornais têm noticiado adolescentes e adultos que invadem escolas, tanto em países capitalistas, como os Estados Unidos, França, Alemanha, Finlândia e Escócia, como nos socialistas, como a China, e que matam a esmo estudantes, cometendo suicídio em seguida.

No Brasil, temos o caso de uma escola pública supertradicional de São Paulo em que os alunos depredaram o prédio e mantiveram uma aluna em cárcere privado. Pode-se supor que aquelas publicadas constituam apenas as mais graves, mas diuturna e corriqueiramente ocorrem episódios de violência nas escolas, principalmente nas públicas.

É claro que a violência não existe apenas nas escolas públicas, apesar de estas aparecerem mais no noticiário. Nas particulares, quando ocorrem, os episódios geralmente são abafados, os pais dos alunos envolvidos são chamados e estes pais, em geral, compareçem com maior frequência à escola por que quase sempre têm um nível melhor que os pais das escolas públicas e porque pagam pela instrução de seus filhos, estando mais "ligados" a ela. Nos casos mais graves, as escolas particulares podem excluir o(s) responsável(is), o que não é permitido nas escolas públicas que podem, no máximo, dar transferência para outra escola pública.

Por que esse ódio contra a escola e por que a escolha do ambiente escolar como palco dos crimes? As causas dessa violência são difíceis de serem equacionadas.

Há quem culpe a mídia e a internet por divulgarem os casos, tornando-os banais e corriqueiros ou até por darem ideia para outros criminosos. Muitos atribuem a violência nas escolas a causas externas a ela, como à violência que campeia na sociedade, à reação contra o autoritarismo, contra a situação de vida das pessoas, contra o tipo de educação violenta que receberam.

Quando a violência se volta contra a escola por adultos, supõe-se que tenham sofrido traumas enquanto estudantes, em geral, ou daquela escola em particular. Há quem atribua o aumento da violência nas escolas ao aumento populacional não só nas grandes cidades como também nas próprias escolas.

São muitas as possíveis causas, e esta questão fica sem resposta. O que se pode supor é que haja causas gerais para a violência na escola e contra ela, além de possíveis causas específicas em cada caso.

Dentre as causas gerais, a principal seria o reflexo da violência que existe na sociedade em geral que teria adentrado as escolas. Os muros e os portões trancados das escolas não têm tido o poder de impedir que a violência adentre as escolas.

Ao entrar para a escola, a criança já passou vários anos convivendo com a violência, seja real ou virtual, mesmo nos lares mais tranquilos. Psicólogos que se dedicam ao estudo do desenvolvimento humano acreditam que aos 6 anos de idade a personalidade humana já esteja formada.

Há lares, e muitos deles, em que a criança, desde pequena, presencia cenas corriqueiras de violência, em que o homem bate na mulher e ambos batem nos filhos.

Há quem aponte como fontes de violência na formação das crianças muitas leituras e desenhos animados destinados a elas, inclusive os mais conhecidos e clássicos como: o do Chapeuzinho Vermelho, o da Branca de Neve, o de Joãozinho e Maria, o da Cinderela, apenas para citar os mais antigos. E o que representaria, para a educação das crianças, uma canção que diz: "atirei um pau no gato, mas o gato não morreu?"

Não há consenso entre os psicólogos sobre os efeitos dessa literatura infantil sobre o comportamento violento dos leitores. Enquanto alguns consideram perniciosa essa exposição precoce à violência, outros acreditam que ela seja salutar, na medida em que estaria dando vazão socialmente aceitável à violência potencial existente no ser humano. Cabe, sobre o tema, uma discussão para a qual os filósofos não chegaram a um consenso, isto é, se a criança é boa por natureza e a sociedade a corrompe, ou se ela não é boa, ou não é boa nem má, e cabe à sociedade educá-la, visando à socialização.

A escola representa a autoridade, assim como muitas das outras instituições sociais, como a própria família. Da mesma forma como vem ocorrendo nos lares, em que faziam parte essencial para a educação dos filhos os castigos, até os físicos, nas escolas, punições raramente são dadas a alunos, e quando o são, ou são muito leves a ponto de não só não terem efeito corretivo, ou preventivo, como fazem com que os alunos se acostumem com elas, zombando delas. Hoje, não só os pais não exercem sua autoridade sobre os filhos como também não aceitam que a escola o faça.

O respeito vem de valores transmitidos, desde a mais tenra idade, dos pais para os filhos, e endossados pela sociedade. Quando a educação e a escola são desvalorizadas pela sociedade e, em particular, pelos pais, os alunos as menosprezam. Como consequência, ou parte do quadro desolador, a aprendizagem e o ensino também são menosprezados e o professor, que se identifica com eles, e os representam, idem.

Ao mesmo tempo que a escola deixou de ser um santuário do saber, ela se transformou em um campo de batalha, onde todos os confinados entre seus muros se transformam em alvos fáceis. Dentre estes, os professores, desvalorizados, desacreditados e sem qualquer tipo de apoio, seja por parte dos pais, seja por parte das autoridades, têm uma tarefa muito mais árdua que ensinar, que é a de manter a ordem.

Nas mochilas dos alunos, além do esperado material escolar, podem ser encontradas drogas, armas e outras coisas do tipo.

Uma das causas mais recentes da violência nas escolas se deve ao namoro precoce. Pesquisa da Fundação Osvaldo Cruz constatou que 87% dentre 3.205 adolescentes do país, de idades entre 15 e 19 anos, já vivenciaram formas de violência no namoro ou no "ficar". Essas agressões começam com tapas, muitas vezes interpretadas como brincadeiras, e podem evoluir para crimes de morte, como aconteceu recentemente com uma adolescente assassinada pelo namorado. Há relatos de casos de adolescentes que têm medo de terminar o namoro por medo do namorado.

As escolas também costumam ser palco de brigas entre alunos por causa de namorados. A erotização precoce das crianças, a banalização do sexo mostrada na TV, a maior liberalidade dos pais desembocam nesses problemas nas escolas.

4. As estatísticas da violência nas escolas

São variados os tipos de violência que ocorrem nas escolas. De tempos em tempos, e cada vez mais amiúde, os jornais e a TV noticiam vários casos.

A Udemo, entidade que congrega diretores de escolas, apresentou resultado de uma pesquisa realizada em 683 escolas. Dentre elas, 80% (586) registraram a ocorrência de algum tipo de violência, sendo que 411 delas viraram caso de polícia.

Apesar de já ser preocupante esse resultado, as porcentagens devem ser bem maiores. Muitos diretores, professores e demais funcionários deixam de dar queixas por medo de represálias.

Em uma escola do Distrito Federal, segundo publicação em jornal, "o cotidiano recheado de tensão e pequenas brigas... foi chacoalhado... por um crime ocorrido a poucos metros da escola". Uma estudante que se preparava para chegar ao colégio foi baleada e morta por outro ex-estudante da mesma escola. Segundo o diretor dessa escola, "Já havia um movimento em curso, mas depois do episódio, o combate à violência passou a ser o tema para todos". Segundo a mesma notícia, "A estatística está longe de ser exemplar. Todos os dias, pelo menos dois episódios que merecem atendimento são registrados por período. No ano passado, porém, eram entre 15 e 20. O número de agressões caiu de forma significativa. Em 2004 foram contabilizadas 17 brigas nas escolas. Em 2007 e 2008 nenhum caso foi contabilizado. Mas será necessário ocorrer um incidente gravíssimo para que as estatísticas diminuam?"

Há também estatísticas que mostram os efeitos da violência no rendimento escolar dos alunos. Em uma pesquisa, foi constatado que quatro, em cada dez escolas de pior desempenho de São Paulo, já registraram casos de violência.

A violência nas escolas prejudica diretamente o rendimento escolar dos alunos. Além disso, também, como causa ou consequência do pior rendimento está uma constatação levantada pelo presidente do sindicato dos diretores de São Paulo: a maior rotatividade dos professores devido à violência. Um problema crônico que aflige escolas da periferia das grandes cidades é a falta de professores que se disponham a lecionar nelas. Outro problema, mais genérico, é o de que o número de professores está diminuindo e muitos dos formados no magistério sequer entram nas salas de aula, sendo que alguns deixam a profissão após alguns anos.

Além da evasão dos docentes, ocorre também o grande número de faltas, seja por doença psicossomática, seja porque muitos professores procuram atendimento médico em busca de atestado para se ausentarem das salas de aula.

5. Ações contra a violência nas escolas

Há, basicamente, dois tipos de ações para o combate da violência nas escolas: as ações punitivas e as educativas. As primeiras podem ter até a intenção de educar, mas partem do princípio de que a educação deve ser repressiva. As segundas procuram enfrentar o problema prescindindo da repressão.

Atuando na linha repressivo-punitiva, quando do incidente com uma escola estadual de São Paulo, em que gangues formadas por alunos destruíram a escola, o governo do estado estabeleceu uma parceria entre a Secretaria da Educação e a Secretaria da Segurança Pública do Estado, tornando implícito que se fazia necessário ir além de ações puramente educativas.

A Secretaria da Educação, na mesma linha, também prevê a instalação de 11 mil câmeras em 2.200 unidades das mais de 5 mil que compõem a rede, além de um sistema *on-line* de registros de ocorrências.

No município de Vila Velha, no Espírito Santo, após o assassinato de um aluno, 50 das 92 escolas receberam um botão antipânico que fica com os diretores das escolas para acionar equipes de segurança em casos de tráfico de drogas, furtos e roubos. A Secretaria da Educação acionou também a patrulha escolar para efetuar a revista de alunos, além da instalação de câmeras. Sabe-se que a revista é proibida, motivo pelo qual ela teve de ser garantida por mandato judicial, cautela necessária para que a escola não venha a ser responsabilizada.

Como se deduz dessas iniciativas, as direções das escolas sentem-se impotentes para lidar sozinhas com problemas de violência nas escolas e em seus arredores, apelando para medidas drásticas, que fogem ao âmbito pedagógico.

O problema da violência escolar é bastante grave e, além das medidas punitivo-repressivas, as autoridades escolares estão tomando outras de caráter preventivo-pedagógico.

Dentre as iniciativas não repressivas, pode-se citar a da Secretaria da Educação do Distrito Federal, que preparou um material para ser distribuído nas escolas de Brasília e cidades-satélites, material esse que será estendido à Secretaria da Educação do Estado de São Paulo. Esse manual contém 106 perguntas e respostas, trazendo desde informações básicas, tais como o que é cidadania, violência de gênero e assédio moral, passando pelas atribuições de juizados da infância e adolescência, delegacias especiais e conselhos comunitários, dando dicas sobre direitos e deveres dos alunos, professores e funcionários, além de um roteiro sobre como proceder e para onde ligar em alguns casos de violência. Com algumas modificações, esse manual será enviado a professores, alunos e funcionários das escolas estaduais de São Paulo. Um outro manual foi preparado para distribuição em escolas.

Como se vê, as pessoas que atuam nas escolas, qualquer que seja a categoria, não estão preparadas para lidar com a violência, daí a necessidade de tais manuais. O que não se cogitou foi do papel do Or.E. na questão. Uma exceção: segundo afirmação do Secretário de Educação do Distrito Federal, "um dos pontos principais é a capacitação de professores e a formação de uma equipe de apoio: orientador educacional em todas as escolas..." Ainda bem que alguém se lembrou do Or.E.!

Agindo também na linha preventivo-pedagógica, algumas escolas têm obtido bons resultados. Em uma escola da Cidade Satélite de Ceilândia, na periferia do Distrito Federal, houve vandalismo por parte de alunos, tendo ocorrido vítimas fatais de brigas entre gangues. Por iniciativa da diretora, foi adotado naquela escola o projeto Escola Aberta do MEC e da Unesco, de acordo com o qual a comunidade pode usar a escola nos finais de semana para atividades de lazer ou para cursos profissionalizantes. Essa iniciativa diminuiu em muito a violência, de todos os tipos, naquela escola. A mesma diretora criou um programa intitulado Agente da Paz, envolvendo alunos que se tornam voluntários na promoção da paz e que vêm atuando desde a creche onde, segundo esses mesmos alunos, a violência já está presente.

Uma escola, fechada e alienada da comunidade, como é o caso da quase totalidade das nossas escolas, não consegue se caracterizar como algo dessa comunidade e dos alunos. É importante que eles venham a se sentir donos e responsáveis por ela, como indica o sucesso obtido por essa escola de Ceilândia.

No final da década de 1970, a primeira autora deste livro orientou, na Faculdade de Educação Física da Universidade de São Paulo, dissertação de mestrando defendida por Otávio A. A. C. Fanali, em que ele propôs a criação, em cada estabelecimento de ensino, de um clube da escola. A dissertação foi aprovada, com os devidos elogios, tendo inclusive dado origem à Portaria do SEED/MEC nº 1, de 7/4/1982, que criou clubes escolares nas escolas do país. Mas como costuma ocorrer com muitos trabalhos acadêmicos, bem como também com parte da legislação nacional, a proposta daquela dissertação e o objetivo da Portaria não estão sendo obedecidos na prática.

Iniciativas não ligadas ao poder público, de pessoas e entidades preocupadas com a educação, têm mostrado bons resultados no combate à violência de estudantes. Como se sabe, estudantes desocupados, desinteressados pelos estudos e ociosos e que, portanto, não têm perspectivas de vida podem, quando se lhes é dada uma oportunidade que lhes dê uma finalidade na vida, se transformar em cidadãos conscientes e em voluntários exemplares. Em São Paulo, vem tendo sucesso um programa de voluntariado para alunos e esse programa, embora de pequenas proporções e não muito difundido, está se expandindo para outros estados. Iniciativas como essa e a experiência de Ceilandia vêm demonstrar a necessidade de engajar os jovens em projetos que deem sentido à vida deles. O ideal seria, entretanto, não transformar os jovens em assistentes sociais não remunerados e ignorantes, mas vincular o conteúdo transmitido nas escolas a ações da vida real, dando sentido a ambas.

6. O Orientador Educacional e a violência na escola

O Or.E. nem é policial, juiz e nem diretor da escola, mas dentro de suas atribuições é corresponsável por praticamente tudo que diz respeito a ela. Na qualidade de educador, não pode ficar alheio à violência envolvendo alunos, seja como praticantes, seja enquanto vítimas dela. Sua atuação deve ser preventiva, não cabendo a ele a repressão ou a punição. Seu âmbito de atuação vai desde o aluno até os professores, funcionários, pais e diretor.

Para melhor atuar, é necessário que o Or.E. estude e analise os tipos de manifestações violentas em geral e principalmente aquelas que ocorrem na escola onde esteja lotado. É essencial também que procure estabelecer as causas desses tipos de violência. O Or.E. deve estar informado sobre os conteúdos dos manuais preparados pelas Secretarias da Educação, bem como sobre a literatura nacional e internacional sobre a violência.

Bem preparado, o Or.E. poderá usar as técnicas de que dispõe para a prevenção da violência.

Tais técnicas são as mesmas que ele usa em todos os tipos de prevenções, a saber: palestras, dinâmicas de grupos, atendimento a casos particulares de alunos, tanto daqueles que apresentam comportamentos agressivos, como aos que se sentem vítimas de agressões.

Como nem todos os casos são denunciados ou visíveis, o Or.E. atento, trabalhando em conjunto com os professores, deve ter sua atenção voltada não apenas para alunos abertamente agressivos como também, e principalmente, para aqueles aparentemente inofensivos, muito calados, fechados em si mesmos, tímidos em excesso e aos quais os professores tendem a prestar pouca atenção, pois, não apresentando problemas disciplinares, tornam-se ignorados nas salas de aulas.

Há várias notícias de que atentados contra escolas e contra professores e colegas foram realizados por tais alunos, de quem ninguém suspeitava de serem capazes de tanta violência.

É importante que o Or.E. trabalhe também com os pais. Muitos casos de violência têm origem, direta ou indiretamente, no comportamento dos pais no lar. Palestras, filmes, discussões em grupos com os pais podem ajudar na diminuição da violência dos alunos. Há pais que minimizam a importância de agressões ou de incidentes violentos manifestados por seus filhos.

O Or.E. pode também adotar iniciativas implementadas em outros locais e que deram bons resultados no controle à violência, como o caso dos Agentes da Paz. Ele pode também contar com a criatividade dos alunos a quem deve pedir sugestões sobre o que fazer para prevenir a violência. Tais sugestões podem vir de forma aberta ou por meio de caixa de sugestões, de forma anônima ou confidencial.

O aumento do número de alunos nas escolas, com a consequente facilitação do anonimato nas infrações, a entrada das drogas e até de armas começaram a tornar a escola um ambiente perigoso. Cabem aqui perguntas sobre as causas de tais comportamentos, para maior compreensão por parte do Or.E. e para a tomada de providências. Os atos de violência ocorridos na escola:

- Constituiriam apenas comportamentos próprios da exuberância juvenil?
- Seriam manifestações da falta de atenção, de carinho ou de limites dos pais?
- Estariam tendo origem na convicção de que as instalações da escola são do governo ou do dono da escola e que, portanto, não lhes pertencendo, podem ser destruídas?
- Seriam as causas das destruições mero exibicionismo e demonstração de potência e poder?
- Seriam uma maneira de demonstrar ou desabafar o descontentamento com uma escola que não lhes diz respeito e que cobra muito deles?
- Seriam uma maneira de lidar com o tédio gerado pelo ócio?
- Seriam uma forma de chamar a atenção dos adultos, principalmente dos pais?
- Seriam, para os meninos, uma forma de explosão própria da idade ou do sexo?
- Seriam uma demonstração de prepotência de alunos, por terem pais que os protegem e que poderiam pagar pelos danos materiais causados à escola?
- Seriam revolta contra professores prepotentes que exigem demais dos alunos sem lhes dar condições, ou que procuram se impor por métodos coercitivos?
- Seriam a sensação de uma escola totalmente afastada da realidade e sem o menor significado para os alunos?
- Seriam a sensação de estar confinado em um ambiente que não lhes diz respeito, quando há muita coisa mais interessante para se fazer fora dele?
- Seriam a imposição de um código disciplinar sobre o qual eles não foram chamados a opinar, em relação ao qual não assumiram nenhum compromisso?

Perguntas como essas devem ser feitas e analisadas pelo SOE e discutidas com toda a comunidade que trabalha na escola e também com os responsáveis pelo aluno infrator.

As punições devem ser adequadas quantitativa e qualitativamente e de caráter educativo. Obrigar um pai rico a pagar por uma cortina não educa nem o pai, nem o filho, e muito menos os colegas do filho. A antiga "expulsão" do aluno que apresentou falta grave foi substituída pela transferência de escola, o que não chega a ser uma punição e pode ser até um prêmio para o aluno, que vai levar para outra escola o mesmo tipo de comportamentos. A suspensão pode também ser um prêmio, pois o aluno ficará desobrigado da frequência a um lugar que o desagrada.

As causas citadas da indisciplina devem ser analisadas na escolha das respectivas punições que deverão se restringir ao estritamente necessário. Isso não quer dizer que deva ser permissiva, mas que adote, de preferência a prevenção.

Analisadas as causas, citadas e outras que venham a ocorrer aos participantes, procurar maneiras de evitá-las. Essa não é uma tarefa apenas do Or.E., mas de toda a comunidade escolar.

Capítulo 36

O *bullying*, uma forma de violência nas escolas

1. O que é o *bullying*?

O *bullying* é uma forma verbal ou física de violência praticada por alunos(s) contra aluno(s) que, se bem que tenha sempre existido nas escolas, vem se tornando cada vez mais conhecida e frequente, atingindo níveis cada vez mais graves.

Bullying é um termo comumente usado nos EUA para designar um determinado tipo de violência encontrado nas escolas ou que, tendo como epicentro estabelecimento escolar, pode também ser praticado em suas cercanias ou por meios virtuais. Embora a prática do *bullying* não se restrinja a agressões de aluno(s) contra aluno(s) no ambiente escolar, pois pode ocorrer também em outros locais frequentados por crianças e jovens, como clubes, vizinhança etc., ela será tratada neste livro sobre Or.E. do ponto de vista da escola.

Em inglês, o verbo *bully* significa intimidar, dominar, perseguir, atormentar, aterrorizar, oprimir.

Tem-se notícia de que, em menor ou igual proporção, envolvendo diferentes graus de violência física, o *bullying* exista em vários países. Talvez porque primeiro se tenha tido notícia declarada do problema nos EUA, o termo inglês é também empregado no Brasil, sem tradução para o português. Até recentemente desconhecido em nosso país, hoje se vê, com frequência, esse termo em todos os canais da mídia.

O *bullying* pode ser caracterizado como uma forma de violência física, psicológica ou social, tendo como origem discriminação de algum tipo, geralmente causada por preconceito. Embora o preconceito seja a causa mais comum para o *bullying*, ele não constitui sua única causa possível.

Algumas vezes, o *bullying* pode também ser causado por outro tipo de discriminação, envolvendo inveja, quando a vítima escolhida difere do grupo por características que podem suscitar inveja ou ciúmes como namorado cobiçado, roupas ou materiais escolares mais caros ou até notas mais altas nas provas. Recentemente, foi noticiado que um grupo de alunas, entre 11 e 15 anos de idade, de uma 7ª série de uma escola de periferia de uma cidade grande do Estado de São Paulo, suspeitas de integrar o chamado "Bando do Capeta", teria ameaçado e estapeado colegas mais bem-vestidas e com melhores notas. Por esse motivo, veem-se, em filmes, alunas que fingem não saber responder às perguntas de professores, por medo de *bullying*. Nos EUA, uma aluna, que viera da Irlanda e que namorava um jogador de futebol bastante cobiçado por suas colegas, chegou ao suicídio, devido ao *bullying* de que era vítima na escola.

A Universidade do Paraná realizou pesquisa com 849 alunos de escolas públicas e particulares de Curitiba, Goiânia, Governador Valadares e Teresina, sobre o *bullying*. Os resultados dessa pesquisa mostraram que 66% desses alunos afirmaram ter sofrido ou cometido *bullying* nos últimos seis meses. Foi constatado também, nessa pesquisa, que a idade mais crítica para o *bullying* é de 14 anos. O autor da pesquisa sugere que essa maior incidência repouse no fato de se tratar de uma fase de transição entre o ensino fundamental e o médio, quando costuma ocorrer uma recomposição de classes e uma consequente nova hierarquia social que deverá ser estabelecida entre os alunos. Ocorreria, então, uma série de movimentos visando estabelecer a posição de cada um nessa nova hierarquia, até que se estabelecesse uma nova ordem de liderança em cada sala de aula e talvez na escola. Outro resultado dessa pesquisa revelou que 39% desses alunos se disseram agressores, enquanto 21% se disseram vítimas, 6% vítimas e agressores e 34% nem vítimas e nem agressores. Entretanto, segundo o mesmo pesquisador, esta última porcentagem pode não significar que não tivesse havido nenhum envolvimento desses alunos, mas que eles poderiam ter participado de incidentes de *bullying* com omissão ou passividade. Os principais motivos para as agressões, segundo o relato dos participantes, foram: tamanho do corpo, idade, religião, condição econômica, etnia, raça ou cor. Apesar de essa pesquisa ter sido realizada em diferentes estados, pode-se supor que os dados obtidos não sejam exatamente os mesmos, mas variem de acordo com a localização das escolas e com o passar do tempo. Entretanto, esses resultados são importantes para os Or.E. tomarem conhecimento do problema e de suas possíveis causas, e para orientarem a realização de outras pesquisas sobre o assunto.

2. Como se manifesta o *bullying*?

Há várias formas e níveis de gravidade para o *bullying*. Constituem formas de *bullying*: xingamentos, provocações, ameaças, socos, chutes, empurrões, até assassinatos, apelidos pejorativos, divulgação de boatos, verdadeiros ou falsos, e exclusão de alunos nas *gangs* ou simplesmente nas atividades normais do dia a dia das escolas, como trabalhos em grupos ou times de jogos.

Bill Watterson que, por meio do personagem Calvin, das histórias em quadrinhos criadas por ele, retrata a vida de uma típica família norte-americana, em algumas tiras apresenta o Calvin, garoto de uns 6 anos de idade, sendo ameaçado por um menino grandalhão, que ora lhe pede o dinheiro do lanche, ora exige que ele lhe ceda o lugar no balanço, no recreio. É interessante notar que o pequeno Calvin, mesmo em um país onde o *bullying* é sobejamente conhecido, não recorre aos seus pais ou à direção da escola, mas procura resolver sozinho o problema, ora apanhando, ora cedendo, filosoficamente, ao mais forte.

O *bullying* não se restringe a colegas. Há notícias de que funcionários, professores e até diretores de escolas estão sujeitos a ele. Tem sido comum a existência de adultos que temem exercer suas funções em determinadas escolas por medo de agressões.

O *bullying* vem ocorrendo em vários países. Foi notícia de jornal, por exemplo, que em Portugal um rapaz de 12 anos saltou de uma ponte sobre um rio por não aguentar mais *bullying* por parte dos colegas, dos quais vinha sendo vítima. Na mesma notícia, há a história de um professor português que também saltou de uma ponte sobre o Tejo por não aguentar mais os insultos e as ameaças por parte dos seus alunos. Nos dois casos narrados, o autor da notícia atribui os acontecimentos às "sucessivas reformas em Portugal, que, ao destruírem a autoridade dos professores, apenas prepararam o terreno para que as escolas públicas do país se transformassem em faroestes grotescos, onde as crianças não conhecem lei..." Como se vê, tanto as ocorrências como as causas e as consequências delas são semelhantes ao verificado em diferentes países, inclusive no Brasil.

Por incrível que possa parecer, costuma ocorrer nas escolas não só *bullying* por parte de alunos contra alunos, e destes contra professores e funcionários, como até de professores e de funcionários contra seus colegas.

Além do *bullying* real, uma nova forma dele é o virtual, ou *cyberbullying*, por meio de fotos e vídeos postados na internet ou em aparelhos celulares, em que colegas são ridicularizados ou denegridos. Com a expansão do uso do celular e da internet, o problema vem se agravando cada vez mais.

3. Como lidar com o *bullying*?

A primeira providência consiste no reconhecimento de sua existência e do conhecimento de suas manifestações. Nem sempre a vítima de *bullying* revela o que vem sofrendo, seja por vergonha, seja por medo de represálias ou até por não atentar para o fato de que se trata de *bullying*.

Alguns pais, por desconhecimento do problema, ou não atentando para a gravidade do *bullying* e de suas possíveis consequências, ignoram o que seus filhos vêm sofrendo, pensando se tratar de algo sem importância, que se resolve com o tempo, não tomando, portanto, providências.

Outros pais procuram a direção da escola, que nem sempre toma providências adequadas.

Outros pais, ainda, ao tomarem conhecimento do que ocorre com seus filhos, procuram mudá-los de escola. Às vezes, o problema se resolve com esta providência. Porém, se ele se repetir na nova escola, ou se há a impossibilidade de mudança de escola, medidas mais complexas serão necessárias.

O *bullying*, pela sua gravidade e pela dificuldade de erradicação, tem preocupado autoridades e os educadores em geral. A Secretaria da Educação do Estado de São Paulo, por exemplo, enviou às escolas um manual intitulado: "Fenômeno *Bullying*: como prevenir a violência nas escolas e a educação para a paz".

Um decreto da Prefeitura de São Paulo determinou que as escolas da rede municipal de ensino incluam em seus projetos pedagógicos ações de prevenção e de combate ao *bullying*, embora a maior parte dessas escolas já conte com iniciativas próprias nesse sentido.

Ainda que deixando a critério dessas escolas o *modus operandi*, por esse decreto todas as escolas do município ficam obrigadas a capacitar professores e técnicos, envolver famílias e orientar todos os alunos e dar atendimento especial às vítimas.

Escolas da rede pública de outros municípios da Grande de São Paulo têm realizado experiências bem-sucedidas contra o *bullying*. Em São Caetano do Sul e em Guarulhos, por exemplo, foram criados os "Círculos Restaurativos", nos quais vítima e agressor têm a oportunidade, frente a frente, de expor os motivos e as consequências do ato. Esses círculos contam com a parceria do Tribunal de Justiça, com o apoio da Secretaria de Educação e da Fundação para o Desenvolvimento da Educação.

Como se vê, nem constitui tarefa simples e nem restrita ao âmbito da escola, ou ao sistema escolar. Toda a sociedade deve estar envolvida para achar solução para o problema.

O programa de TV "Fantástico", após apresentar vários casos graves de *bullying*, noticiou que, em Campo Grande, uma escola, em parceria com a promotoria, criou um programa que, em lugar de expulsão ou reclusão de alunos infratores, procura recuperá-los no próprio âmbito da escola. Os pais são chamados, na presença do promotor, para assinar um termo de aceitação para a substituição da penalidade por tarefas que o infrator deverá realizar na escola em questão, como, por exemplo, lavar a quadra de esportes ou ajudar os funcionários da merenda escolar. Foram apresentados, no mesmo programa, resultados positivos, quer em relação à diminuição dos casos de violência na escola, quer em relação à regeneração dos alunos envolvidos, que apareceram no mesmo programa prestando seus depoimentos.

Deve-se atentar para o cuidado com a tomada de assinatura dos pais ou responsáveis, pois, à falta desta, a escola poderá vir a ser processada e a direção dela recriminada pelo "uso de trabalho de menor".

Dessa experiência, bem como da simples observação do papel da escola na sociedade, pode-se concluir que uma causa importante, não só do *bullying*, que além das causas mais gerais, há causas mais específicas, ligadas a preconceitos trazidos da sociedade em geral para a escola. Mas, talvez, muitos dos diferentes tipos de violência na escola estejam relacionados ao distanciamento e à alienação das propostas e propósitos desta em relação à vida real.

Há, em nossa sociedade, além do preconceito contra o trabalho, uma excessiva valorização do *status* e da aparência de posses de bens materiais. As pessoas tendem a ser valorizadas pelo que possuem ou ostentam, o que causa preconceitos e dão ensejo ao *bullying*.

A escola não aproxima o aluno do mundo do trabalho além de tratar de assuntos muito distantes da realidade da maior parte dos alunos, não se preocupando em estabelecer a relação com a vida do aluno fora da escola. Além disso, o aluno de "profissão" estudante não exerce, principalmente nos cursos diurnos, nenhuma atividade, remunerada ou não. Ele nada entende de trabalho, não o valorizando e desrespeitando as pessoas que trabalham.

Além disso, a maior parte das escolas não oferece atividades extraclasse e não abre suas portas para a comunidade. Como resultado, a escola passa a ser tida como "da diretora", "do governo", e não da comunidade e, portanto, dos alunos e de seus pais.

Quando a escola propicia a oportunidade de os alunos executarem tarefas que adquirem sentido prático, esses alunos surpreendem pelo entusiasmo, pelo que podem fazer, pelas manifestações de cidadania e até de solidariedade, substituindo as práticas de violência por tais atividades. Descobrem um novo mundo e passam até a valorizar o que a escola pretende ensinar-lhes.

Como exemplo dos benefícios de atividades propostas aos alunos, pode-se citar uma iniciativa sob a forma de "olimpíada" patrocinada pela Fio Cruz, em que alunos de diferentes escolas competiram com trabalhos sobre o meio ambiente. Engajados em projetos desse tipo, a escola passa a ter sentido para eles, deixando de constituir um campo de batalha para extravasar preconceitos.

Em muitos casos de violência, dentro e fora da escola, ocorre que pais muito ocupados, na tentativa de oferecer um excelente padrão de vida, ou simplesmente tentando sustentar os filhos, exigem muito pouco destes, sobrando tempo ocioso para atividade indevidas. Há, culturalmente, um preconceito na nossa sociedade contra o trabalho, principalmente o trabalho manual. Ora, alunos de baixa faixa etária não têm condições de exercer nada muito intelectual e os pais, acreditando estar poupando-os, ou acreditando que o fato de os filhos não fazerem nada, seja em casa, nas tarefas domésticas, seja fora de casa, possa determinar uma melhora na atuação deles nos estudos, ficam nessa expectativa. Na prática, isso não é o que se constata. Normalmente, quanto mais tempo o aluno dispõe, menos ele aproveita esse tempo, manifestando menor afinco nos estudos.

Alguns pais, ao invés de educarem seus filhos, chegam a participar do *bullying*, e, pensando estar protegendo-os, participam e até incentivam as agressões. Por esse motivo, e pelo fato de muitas vezes alguns pais terem filhos vítimas de *bullying*, torna-se extremamente necessário que o Or.E. trabalhe não só com os alunos como também com seus pais, como ficou claro com o exemplo de Campo Grande.

O *bullying* não se restringe a escolas públicas. Em escolas particulares em geral, é maior o grau de homogeneidade dos alunos, motivo pelo qual alguns dos preconceitos ligados a *status* social e a situação econômica não são tão comuns, embora possam ocorrer, por esses motivos, em relação a bolsistas e a filhos de funcionários que frequentam a escola onde os pais trabalham.

O *bullying* pode ocorrer também em escolas particulares, causado por características pessoais de alguns alunos, o que, devido às proporções do problema e ao menor número de casos, fica mais fácil resolver.

Nas escolas particulares, o *bullying* costuma ter início com brincadeiras aparentemente inocentes, mas que podem assumir proporções não suspeitadas pelos agressores. Por esse motivo, em uma escola particular de São Paulo, a OE usa como estratégia colocar frente a frente agressor e vítima e pedir à vítima que descreva como se sente.

Como é estreita a relação entre *bullying* e preconceito, é importante tomar conhecimento dos resultados de uma pesquisa encomendada pelo MEC. Ele confiou à Faculdade de Economia, Administração e Contabilidade da Universidade de São Paulo uma pesquisa sobre preconceitos por parte de alunos e de adultos relacionados a esses alunos. A pesquisa envolveu 501 escolas, 18.599 alunos, professores, diretores e pais de todos os estados do País. Foi constatado nessa pesquisa que o nível de preconceito é bastante alto, tanto por parte dos alunos como por parte dos educadores. A Tabela 1 mostra as porcentagens obtidas na referida pesquisa.

Tabela 1

Percentual de entrevistados com algum nível de preconceito	
Geral	99,3
Contra portadores de necessidades especiais	96,5
Étnico-raciais	94.2
Gênero	93.5
Geracional (contra mais idosos, por exemplo)	91.0
Socioeconômica	87.5
Orientação sexual	87.3
Territorial	75.9

Tabela 2

Grau de conhecimento de discriminação sofrida por alunos (em porcentagem)	
Ser negro	19.0
Ser pobre	18.2
Ser homossexual	17.4
Ser mulher	10.9
Morar na periferia ou favela	10.4
Ser idoso	9.0

Fonte: Jornal *O Estado de S. Paulo*, 18/6/2009, Caderno A19.

Ao terminar esta nova edição deste livro, o *bullying* começou a se tornar cada vez mais visível na mídia, seja porque tem aumentado muito em números e na gravidade dos casos, seja meramente porque a população e as autoridades estão tomando conhecimento de um problema que há muito existia, mas que não tinha nome especial e era ignorado.

Qualquer que seja o caso, o *bullying* está sendo objeto de pesquisas no país. Em recente exemplar do jornal *O Estado de S. Paulo*, há uma chamada de primeira página para uma pesquisa sobre o assunto. Na terceira página da mesma edição, o tema do dia, que foi o *bullying*, recebeu 2.995 comentários de leitores. Os comentários selecionados para publicação foram:

"Tive uma amiga que se suicidou. Ela era atormentada por ser 'gordinha e tímida'. Eu também fui porque era muito magra"; "Meu filho enfrentou isso por usar óculos e ser 'mansinho demais'. Que a pedagogia e a psicologia comecem a reagir agora"; "Na escola, fui atormentado até dar um soco nele. Todo *bully* não passa de um covarde. Se você aperta, ele sai correndo".

Esses comentários são interessantes porque mostram o dia a dia do que acontece com as vítimas. Na mesma edição, uma mãe relata o caso de sua filha que exerceu o *bullying*, participando de um grupo liderado pela aluna mais popular da classe. A mãe conversou com ela e levou o caso à professora. É interessante a constatação de que não apenas a vítima do *bullying* precisa de apoio psicológico, mas também quem o pratica precisa desse apoio, pois as razões para ele podem estar ligadas a problemas de ordem psicológica que estariam por trás de tal prática.

Como a pesquisa citada nessa edição chegou à conclusão de que, no Brasil, a maior parte do *bullying* ocorre nas salas de aula e não no recreio, como em outros países, isso mostra que os professores não estão preparados para detectar o problema, provavelmente não percebendo o que esteja ocorrendo ou considerando-o como mera brincadeira inconsequente.

Na internet, a difusão de conteúdos agressivos contra pessoas é, pelas características da rede e pelo uso crescente dela, muito ampla e rápida. Embora seja possível deletar parcialmente esses conteúdos, nem sempre o processo é fácil e rápido o suficiente para prevenir estragos à imagem e até à honra das vítimas. Muitas vezes, estas ou seus responsáveis precisam recorrer a meios legais.

Embora no Brasil a legislação sobre o *bullying* levado a efeito pela internet ainda deixe muito a desejar, pais de menores infratores podem ser responsabilizados criminalmente e os alunos também respondem pela agressão, considerada ato infracional pelo Estatuto da Criança e do Adolescente. Os pais e os alunos precisam ser alertados para esse fato. O que poderia parecer uma brincadeira inocente pode se transformar em um grande problema para ambos. Caso a agressão tenha origem em computador da escola, esta também pode ser responsabilizada.

Em Belo Horizonte, um caso de *bullying* foi levado à Justiça. Um estudante da 7ª série de um colégio particular da cidade foi condenado a pagar uma indenização a uma colega pela prática de *bullying*. Esse aluno colocava apelidos pejorativos nela, além de fazer insinuações. Advogados das duas partes discutem o caso, o da vítima alegando danos morais dentro e fora da escola, e o do colega afirmando se tratar de uma brincadeira, e que caberia à escola cuidar desses casos, uma vez que os pais entregam seus filhos aos cuidados dessa instituição.

Como se vê, casos de *bullying* estão chegando à Justiça e os pais dos menores podem ser responsabilizados pelos seus atos. Coloca-se, nesses casos, a questão da responsabilidade da escola. Consta que a escola, segundo o pai da vítima de Belo Horizonte, diante das queixas da aluna, não teria tomado as necessárias providências. A escola, por sua vez, respondeu que "todas as medidas consideradas 'pedagogicamente' essenciais foram promovidas". Não se ficou sabendo que medidas foram tomadas, mas aparentemente não foram suficientes, pois o caso foi levado a julgamento fora do âmbito escolar. Cabe a dúvida: ou a escola não tomou tais medidas ou elas foram inócuas. De qualquer forma, a alegação do advogado do agressor, pelo menos em relação ao papel que a escola deveria ter tido no caso, foi correta. A escola deve tomar conhecimento do que lá ocorre de errado e também se cientificar de que esteja tomando medidas pedagogicamente eficazes.

4. O Orientador Educacional e o *bullying*

Diante da gravidade do problema e da sua expansão, bem como da responsabilidade da escola sobre o que ocorre aos alunos a ela confiados, o Or.E., em conjunto com todos os demais educadores que nela atuam, deve tomar conhecimento do problema.

Cabe ao Or.E.:

- Procurar conhecer o que é o *bullying*, como se manifesta na prática, quais são seus indícios, as possíveis causas e consequências dele.

- Procurar documentos legais sobre o assunto, e notícias de como ele vem sendo tratado em diferentes escolas.
- Estar atento para a possível existência ou a ocorrência de *bullying* na sua escola.
- Ao suspeitar de que haja *bullying* em uma determinada classe, aplicar a técnica sociométrica, descrita em outro capítulo deste livro, para verificar casos de exclusão de aluno(s) pela classe ou por grupos de alunos daquela classe. Detectado um problema, estudá-lo mais a fundo para saber suas causas e trabalhar os alunos envolvidos, para chegar a uma solução.
- Discutir, com os alunos e com seus responsáveis, preconceitos, como forma de prevenir o *bullying*.
- Convocar e realizar rotineiramente reuniões com professores e funcionários da escola.
- Realizar reuniões preventivas com alunos e, se for o caso, também reuniões remediativas.
- Dar palestras de esclarecimento para todos os pais, informando, inclusive, sobre as implicações legais do exercício do *bullying*.
- Atender as denúncias de vítimas de *bullying* e a seus pais ou responsáveis.
- Ouvir professores e funcionários sobre a existência de casos de *bullying* na escola.
- Procurar soluções para casos de *bullying*.
- Sugerir à direção da escola, ao CP e aos docentes que incluam atividades extraclasse, como forma de canalizar a energia e usar o tempo ocioso dos alunos para atividades educativas.
- Mostrar aos pais que não é nem necessário e nem salutar que seus filhos sejam poupados de todas as formas de trabalho, inclusive na ajuda de tarefas domésticas.

Capítulo 37

O Orientador Educacional
e alunos vítimas de pedofilia

Diariamente, a mídia vem noticiando casos de pedofilia. Salvo raríssimas exceções, a pedofilia não ocorre nas dependências das escolas. Por que, então, tratar do assunto em um livro dedicado à OE, que tem seu âmbito de atuação dentro de estabelecimentos escolares? Mais uma vez, vale lembrar que a OE existe para cuidar do aluno em sua totalidade. O aluno não constitui objeto das preocupações da OE apenas quando se encontra dentro do estabelecimento de ensino. As mazelas, os traumas e os problemas que vivencia fora da escola interferem na vida dele na escola. A pedofilia afeta toda a vida da vítima, dentro e fora da escola, daí a importância de se tratar do assunto neste livro.

1. O que é pedofilia?

A pedofilia constitui uma forma específica de agressão contra menores de idade.

    A pedofilia existe há muito tempo, mas pouca gente conhecia o termo, hoje já quase do total domínio público. A palavra tem origem no grego, sendo que *pedo* significa criança e *filia*, gosto de. O simples gostar de crianças é bastante louvável, mas tecnicamente a palavra pedofilia é empregada com conotação de abuso sexual de crianças e, por extensão, de menores de idade, em geral, isto é, crianças ou adolescentes.

    Quando um termo técnico, que designa um mal social, passa a fazer parte do vocabulário da população, tal mal aparenta ser recente ou suas proporções supostamente estão sendo assustadoramente aumentadas. Embora não haja estatísticas, pode-se supor que a incidência da pedofilia não aumentou, em valores relativos ao crescimento da população. Pode-se supor também, com bom grau de probabilidade, que os casos hoje existentes estão se tornando mais conhecidos e que, como consequência dessa maior divulgação, outros casos que permaneciam encobertos comecem a aparecer. Após assistir a um programa de televisão sobre pedofilia, uma garota de 11 anos criou coragem para denunciar o padrasto que, segundo ela, abusava dela desde os 8 anos de idade!

Sabe-se que a divulgação do termo e do problema trouxe à luz um grande número de casos que, de outra forma, permaneceriam escondidos.

Qualquer que seja o caso, o número reportado de vítimas de pedofilia é muito grande e vem aumentando. Em 2009, 947 municípios brasileiros registraram abuso infantil. Em cinco anos, as denúncias de abusos aumentaram 725% no Disque-Denúncia, o Disque 100. Criado em 2003, esse serviço gratuito recebeu naquele ano 4.497 denúncias; em 2008, foram 32.588, e nos três primeiros meses de 2009 o número de denúncias já chegava a 10.683.

Em São Paulo, o Hospital Perola Byington, criado para o atendimento de mulheres vítimas de violência sexual e que de início atendia adultos e adolescentes, em 2010 estava atendendo 50% de vítimas menores de 14 anos de idade, e destas, a maior parte era menor de 11 anos. As vítimas atuais incluem também meninos, embora em menor proporção.

O tipo de crime leva a crer, e as aparências indicam, que a pedofilia é causada pela busca de satisfação sexual por parte do agressor. Na realidade, entretanto, este não é o caso. Ela constitui uma doença e tem motivações outras que a satisfação sexual.

2. Quem são os culpados de abuso de crianças?

Dada a gravidade do delito e as severas consequências dele para as vítimas e às vezes para toda a família, a primeira impressão que se pode ter é que se trata de criminosos desqualificados, pessoas sem família ou filhos, estranhos às vítimas, verdadeiros monstros que poderiam ser detectados pela simples aparência. Embora haja criminosos com essa descrição, esse nem sempre é o caso e, de acordo com as estatísticas, esses são mais raros.

Sabe-se que muitos pedófilos são casados e têm filhos. Segundo noticiado em um programa de televisão, 98% deles são casados e o sexo não seria o principal móvel para a pedofilia, mas a manifestação de poder.

Adolescentes e principalmente adultos de todas as idades, de ambos os sexos, de todas as classes sociais, de todas as profissões, de todos os graus de instrução, com maior ou menor grau de conhecimento e de parentesco com as vítimas, podem estar abusando sexualmente delas.

Causa espanto quando se atenta para a descrição de muitos pedófilos, principalmente quando se trata de profissionais que deveriam estar zelando pelas suas vítimas, como é o caso de pediatras, de professores, de técnicos de esportes e até de sacerdotes.

Ultimamente, têm causado surpresa geral as denúncias de sacerdotes pedófilos. Muitos passaram a atribuir a causa ao celibato imposto a eles pela igreja. O escândalo provocado pelos casos delatados assume grande comoção social, exatamente por se tratar de pessoas que teriam abraçado vocação destinada a ser o esteio moral da sociedade. Embora em proporções, a incidência da pedofilia nesse grupo não seja tão grande como possa parecer, pela repercussão, isso demonstra que não há grupo ou profissão imune à pedofilia e que os pais de menores devem ficar muito atentos ao que possa ocorrer com seus filhos.

O jornalista Carlos Alberto Di Franco cita, em artigo no jornal *O Estado de S. Paulo* de 3/5/2010, um artigo do sociólogo italiano Massimo Introvigne, segundo o qual, em um período de várias décadas, 100 sacerdotes foram denunciados e condenados na Itália, enquanto o número de professores de Educação Física no mesmo período também condenado pelo mesmo delito foi de 6 mil. Embora o número de sacerdotes pedófilos tenha sido menor, espera-se melhor conduta moral destes que de quaisquer outros grupos, mas, em todos os casos, o número é assustadoramente grande. No mesmo artigo, o autor cita que, desde 1995, havia na Alemanha 210 mil denúncias de abuso, das quais 300 ligadas ao clero, portanto menos de 0,2% do total.

O que também choca a quem estuda as estatísticas da pedofilia é que ela ocorre onde menos se espera, isto é, na própria casa da criança e, às vezes, incluindo entre as vítimas mais de uma criança da casa.

A tabela seguinte mostra a classificação, pelo número de casos, das principais categorias de pedófilos, conforme dados coletados nas unidades da Rede Criança nas zonas leste e sul de São Paulo, até maio de 2009.

Tabela 1

Classificação de grupos de pedófilos segundo o número de casos delatados
1. pai
2. padrasto
3. mãe
4. avô
5. avó
6. tio
7. desconhecido

Embora essa classificação não seja a mesma em todas as populações estudadas, pais e padrastos geralmente encabeçam as listas de casos. Causa espécie, nessa lista, não só o grau de parentesco dos que cometem abusos com as crianças como também a ordem de incidência desses casos e a presença de avós nas estatísticas.

Além dessas pessoas listadas, causa muita estranheza e apreensão uma nova estatística. Segundo noticiou o *Jornal da Tarde*, em 2009, ocorreram na capital de São Paulo 27 estupros em escolas, creches e escolas de ensino fundamental. Difícil de se acreditar! Na maioria deles, segundo o Infocrim (base de dados da polícia), os agressores foram funcionários, colegas e até professores. A faixa etária das vítimas foi de 2 a 17 anos. O crime, em geral, ocorreu no banheiro e nas salas de aula. Embora a escola devesse ser um local totalmente insuspeito para a ocorrência da pedofilia, é possível que ela venha ocorrendo há muito tempo nesse local.

Quem acompanha o noticiário tem a impressão de que, de repente, a sociedade foi acometida por uma epidemia de pedofilia e que, portanto, tudo está piorando. Na realidade, a sociedade está mais alerta para casos que sempre ocorreram em seu seio, mas que hoje estão se tornando visíveis. Segundo o delegado do 100ª DP, "Depois que a imprensa passou a dar mais destaque para casos de pedofilia, os parentes das vítimas passaram a procurar a polícia para fazer denúncia".

Segundo a mesma notícia, a Secretaria de Estado da Educação de São Paulo disse em nota que no caso de envolvimento de funcionários, é aberto um processo administrativo interno e que o profissional pode ser exonerado. Diante da gravidade do caso, essa ação não estaria sendo tímida?

A Secretaria Municipal de São Paulo informou desconhecer o estudo do Infocrim e por isso não iria se manifestar. O fato de tais dados terem sido coletados em São Paulo não significa que o ocorrido se concentre ou se restrinja a essa capital, mas é muito provável que a falta de dados para outras cidades seja indício de que o problema nelas é até relativamente maior.

Ao contrário do que se poderia supor, portanto, o número de desconhecidos que abusam de crianças é relativamente pequeno. Além desses, há casos de vizinhos, amigos da família, pais de amigos da vítima e até de casais que aproveitam da proximidade e da confiança da criança e dos pais para a prática da pedofilia.

Também ao contrário do que muitos acreditam, o pedófilo pode ser homo ou heterossexual, pode ser solteiro ou casado, inclusive tendo filhos menores.

3. Razões para a prática da pedofilia

A pedofilia é crime e o pedófilo, com maior ou menor grau de consciência, sabe disso, tanto é que não a pratica abertamente, procura encobrir seu comportamento, inclusive com ameaças à(s) vítima(s). Quando denunciado e confrontado, ele nega.

É muito provável que haja razões de ordem física para atração ou preferência pelo sexo com crianças, mas há também, com certeza, razões de ordem psicológica, social e cultural para a pedofilia. É comum constatar-se que adultos que abusam de crianças também foram abusados na infância ou adolescência, se bem que esta não é a regra nem entre os que abusam e nem entre os que foram abusados. Mas a existência de casos mostra que esse é um tipo de crime que tende a se propagar, se não for combatido adequadamente.

Há pedófilos que não têm condição de conseguir parceiros adultos, seja por seu aspecto físico, seja pela idade avançada, seja por timidez, seja pela condição econômica, motivos pelos quais procurariam ou achariam mais fácil satisfazer seus desejos com pessoas indefesas, mas nem todos os pedófilos se enquadrariam em qualquer desses casos.

Há, também, os que praticam tais delitos pela conveniência da oportunidade. Muitas vezes, as mães saem para trabalhar e deixam seus filhos em casa, sozinhos ou aos cuidados de pais ou padrastos desocupados, de avós, de tios ou de vizinhos, de trabalhadores contratados, que se aproveitam da facilidade da ocasião e da confiança das mães. Nesses casos, a criança nem sempre, ou raramente, consegue comunicar à mãe os abusos, seja porque é ameaçada, seja porque o crime é praticado por pessoa muito ligada a ela, seja porque a mãe não acreditaria, pensando tratar-se de mentira ou fantasia infantil, seja porque a criança não sabe verbalizar o que ocorre ou sente vergonha de fazê-lo, ou seja, ainda, porque a mãe não quer ou não lhe convém tomar providências.

Do ponto de vista social e cultural, há pais que se acham no direito de abusar de suas filhas simplesmente pelo fato de serem os seus pais, e há, também, aqueles que acham que a melhor maneira de elas perderem a virgindade é com eles.

A maior divulgação sobre a pedofilia tem contribuído para que as vítimas percebam sua condição de vítimas e para que denunciem, mas isso nem sempre é fácil ou possível. O Or.E., bem como os profissionais da área da saúde e até os professores devem ficar atentos para indícios de que alguma criança esteja sofrendo abusos.

4. Consequências do abuso sexual para as vítimas

A pedofilia é um crime perverso, de consequências graves e duradouras para suas vítimas. É grave porque as vítimas são pessoas indefesas, e é acompanhado de ameaças não só à própria criança como também a outras pessoas ligadas emocionalmente a elas. É um crime perverso porque, na maior parte das vezes, a criança é ligada por laços de parentesco com o algoz.

Além de possíveis danos físicos, chegando muitas vezes à gravidez de crianças, há que se considerar traumas psicológicos que a vítima carrega não somente por ocasião desses abusos como por toda a vida. Ao ficar mais velha, a criança começa a compreender a gravidade daquilo de que foi vítima e sofre ainda mais. Além da probabilidade de ela também vir a se tornar um pedófilo, ela pode vir a ter problemas afetivos e de relacionamento com o sexo oposto, quando adulta.

Como grande parte dos pedófilos, como mostram as estatísticas, não é constituída por estranhos, mas por pessoas do convívio da criança, pessoas essas que por este motivo têm as maiores responsabilidades de protegê-las e de amá-las, quebra-se a confiança e aquele elo de amor próprio da relação, isto é, de pai, mãe, padrasto, avós, tios para com a criança, elo esse que não deve ter conotações de ordem sexual.

Quando um caso de pedofilia se torna público, tanto a criança como a família dela costumam sofrer discriminação, sendo possível, também, que indivíduos mal-intencionados tentem se aproveitar da situação.

5. Se o problema é tão grave, por que os pedófilos normalmente não são punidos?

A principal razão é a de que nem sempre eles são denunciados e, quando denunciados, nem sempre são devidamente punidos. A detecção pode ocorrer por denúncia anônima, pela descoberta em casos de pornografia na internet, por denúncia por parte da vítima ou de familiares ou por indícios que levem à suspeita.

A legislação exige que, no caso de menores, os pais é que devem denunciar. Ora, quando se consulta a tabela citada, percebe-se uma das razões, senão a principal, pelas quais a denúncia deixa de ser feita. Se o pai ou responsável pela criança é o próprio pedófilo, como esperar que ele se denuncie?

Muitas vezes, as crianças e até suas mães optam por não denunciar, pois, de acordo com o ditado popular, "a corda arrebenta para o lado do mais fraco". Os jornais publicaram casos de quadrilhas compostas por políticos e outras pessoas influentes, em cidade do interior paulista, que praticavam pedofilia. Os acusados alegaram tratar-se de perseguição política por parte dos opositores.

O índice de punição nos casos de pedofilia é muito baixo. Embora haja pedófilos que pratiquem esse crime, em série, em muitos casos, trata-se de réu primário. As provas contra esse tipo de crime são difíceis de serem obtidas, e as próprias vítimas, percebendo que elas só têm a perder com a denúncia, desistem de fazê-la, e até muitas vezes se arrependem de tê-las feito e voltam atrás, retirando a queixa. Como o agressor não é encarcerado, ou fica pouco tempo na prisão, ele volta a atormentar a vítima, não só por vingança, mas como demonstração de poder.

O medo da denúncia não ocorre apenas por parte das crianças e de suas mães, mas também por parte de professores. Apesar de o Estatuto da Criança e do Adolescente estipular a exigência de denúncia obrigatória por parte deles, quando suspeitem que algum aluno esteja sendo vítima de abuso sexual, eles não se sentem seguros, não acreditando que tenham a retaguarda das autoridades, caso efetivassem a denúncia.

De fato, trata-se de situação delicada. Como são os responsáveis pelas crianças, segundo as estatísticas os mais prováveis pedófilos, a escola ou os professores denunciando suspeitas, estas seriam peremptoriamente negadas e a escola e/ou os professores estariam sujeitos a processos. A criança poderia também ser punida pelo pedófilo por ter contado ou deixado transparecer que estava sendo abusada.

Não havendo denúncia formal ou flagrante, e a vítima amedrontada ou tida como mentirosa, não conseguindo formalizar a denúncia, como punir o agressor?

Mesmo nos casos em que foi descoberta e comprovada a pedofilia, dificilmente o pedófilo acaba devidamente punido.

Apesar de, nos últimos anos, a pedofilia ter sido objeto de reportagens na mídia falada e escrita e até de CPI, as notícias sobre punições para os pedófilos, quando ocorrem, são fracas. Em uma cidade de Minas Gerais, por exemplo, 17 acusados foram presos e soltos no dia seguinte, com base em lei que proíbe detenção sem flagrante, em época de eleições.

O Código Penal de 1940 não trata especificamente da pedofilia. Os acusados são enquadrados em "atentado violento ao pudor" e em "estupro com presunção de violência". A pena de 6 a 10 anos, geralmente, é mal aplicada porque, muitas vezes, trata-se de réus primários, ou, muito provavelmente, não porque seja a primeira vez que os denunciados tenham praticado tal crime, mas por ter sido a primeira vez em que eles foram formalmente denunciados.

A internet que, por um lado, propiciou uma maior propagação da pornografia infantil, por outro lado, também favoreceu a abertura da CPI da pedofilia, além de possibilitar a descoberta de vários casos de abuso sexual de menores que, sem o auxílio da própria internet, talvez não tivessem sido descobertos.

A lei de combate à pedofilia estabeleceu mudanças no Estatuto da Criança e do Adolescente.

Sancionada em novembro de 2009, a Lei nº 11.829 torna crime a posse de material pornográfico infantil, aumenta a pena para quem o produz e permite a prisão em flagrante dos usuários. As penas vão de três a seis anos de reclusão para quem produz e de um a quatro para quem mantém esse tipo de material no computador ou em qualquer meio digital.

6. A atuação do Orientador Educacional em relação à pedofilia

Por se tratar de assunto importante, que afeta sobremaneira a vida de alunos que estejam eventualmente sendo vítimas de pedofilia, o Or.E. deve, em primeiro lugar, manter-se informado sobre o assunto. Em segundo lugar, deve, tendo conhecimento dos indícios da provável ocorrência de pedofilia, estar atento para a existência de tais indícios em alunos da escola. Deve também orientar os professores e funcionários para que o ajudem nessa tarefa, alertando-os, entretanto, sobre a gravidade e a delicadeza do assunto para que atuem com a devida cautela. Se e quando sejam confirmados casos de alunos vítimas de abuso sexual, deve procurar os canais competentes para tratar do assunto.

O Or.E. não é especialista em pedofilia e nem é o único responsável em casos em que haja suspeita que ela esteja sendo detectada em algum aluno. Sua atuação deve, como sempre, priorizar a prevenção. Nesse sentido, ele pode atuar ouvindo os alunos em relação a seus problemas em geral, conquistando a confiança deles, para que se abram para assunto tão delicado.

Ele deve orientar os professores e funcionários da escola, realizando palestras, para que fiquem atentos para possíveis manifestações ou indícios de que tal esteja ocorrendo com determinado(s) aluno(s), alertando sempre esses profissionais para que ajam com o devido cuidado, envolvendo cautela, sigilo e muita discrição e que não tentem tratar diretamente do assunto, mas o levem à OE que tem acesso aos canais competentes.

Na tentativa de dar uma solução para o problema da pedofilia, têm partido do poder legislativo iniciativas diversas, que vão desde leis específicas até CPI. A falta de conhecimento sobre a obrigatoriedade legal e a necessidade e importância da existência da OE nas escolas contribui para que tais iniciativas não atinjam as finalidades presumidas por seus autores. Por exemplo, foi sancionada, em 2007, uma lei municipal proposta por vereador de São Paulo, tornando a prevenção e a identificação de abuso parte da formação dos professores. Iniciativa sem dúvida louvável, mas quem quer que conheça a realidade das escolas públicas sabe que essa solução não só não é suficiente como também não seja a mais adequada. Embora o professor possa vir a estar bem informado sobre o assunto, seja consciente e devotado aos alunos e que eventualmente venha ajudando muitos deles a cuidar desse tipo de problema, seria mais uma atribuição para a qual não só, por melhor que fosse sua formação acadêmica, não estaria suficientemente preparado, como viria de encontro com sua atribuição e preocupação principal que é a de instruir os alunos.

É do domínio público que os professores, para sobreviverem com os baixos salários que recebem, dão um número grande de aulas, lidam com classes muito numerosas, trabalhando muitas vezes em mais de uma escola e em diferentes turnos, portanto dificilmente tendo a possibilidade de terem um maior conhecimento de todos os seus alunos e dos problemas de cada um deles.

É claro que o contato quase que diuturno do professor com seus alunos enseja a possibilidade da detecção de problemas, mas não caberia somente ou preferencialmente a esse profissional a responsabilidade por essa incumbência. O professor deve atuar, no que se refere a possíveis problemas enfrentados pelos alunos como coadjuvante do Or.E. O ideal seria, portanto, que cada escola contasse com pelo menos um Or.E. por turno, profissional esse melhor preparado e com atribuições especificamente voltadas para o bem-estar geral dos alunos.

7. Com quais tipos de apoio o Orientador Educacional pode contar para exercer suas atribuições no que se refere à pedofilia?

Até há pouco tempo atrás, quando o assunto não era tão divulgado como hoje, o Or.E. contava com pouquíssimo apoio para lidar com ele. Muito provavelmente, em sua formação acadêmica, não recebia ensinamentos específicos sobre pedofilia, embora a preocupação com o bem-estar total dos alunos constituísse o fulcro dessa formação.

Hoje, não se sabe se as faculdades que formam Or.E. estejam tratando desse tema, mas sabe-se que já há, embora ainda que de forma incipiente e insuficiente, uma mobilização social para o combate à pedofilia, mobilização esta envolvendo tanto iniciativas particulares como oficiais, e que as autoridades conferem à escola um papel importante no combate à pedofilia. Tais iniciativas, envolvendo as escolas, não significam que se suponha que a pedofilia ocorra nos estabelecimentos escolares, mas que a escola deve ser um coadjuvante importantíssimo no combate a esse tipo de crime, embora em sua esmagadora maioria este ocorra fora do ambiente escolar.

Seguindo essa orientação, a Secretaria Municipal de Assistência Social da Prefeitura de São Paulo, por exemplo, editou um manual de prevenção e identificação de abuso infantil para ser distribuído nas escolas da rede municipal. Outra publicação semelhante foi editada pela Secretaria da Educação do Estado de São Paulo, para distribuição nas escolas estaduais. A nível nacional está em curso a CPI da pedofilia.

Além dessas iniciativas, há várias outras que o Or.E. deve conhecer e com as quais deve entrar em contato. Em São Paulo, por exemplo, foi criada a Rede Criança, onde trabalham assistentes sociais, pedagogos e psicólogos.

O Instituto Childhood Brasil, em parceria com a Secretaria Municipal de Educação de São Paulo, capacitou 750 educadores para identificar e denunciar casos de abuso infantil. Foram ministrados quatro meses de aulas, e os encontros se transformaram em 49 projetos. O material de apoio encontra-se no *site* www.w.c.f.org.br.

Em São Carlos, interior de São Paulo, Lúcia Williams criou um curso de capacitação para "sensibilizar o olhar do professor" para possíveis casos de abusos. O modelo criado para a Universidade Federal de São Carlos está se expandindo para outros centros.

Na Heliópolis, a maior favela de São Paulo, foi implantado o Programa de Saúde do Adolescente. Percebendo que muitos adolescentes apresentavam sinais de terem sofrido agressão, mas que não se dispunham a apresentar o problema de forma espontânea, a psicóloga Ione Julien criou o projeto denominado "Sala de Espera", que consiste em dinâmica de grupo com os adolescentes enquanto estes aguardam consultas com profissionais da saúde. Os temas para discussão têm origem em problemas apresentados por escrito, e caso seja identificado qualquer indício de violência, o adolescente é encaminhado para ajuda especializada.

O Or.E. pode, também, realizar dinâmicas de grupos e instituir a caixa de sugestões para temas a serem debatidos com os alunos adolescentes.

Profissionais da área de saúde devem estar atentos para sinais físicos e psicológicos não só de violência como de abuso sexual.

Os professores do ensino infantil e das primeiras séries do fundamental que lidam, no dia a dia, com os seus alunos, têm condições, quer por habilidades próprias, quer se treinados, de detectar a existência de agressões e/ou de abuso sexual em seus alunos. Muitas vezes, basta observar as brincadeiras espontâneas das crianças e a maneira como brincam com suas bonecas para detectar a possível existência de problemas. Professores de Educação Física podem observar o comportamento de alunos que apresentam comportamentos estranhos em suas aulas. Professores de Português têm a oportunidade de detectar problemas nas redações e em outros trabalhos livres que passam a seus alunos. Professores de Artes também têm essa oportunidade nos trabalhos livres. Muitas vezes a criança, embora não se manifeste diretamente, projeta em seus desenhos livres ou desenhos da família, nas representações cênicas, nas brincadeiras com bonecas, o que está ocorrendo com ela.

O assunto deve ser sempre tratado com muita cautela. O Or.E. deve lembrar que a criança tem imaginação muito desenvolvida, tornando-se difícil, muitas vezes, separar fatos de produtos dessa imaginação.

Quando se foca muito em determinado assunto, todos começam a ver fantasmas onde não existem. A criança logo percebe quando um determinado assunto desperta a atenção dos adultos e ela procura manter essa atenção elaborando sobre o tema. Foi o que ocorreu em um caso que ficou conhecido como o da "Escola de Base". Tratava-se de uma escola de educação infantil com esse nome. Surgiu um boato de que os alunos estavam sendo abusados por parte dos educadores e funcionários. O caso causou indignação não só dos pais desses alunos como da sociedade em geral. Notícias sobre ele povoaram a mídia, a escola foi depredada, os apontados como responsáveis foram a julgamento, execrados não só pelos pais dos alunos como por toda a opinião pública, a escola foi fechada, até que se verificou que tais abusos não existiram..., isso após danos materiais e morais terem ocorrido, sem possibilidade de reparação. Esse caso, em particular, ilustra a cautela com que se deve tratar da pedofilia. Porém, o excesso de cautela não deve impedir que o Or.E. se mantenha atento ao problema, mas que procure investigar e ter certeza antes de tomar providências.

Capítulo 38

O Orientador Educacional, problemas que a criança enfrenta fora da escola e a síndrome da vítima culpada

Embora o campo de atuação do Or.E. seja, do ponto de vista geográfico, aquele delimitado pelo espaço da escola, muito do que ocorre fora desses limites afeta a vida dos alunos, bem como seu aproveitamento escolar, motivos pelos quais isto também deve constituir preocupação da OE, independentemente de delimitações geográficas.

Uma criança infeliz e angustiada e que enfrenta problemas gravíssimos fora da escola dificilmente poderá apresentar bom rendimento escolar e comportamentos adequados na escola.

Nessa categoria, enquadram-se crianças abusadas sexualmente, crianças que sofrem, fora do ambiente escolar, tanto agressões físicas como também psicológicas, além de outras que vivenciam brigas e separações dos pais, ou que sofrem com mortes em família ou, ainda, que vivem em lares desestruturados.

Nos capítulos anteriores, foram tratados alguns desses problemas mais específicos enfrentados por alunos, outros estão sendo tratados neste capítulo.

1. Problemas graves que afetam a vida e o rendimento escolar de alunos

Mais do que nunca, hoje a escola não pode mais se dar ao luxo de ignorar doenças sociais que assolam a sociedade, afetando a vida pessoal de seus alunos, que interferem no rendimento escolar e são, muitas vezes, causas de comportamentos inadequados.

Talvez o número de casos de abusos de natureza sexual a crianças e a adolescentes, maus-tratos e espancamentos, a separação dos pais, crianças sem pais ou criadas apenas por um deles, ou por outros adultos, tenha realmente aumentado muito nos últimos anos ou, muito provavelmente, esse aumento seja parcialmente apenas aparente, pois a sociedade passou a tomar maior conhecimento deles por meio da mídia. Qualquer que venha a ser o caso, o fato é que a grande incidência e a gravidade dessas agressões a menores não deve passar ao largo das preocupações e da atuação das escolas. Na escola, o profissional mais indicado para tratar de tais assuntos é, sem dúvida, quer pela sua formação, quer pelas suas atribuições legais, o Or.E. É também esse profissional que tem maior possibilidade de recorrer, se necessário, à ajuda de psicólogos, assistentes sociais, agentes de saúde, pediatras e, em casos extremos, indicar à administração a necessidade de acionar a polícia, quando o trato de tais problemas foge à alçada da escola e a desses profissionais.

A sociedade, estarrecida, toma conhecimento da ocorrência de tais abusos apenas quando estes eclodem com virulência, chegando por esse motivo aos noticiários, ensejando, dessa forma, a comoção geral. Nessas ocasiões e circunstâncias, não há mais nada a ser feito a não se lastimar e perguntar como tal ocorreu e como chegou a tal ponto, sem que se pudesse perceber o que estava ocorrendo, às vezes até há muito tempo, e sem que se tivesse feito algo para prevenir tais acontecimentos ou para fazer com que cessassem a tempo.

Pais ingênuos, ignorantes, carentes e, às vezes, até coniventes com o agressor, quando não são eles os próprios agressores, nada fazem ou podem fazer para impedir a ocorrência e até a continuidade de tais crimes. Existem leis, como o código da criança e do adolescente, para coibi-los e para punir os culpados, mas raramente estes são punidos, pois não costumam ser denunciados nem pelos responsáveis pelos menores e nem pelas próprias vítimas das agressões.

Por que os agressores não costumam ser denunciados? São várias as razões para isso. A primeira resposta que ocorre a essa pergunta, e a razão, sem dúvida, é relevante, é o medo. Os agressores adultos aproveitam-se da fragilidade, da inexperiência, da inocência, da ignorância, da incapacidade e, às vezes, da carência dos menores e de seus responsáveis para dar vazão a seus instintos, contando com a provável impunidade. Trata-se de pessoas frustradas, sádicas, covardes, muitas delas também vítimas de agressões semelhantes na própria infância. Usam a diferença de forças físicas, psicológicas e, às vezes, social e econômica para aliciar e manter caladas suas vítimas. Implícita ou explicitamente, ameaçam a elas e/ou aos que lhe são caros, caso venham a serem delatados. Por medo de represálias, as crianças se calam, carregando por anos a fio, muitas vezes desde a mais tenra idade e pela vida toda, o peso físico e psicológico das torturas a que foram submetidas. Muitas delas, como consequência, quando adultas, perpetuam tais práticas, fazendo, por sua vez, vítimas outras crianças.

Quando a criança sofre agressão por parte de um adulto, o medo, sem dúvida, constitui um fator de peso nessas ocasiões, mas não é o único. O quadro é bem mais complexo.

2. A síndrome da vítima culpada

Na lógica legal, nos casos de agressão a crianças, existe(m) um ou mais agressores, réus culpados e há uma ou mais vítimas, inocentes pelo simples fato de serem menores de idade e, de acordo com a lei, incapazes, que precisam ser defendidas pela justiça, havendo leis específicas para sua proteção e para a garantia de que sejam defendidas. Muitas vezes, entretanto, na prática e na visão da sociedade, a vítima teria sido a culpada pelo que lhe teria sido infringindo e, o que é pior, a própria vítima passa a se sentir culpada pelo que vem sofrendo. É o que passaremos a chamar, neste capítulo, de síndrome da vítima culpada. Essa síndrome explica boa parte do por que de a criança silenciar-se sobre o que lhe vem ocorrendo.

Nos casos das agressões de caráter sexual, como assédio, atentado ao pudor, abusos, pedofilia e prostituição infantil, difíceis de serem descobertas, a denúncia e/ou o testemunho da vítima são fundamentais. Entretanto, em tais casos, ao medo do agressor, que normalmente ameaça a vítima, vêm somar-se a vergonha e o sentimento, consciente ou inconsciente, de culpa. Uma das razões pelas quais a criança não delata o agressor seria para não se expor como objeto que estaria provocando a concupiscência dele. Geralmente, apenas se e quando o agressor tiver feito várias vítimas, ocorre que talvez uma delas, por causa de consequências da agressão, tenha tido a coragem de denunciar e aí começam outras vítimas do mesmo agressor a aparecer para corroborar as acusações contra ele. Na maior parte das vezes, entretanto, o agressor permanece impune.

Além da vergonha e do sentimento de culpa, há outros fatores que se colocam a favor do agressor e que, introjetados no íntimo da criança, também fazem parte da síndrome da vítima culpada.

Caso o agressor seja alguém do conhecimento da criança, e geralmente ele o é, a criança não se sente segura para denunciá-lo, pois o adulto é muito mais esperto e ardiloso para não deixar prevalecer a credibilidade da criança sobre a sua, e a criança antecipa e, às vezes, chega até a sofrer nesse tipo de confronto, caso tente a denúncia. Se e quando confrontado, o adulto procura se desvencilhar da acusação, alegando tratar-se da imaginação da criança e até de maldade ou insinuação dela.

Muitas mães não percebem o que está ocorrendo com seus filhos, não lhes dão crédito quando estes tentam informá-las e, às vezes, até por conveniência própria, fazem vista grossa sobre os fatos.

Apesar de estarmos em pleno século XXI, de as crianças de hoje serem criadas com muito maior abertura que as de antigamente para os fatos da vida, de a TV escancarar todas as mazelas sociais e em qualquer horário, ainda não é fácil para as crianças, principalmente as mais novas, diferenciar carinho de assédio e até de abuso sexual por parte de familiares. É possível, também, que crianças submetidas a essas agressões, devido à própria inexperiência e ao fato de se tratar de pessoas chegadas a elas, não atinem para a gravidade, a dimensão e a monstruosidade daquilo que lhes é impingido, exatamente por parte daqueles que deveriam ser os primeiros a protegê-las.

3. Maus-tratos e espancamento

Além dos acidentes a que, normalmente, as crianças, mesmo as mais bem cuidadas, estão sujeitas, fora e dentro do lar, há aqueles que se pode atribuir à negligência por parte das pessoas encarregadas de sua proteção. Mais graves que estes, entretanto, são os maus-tratos e os espancamentos infringidos contra elas por adultos.

Cada vez com frequência maior, a sociedade assiste na TV e vê descritos e estampados na mídia escrita a casos alarmantes de crianças que sofreram maus-tratos, espancamentos e até assassinatos por parte de adultos, na maior parte das vezes por parentes, quando não por seus próprios pais ou responsáveis.

Sabe-se que ocorrências como essas sempre existiram, embora não fossem tão expostas na mídia como hoje. Teria o número delas, ou sua gravidade, aumentado nos últimos anos? Pouco importa, pois o fato de ocorrerem é bastante grave e exige providências para evitá-las enquanto é tempo, pois tendem a se agravar cada vez mais. Uma criança maltratada ou espancada uma vez, o será outras vezes e, provavelmente, cada vez com maior violência.

O problema é que tais casos somente são descobertos quando chegam a níveis extremos, ou quando um profissional mais atento e consciente comunica a constatação de indícios às autoridades. Uma vez mais cabe a questão: Por que as vítimas, que são as principais interessadas, não denunciam?

Da mesma forma com o que ocorre nas agressões de caráter sexual, são vários e complexos os motivos para que as crianças se calem sobre as agressões que vêm sofrendo.

Um deles, naturalmente, é o medo em relação ao agressor. Há casos em que a denúncia se torna simplesmente impossível, porque a criança é presa, até acorrentada, portanto impedida fisicamente de procurar ajuda. Além de impedimentos físicos, há também os de natureza psicológica, estes tão e às vezes mais poderosos que aqueles. Sentimentos ambíguos de amor e ódio com relação ao agressor, quando familiar, vergonha, sentimento de impotência são exemplos de fatores que impedem ou dificultam à criança a denúncia das agressões.

O agressor pode justificar os maus-tratos, as surras e os castigos desproporcionais como sendo necessários para a correção de comportamentos inadequados, como se os impusessem para a educação e o bem da própria criança. Nessas condições, a criança pode se sentir merecedora das punições sofridas e deve até ser grata por elas. Afinal, a correção não estaria sendo necessária e não se configuraria até como um ato de amor? Não seria necessária à educação e, como diz o título de um livro conhecido, "quem ama educa"? É difícil para a criança traçar a linha divisória entre o cuidado e atenção do adulto e o sadismo dele. Normalmente, o agressor não é pessoa desconhecida da criança, mas alguém ligada a ela intimamente por laços familiares, como padrastos, madrastas, irmãos mais velhos e até os próprios pais. A criança depende dessas pessoas física, econômica e até emocionalmente. Sente-se envergonhada por ter sido merecedora das punições. Pode se sentir um empecilho para a felicidade da família, pelos seus comportamentos. Por essas razões, a criança não só não denuncia como até encoberta o agressor, escondendo os possíveis sinais que denunciariam os maus-tratos. Quando, eventualmente, perguntadas sobre hematomas e escoriações, mentem, alegando tratar-se de quedas ou de outros acidentes.

4. Falecimentos, brigas e separação dos pais

A criança, pelo simples fato de viver e conviver em um lar, desde a mais tenra idade, assiste, participa e sofre quando algo ruim acomete à família. Fatores como falecimento de pessoa da família, brigas constantes, às vezes violentas entre os pais e/ou a separação deles, com tudo o que isso acarreta em termos emocionais e práticos, constituem motivos suficientes para causar severos traumas nas crianças, que se sentem, impotentes, obrigadas a vivenciar esses problemas.

A situação da criança se agrava ainda mais quando é dito a ela, ou ela ouve os pais dizerem, ou ela suspeita ser ela a causa de tais ocorrências, mesmo que isso não seja verdade. Em momentos de raiva, os pais podem dizer que elas dão muito trabalho, que dão causa a gastos excessivos (quando as brigas ocorrem por motivos econômicos), que são desleixadas ou preguiçosas, que "puxaram" a algum desafeto etc. Instala-se, então, mais um motivo para a síndrome da vítima culpada.

No caso da separação dos pais, que hoje ocorre com grande frequência, é comum a criança se sentir dividida entre os cônjuges, sendo muitas vezes usada como meio de agressão de cada um desses cônjuges contra o outro. Ela recebe tratamentos diferentes de cada um deles. Aquele que detém a guarda, geralmente a mãe, precisa estabelecer normas mais rígidas de disciplina, enquanto o outro cônjuge, que convive com a criança apenas por pouco tempo e em situações de lazer, pode mimar mais a criança, desrespeitando inclusive as normas estabelecidas por quem cuida dela diuturnamente.

As diferenças nos padrões econômicos dos genitores, um deles com muito maior possibilidade de gastos que o outro, torna a vivência da separação mais difícil para a criança. Em geral, a mãe, que é quem fica na maior parte dos casos com a guarda da criança, costuma ser o genitor com piores condições econômicas. A criança, muitas vezes, presencia as brigas por causa de pensão alimentícia para ela. Se o pai contrai outro casamento e tem outros filhos, a comparação dos padrões fica ainda mais triste para a criança. Tais diferenças de tratamento nem são recomendáveis para a educação, nem para a sanidade mental da criança, que não tem maturidade suficiente para entender ou para suportar o que se passa.

Também como consequência da separação dos pais, a criança pode ser obrigada a mudar de casa, passar a conviver e a depender de outros que a venham criar, ter seu lazer programado de acordo com o interesse dos pais, ter de conviver com outras crianças que não são seus irmãos, entre outras tantas mudanças indesejáveis em suas vidas. Também com frequência, nesses casos, a criança tem seu padrão de vida rebaixado, tendo às vezes, por razões de ordem econômica ou por mudança de endereço, de mudar de escola, com tudo o que tal fato acarreta.

Esses problemas refletem-se não só no rendimento escolar como no comportamento geral do aluno. Embora os professores possam alertar para a queda no rendimento escolar e até para a mudança no comportamento, o profissional da escola mais indicado e apto para lidar com as causas dessa problemática que envolve o aluno é o Or.E.

5. Crianças criadas apenas por um dos genitores ou por outro(s) adulto(s)

Principalmente nas classes menos favorecidas, é comum a existência de crianças criadas por apenas um dos genitores, quase sempre pela mãe ou avó materna. Nessas circunstâncias a vida da criança e da própria mãe torna-se muito difícil. A mãe, quando não amargurada e estressada, vê-se na impossibilidade de dar maior atenção ao(s) filho(s), quer dentro de casa, quer em relação à escola. Os filhos, nessas situações, podem se sentir rejeitados pelos pais e, muitas vezes, são sobrecarregados com trabalho, seja em casa, tendo até a responsabilidade, desde tenra idade, de cuidar de irmãos menores, seja trabalhando fora, para ajudar na manutenção da casa.

Nas classes mais favorecidas, um dos pais pode ficar com a guarda dos filhos e, por maior que seja o trato desse pai ou mãe, apenas um dos genitores não substitui a contento a existência de ambos, principalmente quando a criança estava acostumada a conviver com os dois. Fica mais difícil ao genitor, com a guarda do(s) filho(s), comparecer às reuniões e festividades da escola, atender a todos os pedidos dela, acompanhar as lições e exercer os papéis e encargos que normalmente são divididos entre ambos os genitores. Filhos de pais jovens, que se separam, adquirem não apenas uma madrasta ou padrasto, como também novos "irmãos" ou meio-irmãos, sendo normal o ciúme em relação a eles.

Tanto nos casos em que houve a perda de um dos genitores (ou de ambos, em casos de acidentes), como nas separações dos pais, as reuniões de pais e mestres e, principalmente, os "dias dos pais" e os "dias das mães", comemorados por muitas escolas, constituem causa de constrangimento, de humilhação e até um tormento para alunos que não possuem um ou ambos os genitores. As escolas e os Or.Es. devem estar atentos a essas situações e procurar meios de contorná-las. A solução não é fácil. Uma maneira de contornar o problema seria descaracterizar o dia como "das mães" ou "dos pais", mas como uma comemoração do dia dos responsáveis pelos alunos, da mesma forma que as reuniões deixassem de ser "de pais e mestres", mas de "responsáveis pelos alunos e mestres". É claro que, na inexistência de casos como esses em determinada escola, e somente o Or.E. tem condições de saber da existência ou não deles, a nomenclatura convencional pode ser mantida.

Um problema que, às vezes, ocorre em escolas de elite socioeconômica é a troca de pais. Um dos genitores de uma dada criança casa ou se junta com o de outra criança, de tal forma que, em uma dada reunião, o pai do aluno x passa a ser, em outra reunião, o pai do aluno y, o mesmo valendo para as mães. O Or.E. que trabalhe nessa escola precisa estar preparado para este tipo de ocorrência, que, se bem que não tão comum, já foi relatado por uma Or.E. de uma escola de elite, e que, portanto, pode ocorrer.

6. A Orientação Educacional e a criança agredida

Como saber se um aluno está sendo vítima de agressão?

Há várias formas de agressão. Há as físicas que deixam sinais visíveis, como hematomas e escoriações, e há também aquelas que não são visíveis, quando o agressor toma cautelas para não deixar vestígios, como, por exemplo, pancadas na cabeça, puxões de orelhas e agressões em partes íntimas. Deve chamar a atenção dos professores e do Or.E. o aluno que somente usa blusa ou camisa de mangas compridas, mesmo em dias quentes, e/ou aquele que se recusa, sem motivos aparentes, a praticar Educação Física.

Além das agressões físicas e tão ou mais graves que elas e mais difíceis de serem detectadas, há agressões psicológicas, em que o agressor age com palavras e/ou ações que introjetam na criança sentimentos de inferioridade, de desamor, que além de terem efeitos devastadores para a personalidade da criança tendem a acompanhá-la por toda a vida. Por esse motivo, além dos sinais físicos de agressão, deve-se considerar, como indícios a serem verificados, a apatia, a timidez excessiva, a mudança brusca de comportamento, o isolamento e o retraimento que não se explicam por outras causas, como, por exemplo, a do aluno novo na escola ou na classe.

7. De que o Orientador Educacional precisa para lidar com o aluno agredido?

Em primeiro lugar, o Or.E. precisa de cautela. Da mesma forma como nem toda agressão apresenta sintomas, também alguns sintomas podem levar a suspeitas de agressão inexistente.

Relatos de crianças devem ser ouvidos com atenção, mas também não podem ser sempre levados em consideração sem que possam ser confirmados. Sabe-se que a imaginação da criança é muito fértil e que muitas vezes ela própria não consegue diferenciar produtos de sua imaginação da realidade.

Para poder atuar em favor da criança, o Or.E. precisa estar preparado. Como?

- Tomando conhecimento das formas mais comuns de agressão.
- Aprendendo a reconhecer sinais ou sintomas e a lidar com relatos de crianças.
- Verificando a veracidade desses relatos e a origem dos sinais.
- Tomando conhecimento da dinâmica da agressão.
- Entendendo a síndrome do medo do agredido e suas consequências práticas.
- Entendendo a síndrome da vítima-culpada.
- Tomando conhecimento da legislação sobre a agressão da criança e do adolescente.
- Informando-se sobre como agir e onde procurar ajuda.
- Estando a par do que ocorre na prática, em termos de aplicação dessas leis.

Estando preparado, cabe ao Or.E.: prestar atenção aos sinais e sintomas de problemas que os alunos possam estar apresentando; pedir a colaboração de todos os adultos na escola para que, com a devida cautela e discrição, o informem quando suspeitarem de algo; realizar palestras de acordo com o nível e o tipo de pessoas a que essas palestras se destinem; observar os alunos nas salas de aulas e, principalmente, nos recreios, e tomar outras providências, conforme relatadas neste capítulo e nos capítulos deste livro sobre violência e pedofilia.

Post-Scriptum

O atual paradigma da Educação Nacional: proposta de mudança

Constitui um grande desafio da educação nacional responder a questão: por que, apesar de contarmos, pelo menos teoricamente, com múltiplas condições, aparentemente favoráveis de educação, mas insuficientes, nossos índices educacionais se apresentam tão baixos? Na tentativa de responder a questão, de pronto, surgem outras duas perguntas: mas quais são essas condições e por que elas são "aparentemente" favoráveis, mas insuficientes?

Para responder a estas indagações, relacionamos algumas dessas condições e, a seguir, os questionamentos de que são passíveis e que contribuem para a sua não efetividade.

Sendo a educação uma questão política, não há como negar que ela tem sido prioridade e unanimidade na fala e nas plataformas políticas dos candidatos a todas as eleições no Brasil. Alguns políticos definiram como prioritária, em sua gestão, a construção de prédios escolares. E assim o fizeram.

Uma segunda constatação é que temos, em profusão, normas legais na área da educação. Trata-se de leis sobre reformas educacionais (LDBEN – Leis de Diretrizes e Bases da Educação Nacional – gestadas durante décadas no legislativo, sendo algumas expressivos textos legais), decretos, códigos, estatutos, pareceres, resoluções, portarias, etc. em âmbito federal, estadual e municipal, algumas novas outras antigas e, às vezes, coexistindo.

As verbas destinadas, por lei, à educação, embora muitos cheguem a acreditar que sejam de pouca monta, isto não corresponde à realidade.

Na área educacional, contamos também com inúmeros professores doutores, mestres, especialistas, estudiosos, técnicos em educação que integram comissões, conselhos, grupos de trabalho, etc. que visam propor reformas, projetos, mudanças curriculares, instruções normativas em geral.

Quanto à literatura específica, são numerosas e diversificadas as publicações em todos os níveis e cobrindo todas as áreas da educação.

Vultosos recursos têm sido destinados à aquisição de material didático. Foram comprados e distribuídos livros para escolas públicas.

Com o desenvolvimento dos cursinhos com a finalidade de suprir as falhas do ensino, principalmente na aquisição de informações e preparação dos alunos para o exame vestibular, surgiu a necessidade de contar com material de apoio específico. E surgiram as apostilas que passaram a ser compradas e usadas pelas escolas, inclusive as públicas.

Como tais condições – discursos e defesa da educação, promulgação de leis modernas, investimentos em infraestrutura física (prédios), verbas, aquisição de material didático, especialistas, publicações – não produziram os resultados desejados, então, pensou-se em aperfeiçoar os professores e as atenções se voltaram para eles, cuja competência, capacitação e condições de trabalho eram constantemente questionadas. Como os professores representam um contingente numericamente significativo, não seria possível remunerá-los condignamente, então, foram propostos prêmios por desempenho e cursos de reciclagem e treinamento para eles, pressupondo que tais medidas melhorariam seu comportamento profissional e, em consequência, a educação.

A comunicação e o contato imediato, entre todos os países do mundo, resultaram no que denominamos, hoje, globalização, ensejando que, não raras vezes, desenvolvamos a tendência de importar inovações de outros países, na expectativa de que também resolvam os nossos problemas. E, assim, o fizemos também na área educacional. Como consequência, em vários momentos, foram introduzidas, nas escolas, metodologias inovadoras de ensino, às vezes sofisticadas, decorrentes de teorias ou práticas diversas e que chegaram a se tornar modismos na área educacional.

As condições relacionadas poderiam, a priori, sugerir que o sistema educacional dispõe dos pré-requisitos básicos para atender, eficientemente, a sua população escolar, mas não é o que vem ocorrendo na realidade.

É bem verdade que, em relação aos aspectos quantitativos, atingimos números expressivos em todos os graus de ensino – havendo até vagas ociosas, mas, o que tem ficado evidente é que a qualidade da educação nacional deixa muito a desejar. As médias obtidas nas avaliações nacionais da educação o evidenciam.

O enigma a responder é, pois: por que a educação nacional se encontra na situação em que está se tem todas as condições para atingir os níveis desejados?

Acreditamos que uma reflexão sobre alguns questionamentos às condições apresentadas possa apontar alguma solução para o enigma suscitado diante de nossos baixos índices educacionais.

Embora os políticos defendam a educação em seus discursos, o que se observa, na prática, é que, de modo geral, eles não tiveram experiências de lidar diretamente com a educação e, uma vez eleitos, quando se dispõem a melhorar a educação, os políticos optam por aplicar os recursos ou verbas disponíveis em medidas que, embora mais visíveis do ponto de vista eleitoral e até certo ponto interessantes, não apresentam resultados correspondentes na melhoria do aprendizado. Tal comportamento tem sido interpretado como uma tradução de objetivos eleitoreiros, pois as medidas de ordem material têm visibilidade imediata.

Quanto à legislação, cabe destacar que as leis não existem para gerar fatos, mas, sim, para disciplina-los. Desse modo, o que se verifica é que a anterioridade das leis em relação aos fatos faz com que elas se tornem inoperantes. E bem ilustrativa, nesse caso, a LDBEN, de 1971, que instituiu, em caráter obrigatório, em âmbito nacional, o ensino profissionalizante, sem que tivéssemos instalações, recursos e pessoal técnico (fatos) para isso. E o resultado... Depois do insucesso da medida legal, a LDBEN que se seguiu, aboliu o tal ensino profissionalizante obrigatório. No Brasil, dada a razão apresentada, ocorre um fato curioso, como se costuma dizer: algumas leis não "pegam".

No que tange às verbas, com a intenção de evitar que não fossem assegurados recursos suficientes à educação, as leis especificam os percentuais que devem ser destinados a ela. Mas, a despeito da determinação legal, nem sempre a lei se cumpre. E outros inconvenientes também ocorrem. As verbas podem ser malversadas, mal-aplicadas ou desviadas.

Em relação ao pessoal qualificado na área de educação, o que se observa é que ou não são chamados a ocupar os cargos técnicos ou, quando o são, têm de respeitar, prioritariamente, os critérios políticos.

Ocorre que o acesso aos livros e revistas especializadas nem sempre é possível, principalmente para os professores cujos salários são baixos e pela falta de condições, pois veem-se na contingência de dar aulas em várias escolas e/ou turnos às vezes distantes, não lhes sobrando tempo para atualização e aprofundamento nos conhecimentos.

A aquisição de livros para distribuir às escolas tem sido alvo de muitas críticas não só em relação aos critérios de seleção das obras como também à sua qualidade. Quando chegaram às escolas, de pronto, foram identificados, neles, erros crassos, textos inadequados, impropriedades, etc., isto sem contar que, muitas vezes, os livros nem chegavam às mãos dos alunos. Em notícia recente (12/08/2010), a imprensa informa que o MEC envia às escolas públicas livro que narra o sequestro de um casal que foi torturado, o estupro da mulher e o assassinato do rapaz, além de descrever, em linguagem chula, pormenores do estupro.

Apesar da gratuidade dos livros enviados pelo MEC, algumas escolas públicas optaram por não adotar tais livros, preferindo a compra de apostilas elaboradas, empregadas e comercializadas pelos cursinhos pré-vestibulares.

A compra de apostilas de cursinhos parte do pressuposto de que se funcionavam nos cursinhos, também funcionariam na escola pública. Ocorre que são duas realidades diferentes. O aluno que frequenta o cursinho está motivado para aprender e passar no vestibular e os professores, por sua vez, são competentes e bem remunerados. O pressuposto não se confirmou e o que se constatou foi que, no último ENEM, as escolas estaduais que compraram esse material não apresentaram médias significantemente maiores que as demais. E hoje, chegamos a comemorar acréscimos de centésimos a médias pífias nas avaliações de alunos, contabilizando-os, ilusoriamente, como progresso na educação.

A propósito, em artigo de Sérgio Fausto para o Jornal O Estado de S.Paulo (25/07/2010), o autor considera a proposta do trem-bala uma "modernidade ilusória" e escreve: QUEM PRECISA TOMAR UM TREM-BALA É A EDUCAÇÃO BRASILEIRA e este embarque já está muito atrasado.

Em relação aos professores, muito esforço e recursos foram investidos em treinamento, cursos e incentivos. E os resultados não compensaram os investimentos, pois o problema é mais complexo.

E será que a simples indicação das condições e questionamentos relacionados poderia conduzir ao esclarecimento e soluções para o desafio da educação no Brasil?

Reportando-se à questão dos baixos índices educacionais no Brasil, a despeito das pré-condições existentes, o que se observa e que na sequência das condições priorizadas pelos políticos e autoridades, simplesmente os alunos não são lembrados e, quando eventualmente o são, as medidas propostas são contraproducentes, podendo até resultar no agravamento da situação.

Diante da inoperância das condições relacionadas, vão surgindo, vez por outra, soluções ou medidas isoladas, visando sanar problemas crônicos de desinteresse pelo estudo e de insuficiência na aprendizagem de conteúdos básicos. Assim, foi divulgado na imprensa (13/08/2010) que o governo de São Paulo cogitou pagar R$ 50,00 a aluno que fizesse reforço de Matemática. Constitui também exemplo de medidas paliativas e, neste caso, danosas, a progressão continuada ou promoção automática, inovação que se estabeleceu nas escolas públicas, que impede a reprovação do aluno pela escola, sem considerar que a vida, sim, pode reprová-lo, mais tarde.

Refletindo sobre as condições existentes, já indicadas, pode-se depreender que elas apontam para o paradigma vigente da educação nacional representado pela sequência dessas próprias condições, a saber: prédios → leis → materiais didáticos → pessoal administrativo → docentes → alunos.

Como parece não haver dúvida de que o aluno é o sujeito e o centro da educação e que esta só existe em sua função, é evidente que ele deve ser a prioridade um no sistema educacional, o que não ocorre. Deve-se priorizar o aluno e valorizar a educação na sociedade e nas famílias.

Para mudar a educação, impõe-se, pois, uma mudança neste paradigma. Na nova proposta, a sequência de prioridades seria: alunos → docentes → orientador educacional → pessoal administrativo e técnico → materiais didáticos → leis → prédios.

Se a finalidade do aluno inserido no sistema educacional é aprender, ele precisa ter vontade de aprender, ter condições físicas, psicológicas e sociais para se dedicar à aprendizagem, tarefas para as quais é imprescindível a valorização da educação pela sociedade e pelos pais e, nas escolas, a atuação do orientador educacional. Este vê o aluno como uma totalidade em todos os aspectos do seu desenvolvimento, não só como um ser que deva absorver e armazenar informações relativas a diferentes conteúdos.

E, lamentavelmente, o que tivemos em termos de educação foi um retrocesso, pois a Orientação Educacional, que era obrigatória na legislação anterior, foi eliminada das escolas públicas.

Neste livro, têm sido demonstradas, à exaustão, a importância e a necessidade do Orientador Educacional na escola, principalmente porque já se tem evidenciado que soluções aleatórias e condições aparentemente necessárias e cogitadas como suficientes não têm levado a resultados desejados.

No sistema de ensino privado ou particular os pais valorizam e acompanham a educação de seus filhos, não existe a promoção automática e as boas escolas costumam contar, em sua equipe, com um Orientador Educacional. Mais uma vez, constata-se o privilégio das elites que têm acesso a boas escolas particulares, com Orientadores Educacionais que propiciam a tão necessária assistência ao aluno como um ser total, que passa um longo tempo do seu desenvolvimento na escola e, portanto, precisa de um profissional que o compreenda e assista nas diferentes fases e problemáticas pelas quais passa durante o processo de seu desenvolvimento. A escola pública, que recebe uma clientela mais diversificada e menos privilegiada, tem muito mais razões para ter um Orientador Educacional no seu corpo técnico.

Quando a sociedade, o poder público e a família valorizam a educação e a escola, o aluno assimila esses valores e passa a sentir-se motivado para aprender, o que resulta na facilitação da tarefa do professor e em resultados satisfatórios da educação.

Sem dúvida, a valorização da educação e da escola e uma equipe completa de profissionais capacitados, na escola, constituirão as condições efetivas para melhorar nossos índices educacionais.

E, como algo tão abstrato e invisível – como a valorização e os valores – poderia exercer tão grande influência nos rumos da educação?

Talvez, algumas considerações sobre a questão ajudem a compreender melhor a indagação.

Vivemos, há bastante tempo, uma acentuada crise na educação formal e, entre outras, a principal causa dessa crise é a falta de valorização da educação formal e até a sua desvalorização.

Depois de uma longa fase de educação seletiva, tivemos um processo de popularização da educação, com a multiplicação indiscriminada de escolas, o que levou a uma queda na qualidade do ensino e à desvalorização por boa parte da população.

Além dos alunos, muitos pais começaram a se questionar se valeria a pena investir tantos anos e tantos recursos em um tipo de educação que não traria o retorno econômico esperado.

Diante desse quadro, alunos passaram a desprezar a cultura, a estudar pouco, só para passar de ano e os pais deixaram de exigir bom rendimento dos filhos e um alto nível das escolas. Muitos alunos, que teriam possibilidades para ingressar nas melhores universidades, se contentam em estudar em faculdades de menor qualidade e pagas.

E surge o questionamento de que só os filhos de pais abastados estariam cursando as melhores universidades. Mas as pesquisas realizadas com imigrantes indicam que muitos descendentes de orientais frequentam os cursos mais disputados das melhores universidades públicas e que o fator de sucesso do sucesso escolar e da ascensão social deles encontra-se na valorização da educação que leva ao estudo árduo, condição sine qua non do sucesso escolar e que exige motivação – o móvel que leva à ação.

Uma concepção errônea, mas bastante difundida, é a de que a motivação é da responsabilidade do professor que deve utilizar diferentes recursos para motivar o aluno. Isto pode ter algum resultado, mas a motivação deve estar no aluno. Se este não se interessa por aprender e seus pais não cobram dele esforço e dedicação, não será a atuação do professor que o fará ter sucesso na escola.

Assim, fica evidente a relação entre a valorização da educação e o sucesso escolar. A valorização, por sua vez, relaciona-se com os valores que significam aquilo que as pessoas valorizam. Eles são transmitidos desde cedo pelos pais aos filhos.

Entre as famílias orientais, a educação constitui um dos principais valores.

Neste texto, foram apontadas as principais dificuldades encontradas na área da educação e que evidenciam a necessidade de uma mudança no atual paradigma como foi proposto anteriormente. Certamente, os Or. Es. poderão contribuir significativamente para esta tarefa, atuando de forma preventiva, e desempenhando atividades junto aos alunos e pais, no sentido de valorizar a educação, a escola e a aprendizagem, não apenas para passar nos vestibulares das melhores universidades, mas para uma vida mais prazerosa, bem sucedida e plena.

Anexos

Anexo 1

Lista de tarefas de desenvolvimento proposta por Havighurst

É a seguinte a lista de tarefas de desenvolvimento proposta por Havighurst, para cada uma das três faixas etárias:

Até os 6 anos de idade:

1. Aprender a andar, 2. aprender a ingerir alimentos sólidos, 3. aprender a falar, 4. aprender a controlar os esfíncteres, 5. aprender as diferenças sexuais e a modéstia relacionada com a sexualidade, 6. adquirir estabilidade fisiológica (como controlar variações fisiológicas, tais como temperatura corporal, equilíbrio do sal e do açúcar no organismo), 7. formar conceitos simples da realidade social e da física, 8. aprender a se relacionar emocionalmente com os pais, irmãos e outras pessoas e 9. aprender a diferenciar o certo do errado e desenvolver uma consciência.

Dos 6 aos 12 anos:

1. Aprender habilidades físicas necessárias para os jogos infantis, 2. elaborar uma atitude integrada de si mesmo como um organismo em crescimento, 3. aprender a se relacionar com colegas da mesma idade, 4. aprender papéis apropriados para indivíduos do sexo masculino e do sexo feminino, 5. desenvolver habilidades fundamentais para aquisição da leitura, escrita e cálculo, 6. desenvolver conceitos necessários para a vida do dia a dia, 7. desenvolver consciência, moralidade uma escala de valores, 8. adquirir independência pessoal e 9. desenvolver atitudes em relação a grupos sociais e a instituições.

Na adolescência:

1. Desenvolver relações novas e mais maduras com colegas de ambos os sexos, 2. aprender um papel masculino ou feminino, conforme o caso, 3. aceitar o próprio físico, 4. adquirir independência emocional em relação aos pais e a outros

adultos, 5. adquirir garantia de independência econômica, 6. selecionar e preparar-se para o exercício de uma profissão, 7. preparar-se para o casamento e para a vida em família, 8. desenvolver habilidades intelectuais e os conceitos necessários para a responsabilidade cívica, 9. desejar e adquirir comportamentos socialmente aceitáveis e 10. adquirir uma escala de valores e um sistema ético que oriente o próprio comportamento.

Anexo 2

Leis que introduziram a Orientação Educacional no Brasil

As leis que introduziram a OE no Brasil receberam o nome coletivo de "Leis Orgânicas". Seguem-se transcrições de partes dessas leis que dizem respeito especificamente à OE.

Decreto-Lei nº 4.073 de 30/1/1942 (Lei Orgânica do Ensino Industrial)

TÍTULO III – Da Orientação Educacional
Capítulo XII
Artigo 50 – Instituir-se-á em cada escola industrial ou escola técnica a orientação educacional mediante a aplicação de procedimento adequados, pelos quais se obtenham a conveniente adaptação profissional e social e se habilitem os alunos para a solução dos próprios problemas.

Artigo 51 – Incumbe também à orientação educacional, nas escolas industriais e escolas técnicas, promover com o auxílio da direção escolar, a organização e o desenvolvimento entre os alunos, de instituições escolares tais como as cooperativas, as revistas e os jornais, os clubes ou grêmios criando na vida destas instituições, num regime de autonomia, as condições favoráveis à educação social dos escolares.

Artigo 52 – Cabe ainda à orientação educacional velar no sentido de que o estudo e o descanso dos alunos decorram em termos de maior conveniência pedagógica.

Decreto-Lei nº 4.244 de 9/4/1942 (Lei Orgânica do Ensino Secundário)

TÍTULO III – Da Orientação Educacional
Capítulo VI
Artigo 80 – Far-se-á nos estabelecimentos de ensino secundário, a orientação educacional.

Artigo 81 – É função da orientação educacional, mediante as necessárias observações cooperar no sentido de que cada aluno se encaminhe convenientemente nos estudos e na escolha de sua profissão, ministrando-lhe esclarecimentos e conselhos, sempre em entendimento com a sua família.

Artigo 82 – Cabe ainda à orientação educacional cooperar com os professores no sentido da boa execução, por parte dos alunos, dos trabalhos escolares, buscar imprimir segurança e atividade aos trabalhos complementares e velar para que o estudo, a recreação e o descanso dos alunos decorram em condições da maior conveniência pedagógica.

(O Artigo 83 trata do provimento, em caráter efetivo, dos orientadores, sendo os mesmos que aqueles aplicáveis aos professores.)

Decreto-Lei nº 6.141, de 28/12/1943 (Lei Orgânica do Ensino Comercial)

TÍTULO II – Da Orientação Educacional e Profissional
Capítulo VI

Artigo 39 – Far-se-á nos estabelecimentos de ensino comercial, a orientação educacional e profissional.

Artigo 40 – É função da orientação educacional e profissional, mediante as necessárias observações, velar no sentido de que cada aluno execute satisfatoriamente os trabalhos escolares e em tudo o mais, tanto no que interessa a sua saúde quanto ao que respeita aos seus assuntos e problemas intelectuais e morais, na vida escolar e fora dela, se conduza de maneira segura e conveniente, e bem assim se encaminhe com acerto na escolha ou nas preferências de sua profissão.

Artigo 47 – A orientação educacional e profissional estará continuamente articulada com os professores e, sempre que possível, com a família dos alunos.

Decreto-Lei nº 9.613 de 20/8/1946 (Lei Orgânica do Ensino Agrícola)

Os artigos referentes à orientação educacional e profissional para este tipo de ensino são exatamente idênticos aos do Decreto-Lei citado anteriormente, para o Ensino Comercial.

Anexo 3

Trechos da Lei nº 5.962/71 de 11/8/1971, que "Fixa Diretrizes e Bases para o Ensino de 1º e 2º graus e dá Outras Providências", discutidos no corpo do capítulo 2 deste livro e que dizem respeito à OE.

Capítulo I – Do ensino de 1º e 2º graus

Artigo 1º – O ensino de 1º e 2º graus tem por objetivo geral proporcionar ao educando a formação necessária ao desenvolvimento de suas potencialidades como elemento de auto realização, qualificação para o trabalho e preparo para o exercício consciente da cidadania.

Artigo 4º – Os currículos do ensino de 1º e 2º graus terão um núcleo comum, obrigatório em âmbito nacional, e uma parte diversificada para atender, conforme as necessidades e possibilidades concretas, as peculiaridades locais, aos planos dos estabelecimentos e às diferenças individuais dos alunos.

Parágrafo I – Observar-se-ão as seguintes prescrições na definição dos conteúdos curriculares:

I. O Conselho Federal de Educação fixará para cada grau as matérias relativas ao núcleo comum, definindo-lhes os objetivos e a amplitude.

II. Os Conselhos de Educação relacionarão, para os respectivos sistemas de ensino, as matérias dentre as quais poderá cada estabelecimento escolar escolher as que devem constituir a parte diversificada.

[...]

Artigo 5º.

[...]

Parágrafo II – A parte de formação especial do currículo:

a) terá o objetivo de sondagem de aptidões e iniciação para o trabalho, no ensino de 1º grau e de habilitação profissional no ensino de 2º grau.

Artigo 10º – Fica instituída obrigatoriamente a Orientação Educacional, incluindo aconselhamento vocacional em cooperação com os professores, a família e a comunidade.

Capítulo V – Dos professores e especialistas

Artigo 38º. – Os sistemas de ensino estimularão, mediante planejamento apropriado, o aperfeiçoamento e atualização constantes dos seus professores e especialistas de Educação.

Artigo 40 – Será condição para o exercício de magistério ou especialidade pedagógica o registro profissional em órgão do Ministério da Educação e Cultura, dos titulares sujeitos à formação de grau superior.

Anexo 4

Trechos da Lei nº 9.394, de 20/12/1996, que "Estabelece as diretrizes e bases da educação nacional", que foram discutidos no corpo do capítulo 2 deste livro e que se referem a assuntos de interesse para a OE.

TÍTULO IV

Artigo 12. Os estabelecimentos de ensino, respeitadas as normas comuns e as do seu sistema de ensino, terão a incumbência de:

[...]

TÍTULO VI – articular-se com as famílias e a comunidade, criando processos de integração da sociedade com a escola;

TÍTULO VII – informar os pais e responsáveis sobre a frequência e o rendimento dos alunos, bem como sobre a execução de sua proposta pedagógica.

Artigo 13. Os docentes incumbir-se-ão de: [...]

[...]

(não trata das incumbências dos especialistas de Educação)

Capítulo II – Da Educação Básica

Seção I – Das Disposições Gerais

Artigo 22. A educação básica tem por finalidade desenvolver o educando, assegurar-lhe a formação comum indispensável para o exercício da cidadania e fornecer-lhe meios para progredir no trabalho e em estudos posteriores.

Artigo 27. Os conteúdos curriculares da educação básica observarão, ainda, as seguintes diretrizes:

[...]

Capítulo III – Orientação para o trabalho

[...]

Seção IV – Do Ensino Médio

Artigo 35 – O ensino médio, etapa final da educação básica, com duração mínima de três anos, terá como finalidades:

[...]

II – a preparação básica para o trabalho e a cidadania do educando, para continuar aprendendo, de modo a ser capaz de se adaptar com flexibilidade a novas condições de ocupação ou aperfeiçoamento posteriores.

III – o aprimoramento do educando como pessoa humana, incluindo a formação ética e o desenvolvimento da autonomia intelectual e do pensamento crítico.

[...]

Artigo 36 – O currículo do ensino médio observará o disposto na Seção I deste Capítulo e as seguintes diretrizes:

[...]

III – [...]

Parágrafo 1º. Os conteúdos, as metodologias e as formas de avaliação serão organizados de tal forma que ao final do ensino médio o educando demonstre:

[...]

III – domínio dos conhecimentos de Filosofia e de Sociologia necessários ao exercício da cidadania.

[...]
TÍTULO VI – Dos Profissionais da Educação
Artigo 64. A formação dos profissionais de educação para administração, planejamento, inspeção, supervisão e orientação educacional para a educação básica, será feita em cursos de graduação em pedagogia ou em nível de pós-graduação, a critério da instituição de ensino, garantida, nesta formação, a base comum nacional.

Artigo 67. Os sistemas de ensino promoverão a valorização dos profissionais da educação, assegurando-lhes, inclusive nos termos dos estatutos e dos planos de carreira do magistério público:

I – ingresso exclusivamente por concurso público de provas e títulos;

II – aperfeiçoamento profissional continuado, inclusive com licenciamento periódico remunerado para esse fim;

[...]

Parágrafo único. A experiência docente é pré-requisito para o exercício profissional de quaisquer outras funções de magistério, nos termos das normas de cada sistema de ensino.

TÍTULO VIII – Das Disposições Gerais
Artigo 85 – Qualquer cidadão habilitado com a titulação própria poderá exigir a abertura de concurso público de provas e títulos para cargo de docente de instituição pública de ensino que estiver sendo ocupado por professor não concursado, por mais de seis anos, ressalvados os direitos assegurados pelos artigos 41 da Constituição Federal e 19 do Ato das Disposições Transitórias.

Anexo 5

O Diário Oficial na sessão 1 – parte 1 de 5 de março de 1979, publicou o seguinte:
Federação Nacional dos Orientadores Educacionais – Fenoe
Código de Ética dos Orientadores Educacionais

O presente Código de Ética tem por objetivo estabelecer normas de conduta profissional para os Orientadores Educacionais. Somente pode intitular-se Orientador Educacional e, nesta qualidade, exercer a profissão no Brasil, a pessoa legalmente habilitada, nos termos da legislação em vigor.

TÍTULO I – DAS RESPONSABILIDADES GERAIS
Capítulo 1 – Deveres Fundamentais
Artigo 1. São deveres fundamentais do Orientador Educacional:
a – Exercer suas funções com elevado padrão de competência, senso de responsabilidade, zelo, discrição e honestidade;

b – Atualizar constantemente seus conhecimentos;
c – Colocar-se a serviço do bem comum da sociedade, sem permitir que prevaleça qualquer interesse particular ou de classe;
d – Ter uma filosofia de vida que permita, pelo amor à Verdade e respeito à Justiça, transmitir segurança e firmeza a todos aqueles com quem se relaciona profissionalmente;
e – Respeitar os códigos sociais e expectativas morais da comunidade em que trabalha;
f – Assumir somente responsabilidades de tarefas para as quais esteja capacitado, recorrendo a outros especialistas sempre que for necessário;
g – Lutar pela expansão da Orientação Educacional e defender a profissão;
h – Respeitar a dignidade e os direitos fundamentais da pessoa humana;
i – Prestar serviços profissionais desinteressadamente em campanhas educativas e situações de emergência, dentro de suas possibilidades.

Capítulo 2 – Impedimentos
Artigo 2. Ao Orientador Educacional é vedado:
a – Encaminhar o orientando a outros profissionais, visando a fins lucrativos;
b – Aceitar remuneração incompatível com a dignidade da profissão;
c – Atender casos em que esteja emocionalmente envolvido, por certos fatores pessoais ou relações intimas;
d – Dar aconselhamento individual através da imprensa falada ou escrita;
e – Desviar para atendimento particular próprio, os casos da instituição onde trabalha;
f – Favorecer, de qualquer forma, pessoa que exerça ilegalmente e, em desacordo a este Código de Ética, a profissão de Orientador Educacional.

Capítulo 3 – Do Sigilo Profissional
Artigo 3. Guardar sigilo de tudo que tem conhecimento, como decorrência de sua atividade profissional, que possa prejudicar o orientando.
Parágrafo único. Será admissível a quebra de sigilo quando se tratar de caso que constitua perigo iminente:
a – Para o orientando;
b – Para terceiros.
Artigo 4. Assegurar que qualquer informação sobre o orientando só seja comunicada à pessoa que a utilize para fins profissionais, com autorização escrita por parte do mesmo, se maior, ou dos pais, se menor.

TÍTULO II – DAS RELAÇÕES PROFISSIONAIS
Capítulo 1 – Com o Orientando
Artigo 5. Esclarecer orientando os objetivos da Orientação Educacional, garantindo-lhe o direito de aceitar ou não sua assistência profissional.
Artigo 6. Proteger a identidade orientando, assegurando o sigilo dos dados que lhe dizem respeito.

Artigo 7. Promover assistência continua, sem interrupção, exceto por motivos relevantes.

Artigo 8. Usar, quando necessário, e, com a devida cautela, instrumentos de medida – testes de nível mental, de interesses, de aptidões e escalas de atitudes – como técnicas pertinentes ao trabalho do Orientador Educacional.

Capítulo 2 – Com os Orientadores Profissionais

Artigo 9. Abster-se de interferir junto ao orientando, cujo processo de orientação educacional esteja a cargo de um colega, salvo quando solicitado.

Artigo 10. Dispensar a seus colegas apreço, consideração e solidariedade, que reflitam a harmonia da classe.

Parágrafo único. O espírito de solidariedade não pode induzir o orientador a ser conivente com conduta profissional inadequada de colega.

Capítulo 3 – Com Outros Profissionais

Artigo 11. Desenvolver bom relacionamento com os componentes de outras categorias profissionais.

Artigo 12. Reconhecer os casos pertinentes aos demais campos de especialização, encaminhando-os aos profissionais competentes.

Capítulo 4 – Com a Instituição Empregadora

Artigo 13. Respeitar as posições filosóficas, políticas e religiosas da instituição em que trabalha, tendo em vista o princípio constitucional de autodeterminação.

Artigo 14. Realizar seu trabalho em conformidade com as normas propostas pela instituição e conhecidas no ato de admissão, procurando o crescimento e a integração de todos.

Capítulo 5 – Com a Comunidade

Artigo 15. Facilitar o bom relacionamento Instituição × Comunidade.

Artigo 16. Respeitar os direitos da família na educação do orientando.

Artigo 17. Empenhar-se por uma crescente aproximação entre a família e a instituição.

Capítulo 6 – Com a Entidade de Classe

Artigo 18. Procurar filiar-se à entidade de classe.

Artigo 19. Colaborar com os órgãos representativos de sua classe, zelando pelos seus dirigentes e jamais se excusando de prestar-lhes colaboração, salvo por justa causa.

Artigo 20. Comunicar, à entidade de classe competente, os casos de exercício ilegal da profissão ou de conduta profissional em desacordo com este Código.

TÍTULO III – Do Trabalho Científico
Capítulo I – Da Divulgação

Artigo 21. Divulgar resultados de investigações e experiências, quando isso importar em benefício do desenvolvimento educacional.

Artigo 22. Observar, nas divulgações dos trabalhos científicos, as seguintes normas:

a – Omitir a identificação do orientando;

b – Seguir as normas estabelecidas pelas instituições que regulam as publicações científicas.

TÍTULO IV – DAS DISPOSIÇÕES GERAIS
Capítulo 1 – Da Divulgação e Cumprimento do Código de Ética

Artigo 23. Divulgar este Código de Ética é obrigação das entidades de classe.

Artigo 24. Transmitir os preceitos deste Código de Ética aos estudantes de Orientação Educacional é dever das instituições responsáveis pela sua formação.

Artigo 25. Fazer cumprir, fiscalizar, prever e aplicar as penalidades aos infratores deste Código de Ética é competência exclusiva dos Conselhos Federal e Regionais de Orientação Educacional.

Artigo 26. Este Código de Ética entrará em vigor após a sua publicação no Diário Oficial da União.

Curitiba, 18 de novembro de 1976

Comissão Responsável pela Elaboração:

Coordenação: Ivone Froldi Ramos

Roseli Cecília Rocha de Carvalho Baumel

Membros: Antônio A. Gava Ferrão

Lúcia Corona

Maria do Carmo Eutrópio Pimenta

Maria do Carmo S. Freitas

Este Código de Ética está registrado no Livro de Atas número 02.

Federação Nacional dos Orientadores Educacionais, na ata número 88 – folhas 59, 60, 61, 62.

EXERCÍCIOS PROPOSTOS PARA ANÁLISE E DISCUSSÃO DE CADA CAPÍTULO

Exercícios para o Capítulo 1 – O surgimento da Orientação Educacional

1. Pesquise(m), em livros de Psicologia do Desenvolvimento, as etapas do desenvolvimento propostas por diferentes psicólogos que, como Havighurst, também conceberam o desenvolvimento humano como realizado por etapas definidas. Organize(m) um quadro por idades ou faixas etárias, em que estejam relacionadas as diferentes etapas propostas pelos psicólogos que você(s) pesquisou(aram).
2. O que você(s) acha(m) da ideia de Havighurst de propor e descrever tarefas evolutivas, relacionando-as com faixas etárias?
3. Como você(s) modificaria(m) as tarefas propostas por Havighurst, ou a sequência delas, para adaptá-las ao conhecimento que você(s) tem(êm) das crianças e dos adolescentes de hoje que você(s) conhece(m)?
4. Você(s) tem(êm) alguma hipótese para explicar o por que de a OE ter surgido primeiramente nos EUA e na França? E do por que de a OE ter abarcado a Orientação Profissional que lhe dera origem?

Exercícios para o Capítulo 2 – História da Orientação Educacional no Brasil

1. Compare(m) e comente(m) as atribuições do Or.E. nos diferentes documentos legais brasileiros, transcritos nos Anexos deste livro. Na opinião de você(s), até que ponto o fato de a OE no Brasil, no seu início, ter se constituído de um transplante estrangeiro (conforme justificativa dada pelos legisladores de que a OE vinha sendo bem-sucedida em outros países, como EUA e França) tem sido responsável por certa incompreensão e até rejeição da OE no país?
2. Caso a obrigatoriedade da OE estivesse vigorando na nossa legislação e fosse respeitada na prática, calcule(m) o número de Or.Es. necessários, supondo-se a existência de apenas um deles em cada escola, para o atendimento de tal exigência legal, em sua cidade, estado e no Brasil. Calcule(m), também, o número de profissionais habilitados para assumir, de imediato, esses postos de trabalho.

3. Proceda(m) a um levantamento, na sua cidade, região ou país, do número de cursos de formação de Or.Es. Verifique(m), nos cursos de Pedagogia, a proporção de alunos que escolhem a habilitação em OE.
4. Proceda(m), na região onde você(s) reside(m), a um levantamento do número de escolas, públicas e privadas, que contam com o trabalho de um Or.E. Dentre estas, entreviste(m) um desses profissionais para saber de sua formação e trajetória. Das escolas que não contam com um Or.E. em seus quadros, ou que já tiveram, mas não o têm mais, procure(m) saber o por quê.
5. Você(s) concorda(m) com a sequência de causas e efeitos representados a seguir? Caso concorde(m), onde e como atuar para reverter o processo?

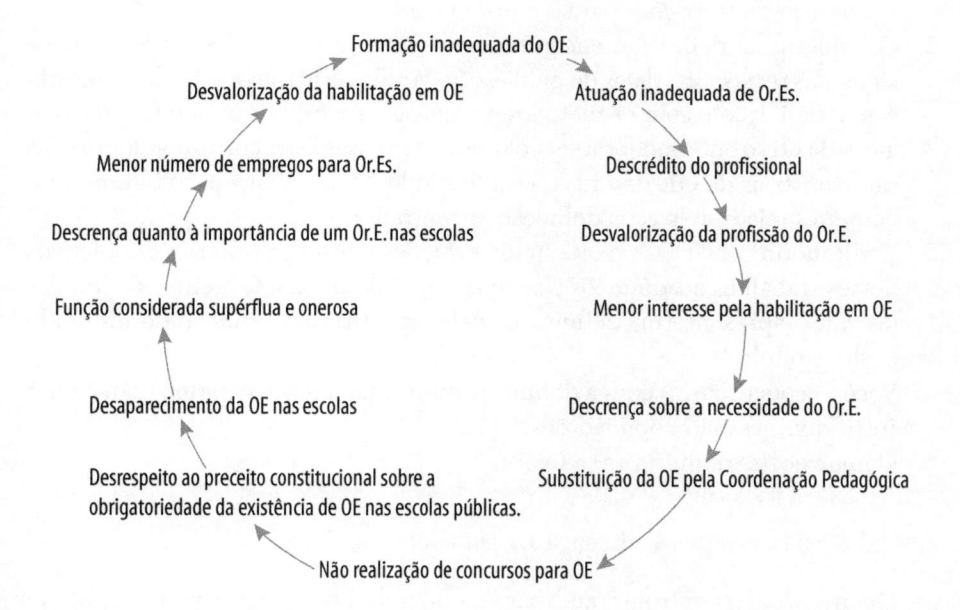

```
                    Formação inadequada do OE
     Desvalorização da habilitação em OE      Atuação inadequada de Or.Es.

Menor número de empregos para Or.Es.          Descrédito do profissional

Descrença quanto à importância de um Or.E. nas escolas   Desvalorização da profissão do Or.E.

Função considerada supérflua e onerosa        Menor interesse pela habilitação em OE

Desaparecimento da OE nas escolas             Descrença sobre a necessidade do Or.E.

Desrespeito ao preceito constitucional sobre a      Substituição da OE pela Coordenação Pedagógica
obrigatoriedade da existência de OE nas escolas públicas.

              Não realização de concursos para OE
```

6. Como as associações de Or.Es. deveriam e poderiam lutar para ajudar a reverter essa situação?
7. O que fazer para valorizar a habilitação em OE na sua escola?
8. Procure(m) saber da existência de associações de Or.Es. na sua região e de congressos que estão sendo realizados ou que estejam programados.
9. Entreviste(m) diretores de escolas e perguntem a eles quais são as funções da OE e como ela poderia ajudar na gestão das escolas. Comente(m) as respostas dadas em função da lei que regulamentou a profissão de Or.E. e que arrolou as atribuições dos Or.Es.

Exercícios para o Capítulo 3 – Definição de Orientação Educacional

1. Examine(m) livros antigos de OE e verifique(m):
   a) a definição dada para a OE, em cada um deles;
   b) quais são os métodos e técnicas pedagógicas propostas pelos diferentes autores;
   c) quais métodos e técnicas psicológicas são propostas. Dentre elas, quais são legais, isto é, não infringem a legislação específica (aquela referente aos testes psicológicos);
   d) quais usos foram propostos, pelos diferentes autores, para cada método ou técnica pedagógica apresentada? E para as de natureza psicológica? Há menção de restrições para o emprego delas?
2. Coloque(m) as definições encontradas nos diferentes livros em ordem cronológica das respectivas datas de publicação. Verifique(m) nesses livros, de acordo com a definição e com os métodos e técnicas propostos, em que fase da evolução da OE o autor poderia ser colocado, e se essas fases correspondem às das características da OE descritas neste capítulo. Qual a concepção filosófica de homem subjacente a cada definição encontrada?
3. Verifique(m) em TCCs e/ou em dissertações e teses os temas e os objetivos desses trabalhos acadêmicos e se, e como, é definida a OE em cada um deles. Caso apresente(m) definição, analise(m)-(n)as em função do discutido neste capítulo.
4. Você(s) concorda(m) com a definição apresentada neste capítulo para a OE? Justifique(m) sua(s) opinião(ões)
5. Como você(s) definiria(m) a OE?

Exercícios para o Capítulo 4 – Quem é o Orientador Educacional?

1. Quando você(s) entrou(aram) para o curso de Pedagogia já pensava(m) em ser Or.E.? Se sim, desde quando e por quê. Se não, qual(is) foi(ram) os motivos para essa opção?
2. Descreva(m), sem citar nomes, a personalidade dos Or.Es. que você(s) conheceu(ram).
3. Como você(s) concebe(m) a personalidade ideal do Or.E.? O(s) que você(s) conhece(ram) tinha(m) tal tipo de personalidade?
4. Na opinião de você(s), qual a formação ideal para o Or.E.? Até que ponto a opinião de você(s) seria viável na prática?

Exercícios para o Capítulo 5 – Atribuições e interações do Orientador Educacional

1. Até que ponto o curso de Pedagogia vem preparando você(s) para as atribuições que lhe são privativas? E para as outras?

2. Você(s) sabia(m) que a profissão que você(s) escolheu(ram) é regulamentada? Você(s) sabe(m) o que isso significa? Indague(m) sobre qual(is) outras profissões que o seu curso oferece também são regulamentadas.
3. Você(s) sabia(m), antes de ler este capítulo, quais seriam, de acordo com a lei, suas atribuições como profissional de Or.E.?
4. Examine(m) a legislação referente às atribuições do Or.E. contida neste capítulo e compare(m) seus itens com os principais temas deste livro.
5. Provavelmente, você(s) já observou(aram) a atuação de um Or.E. na escola, quer na qualidade de aluno quer, mais recentemente, na de estagiário. Relacione(m) as atribuições desempenhadas pelo Or.E. em cada situação ocorrida. Quais seriam pertinentes à função e quais não? Por quê?
6. Entreviste(m) um Or.E. que atue em escola de nível básico e indague(m) sobre suas atribuições nessa escola, perguntando a ele quais acha pertinentes e quais não.
7. Imagine(m) uma escola com o corpo técnico-administrativo completo. Elabore(m) um organograma respeitando as atribuições e posição de cada profissional especializado na hierarquia dessa escola.
8. Faça(m) um quadro ilustrando as diferenças entre um Or.E. e um CP em termos de: formação, habilitação, âmbito de atuação (pessoas com as quais trabalha mais frequentemente), características de personalidade mais adequadas para o exercício da respectiva função e principais atribuições.
9. Muitas escolas públicas, por motivos de ordem econômica ou por desconhecimento das diferenças entre as habilitações do Or.E. e do CP empregam apenas um desses especialistas para exercer cumulativamente as atribuições de ambos ou parte delas. Tal profissional recebe, na prática, as mais variadas designações, pois não pode atuar nem como Or.E. nem como CP. Você(s) acha(m) recomendável essa prática? Por quê?
10. Se você(s) está(ão) realizando estágio ou tem(êm) acesso fácil a uma ou mais escolas, pesquise(m) se em tal(is) escola(s) existe(m) Or.E. e/ou CP e as atribuições dele(s). Se possível, aproveite a visita (se for o caso) para verificar o funcionamento do SOE (caso exista) para subsidiar as discussões do Capítulo 6 deste livro.
11. Sugere-se ao professor do curso específico de habilitação em OE que colete e tabule as informações trazidas pelos alunos, dispondo-as em um quadro como o seguinte, possibilitando a discussão do conteúdo do capítulo, o conhecimento da realidade e o estudo comparativo da situação do Or.E. nos diferentes tipos de escolas.

Situação encontrada / Tipos de escola	Somente Or.E.	Somente CP	Or.E. e CP	Nenhum dos dois	Indefinido	Atribuições do Or.E. ou equivalente	Situação do SOE
Particular Religiosa							
Particular Laica							
Municipal							
Estadual							
Federal							
Totais							

Exercícios para o Capítulo 6 – Princípios éticos na atuação do Orientador Educacional

1. Leia(m) e discutam os artigos do Código de Ética dos Or.Es.
2. Por que se pode dizer que o Or.E. é uma figura bastante visível e vulnerável na escola?
3. Nas escolas visitadas ou nas quais você(s) estagiou(aram), como você(s) caracteriza(m) o relacionamento entre os integrantes da equipe técnica e os da docente?
4. Nessas escolas, o Código de Ética está sendo respeitado?

Exercícios para o Capítulo 7 – Importância e necessidade da existência da Orientação Educacional nas escolas

1. Redija(m) arrazoados sobre a necessidade e a importância do trabalho do Or.E., dirigidos:
   a) À direção de uma escola particular.
   b) A autoridades de ensino.
   c) A um jornal de grande circulação.
   d) A uma revista de educação.
   e) A um membro do poder legislativo.
2. Relacione(m) custos e benefícios com a contratação de um Or.E. para uma escola:
   a) particular
   b) pública

3. Argumente sobre as vantagens da contratação de um Or.E. sobre o emprego de um professor da casa; ou um CP exercendo suas funções ou acumulando-as com as de um Or.E. ou, ainda, a de um psicólogo que não é Or.E.

Exercícios para o Capítulo 8 – O Serviço de Orientação Educacional

1. O que você(s) acha(m) de uma proposta para a implantação de um SOE para um conjunto de escolas de seu bairro, cidade ou região em lugar de um SOE ou um Or.E. por escola. Dê(eem) os prós e contras em cada caso.
2. Peça(m) a professores das diferentes disciplinas pedagógicas de seu curso que indiquem livros e demais publicações dessas disciplinas que deveriam constar da biblioteca do SOE, para uso dos Or.Es.
3. Suponha(m) que você(s) seja(m) o Or.E. responsável pelo SOE da escola onde você(s) trabalha(m). Prepare(m) uma descrição do SOE ou da OE, para ser apresentada aos professores e demais funcionários na reunião de planejamento do início do ano letivo naquela escola.
4. Prepare(m) outra descrição, esta para ser apresentada aos pais, na primeira reunião com eles.
5. Preparem uma terceira descrição a ser apresentada aos alunos, na primeira oportunidade, no início do ano letivo, ou para uma classe de alunos novos.

Exercícios para o Capítulo 9 – A Orientação Educacional nos diferentes graus de ensino

1. Suponha(m) que você(s) seja(m) Or.E. de uma escola particular que oferece ensino infantil e fundamental. Organize um plano de ação para o atendimento das classes do infantil.
2. De acordo com a(s) sua(s) experiência(s), como um SOE na sua Faculdade/Universidade poderia ter ajudado você(s)? Como poderia ter atendido a outros alunos?
3. Na opinião de você(s), como seria organizado esse SOE?
4. Você(s) acha(m) que os alunos caso sentissem necessidade dele o frequentariam, ou ficariam constrangidos de procurá-lo?
5. Entreviste(m) alunos em diferentes etapas da pós-graduação e pergunte(m) a eles como um SOE poderia ter ajudado a eles nesse curso.

Exercícios para o Capítulo 10 – A participação do Orientador Educacional no planejamento e na elaboração do projeto pedagógico da escola e do plano escolar – e para o Capítulo 11 – Itens do plano de Orientação Educacional

1. Entreviste(m) professores e funcionários de uma escola e colham as opiniões deles sobre planejamentos de que participaram. Peça(m) para descrever o úl-

timo planejamento: (1) como foi realizado; (2) quem o conduziu; (3) qual foi a participação do Or.E. e para que serviu o planejamento. Procure(m) colher essas informações de pessoal de diferentes tipos de escolas (públicas e particulares). Discuta(m) o que foi interessante nesses planejamentos e o que teria dado de errado, e deem sugestões de como um Or.E. poderia ter melhorado esses planejamentos.
2. Quais as vantagens de haver um plano de escola? E de OE?
3. Por que tanto o plano da escola como o de OE devem ser reelaborados anualmente? Não seria mais prático utilizar ou transcrever simplesmente o já existente?
4. Caso você(s) esteja(m) realizando estágio em uma escola ou tenha(m) facilidade de acesso, peça(m) para ver o plano escolar e examine(m) o mesmo, comparando-o com as diretrizes apresentadas nestes capítulos.
5. Faça(m) o mesmo em relação ao plano do Or.E., se houver. À guisa de exercícios, o que você(s) faria(m) constar do plano da escola na parte referente à OE?
6. Elabore(m) um plano de OE, com base nas indicações destes capítulos, para uma determinada escola ou para a sua faculdade.

Exercícios para o Capítulo 12 – Subsídios para a elaboração do plano do Serviço de Orientação Educacional

1. Este capítulo descreve um SOE funcionando de forma ideal, totalmente implantado. Imagine(m) uma escola com número grande de alunos, funcionando em três turnos e que nunca tenha contado com um SOE. Em quanto tempo você(s) acha(m) que o SOE chegaria a essa forma ideal de funcionamento?
2. Neste caso, na impossibilidade de realizar, a curto prazo, todo o desejável, o que você(s) acha(m) que deveria ser priorizado? Em que ordem? Por quê?
3. Por que é importante que o SOE disponha de cronogramas anuais e mensais e, sobretudo, que eles sejam colocados em local visível?
4. De que forma os resultados dessa avaliação deverão ser usados e como deverá constar do plano de Or.E. do ano seguinte?

Exercícios para o Capítulo 13 – Recursos do Serviço de Orientação Educacional: instalações e equipamentos

1. Se você(s) trabalha(m) em ou visitou (visitaram) uma escola onde há um SOE, observou(aram) se o local para atendimento aos pais e/ou aos alunos é adequado? Explique(m) por quê. Haveria possibilidade, dentro das limitações existentes, de melhorá-lo? Como?
2. Como você(s) decoraria(m) a antessala e a(s) sala(s) do SOE? Por quê?
3. Como o emprego da informática facilita o trabalho de OE?

Exercícios para o Capítulo 14 – Informações necessárias à organização do Serviço de Orientação Educacional e sugestões de instrumentos

1. Examine(m), um a um, os modelos de formulários apresentados neste capítulo. Enumere, para cada um deles, as informações importantes que o Or.E. pode extrair.
2. Como o Or.E. poderia "casar" informações extraídas de diferentes formulários?
3. Por que é importante trabalhar com modelos-padrão de formulários?
4. Como o Or.E. pode assegurar-se de que esteja recebendo toda a informação necessária, isto é, se as pessoas estão preenchendo e entregando os formulários? Como incentivar e/ou cobrar a devolução dos questionários preenchidos.
5. Como saber se (ou até que ponto) as informações fornecidas são: 1) corretas; 2) completas; 3) objetivas; 4) sinceras?
6. No caso de formulário de ocorrência, o não preenchimento ou entrega da papeleta significa, necessariamente, que não houve ocorrência(s) a relatar? Por quê?

Exercício para o Capítulo 15 – Por que o Orientador Educacional atua em diferentes áreas?

1. Discuta(m) a atuação do Or.E. em muitas áreas e estabeleça(m) o fulcro comum de todas as áreas em relação às quais o Or.E. deve atuar, conforme narrado neste livro.

Exercícios para o Capítulo 16 – A Orientação Educacional e a família do aluno

1. Que cuidados éticos o Or.E. deverá ter com relação aos formulários preenchidos e as informações constantes dos mesmos?
2. Por que se pode afirmar que é importante que o Or.E. participe da elaboração do plano escolar para melhor atender aos alunos? Dê(eem) exemplos de casos em que o Or.E. deverá recorrer ao plano da escola na execução do seu trabalho.
3. Planeje(m) os itens a serem tratados e a maneira da condução de uma entrevista com os pais que procuram a escola para possível escolha ou para matrícula dos filhos.

Exercícios para o Capítulo 17 – A participação do Orientador Educacional em relação ao aproveitamento escolar do aluno

1. No que diz respeito ao aproveitamento escolar dos alunos, como devem interagir: 1) O Or.E. e o CP; 2) O Or.E. e os professores e 3) O Or.E. e os conselhos de classe e de escola? Por quê?

2. Quando e como o Or.E. deve alertar a família sobre os problemas de desempenho escolar do aluno?
3. Quando um aluno apresentar aproveitamento sofrível em uma ou mais disciplinas, o que o Or.E. deve fazer?
4. Quando um aluno muda, repentinamente, o seu padrão de aproveitamento escolar, o que o Or.E. deve fazer? Em que sequência?
5. Pesquise(m) em jornais e revistas ou em livros de biografias exemplos de casos de pessoas que foram ou são bem-sucedidas na vida e que tiveram de conciliar estudos com trabalho.
6. Realize(m) estudo interdisciplinar com os seus professores de Psicologia sobre as melhores estratégias de estudo a serem passadas aos alunos.

Exercícios para o Capítulo 18 – A Orientação Educacional e a integração do aluno à escola e à sociedade

1. Planeje(m) para diferentes faixas etárias a recepção dos alunos novos, no início do ano letivo. Quais itens são importantes tratar com eles?
2. Façam o mesmo para alunos que se transferem para a escola no decorrer do ano letivo.
3. Examine(m) o questionário sobre adaptação do aluno à escola. Que tipos de problemas tal questionário pode levantar?
4. Quando o aluno não quer ou não sabe definir claramente, ou não quer revelar seu(s) problema(s) de adaptação, como o Or.E. pode ajudá-lo?
5. Quais os cuidados éticos relativos aos problemas identificados e ao processo de levantamento dos mesmos?
6. Por que, muitas vezes, o Or.E. deve dirigir-se à classe, como um todo, quando detecta problema(s) que diz(em) respeito a apenas um ou a poucos alunos?
7. Enumere(m) algumas causas da não integração de um ou mais alunos à escola e/ou classe, e para cada causa proponha(m) uma atividade para promover a integração.

Exercícios para o Capítulo 19 – A Orientação Educacional e os aspectos morais, cívicos e religiosos da educação do aluno

1. A educação moral, cívica e religiosa dos alunos, na escola, costuma ser assunto bastante polêmico e delicado. Quais as vantagens e quais as dificuldades para cuidar desses aspectos da educação na escola? Que cuidados o Or.E. deve ter com relação a esses aspectos? Por quê?
2. Onde e em que circunstâncias eles devem ser tratados?
3. O que o Or.E. NÃO deve fazer?

4. Como o conhecimento do aluno, da família e da comunidade deve auxiliar o Or.E. nessa área?

Exercícios para o Capítulo 20 – A Orientação Educacional e o desenvolvimento físico e emocional do aluno

1. Com relação aos tópicos tratados neste capítulo, como o Or.E. deve se relacionar com os profissionais da área de saúde que atendem à escola?
2. Como o plano da escola, o de OE e os dados sobre o aluno podem auxiliar o Or.E. nessa área?
3. Como a integração entre o Or.E. e as áreas de Educação Física e Educação Artística pode ser proveitosa para os alunos em geral e, em particular, para os que apresentam algum tipo de problema?
4. Como o perfeito entrosamento do trabalho desenvolvido pelo SOE com o de todos os professores é importante para a atuação do Or.E.?

Exercícios para o Capítulo 21 – A Orientação Educacional e o lazer do aluno

1. Por que é importante para a OE a preocupação com o lazer dos alunos?
2. Como o Or.E. pode detectar problemas devidos à inexistência ou não adequação das atividades de lazer do(s) aluno(s)?
3. Como o Or.E. pode trabalhar em conjunto com os professores de Educação Física e de Artes a fim de detectar e procurar soluções para a carência de lazer ou de lazer adequados?
4. Em visita a uma escola, verifique(m) o que a escola oferece em termos de lazer e se os alunos estão usufruindo o lazer oferecido pela escola.
5. Em visita a uma escola, observe(m) o que os alunos fazem no recreio e elaborem sugestões para melhor aproveitamento dele.
6. Esboce(m) o conteúdo de uma palestra para pais de alunos de escolas públicas e para pais de alunos de escola particular sobre a importância e a necessidade de lazer para os filhos.
7. Analise(m) os resultados dos questionários aplicados aos alunos e verifique(m) a existência e a adequação do lazer deles fora da escola. Baseado(s) nessa análise, elabore(m) sugestões para melhorar o lazer dos alunos, dentro e fora da escola.

Exercícios para o Capítulo 22 – A atuação do Orientador Educacional em relação à Orientação Vocacional do aluno

1. Por que é importante que o Or.E. inclua, entre suas atividades, a OV?
2. Quais as melhores épocas para o Or.E. atuar nessa área?

3. Examine(m) o questionário informativo de OV apresentado neste capítulo. Como as informações que ele enseja podem auxiliar o Or.E. na condução da OV de cada classe e/ou aluno?
4. Em uma escola onde haja alunos frequentando a mesma série e com idades aproximadamente iguais, sendo que alguns deles trabalham e outros não, comparem o aproveitamento escolar dos dois grupos.
5. Proponham para alunos de diferentes séries do ensino fundamental e do médio, com o auxílio dos professores de Português, uma redação com o tema: Por que as pessoas devem trabalhar? Discuta(m) os resultados em termos de evolução das ideias de alunos que trabalham comparados aos que não trabalham, dos alunos de diferentes classes socioeconômicas, dos estudantes que frequentam a mesma série em diferentes turnos, de meninos e de meninas, praticantes de diferentes religiões.
6. O Or.E. pode e/ou deve aplicar testes vocacionais? Por quê? Como deve, então, conduzir o processo de OV?
7. Aplique(m) você(s) mesmo(s) as atividades do livro *Atividades para Orientação Vocacional* e discuta(m) com o(s) colega(s) se você(s) escolheu(ram) bem sua profissão.
8. Você(s) conhece(m) as diferentes teorias de OV e o embasamento de cada uma delas?

Exercícios para o Capítulo 23 – Estratégias empregadas pelo Orientador Educacional

1. Procure(m) no plano de OE as estratégias mencionadas. Verifique(m) se são colocadas de forma genérica (como, por exemplo: "Serão usadas várias estratégias"), ou se de forma mais específica (como, por exemplo: "Serão realizadas reuniões, entrevistas, palestras etc."), ou se de forma mais especificamente ainda (por exemplo: "Tendo em vista que no ano anterior ocorreu [...], neste ano serão realizadas palestras sobre [...], reuniões para [...] etc.). Discuta(m) a possibilidade e as vantagens e desvantagens de cada um desses graus de especificação das estratégias propostas.
2. Durante o estágio, verifique(m) se as recomendações deste livro sobre as diversas estratégias estão sendo levadas em conta e, se não, quais as consequências?
3. Se possível, assista(m) a diferentes reuniões e discuta(m) o que aprendeu(ram) com a experiência.
4. Planeje(m) uma reunião em termos de tempo alocado para cada atividade prevista ou item a ser tratado.
5. Planeje(m) a primeira reunião para pais de alunos que estão ingressando na escola na primeira série.
6. Examine(m) no calendário escolar as datas ou épocas que seriam mais recomendáveis para reuniões sociais com pais e explique(m) o porquê dessas escolhas.

7. Elabore(m) dizeres de convites para essas reuniões sociais.
8. Elabore(m) convite para o comparecimento dos pais a uma palestra.
9. Seu(s) responsável(is) ia(m) às reuniões de pais e mestres? Por quê?

Exercícios para o Capítulo 24 – Técnicas de medidas e de avaliação mais empregadas em Orientação Educacional

1. De preferência, em uma escola de nível básico, em situação de aula ou de recreio ou, se impossível, na sua própria classe, realize(m) uma observação sistemática e uma assistemática. Se a classe puder realizar a tarefa simultaneamente, metade da classe fará a observação sistemática e a outra metade, assistemática. Compare(m) os resultados intragrupais (entre os diferentes alunos que realizaram o mesmo tipo de observação, sistemática ou assistemática) e os intergrupais (entre os dois tipos de observação).

Exercícios para o Capítulo 25 – Orientação Educacional e a avaliação da personalidade – e para o Capítulo 26 – O Orientador Educacional e a medida da inteligência

1. Por que o Or.E. não deve aplicar testes de personalidade?
2. Por que o Or.E. não deve aplicar testes de inteligência?
3. Se o Or.E. não aplica testes, por que deve conhecer os fundamentos teóricos subjacentes aos testes de personalidade e de inteligência?
4. Quais as limitações desses testes e quais os cuidados que o Or.E. deve tomar com relação a resultados de testes aplicados por psicólogos a alunos da escola?

Exercícios para o Capítulo 27 – A técnica sociométrica e seu emprego pelo Orientador Educacional

1. Qual a diferença entre sociograma e sociomatriz?
2. Relacione(m) vantagens e desvantagens do emprego da técnica sociométrica em sala de aula.
3. Você(s) se lembra(m) de situações em que a técnica poderia ter esclarecido algum problema de sala de aula?
4. Você(s) acha(m) que um professor experiente conhece suficientemente seus alunos a ponto de prever o resultado das suas escolhas sem a aplicação da técnica?
5. Examine(m) o exemplo de sociograma apresentado no livro. Que conclusões poderiam ser tiradas sobre a classe e sobre cada um dos alunos?
6. Como a escolha cruzada (meninos e meninas) praticamente não existiu, e supondo que se trata de uma classe comum, qual a idade provável dos alunos?
7. Por que, na construção do sociograma, os alunos mais votados são preferencialmente colocados no centro?

8. Tomando os resultados da mesma sociomatriz, trace outro sociograma sem olhar para o do livro.

Exercício para o capítulo 29 – A avaliação da atuação do Serviço de Orientação Educacional

1. Qual a importância e a necessidade de o Or.E. efetuar, ao final de cada ano letivo, a avaliação das atividades do SOE?

Exercícios para o Capítulo 30 – O papel do Orientador Educacional no planejamento, na supervisão e na avaliação dos estágios em Orientação Educacional, na escola onde atua

1. Quais as vantagens, para o Or.E., do Acompanhamento Pós-Escolar do aluno? Quais as vantagens para a escola?
2. Que providências o SOE deve tomar para não perder de vista e para poder contar com a preciosa colaboração dos ex-alunos?
3. Como e por que os dados levantados entre ex-alunos devem ser transpostos e analisados no planejamento escolar e de OE?

Exercícios para o Capítulo 31 – Acompanhamento Pós-Escolar (APE)

1. Por que é importante o estágio na formação do Or.E.?
2. Quais as atribuições (funções) que, na sua opinião, deveriam ser conduzidas pelo estagiário de OE?
3. Por que o(s) aluno(s) de OE precisa(m) de acompanhamento e supervisão durante o período em que faz(em) estágio na escola?

Exercício para o Capítulo 32 – O mundo mudou muito nas últimas décadas

1. Entreviste(m) pessoas com cerca de 30, 40, 50, 60, 70 e 80 anos e pergunte(m) em que o mundo mudou nas últimas décadas.
2. Trace(m) uma linha do tempo colocando nela os principais acontecimentos apontados por essas pessoas de diferentes idades. Discuta(m) os resultados.

Exercícios para o Capítulo 33 – Inovações tecnológicas e seu impacto na escola e no trabalho do Orientador Educacional

1. Em uma reunião do pessoal técnico, administrativo e docente da escola, o que você(s), na qualidade de representante(s) da OE daquela escola sugeriria(m) em relação a:
   – uso de calculadoras e/ou computadores pelos alunos;

– uso de telefones celulares na escola;
– uso de aparelhos individuais de som.
2. Como você(s) conduziria(m) uma reunião com pais e com alunos sobre esses três tópicos?
3. Como você(s) usaria(m) a informática na sala do SOE? Como ela poderia ajudar no trabalho do Or.E.?

Exercícios para o Capítulo 34 – As drogas nas escolas e o Orientador Educacional

1. Consulte(m) especialista e elabore(m) um trabalho sobre tipos de drogas, modos de uso, índices de uso.
2. Informe(m)-se sobre o aspecto legal e os limites de participação do Or.E. no combate às drogas nas escolas, e informe-se sobre o apoio com que a escola e o Or.E. podem contar.

Exercícios para o Capítulo 35 – A violência nas escolas e o Orientador Educacional

1. Pergunte(m) a pessoas ligadas a escolas de diferentes tipos (públicas, privadas leigas e/ou confessionais, de centro urbano ou de periferia) sobre casos de violência nessas escolas. Discuta(m) o que o Or.E. poderia ter feito para evitar cada caso narrado.
2. Colete(m) legislação e fontes de apoio a que o Or.E. poderia recorrer no seu trabalho, no que diz respeito à violência na escola.

Exercícios para o Capítulo 36 – O *bullying*, uma forma de violência nas escolas

1. Procure(m) cópias de instrumentos legais sobre *bullying*.
2. Procure(m) se informar sobre iniciativas de combate ao *bullying*, como os círculos remediativos.
3. Tente(m) lembrar de seu tempo de alunos e procure(m) lembrar de casos de *bullying*. Caso tenha havido, o que as crianças e os adultos fizeram a respeito?
4. Pesquise(m), em uma dada escola, se já houve ou se estão ocorrendo casos de *bullying* e o que é feito ou está sendo feito como preventivo e como remediativo.
5. Como o Or.E. pode detectar a existência de *bullying* na escola?
6. Prepare(m) uma palestra para pais de alunos sobre o *bullying*.
7. Prepare(m) uma reunião com alunos para discutir sobre formas de *bullying* e como evitá-las na escola, na internet e no celular, explicando as consequências e as penalidades.
8. Prepare(m) uma reunião com professores sobre o assunto.
9. Prepare(m) uma reunião com os funcionários também sobre o assunto.

Exercícios para o Capítulo 37 – O Orientador Educacional e alunos vítimas de pedofilia

1. Discuta(m) sobre a necessidade e o dever, os limites e a cautela do Or.E. lidar com a pedofilia.
2. Pesquise(m), em revistas e jornais, casos recentes de pedofilia. Analise(m) o perfil dos pedófilos, as situações mais propícias para os abusos, como foram detectados os casos e os sintomas apresentados pelas vítimas.
3. Com base no conteúdo do capítulo e nessas informações, planeje(m), para alunos de diferentes faixas etárias, palestras sobre pedofilia.
4. Planeje(m) palestras para professores, incluindo o papel deles na detecção de possíveis sintomas, a necessidade de informar à Or.E. sobre as suspeitas e os devidos cuidados e cautela para lidar com o assunto.
5. Procure(m) informações e colete(m) dados sobre fontes de apoio no caso de suspeita de vítima(s) de pedofilia entre os alunos da escola.

Exercícios para o Capítulo 38 – O Orientador Educacional, problemas que a criança enfrenta fora da escola e a síndrome da vítima culpada

1. Como detectar, entre alunos, problemas discutidos no capítulo?
2. Qual a contribuição dos professores na detecção de tais problemas? Como estabelecer uma ligação dos professores com o SOE para que eles reportem casos suspeitos?
3. Como o Or.E. pode verificar se esses casos são reais e a gravidade deles?
4. Como lidar com crianças que aparentam ser vítimas da síndrome da vítima culpada?
5. Em casos detectados, para onde o Or.E. pode enviar essas crianças para atendimento psicológico e assistência social especializados?
6. Como o Or.E. deve lidar com comemorações, na escola, para o dia dos pais ou das mães, sendo que várias crianças não os têm?

Exercícios para o *post-scriptum* – Trabalho preventivo do OE: um novo paradigma

1. Colete(m) dados sobre características de alunos aprovados nos vestibulares mais concorridos.
2. Prepare(m) uma palestra de valorização da educação formal para pais de alunos.
3. Prepare(m) uma palestra para alunos, demonstrando as vantagens e o prazer que pode advir do conhecimento adquirido na escola (ex. entender o que lê: saber escrever uma carta: entender a letra da canção preferida em inglês; saber onde se encontram locais mencionados por alguém: saber calcular algo do seu interesse; evitar doenças etc.)

Referências Bibliográficas

BECK, Carlton E. *Fundamentos filosóficos da Orientação Educacional*. São Paulo: EPU/Edusp, 1977.
CARVALHO, Maria de Lourdes R. da S. *A função do Orientador Educacional*. São Paulo: Cortez e Moraes, 1979.
CARVALHO, Marylene M. de. *O componente curricular PIP (Programas de Informação Profissional) e sua substituição por outras disciplinas no currículo do 2º. grau*. Dissertação de mestrado. Pontifícia Universidade Católica da São Paulo, 1985.
FANALI, O. A. A. C. *Plano para desenvolvimento de diretrizes para formação de esportistas de alto nível técnico, utilizando-se a rede escolar de 1º e 2º graus*. Dissertação de mestrado. Universidade de São Paulo, 1981.
FREIRE, Aracy M. *A Orientação Educacional na escola secundária*. São Paulo: Nacional, 1940.
GIACAGLIA, Lia R. A. *Orientação Vocacional por atividades*: uma nova teoria e uma nova prática. São Paulo: Thomson, 2003.
_____. *Atividades para Orientação Vocacional*. São Paulo: Thomson, 2000.
_____; PENTEADO, Wilma M. A. *Educação para a escolha profissional*. São Paulo: Atlas, 1978.
HAVIGHURST, Robert J. *Developmental tasks and education*. New York: McKay, 1973.
LOURENÇO FILHO, Manuel B. Orientação Educacional. *Revista Brasileira de Estudos Pedagógicos*, Brasília, v. 5, n. 13, p. 5-20, jul. 1945.
PENTEADO, Wilma M. A. *Orientação Educacional*: fundamentos legais. São Paulo: Edicon, 1980.
_____; *Fundamentos da Orientação Educacional*. São Paulo: EPU, 1976.
RUDOLFER, Noemy S. O primeiro serviço de Orientação Profissional e Educacional no Brasil. *Revista Brasileira de Estudos Pedagógicos*, Brasília, v. 5, n. 13, p. 155-158, jul. 1945.
VAN KOLCK, Odette L. *Técnicas de exame psicológico e suas aplicações no Brasil*. São Paulo: Vozes, 1981.

Também foram utilizados excertos de vários artigos e reportagens publicados nos jornais *O Estado de S. Paulo* e *Jornal da Tarde*.